UMA LUZ EM
MEU OUVIDO

O título deste livro faz referência à revista de Karl Kraus, *Die Fackel*. No entanto, por razões eufônicas (literalmente a tradução seria *A tocha em meu ouvido*), ele foi alterado.

ELIAS CANETTI

UMA LUZ EM MEU OUVIDO

História de uma vida
1921-1931

Tradução
Kurt Jahn

Copyright © 1980 by Carl Hanser Verlag München Wien.

Grafia atualizada segundo o Acordo Ortográfico da Língua Portuguesa de 1990, que entrou em vigor no Brasil em 2009.

Título original
Die Fackel im Ohr: Lebensgeschichte 1921-1931

Capa
Jeff Fisher

Imagem da capa
© Bettmann/ Corbis (DC)/ LatinStock
Edifício do Ministério da Guerra Austríaco, Viena, 1922

Preparação
Ana Miranda

Revisão
Renato Potenza Rodrigues
Juliane Kaori

Atualização ortográfica
Verba Editorial

Dados Internacionais de Catalogação na Publicação (CIP)
(Câmara Brasileira do Livro, SP, Brasil)

Canetti, Elias, 1905-1994
    Uma luz em meu ouvido : história de uma vida, 1921-1931 /
Elias Canetti ; tradução Kurt Jahn. – São Paulo : Companhia das
Letras, 2010.

    Título original: Die Fackel im Ohr: Lebensgeschichte
1921-1931.
    ISBN 978-85-359-1768-0

    1. Autores austríacos – Século 20 — Biografia 2. Canetti, Elias,
1905-1994 I. Título.

10-10505   CDD 833.912

Índice para catálogo sistemático:
1. Escritores austríacos : Literatura austríaca em alemão :
Biografia 833.912

2010

Todos os direitos desta edição reservados à
EDITORA SCHWARCZ LTDA.
Rua Bandeira Paulista, 702, cj. 32
04532-002 — São Paulo — SP
Telefone: (11) 3707-3500
Fax: (11) 3707-3501
www.companhiadasletras.com.br

Para Veza Canetti
1897-1963

SUMÁRIO

I. INFLAÇÃO E IMPOTÊNCIA — FRANKFURT 1921-1924
A Pensão Charlotte *9* • Uma visita importante *19* • O desafio *27* • O retrato *32* • A confissão de um tolo *36* • O desmaio *45* • Gilgamesh e Aristófanes *51*

II. TEMPESTADE E COMPULSÃO — VIENA 1924-1925
Vida com meu irmão *61* • Karl Kraus e Veza *68* • O budista *77* • A última viagem pelo Danúbio. A mensagem *85* • O orador *92* • O aperto *101* • O presente *109* • O cegamento de Sansão *115* • Honra precoce ao intelecto *121* • Patriarcas *127* • A explosão *139* • A justificação *144*

III. A ESCOLA DO OUVIR — VIENA 1926-1928
O asilo *156* • A pomba da paz *163* • *Frau* Weinreb e o Carrasco *174* • Backenroth *183* • Os rivais *192* • Um mórmon ruivo *206* • A escola do ouvir *213* • As mulheres inventadas *223* • A vista de Steinhof *230* • Entre máscaras mortuárias *239* • O 15 de Julho *244* • As cartas na árvore *252*

IV. A AGLOMERAÇÃO DE NOMES — BERLIM 1928
Os irmãos *263* • Brecht *267* • *Ecce homo 274* • Isaak Babel *281* • As metamorfoses de Ludwig Hardt *289* • Convite para o vazio *294* • A fuga *301*

V. OS FRUTOS DO FOGO — VIENA 1929-1931
O pavilhão dos loucos *309* • A domesticação *316* • O arrimo *326* • Passos em falso *340* • Kant pega fogo *353*

Sobre o autor *365*

I. INFLAÇÃO E IMPOTÊNCIA — FRANKFURT 1921-1924

A PENSÃO CHARLOTTE

Aceitei sem resistência as mudanças de ambiente em minha juventude. Jamais lamentei que, quando criança, tivesse sido exposto a impressões poderosas e contrastantes. Cada novo lugar, por exótico que me parecesse no início, conquistava-me pelo efeito particular que produzia em mim e por suas ramificações imprevisíveis.

Senti amargura em um único caso: jamais esqueci o fato de ter deixado Zurique. Eu tinha dezesseis anos e me sentia tão intimamente ligado às pessoas e aos lugares, à escola e ao país, à poesia e até mesmo ao dialeto que havia adotado, apesar da tenaz resistência de minha mãe, que meu desejo era ficar ali para sempre. Estivera em Zurique por apenas cinco anos, mas sentia, em minha tenra idade, como se jamais tivesse que ir a outro lugar; ali eu passaria o resto de minha vida, em crescente bem-estar intelectual.

A ruptura foi violenta, e todos os argumentos que levantei a favor de minha desejada permanência só provocaram escárnio. Após a devastadora conversa em que foi decidido meu destino, senti-me paralisado, ridículo e pusilânime; um covarde que se recusava a enfrentar a vida por causa de meros livros, um presunçoso entulhado de falsos conhecimentos que de nada valiam, um parasita, um aposentado, um ancião que não havia se afirmado em coisa nenhuma.

O novo ambiente havia sido escolhido sob circunstâncias para mim obscuras, e reagi de duas maneiras à brutalidade da mudança. Primeiro com saudade, que era considerada uma doença natural das pessoas em cujo país eu vivera, e, por sofrer dessa doença tão intensamente, sentia-me mais ainda como se fosse uma daquelas pessoas. A segunda reação foi uma atitude de crítica ao meu novo ambiente. Fora-se o tempo do livre influxo de tudo quanto eu desconhecia. Tentei fechar-me ao novo mundo, que me fora imposto. Mas não fui capaz de uma rejeição completa e indiscriminada, pois minha índole era demasiado receptiva. Assim começou um período de provações e de críticas cada vez mais mordazes. Tudo que era diferente daquilo que eu conhecia parecia exagerado e cômico. Além disso, aconteceu que muitas coisas se me apresentaram ao mesmo tempo.

Havíamos nos mudado para Frankfurt e, como as condições eram precárias e ainda não sabíamos quanto tempo permaneceríamos, fomos morar numa pensão. Lá, ocupamos dois quartos, bastante exíguos, ficando muito mais próximos das outras pessoas do que em qualquer época anterior. Embora nos destacássemos como uma família, fazíamos as refeições em comum, no térreo, a uma longa mesa. Na Pensão Charlotte ficamos conhecendo uma variada espécie de gente, que eu revia todos os dias durante a refeição principal, e que aos poucos ia mudando. Alguns permaneceram durante os dois anos em que acabei ficando na pensão; outros apenas um, ou mesmo meio ano. Muito diferentes uns dos outros, todos ficaram gravados em minha memória. Eu tinha de prestar muita atenção para entender de que estavam falando. Meus irmãos, então com onze e treze anos, eram os mais jovens; e depois vinha eu, com dezessete.

Nem sempre todos os hóspedes se reuniam no refeitório. *Fräulein* Rahm, uma jovem e esbelta modelo, muito loura, a vistosa beldade da pensão, só de vez em quando participava das refeições. Comia pouco, para manter a silhueta, mas falava-se bastante dela. Não havia um homem que não a acompanhasse com o olhar, nenhum homem que não a desejasse. Como era sabido que além de seu namorado firme — proprietário de uma loja de moda masculina que não morava na pensão — outros homens costumavam visitá-la, muitos a contemplavam com o prazer que se sente com algo a que se tem direito, e que algum dia poderia lhes pertencer. As mulheres falavam mal dela. Os

10

homens, quando o arriscavam diante de suas esposas, ou quando estavam entre si, intercediam a seu favor, elogiando-lhe principalmente a elegância do corpo, alto e esbelto, ao longo do qual se podia deslizar o olhar, para cima e para baixo, sem que se encontrasse resistência em parte alguma.

À cabeceira da mesa sentava-se *Frau* Kupfer, uma mulher de cabelos castanhos e macilenta de tantas preocupações; uma viúva de guerra que explorava a pensão para manter-se e a seu filho, muito ordeira, precisa, sempre cônscia das dificuldades da época, que se podiam expressar em números, e pela frase que ela usava com mais frequência: "Isto eu não posso me permitir". À sua direita, sentava-se seu filho Oskar, um rapaz atarracado, de sobrancelhas espessas e testa estreita. *Herr* Rebhuhn sentava-se à esquerda de *Frau* Kupfer; era um homem de idade madura, asmático, funcionário de um banco, muito amável, que só se tornava zangado e carrancudo quando se falava sobre o desfecho da guerra. Era judeu, mas estava altamente imbuído do nacionalismo alemão; quando alguém, nessas ocasiões, discordava, ele mencionava, como um raio, a "punhalada nas costas", contrariando sua índole gentil. Ficava tão excitado que acabava tendo um acesso de asma; então sua irmã, *Fräulein* Rebhuhn, que com ele morava na pensão, tinha de conduzi-lo ao seu quarto. Como os outros conheciam essa sua peculiaridade, e sabiam o quanto ele sofria com a asma, evitava-se, em geral, levar a conversa até esse ponto crítico, e assim tais acessos eram bastante raros.

Somente *Herr* Schutt, cujo ferimento de guerra nada ficava devendo em gravidade à asma de *Herr* Rebhuhn, pois só podia andar com muletas, sofria dores atrozes e era muito pálido (precisava tomar morfina contra a dor), não tinha papas na língua. Odiava a guerra, e lamentava que ela não tivesse terminado antes de ele ter sido gravemente ferido; reafirmava tê-la previsto, pois sempre considerara o *kaiser* uma ameaça à sociedade; admitia pertencer ao Partido Independente e, se tivesse sido membro do Parlamento, não teria hesitado em votar contra os "empréstimos" de guerra. Era realmente despropositado que aqueles dois, *Herr* Rebhuhn e *Herr* Schutt, se sentassem tão próximos um do outro, separados apenas pela avelhantada *Fräulein* Rebhuhn. Quando o ambiente ficava carregado, ela se inclinava para seu vizinho da esquerda, fazia um doce biquinho com os lábios de solteirona, punha sobre eles o dedo indicador e, com um longo olhar de súplica a *Herr* Schutt, apontava disfarçadamente para seu irmão, enviesando o indicador da mão direita. *Herr* Schutt, de ordinário tão amargo, a entendia e quase sempre se calava, às vezes parando no meio de uma frase; ele, aliás, falava em voz tão baixa que se tinha de prestar muita atenção para entendê-lo. Assim, a situação era salva graças a *Fräulein* Rebhuhn, sempre atenta a alguma frase perigosa. *Herr* Rebhuhn nada notava; ele próprio jamais iniciava uma discussão, era o mais pacífico e gentil de todos os homens. Só quando alguém mencionava o desfecho da guerra e aprovava os levantes que se lhe seguiram, a "punhalada" o atingia como um raio, e ele se atirava cegamente à luta.

Não se deve pensar, contudo, que era esse o ambiente usual àquela mesa. Este conflito guerreiro é o único do qual me lembro, e eu o teria esquecido se, em um ano, ele não tivesse se acirrado tanto, a ponto de os adversários terem de ser retirados da mesa: *Herr* Rebhuhn, como sempre, nos braços de sua irmã; e *Herr* Schutt, com muito mais cuidado, com suas muletas, auxiliado por *Fräulein* Kündig, uma professora que há muito tempo morava na pensão, que se tornara sua amiga e com quem mais tarde se casaria, para que ele tivesse seu próprio lar e fosse mais bem cuidado.

Fräulein Kündig era uma das duas professoras que moravam na pensão. A outra, *Fräulein* Bunzel, tinha o rosto marcado pela varíola, e a voz um tanto chorosa, como se em cada frase se queixasse de sua feiura. Não eram jovens; talvez andassem pelos quarenta. Ambas representavam, na pensão, a cultura. Como leitoras assíduas do *Frankfurter Zeitung*, sabiam o que se passava e do que se falava. Sentia-se que andavam à cata de pessoas com quem conversar e que não fossem demasiado indignas de sua atenção. Mas, certamente, não eram descorteses quando não conseguiam encontrar algum cavalheiro que quisesse dar sua opinião sobre Unruh, Binding, Spengler, ou sobre o *Vincent* de Meier-Graefe. Sabiam quanto deviam à dona da pensão e, então, ficavam caladas. A voz chorosa de *Fräulein* Bunzel jamais denotava sequer um traço de sarcasmo; *Fräulein* Kündig parecia bem mais disposta e abordava os homens e os temas culturais com a mesma vivacidade, costumando esperar até que os dois elementos coincidissem: um homem com quem ela não pudesse *conversar*, de qualquer forma, só se interessaria por *Fräulein* Rahm, a manequim. Uma pessoa, a quem *Fräulein* Kündig não pudesse elucidar sobre um assunto ou outro, para ela estava fora de questão. Este, aliás, era o motivo, conforme confessou à minha mãe, pelo qual ela — ao contrário de sua colega, uma mulher atraente — ainda não havia se casado. Um homem que jamais leu um livro, para ela, não era homem; então, seria melhor continuar livre, e não ter que se incomodar com os cuidados da casa. Ela também não sentia vontade de ter filhos, pois já tinha de se haver com crianças demais. Frequentava teatros e concertos, sobre os quais gostava de falar, atendo-se, entretanto, às críticas do *Frankfurter Zeitung*. Era curioso, disse ela, como os críticos sempre partilhavam da sua opinião.

Minha mãe, familiarizada desde Arosa com as tendências culturais alemãs, as quais, em oposição à decadente estética vienense, a atraíam, gostava de *Fräulein* Kündig. Acreditava nela, não a tendo desaprovado ao perceber seu interesse por *Herr* Schutt. Este, amargurado demais para conversar sobre arte ou literatura, manifestava-se com um grunhido surdo quando se falava em Binding, a quem *Fräulein* Kündig apreciava não menos do que a Unruh — ambos apareciam com frequência no *Frankfurter Zeitung*. E quando era mencionado o nome de Spengler, o que na época era inevitável, *Herr* Schutt declarava: "Este não esteve na frente de combate. Ao menos que se saiba"; ao que *Herr* Rebhuhn objetava com brandura: "Creio que, para um filósofo, isto não conta".

"Para um filósofo da História, talvez sim", protestava *Fräulein* Kündig, de onde se podia deduzir que, com todo o respeito

13

devido a Spengler, ela tomava o partido de *Herr* Schutt. Daí, porém, não surgiu uma altercação entre os dois cavalheiros, mesmo porque *Herr* Schutt *esperava* que se prestasse o serviço militar, enquanto *Herr* Rebhuhn estava pronto a relevar tal exigência, o que de certo modo era uma conciliação, como se ambos tivessem trocado suas opiniões. Mas a verdadeira questão, se Spengler fora ou não combatente, dessa forma não ficava resolvida, e até hoje não sei a resposta. Era evidente que *Fräulein* Kündig tinha compaixão por *Herr* Schutt. Por bastante tempo ela soube disfarçar sua piedade com observações jocosas, tais como "nosso jovem guerreiro" ou "ele deu a volta por cima". Era difícil saber se *Herr* Schutt simpatizava com ela, pois mantinha uma atitude indiferente, como se ela jamais lhe tivesse dirigido a palavra; em todo caso, ele a saudava com uma leve inclinação da cabeça ao entrar na sala de jantar, enquanto *Fräulein* Rebhuhn, à sua direita, não lhe merecia sequer um olhar. Certa vez, quando meus irmãos e eu nos demoramos na escola e nos atrasamos para o almoço, ele perguntou à minha mãe: "Onde andam as suas buchas de canhão?", o que ela nos contou mais tarde, bastante indignada. Ela respondera, irritada: "Jamais! Jamais!", e ele zombara: "Jamais outra guerra!".

Herr Schutt reconhecia a obstinada atitude de minha mãe contra a guerra, embora ela jamais a tivesse sofrido de perto, e suas observações provocantes valessem mais como uma confirmação da postura que ela mantinha. Havia, entre os hóspedes da pensão, gente de espécie muito diferente, e de quem *Herr* Schutt sequer tomava conhecimento. Havia, por exemplo, o jovem casal Bemberg que sentava-se à esquerda. Ele, corretor da Bolsa, constantemente preocupado com lucros materiais, chegou até mesmo a louvar a "competência" de *Fräulein* Rahm, referindo-se à sua capacidade de manobrar entre numerosos pretendentes. "A moça mais chique de Frankfurt", dizia ele, e no entanto era um dos pouquíssimos homens que nada pretendiam dela; estava, antes, impressionado com o "seu faro para o dinheiro" e o ceticismo com que reagia às lisonjas. "Ninguém consegue virar-lhe a cabeça. Primeiro ela quer saber quais são as intenções da pessoa."

Sua mulher, que sempre seguia os ditames da moda, dos quais o cabelo curto era-lhe mais natural, era frívola, mas de uma maneira diferente de *Fräulein* Rahm. Provinha de boa família da classe média, mas era superficial. Notava-se que ela comprava tudo aquilo de que gostava, mas poucas coisas lhe assentavam bem; frequentava exposições de arte, mas nos quadros se interessava pelos vestidos das mulheres retratadas; admitia uma queda por Lucas Cranach, como ela explicava, por seu "fantástico" modernismo — "explicar" poderá soar exagerado para suas singelas interjeições. *Herr* e *Frau* Bemberg haviam se conhecido numa reunião dançante. Uma hora antes, ainda estranhos um ao outro, ambos sabiam — o que ele confessava com certo orgulho — que havia algo mais em cada um deles, mais nela do que nele, considerado um jovem e promissor agente de corretagem. Ele a achou "chique", convidou-a para dançar, e logo a chamou de "Pattie". "A senhorita me faz lembrar Pattie", disse ele, "uma americana." Ela quis saber se fora seu primeiro amor. "Depende do que se quer dizer com isso", disse ele. Ela o entendeu, achou fantástico que sua primeira mulher tivesse sido americana e manteve o nome de Pattie. Ele a chamava assim diante de todos os hóspedes da pensão, e quando ela não descia para a refeição ele dizia: "Pattie hoje não está com fome. Está preocupada com a silhueta".

Esse casal inofensivo, eu também o teria esquecido, se *Herr* Schutt não o tivesse tratado como se não existisse. Quando *Herr* Schutt se aproximava com suas muletas, era como se aqueles dois não estivessem lá. Ignorava sua saudação e não via seus rostos. *Frau* Kupfer, que só permitia que *Herr* Schutt residisse na pensão em memória de seu marido morto em combate, não ousou uma única vez, em sua presença, dizer *"Herr"* ou *"Frau"* Bemberg". O casal aceitou sem reclamar esse boicote iniciado por *Herr* Schutt, que, no entanto, não foi seguido pelos demais hóspedes. O casal tinha compaixão pelo aleijado, que parecia pobre em todos os sentidos e, embora não fosse muita, contrabalançava perfeitamente o desprezo que ele manifestava.

Na outra ponta da mesa, os contrastes eram menos nítidos.

Herr Schimmel, gerente numa loja de departamentos, vendia saúde, com seu bigode em pontas e suas faces rosadas; um ex--oficial, nem amargo, nem insatisfeito. O sorriso, que jamais desaparecia de seu rosto, era uma espécie de estado de espírito. Era confortador verificar-se a existência de humores que sempre permanecem iguais. Mesmo sob as piores tempestades, seu sorriso não se alterava, e causava admiração o fato de que tanta satisfação não precisasse de um complemento para se conservar. Tal complemento seria fácil de se encontrar, pois não longe de *Herr* Schimmel sentava-se *Fräulein* Parandowski, uma vendedora; bela e orgulhosa, com a cabeça de uma estátua grega, mantinha-se imperturbável quando *Fräulein* Kündig citava o *Frankfurter Zeitung* ou quando ouvia os elogios de *Herr* Bemberg dirigidos a *Fräulein* Rahm. "Isto eu não poderia fazer", dizia sacudindo a cabeça. Mais do que isso não dizia, mas ficava claro o que é que ela não poderia fazer. *Fräulein* Parandowski escutava e raramente dizia alguma coisa. Sua imperturbabilidade lhe assentava bem. O bigode de *Herr* Schimmel — ele sentava-se diagonalmente à sua frente — parecia ter sido escovado especialmente para ela e os dois pareciam feitos um para o outro. Mas ele jamais lhe dirigia a palavra; nunca entravam ou saíam juntos, como se seu desencontro tivesse sido rigorosamente planejado. *Fräulein* Parandowski não esperava que ele saísse da mesa para levantar-se. Tampouco evitava chegar bastante tempo antes dele. Eles, contudo, tinham algo em comum: o silêncio; mas ele sempre sorria sem segundas intenções, enquanto ela, de cabeça erguida, ficava tão séria como se estivesse todo o tempo pensando em alguma coisa importante.

Todos tinham certeza de que havia algo por trás daquela atitude, mas qualquer tentativa de *Fräulein* Kündig, que sentava--se perto deles, de descobrir do que se tratava, encontrava monumental resistência por parte de ambos. *Fräulein* Bunzel certa vez, distraída, chamou *Fräulein* Parandowski de "cariátide", às suas costas, enquanto *Fräulein* Kündig alegremente saudou *Herr* Schimmel com um: "Aí vem a Cavalaria". Mas *Fräulein* Kupfer imediatamente as advertiu de que não podia permitir observações pessoais à sua mesa. *Fräulein* Kündig aproveitou a admoestação para perguntar a *Herr* Schimmel, francamente, se ele se opunha a que se referissem a ele como "Cavalaria". "Para mim é uma honra", disse ele sorrindo, "pertenci à Cavalaria." "E pertencerá até o fim de sua vida." É como *Herr* Schutt reagia a qualquer escorregadela de *Fräulein* Kündig, antes mesmo que estivesse decidido que gostavam um do outro.

Foi só cerca de meio ano depois que apareceu na pensão um espírito superior: *Herr* Caroli. Ele sabia manter todos a distância, havia lido muito. Suas observações irônicas, frutos de suas leituras, cuidadosamente cristalizados, encantavam *Fräulein* Kündig. Nem sempre ela identificava a fonte das citações que ele fazia, e humilhava-se a ponto de pedir esclarecimentos. "Por favor, por favor, de onde o senhor tirou isso? Diga-me, por favor; do contrário, esta noite novamente não poderei dormir." "De onde ele o teria tirado?", respondia *Herr* Schutt em lugar de *Herr* Caroli, "do dicionário de citações de Büchmann, como tudo o que ele diz." Mas, para vergonha de *Herr* Schutt, ele estava enganado, pois nada daquilo que *Herr* Caroli citava vinha do Büchmann. "Eu preferiria tomar veneno a usar o Büchmann", dizia *Herr* Caroli. "Jamais cito o que eu não tenha efetivamente lido." Todos concordavam, na pensão, que isso fosse verdade. O único que duvidava era eu, porque *Herr* Caroli não fazia caso de nós. Mesmo minha mãe, que certamente tinha tanta cultura quanto ele, lhe desagradava, porque seus três meninos ocupavam o lugar dos adultos à mesa, e por nossa causa ele tinha de reprimir suas observações mais espirituosas.

Nessa época — eu estava lendo as tragédias gregas — ele fez uma citação do *Édipo*, depois de assistir a uma representação em Darmstadt. Continuei a citação, mas ele fingiu que não me ouvira, e quando eu, teimoso, a repeti, ele se virou rápido para mim e perguntou, rispidamente: "Vocês hoje aprendem isso na escola?". Como raramente eu dizia alguma coisa, sua admoestação, com a qual ele pretendia que eu me calasse de uma vez por todas, era injusta, o que os demais também perceberam. Mas ele era temido por sua ironia, e por isso ninguém protestou; e eu me calei, humilhado.

Herr Caroli sabia muita coisa de cor e, espirituosamente, alterava citações inteiras; depois esperava para ver se alguém percebera o que ele havia feito. *Fräulein* Kündig, assídua frequentadora de teatro, era quem seguia com mais afinco os seus rastros. Ele tinha humor e, com um jeito todo especial, distorcia as coisas mais sérias. Teve de ouvir, contudo, de *Fräulein* Rebhuhn, a mais sensível de todas, que para ele nada era sagrado, ao que ele teve a ousadia de responder: "Feuerbach, em todo o caso, não o é". Todos sabiam que *Fräulein* Rebhuhn vivia apenas para seu irmão asmático e para Feuerbach. Sobre Ifigênia, a de Feuerbach, naturalmente, ela costumava dizer: "É ela que eu gostaria de ter sido". *Herr* Caroli, que tinha a aparência de um latino, com cerca de 35 anos, e que tinha de ouvir das damas que sua testa era igual à de Trotski, não poupava ninguém, nem mesmo a si próprio. Ele preferiria ser Rathenau, disse, três dias antes do assassinato de Rathenau; e foi esta a única vez que o vi abalado, pois olhou para mim, um garoto de escola, e com lágrimas nos olhos disse: "Está chegando o fim!".

Herr Rebhuhn, aquele homem bondoso que adorava o *kaiser*, foi o único que não ficou atarantado com o assassinato. Apreciava muito mais o velho Rathenau do que o filho, pois a este jamais perdoou ter servido à República. No entanto, admitia que Walther adquirira certo mérito ao servir à Alemanha, na guerra, quando ainda era império e mantinha sua honra. *Herr* Schutt disse furioso: "Eles acabarão assassinando a todos, *a todos!*" Pela primeira vez em sua vida, *Herr* Bemberg mencionou a classe operária: "Os operários não vão tolerar uma coisa destas!". *Herr* Caroli disse: "Deveríamos deixar a Alemanha!". *Fräulein* Rahm, que não gostava de assassinatos porque, em geral, alguma coisa saía errado, disse: "O senhor me leva?", o que *Herr* Caroli jamais esqueceu. A partir desse dia sua pretensão à cultura o abandonou. Ele fazia-lhe a corte abertamente e, para dissabor das mulheres, foi visto entrando no quarto dela, de onde só saiu às dez horas.

UMA VISITA IMPORTANTE

À mesa do almoço da Pensão Charlotte minha mãe desempenhava um papel importante, mas não dominador. Ela era marcada por Viena, ainda que parte dela resistisse a esta cidade. Tudo que ela sabia sobre Spengler era o título de sua obra. A pintura nunca significara muito para ela; e quando, após o aparecimento do *Vincent*, de Meier-Graefe, Van Gogh se tornou o tema mais elegante das conversas à mesa da pensão, ela não podia participar. Quando, vez ou outra, ela se permitia dizer alguma coisa, a impressão que deixava não era das melhores. Os girassóis, disse ela, não tinham perfume, e o melhor que eles podiam oferecer eram as sementes, que ao menos se podia mastigar. Isso provocou um silêncio constrangedor, encabeçado por *Fräulein* Kündig, a autoridade suprema em cultura moderna entre os que estavam à mesa, sempre imbuída daquilo que aparecia no *Frankfurter Zeitung*. Foi naquele tempo que começou um verdadeiro culto a Van Gogh; *Fräulein* Kündig, certa vez, disse que só depois de conhecer a vida de Van Gogh conseguia entender o que era Cristo, uma declaração que provocou o mais enérgico protesto de *Herr* Bemberg. *Herr* Schutt achou aquilo exagerado; *Herr* Schimmel sorriu. *Fräulein* Rebhuhn implorou: "Mas ele é tão insensível à música", referindo-se a Van Gogh, e quando percebeu que ninguém a entendia, acrescentou destemida: "Os senhores podem imaginá-lo pintando o *Concerto* de Feuerbach?".

Eu, então, nada sabia sobre Van Gogh e, em nossos aposentos, sondei minha mãe acerca dele. Tinha ela tão pouca coisa a dizer que me senti embaraçado. Chegou mesmo a dizer algo que jamais havia dito: "Um louco que pintou cadeiras de palha e girassóis, sempre em cor amarela. Ele não gostava de outras cores, até que um dia teve uma insolação e meteu uma bala na cabeça". Fiquei muito insatisfeito com a informação; senti que a loucura que ela atribuía a ele se referia a mim. Ultimamente, ela tomava partido contra toda espécie de excentricidade; metade dos artistas para ela eram "loucos", mas isto só valia para os modernos (especialmente os que ainda estavam vivos); os mais antigos, com os quais ela crescera, escapavam incólumes. A ninguém ela permitia que tocasse num fio de cabelo de Shakespeare; e ela só tinha seus grandes momentos à mesa da pensão quando *Herr* Bemberg, ou outro imprudente, se queixava do enfado que sentira numa representação de Shakespeare, que já era tempo de acabar com isso e de pôr algo mais moderno em seu lugar.

Então minha mãe finalmente tornava a ser aquela admirável mulher de antes. Com poucas frases cintilantes, ela demolia o pobre *Herr* Bemberg, que miseravelmente olhava ao redor buscando ajuda, mas ninguém vinha em seu auxílio. Quando se tratava de Shakespeare, minha mãe não tinha papas na língua, não tinha consideração por quem quer que fosse; era-lhe indiferente o que os outros pensassem dela. E quando concluía dizendo que, para as pessoas fúteis desse tempo de inflação, que só pensavam em dinheiro, Shakespeare seguramente não era a coisa certa, ela conquistava todos os corações: desde *Fräulein* Kündig, que admirava seu entusiasmo e seu espírito, até *Herr* Schutt, que incorporava o trágico, embora jamais o citasse pelo nome; e mesmo *Fräulein* Parandowski, que era a favor de tudo o que denotava orgulho, e para quem Shakespeare tinha algo de altivo. Até mesmo o sorriso de *Herr* Schimmel tornou-se um tanto misterioso quando, para surpresa de todos, ele disse "Ofélia", e depois repetiu o nome mais devagar, com receio de tê-lo pronunciado mal. "Nosso cavalariano conhece *Hamlet*", disse *Fräulein* Kündig, "quem pensaria", ao que logo foi interrompida por *Herr* Schutt: "Quando alguém diz Ofélia, isto não significa que tenha assistido a *Hamlet*". Verificou-se que *Herr* Schimmel não sabia quem era Hamlet, o que provocou muito riso. Ele nunca mais ousou salientar-se tanto. Em todo caso, o ataque de *Herr* Bemberg a Shakespeare foi rebatido; sua própria mulher asseverou que gostava quando as atrizes se disfarçavam de homens em Shakespeare, o que era muito chique.

Naquela época, os jornais citavam muito o nome de Stinnes. Era o tempo da inflação; eu me recusava a entender qualquer assunto econômico; tudo que soasse a economia, eu desconfiava ser uma cilada de meu tio em Manchester, querendo me atrair para o seu negócio. Eu ainda sentia na pele a sua investida na confeitaria Sprüngli, dois anos antes. O efeito fora agravado pela terrível discussão que eu tivera com minha mãe. Eu atribuí à influência dele tudo aquilo que parecia me ameaçar. Era natural que Stinnes me fizesse lembrar meu tio: a maneira como se falava de Stinnes; a inveja que eu percebia na voz de *Herr* Bemberg quando mencionava seu nome; o cortante desprezo com que *Herr* Schutt o condenava: "Todos ficam cada vez mais pobres, só ele fica cada vez mais rico"; a simpatia unânime de todas as mulheres da pensão (*Frau* Kupfer: "Ele ainda pode se permitir muitas coisas"; *Fräulein* Rahm, que para ele formulava sua frase mais longa: "O que é que se sabe de um homem como este?"; *Fräulein* Rebhuhn: "Para a música, jamais lhe sobra tempo"; *Fräulein* Bunzel: "Eu sinto pena dele. Ninguém o entende"; *Fräulein* Kündig: "Eu gostaria de ler as cartas com pedidos que ele recebe"; *Fräulein* Parandowski teria gostado de trabalhar para ele, "com ele, a gente sabe onde está"; *Frau* Bemberg gostava de pensar na mulher dele: "Para um homem como este, deve-se usar roupas chiques") — as conversas sobre ele sempre eram longas; minha mãe era a única que ficava calada. Nessa única vez, *Herr* Rebhuhn concordou com *Herr* Schutt, usando até mesmo um termo forte: "parasita", ou, mais precisamente: "É um parasita da nação"; *Herr* Schimmel, sempre suave e sorridente, deu à observação de *Fräulein* Parandowski uma versão inesperada: "Sabe-se lá se nós já não fomos comprados? Nunca se pode saber". Quando perguntei à minha mãe por que se calava, ela disse que, como estrangeira, não lhe convinha imiscuir-se em assuntos internos da Alemanha. Mas era evidente que pensava em outra coisa, sobre a qual não queria falar.

Então, certo dia, com uma carta na mão, ela disse: "Meninos, vamos receber uma visita. Depois de amanhã *Herr* Hungerbach virá tomar chá conosco". Fiquei sabendo que ela conhecera *Herr* Hungerbach no sanatório florestal em Arosa. Ela disse que se sentia um pouco embaraçada por ter de recebê-lo na pensão, pois ele estava acostumado a uma vida muito diferente, mas era tarde demais para cancelar a visita, pois ele já estava em viagem e ela nem mesmo sabia onde alcançá-lo. Imaginei, como sempre, quando ouvia falar em "viagem", que ele empreendia viagens de exploração, e quis saber através de que continente ele viajava. "Está em viagem de negócios, evidentemente", disse ela, "é um industrial." Agora eu sabia por que ela se calara à mesa. "É melhor que não comentemos esta visita diante dos hóspedes. Ninguém o reconhecerá quando ele vier."

Naturalmente fiquei precavido contra ele, para isso não teria havido necessidade das conversas à mesa; era um homem que pertencia à esfera daquele tio Bicho-Papão; o que queria ele de nós? Senti que minha mãe estava insegura, e pensei que teria de protegê-la contra ele. Mas só percebi o quanto aquilo era grave, quando ela me disse: "Não saia da sala enquanto ele estiver aqui, meu filho; quero que você o ouça do começo ao fim. É um homem que está no auge da vida. Já em Arosa, ele me prometeu que nos daria uma ajuda quando viéssemos à Alemanha. É extremamente ocupado. Mas agora vejo que cumpre sua palavra".

Eu estava curioso a respeito de *Herr* Hungerbach; prevendo que o embate com ele seria sério, eu esperava encontrar um adversário que tornaria as coisas difíceis para mim. Queria que ele me impressionasse para melhor me afirmar contra ele. Minha mãe, que tinha bom faro para os meus "preconceitos juvenis" (assim ela os chamava), disse que eu não pensasse que *Herr* Hungerbach tinha crescido como menino mimado, numa casa rica. Pelo contrário, tivera uma vida difícil, como filho de um mineiro, e ascendera pouco a pouco, com muito esforço. Em Arosa, ele lhe contara toda a história de sua vida, e só então ela entendeu o que significa começar por baixo. Por fim, ela teria dito a *Herr* Hungerbach: "Receio que meu filho tenha levado uma vida boa demais". Ele teria colhido informações a meu respeito e concluíra dizendo que nunca é tarde demais, que sabia muito bem o que fazer num caso destes: "Jogá-lo dentro d'água e deixar que se debata. De repente, ele sabe nadar".

Herr Hungerbach tinha maneiras abruptas. Bateu à porta e

já estava dentro da sala. Apertou a mão de minha mãe, mas, em vez de encará-la, dirigiu seu olhar para mim e latiu. Suas frases eram curtas e abruptas; era impossível deixar de entendê-lo, mas ele não falava, ele latia. Desde o momento de sua chegada até a despedida — ficou uma hora inteira — ele latiu ininterruptamente. Não fazia perguntas e não esperava respostas. Nem uma única vez perguntou pela saúde de minha mãe, embora ambos tivessem estado em tratamento no sanatório de Arosa. Não perguntou meu nome. Em compensação, tive que tornar a ouvir tudo aquilo que me horrorizara tanto, um ano antes, na discussão com minha mãe. Um aprendizado duro, o mais cedo possível, era o que havia de melhor, disse ele. Nada de estudos. Jogar fora os livros, esquecer todas aquelas tolices. Tudo o que estava escrito nos livros era errado; só o que contava era a própria vida, a experiência e o trabalho duro. Trabalhar, até que os ossos doessem. Se não fosse assim, não seria trabalho. Quem não aguentasse isso, por ser muito fraco, que se danasse. Ninguém choraria por ele, disse *Herr* Hungerbach. De qualquer forma, havia gente demais no mundo. Os imprestáveis que desaparecessem. Aliás, não estava fora de questão que alguém pudesse se tornar útil apesar de tudo, apesar de um começo basicamente errado. Mas, antes de qualquer coisa, era necessário esquecer todas aquelas tolices que nada têm a ver com a vida como ela realmente é. Viver era lutar, ele disse, uma luta impiedosa, e isto era bom. De outro jeito a humanidade não progrediria. Uma raça de fracos já teria sucumbido sem deixar vestígios. Nada se conseguia do nada. Os homens deveriam ser educados por homens. As mulheres, demasiado sentimentais, só queriam enfeitar seu principezinho e mantê-lo longe de toda a sujeira. Mas o trabalho era, principalmente, sujo. Ele deu a sua definição do trabalho: algo que cansa e suja, mas do qual, apesar disso, não se desiste.

Parece-me uma grosseira falsificação querer traduzir os latidos de *Herr* Hungerbach em expressões inteligíveis mas, embora eu não tenha entendido algumas frases e palavras específicas, o sentido de cada uma das diretivas foi sumamente nítido.

Parecia, até mesmo, que ele esperava que a gente se levantasse de um salto e se atirasse ao trabalho penoso, já que outro tipo de trabalho não contava.

Em todo o caso foi servido o chá. Estávamos sentados ao redor de uma mesa baixa e redonda; o visitante levava sua xícara à boca mas, antes que pudesse tomar um gole, lembrava-se de uma nova diretiva, urgente demais para dar tempo de tomar um gole inteiro. Bruscamente descansava sua xícara e abria a boca para pronunciar outras frases breves, das quais, em todo caso, se podia deduzir uma coisa: eram incontestáveis. Até mesmo pessoas mais idosas dificilmente teriam retrucado, quanto mais mulheres ou crianças. *Herr* Hungerbach saboreava o impacto que causava. Vestido todo de azul, a cor de seus olhos, parecia imaculado, sem uma mancha sequer, nem sinal de poeira. Pensei em muitas coisas que gostaria de dizer, mas a palavra que sempre me vinha à mente era "mineiro"; e eu me perguntava se aquele homem, mais asseado, seguro de si e duro que qualquer outro, realmente teria trabalhado numa mina, em sua juventude, como afirmava minha mãe.

Como não abri a boca *uma vez* sequer — ele não me teria cedido nem mesmo a fração de um segundo — depois de ter despejado tudo, ele acrescentou, como uma ordem para si mesmo, que não tinha tempo a perder; e foi-se embora. À minha mãe ele ainda estendeu a mão; mas a mim não mais prestou a menor atenção. Certamente pensou que eu estava fulminado demais para merecer um gesto de despedida. Proibiu minha mãe de acompanhá-lo até a saída, disse que conhecia o caminho; e, por fim, recusou qualquer tipo de agradecimento. Seria melhor que ela, antes de agradecer, aguardasse o efeito de sua intervenção. "A operação foi um sucesso, mas o paciente morreu", foram suas últimas palavras. Era uma piada com a qual pretendia amenizar a seriedade daquilo que dissera antes. Então tudo acabou.

"Ele mudou muito. Em Arosa ele era diferente", disse minha mãe. Ela estava embaraçada e envergonhada. Era evidente que ela dificilmente poderia ter encontrado pior aliado para seus novos planos de educação. Mas eu, ainda enquanto *Herr* Hungerbach falava, fui tomado de uma suspeita terrível, que me atormentava e me deixava sem fala. Levou algum tempo até que eu conseguisse me abrir. Entrementes, minha mãe me contou muitas coisas sobre *Herr* Hungerbach, como ele era *antigamente*, apenas um ano antes. Para minha surpresa, ela enfatizou — pela primeira vez — a fé de *Herr* Hungerbach. Diversas vezes ele teria mencionado o quanto sua fé significava para si. Dissera que devia essa fé à sua mãe; e que nunca vacilara, mesmo nos tempos mais difíceis. Sempre soubera que tudo terminaria bem, e foi o que aconteceu: como nunca vacilara, conseguiu chegar tão longe.

"O que tem isto a ver com a fé?", perguntei. "Ele me contou o quanto as coisas estavam difíceis na Alemanha", ela disse, "e que continuariam piorando antes de começarem a melhorar. Que cada um tinha de se puxar para fora do charco pelos próprios cabelos. Não havia outro jeito. E que numa crise como essa não há lugar para os pusilânimes e para os filhinhos de mamãe."

"Naquele tempo ele já falava assim?", perguntei.

"Assim como?"

"Quero dizer, como se estivesse sempre latindo, e sem encarar a gente."

"Não, isto também me surpreendeu. Naquele tempo ele realmente era diferente. Perguntava pela minha saúde, e se eu tinha notícias suas. Ficara impressionado porque eu falava tanto em você. Ele até mesmo me escutava. Certa vez, lembro-me muito bem, ele suspirou — imagine esse homem suspirando — e disse que sua juventude fora diferente; que sua mãe, com quinze ou dezesseis filhos, não me lembro bem, não tivera tempo para essas delicadezas. Pedi a ele que lesse o seu drama. Ele tomou o manuscrito, leu o título, e disse: '*Junius Brutus* — o título não é mau, dos romanos pode-se aprender muita coisa.'" "Ele ao menos sabia de quem se tratava?" "Sim. Imagine. Ele disse: 'É aquele que condenou seus filhos à morte'." "Era a única coisa que ele conhecia da história. Disso ele gostou, combina bem com ele. Mas ele chegou a lê-la?" "Não, claro que não; para literatura não lhe sobrava tempo. Ele sempre estudava a seção econômica do jornal e me exortava a mudar-me para a Alemanha: 'Lá a vida agora é muito barata, minha senhora, cada vez mais barata!'"

"E por isso saímos de Zurique e viemos para a Alemanha?" Isso eu disse com tanta amargura, que eu mesmo me surpreendi. Era pior do que eu pensara. A ideia de que eu abandonara o lugar que mais amava, para viver *mais barato* em outro lugar, era profundamente humilhante. Ela logo percebeu que fora longe demais, e tentou emendar: "Não, não foi isso. De modo algum. A ideia talvez tenha me ocorrido uma vez ou outra, quando eu ponderava o assunto, mas não foi o fator decisivo". "E qual foi o fator decisivo?" Ela se viu constrangida a tomar a defensiva, e como ainda estávamos sob a impressão daquela abominável visita, fez-lhe bem prestar-me contas, ao mesmo tempo que esclarecia algumas coisas para si mesma.

Ela pareceu-me insegura, era como se sondasse sua mente à procura de respostas que resistissem e não se diluíssem no mesmo instante. "Ele sempre queria falar comigo", disse ela. "Creio que gostava de mim. Sempre foi respeitoso e, em lugar de fazer gracejos, como os outros pacientes, mantinha-se sério e falava da mãe. Eu gostava disso. As mulheres em geral não gostam de que alguém as compare à mãe, você sabe, pois isto as faz sentirem-se mais velhas. Mas eu gostava, porque percebia que ele me levava a sério." "Mas você causa boa impressão a todos porque é bela e inteligente." Isso era o que eu realmente achava, ou então não o teria dito naquela ocasião, quando não sentia a menor disposição de ser amável; pelo contrário, eu sentia um ódio terrível, pois finalmente estava no rastro daquilo que, desde a morte de meu pai, sofria como sendo minha maior perda: nossa saída de Zurique.

"Ele ficava repetindo que eu era irresponsável, porque havia educado você sozinha. Que você deveria sentir a mão forte de um homem. 'Mas agora a situação é esta', eu costumava responder, 'onde é que eu haveria de encontrar um pai para os meninos?' Foi justamente para me dedicar inteiramente a vocês que não tornei a me casar, e agora eu tinha de ouvir que isso fora ruim para vocês. O sacrifício que eu fizera seria a desgraça de meus filhos. Isso me deixou aterrorizada. *Agora* estou convencida de que ele *queria* me assustar, para me impressionar. Intelectualmente ele não era muito interessante, você sabe, dizia sempre as mesmas coisas. Mas a respeito de vocês ele me deixou muito assustada, e ao mesmo tempo me ofereceu sua ajuda. 'Vá para a Alemanha, *Frau* Canetti', disse ele. 'Eu sou um homem muito ocupado, não tenho tempo para coisa alguma, nem sequer um minuto; mas de seu filho eu cuidarei. Vá, digamos, para Frankfurt; eu a visitarei e terei uma conversa séria com seu filho. Ele ainda não sabe o que é a vida. Na Alemanha ele verá o mundo com outros olhos. Terei uma conversa muito franca com ele, e depois a senhora fará com que enfrente a vida! Ele já estudou o suficiente, agora chega de livros! Senão ele jamais se tornará um homem! A senhora quer uma mulher por filho?'"

O DESAFIO

Rainer Friedrich era um rapaz alto e sonhador. Ao caminhar, parecia não saber como e aonde ia. Não causaria surpresa se saísse com a perna direita numa direção e a esquerda noutra. Não era fraco, apenas estava completamente desinteressado de seu físico. Por isso era, também, o pior ginasta da classe. Estava sempre perdido em pensamentos, aliás, em duas espécies de pensamentos. Seu verdadeiro talento era a matemática; eu nunca havia encontrado alguém que tivesse tanta facilidade para essa matéria. Nem bem um problema era enunciado, lá vinha ele com a resposta; antes que compreendêssemos de que se tratava, ele já tinha a solução. Mas não se exibia; dava as respostas em voz baixa e de forma natural, como se estivesse traduzindo fluentemente de uma língua para outra. Isso não lhe custava qualquer esforço, parecia que a matemática era sua língua materna. Fiquei surpreendido com ambos os aspectos: a facilidade e a falta de vaidade. Não era só o conhecimento, mas uma habilidade que ele estava sempre pronto a demonstrar, em quaisquer circunstâncias. Perguntei-lhe se ele era capaz de solucionar fórmulas durante o sono; ele meditou seriamente e depois disse com simplicidade: "Creio que sim". Eu tinha o maior respeito pelo seu talento, mas não o invejava. Era impossível sentir inveja de algo tão singular, o fato de ser tão surpreendente, de parecer um milagre, o erguia muito acima do sentimento de mera inveja. Eu o invejava, no entanto, por sua modéstia. "Mas isto é tão fácil", ele costumava dizer quando alguém expressava admiração por suas fantásticas soluções, "você também pode fazê-lo." Ele agia como se realmente acreditasse que os outros pudessem fazer o que ele fazia, mas não o fizessem apenas porque não *queriam*, como uma espécie de má vontade que ele jamais tentou explicar, a não ser por razões religiosas.

A outra coisa que ocupava seus pensamentos ficava a uma distância imensurável da matemática; era a sua fé. Ele frequentava o círculo bíblico; era um cristão devoto. Morava na minha vizinhança e voltávamos juntos da escola, ele tentando converter-me à sua fé. Isso nunca havia me acontecido na escola. Ele não usava de argumentos; nunca discutíamos. Não havia sinal da rigorosa lógica de seu pensamento. Era um convite amistoso, sempre precedido de meu nome, do qual ele acentuava a primeira letra, de forma quase suplicante. "Êlias", assim ele costumava começar, prolongando um pouco meu nome, "tente, você também pode acreditar. É só querer. É muito simples. Cristo morreu também por você." Ele pensava que eu fosse teimoso, pois eu não respondia. Supunha que era a palavra "Cristo" que me repugnava. Como poderia ele saber que, em minha primeira infância, "Jesus Cristo" me estivera muito próximo, naqueles maravilhosos hinos ingleses que cantávamos com nossa governanta? O que me repugnava, o que me deixava mudo, o que me horrorizava, não era o nome que eu, talvez sem sabê-lo, ainda levava dentro de mim; mas sim que ele tivesse "morrido também por mim". Eu jamais me reconciliara com a palavra "morrer". Se alguém tivesse morrido por mim, eu estaria subjugado pelo mais terrível sentimento de culpa, como se me aproveitasse de um assassinato. Se houve algo que me manteve afastado de Cristo, foi essa imagem de um sacrifício, do sacrifício de uma vida feito por toda a humanidade, portanto, também por mim.

Alguns meses antes que começássemos a cantar secretamente aqueles hinos, em Manchester, eu havia aprendido, nas aulas de religião do sr. Duke, que Abraão sacrificara seu filho Isaac. Isso eu nunca consegui superar, e, se não parecesse ridículo, eu diria: até hoje. Despertou em mim dúvidas quanto às *ordens*, e esse ceticismo jamais morreu. Só isso teria sido suficiente para impedir que eu me tornasse um judeu devoto. A crucificação de Cristo, embora voluntária, teve sobre mim um efeito não menos perturbador, pois significava que a morte, qualquer que fosse o motivo, havia sido *usada*. Friedrich, que pensava estar fazendo a melhor defesa de sua causa, afirmava com calor na voz que Cristo morrera também por mim, sem suspeitar que, com essa frase, punha tudo a perder. Talvez interpretasse mal o meu silêncio, e o tomasse por indecisão. Do contrário, seria difícil compreender por que todos os dias, no caminho da escola para casa, ele repetia a mesma frase. Sua obstinação era espantosa, mas nunca desagradável, pois eu sabia que ela provinha de um bom sentimento: ele queria dar-me a impressão de que eu não estava excluído dessa causa, a melhor que ele tinha, da qual eu poderia participar tanto quanto ele. Sua brandura também me desarmava: ele nunca parecia zangado com meu silêncio a esse respeito. Falávamos de muitas coisas e entre nós, certamente, não reinava o silêncio. Ele apenas enrugava a testa, surpreso com o fato de que a solução desse problema fosse tão difícil; ao nos despedirmos, quando chegávamos à sua casa, ele me estendia a mão e ainda dizia: "Pense bem, Elias" — mais como uma súplica do que como uma insistência — e entrava na casa com seu jeito trôpego.

Eu sabia que nossa caminhada sempre acabaria com essa sua tentativa de conversão, e me acostumei a isso. Só aos poucos vim a saber que em sua casa, além do sentimento cristão, havia outro completamente oposto. Ele tinha um irmão mais jovem que também frequentava a Escola Wohler, duas séries abaixo da nossa. Esqueci seu nome, talvez por ele ter sido tão cáustico comigo e ter me tratado com indisfarçada hostilidade. Não tão alto como Rainer, no entanto, era um bom atleta e sabia muito bem o que fazia com suas pernas. Era tão seguro e decidido quanto Rainer era inseguro e sonhador. Tinham o mesmo tipo de olhos, mas enquanto o mais velho sempre nos encarava com um ar inquiridor, esperançoso e benevolente, o olhar do mais jovem tinha algo de ousado, briguento e provocador. Eu só o conhecia de vista, jamais havia falado com ele, mas Rainer me trazia notícias frescas do que ele dissera de mim.

Tratava-se, sempre, de coisas desagradáveis ou ofensivas. "Meu irmão diz que você se chama Kahn, e não Canetti. Ele quer saber por que vocês alteraram o nome." Tais dúvidas sempre vinham de parte de seu irmão, e em nome dele eram pronunciadas. Rainer ansiava pelas minhas respostas, a fim de refutar as palavras de seu irmão. Muito apegado a ele, segundo creio, Rainer também gostava de mim; assim, ao me transmitir os comentários maliciosos de seu irmão, estava realmente tentando promover a compreensão e a paz. Ele esperava que eu o refutasse, informava seu irmão sobre minhas respostas, mas estava completamente enganado ao acreditar numa possibilidade de conciliação. Em nosso caminho de casa, a primeira coisa que eu tinha de ouvir de Rainer era uma nova suspeita e acusação de seu irmão. Eram todas tão absurdas que eu não as levava a sério, embora sempre respondesse conscienciosamente. Seu principal conteúdo era sempre o mesmo: que eu, como todos os judeus, procurava ocultar minha condição. Evidentemente, não era essa a questão, e tornou-se mais óbvio ainda quando, poucos minutos depois, respondi com meu silêncio à sua indefectível tentativa de conversão.

Talvez fosse a incapacidade do irmão de dar ouvidos à razão o que me obrigava a responder paciente e detalhadamente. Rainer me informava sobre todos os comentários de seu irmão, por assim dizer, entre parênteses. Tudo era transmitido sem entonação, e Rainer não tomava partido. Ele nunca dizia: "Eu também acredito nisto", ou: "Nisto eu não creio"; apenas transmitia o recado, como se este passasse através dele. Se eu tivesse ouvido tais suspeitas no tom agressivo de seu irmão, teria me zangado e jamais respondido. Mas, ditas com perfeita calma, eram sempre precedidas de: "meu irmão diz" ou "meu irmão pergunta". O que seguia depois era tão monstruoso que eu me via obrigado a falar, embora aquilo não me tivesse realmente irritado, pois, de tão absurdo, só me fazia sentir pena do interrogador. "Elias, meu irmão pergunta: Por que vocês usaram sangue de cristãos para a Festa de Páscoa?" Eu respondia: "Jamais. Jamais. Celebrávamos a Páscoa quando eu era criança. Eu teria notado. Tínhamos muitas empregadas cristãs em nossa casa, eram minhas companheiras de brinquedos". No dia seguinte vinha a próxima mensagem do irmão: "Talvez não nos nossos dias, quando isto logo seria divulgado. Mas antigamente, por que os judeus matavam crianças para sua Festa da Páscoa?". Todas as velhas acusações eram desenterradas: "Por que os judeus envenenaram os poços?". Eu respondia: "Jamais fizeram isso". Ele continuava: "Fizeram, sim, no tempo da peste". "Mas eles morriam da peste, como os outros." "Porque envenenaram os poços. Seu ódio aos cristãos era tão grande que eles próprios sucumbiam a esse ódio." "Por que os judeus amaldiçoam todas as outras pessoas?" "Por que os judeus são tão covardes?" "Por que, durante a guerra, não havia judeus combatentes?"

E assim ia. Minha paciência era inesgotável. Eu respondia da melhor maneira possível, sempre sério, jamais ofendido, como se tivesse verificado em minha enciclopédia fatos incontestáveis. Eu decidira que, através de minhas respostas, daria fim a tais acusações, que me pareciam completamente absurdas. Para emular a tranquilidade de Rainer, eu certa vez lhe disse: "Diga a seu irmão que lhe sou grato por suas perguntas. Assim posso acabar com suas ideias tolas de uma vez por todas". Até mesmo o crédulo, inocente e honesto Rainer se admirou. "Isto será difícil", disse, "ele sempre vem com novas perguntas." Mas, na realidade, o ingênuo era eu, pois durante vários meses não percebi qual era a intenção de seu irmão. Um dia Rainer disse: "Meu irmão quer saber por que você sempre responde às suas perguntas. Você poderia abordá-lo no pátio da escola, durante o recreio, e desafiá-lo à luta. Você pode bater-se com ele, se não tiver medo!".

Jamais me ocorrera que eu pudesse ter medo dele. Apenas sentia pena dele, por causa de suas perguntas infinitamente tolas. Mas ele quisera me desafiar e escolhera o estranho caminho através de seu irmão que, durante todo esse tempo, não deixou passar um dia sequer sem suas tentativas de conversão. Minha compaixão transformou-se em desprezo; não lhe concedi a honra de desafiá-lo. Ele tinha dois anos menos do que eu e não teria ficado bem para mim engalfinhar-me com um menino que frequentava uma classe duas séries abaixo da minha. Assim acabei com aquele "intercâmbio". Na vez seguinte em que Rainer começou: "Meu irmão manda dizer que...", eu o interrompi no meio da frase e disse: "Seu irmão que vá para o inferno. Eu não me bato com meninos pequenos". Nossa amizade, contudo, nada sofreu; até mesmo as tentativas de conversão continuaram inalteradas.

O RETRATO

Hans Baum, meu primeiro amigo aqui, era filho de um engenheiro da empresa Siemens-Schuckert. Muito formal, tendo recebido de seu pai uma disciplina rígida, preocupava-se em jamais cometer erros, sempre sério, consciencioso e diligente; não muito dotado, era, em compensação, sumamente esforçado. Lia bons livros e frequentava os concertos do Saalbau; sempre havia algo sobre o que pudéssemos conversar. Um tema inesgotável era Romain Rolland, especialmente seu *Beethoven* e o seu *Jean-Christophe*. Baum, por ter um sentimento de responsabilidade para com os homens, queria tornar-se médico, o que eu muito apreciava nele. Embora se preocupasse com a política, suas ideias eram sempre moderadas; instintivamente, rejeitava todos os extremismos. Tinha tanto autodomínio que dava a impressão de estar sempre metido numa farda. Apesar de jovem, examinava qualquer questão sob todos os ângulos, "por um senso de justiça", como ele dizia, mas talvez mais ainda porque tinha aversão a qualquer leviandade.

Quando o visitei em sua casa, fiquei admirado ao verificar que seu pai era um homem temperamental, impetuoso, com mil preconceitos que expressava com veemência a todo instante; bem-humorado, leviano, brincalhão, tinha o mais profundo afeto pela cidade de Frankfurt. Tornei a visitá-lo várias vezes e sempre ele lia para nós trechos de seu poeta predileto, Friedrich Stoltze. "É o maior de todos os poetas", dizia, "quem não gosta dele merece ser fuzilado." A mãe de Hans Baum falecera havia anos; quem cuidava da casa era sua irmã, uma pessoa alegre, um pouco corpulenta apesar de sua juventude.

A retidão do jovem Baum era algo que ocupava meus pensamentos. Ele não diria uma mentira nem que lhe cortassem a língua. A covardia, em seu mundo, era um pecado; talvez o maior de todos. Quando algum professor lhe exigia explicações — o que acontecia raramente, pois ele era um dos melhores alunos — então, indiferente às consequências para si próprio, ele respondia com absoluta franqueza. Quando não lhe dizia respeito, agia com nobreza e protegia os colegas; mas sem mentir. Quando interrogado, ficava em pé, ereto como um fuso. Tinha a postura mais aprumada de toda a classe; abotoava seu casaco, com movimentos decididos mas moderados. Era-lhe impossível ficar em público de casaco desabotoado; talvez por esse motivo ele desse a impressão de estar frequentemente fardado. Em Baum realmente nada havia que se pudesse objetar. Tinha o caráter íntegro desde jovem, e certamente não era tolo. Mas era sempre o mesmo, cada uma de suas reações perfeitamente previsível; nunca causava surpresa, a não ser, talvez, pelo fato de jamais nos surpreender. Em questões de honra, era extremamente sensível. Quando lhe contei, passado algum tempo, sobre o jogo que o irmão de Friedrich se permitira fazer comigo, ele perdeu a calma — era judeu — e me perguntou, com toda seriedade, se ele deveria desafiá-lo. Não entendia nem o longo período de minhas pacientes respostas, nem o completo desprezo que depois senti. Isso o preocupou; achou que deveria haver algo de errado comigo, já que eu mantivera aquele jogo por tanto tempo. Como não lhe permiti que empreendesse qualquer ação em meu nome, ele resolveu investigar o assunto. Descobriu que o falecido pai de Friedrich fora mal nos negócios, e que concorrentes seus, judeus, tiveram algo a ver com isso. Não entendi os detalhes; as informações que obtivemos foram insuficientes para entendê-los. Mas logo depois o pai falecera. Então comecei a compreender por que aquela família fora tomada por esse ódio cego.

Felix Wertheim, um rapaz espirituoso e alegre, era indiferente ao que aprendia, e a quanto aprendia, pois durante as aulas ocupava-se em estudar os professores. Nenhuma particularidade de um professor lhe escapava; ele os estudava a todos como se fossem papéis a serem interpretados, e os seus favoritos eram excepcionalmente rendosos. Sua vítima por excelência era Kramer, o colérico professor de latim, ao qual imitava com tanta perfeição que nos dava a impressão de que o próprio estava à nossa frente. Certa vez, durante uma dessas representações, Kramer chegou à sala de aula inesperadamente, antes da hora, vendo-se, de repente, confrontado consigo próprio. Wertheim estava tão entusiasmado que não pôde parar, e insultou o professor como se este fosse um impostor que, insolentemente, se arrogasse o seu papel. Essa cena continuou por um minuto ou dois; ambos, frente a frente, olhavam-se incrédulos e insultavam-se grosseiramente, à maneira de Kramer. A classe esperava o pior, mas nada aconteceu — Kramer, o colérico Kramer, teve um acesso de riso, que a custo conseguiu sufocar. Wertheim deixou-se cair em sua cadeira, na primeira fila; a inequívoca vontade de rir de Kramer tirara-lhe o próprio humor. O incidente nunca foi mencionado; não houve castigo. Kramer, lisonjeado pela fidelidade de seu retrato, foi incapaz de tomar qualquer medida contra seu imitador.

O pai de Wertheim possuía um grande negócio de confecções; era rico e não tinha o menor interesse em ocultar suas posses. Na véspera de Ano-Novo, fomos seus convidados, e nos vimos numa grande casa cheia de quadros de Liebermann. Em cada sala, havia cinco ou seis telas; não creio que houvesse nenhuma de outro pintor. O destaque da coleção era um retrato do dono da casa. Fomos bem servidos. Havia muita ostentação. O anfitrião, apontando sem acanhamento para o seu retrato falou, para que todos o ouvissem, de sua amizade com Liebermann. Eu disse a Baum, também em voz bem alta: "Ele posou para o retrato, mas isto certamente não significa que sejam amigos".

A pretensão daquele homem à amizade com Liebermann, assim como a ideia de que um grande pintor tivesse se ocupado de um rosto tão vulgar, me irritou. A presença do retrato me incomodava mais do que a do retratado. Eu dizia a mim mesmo que a coleção seria muito mais bonita sem aquele quadro. Não era possível ignorá-lo; tudo estava disposto de tal forma que se era obrigado a vê-lo. Também minha observação descortês de nada servira; afora Baum, ninguém lhe prestara atenção.

Durante as semanas que se seguiram, houve entre nós uma acalorada discussão sobre o tema. Fiz a Baum a seguinte pergunta: um artista deve pintar qualquer um que lhe encomende o retrato? Tem o pintor o direito de se recusar, quando a pessoa a ser retratada não lhe serve como tema de sua arte? Baum achava que o pintor devia aceitar; sempre lhe restava a possibilidade de revelar sua opinião sobre o retratado através da pintura. O pintor tinha todo o direito de fazer um retrato feio ou repelente, o que estava dentro da esfera de sua arte; ao passo que uma recusa antecipada era um sinal de fraqueza, pois significava que o pintor não tinha confiança em sua capacidade. Isso soava justo e moderado, contrastava de maneira desagradável com meu descomedimento.

"Como pode ele pintar", disse eu, "quando está tomado de repugnância por um rosto? Se ele se vinga e desfigura o semblante de quem posa, então já não é um retrato. Sendo assim, ele não precisaria do modelo, poderia pintar o quadro sem ele. Mas se o pintor aceita pagamento da vítima pelo escárnio, então pratica uma baixeza por dinheiro. Isso se poderia relevar a um pobre-diabo que passa fome, por ainda não ser conhecido. Mas, a um pintor afamado e procurado, isso é imperdoável."

Baum não era adverso a normas rigorosas, mas estava menos interessado na moral dos outros do que na sua própria. Não se podia esperar que todos fossem iguais a Michelangelo, havia também naturezas mais dependentes e menos orgulhosas. Para mim, só deveria haver pintores orgulhosos; quem não tivesse estofo para isso que se dedicasse a outro ofício. Mas Baum me fez meditar sobre um aspecto importante.

Que noção eu tinha de um retratista? Deveria ele representar as pessoas como elas são, ou deveria delas fazer retratos ideais? Para se fazer retratos ideais, não se precisa de um retratista! Cada pessoa é ela mesma, e é isto que o pintor, para o qual se posa, deve captar. Assim, aliás, a posteridade saberá que existiram muitos tipos diferentes de pessoas.

Isso fez sentido para mim e dei-me por vencido. Mas ficou-me um mal-estar acerca da relação entre os pintores e seus mecenas. Não pude livrar-me da suspeita de que a maioria dos retratos era feita por adulação e não devia ser tomada a sério. Talvez fosse esse um dos motivos por que eu, naquele tempo, tomei tão decididamente o partido dos satíricos. George Grosz tornou-se, para mim, tão importante quanto Daumier. A distorção, que servia a intenções satíricas, conquistou-me por completo e sucumbi a ela sem resistência, como se fosse *ela* a verdade.

A CONFISSÃO DE UM TOLO

Meio ano após a minha admissão na classe, chegou um novo aluno, Jean Dreyfus. Era maior e mais velho do que eu, de bom físico, atlético; um belo rapaz. Em casa ele falava francês, o que se notava em seu alemão. Vinha de Gênova, mas já morara em

Paris e se destacava dos outros companheiros por sua origem cosmopolita. Tinha um ar superior, de cidadão do mundo, mas sem qualquer exibição. Ao contrário de Baum, não dava valor aos conhecimentos escolares. Não levava a sério os professores e os tratava com esmerada ironia. Às vezes dava-me a impressão de saber mais do que eles sobre muitas coisas. Extremamente cortês e, acima de tudo, espontâneo, nunca se sabia com antecedência o que ele diria sobre algum assunto. Mas jamais era grosseiro ou infantil; sempre tinha perfeito domínio sobre si mesmo. Deixava que sentíssemos sua superioridade, sem que com isso nos oprimisse. Era um rapaz forte; seu corpo e sua mente pareciam estar em perfeito equilíbrio, mas eu ficava um pouco confuso por jamais conseguir descobrir o que o tornava tão sério. Assim, além de tudo o que me encantava nele, havia ainda esse mistério. Meditei muito acerca disso; suspeitei que o segredo talvez estivesse em sua origem, mas esta me confundia tanto que jamais consegui desvendá-lo.

Creio que Dreyfus jamais soube o que me atraía tanto nele. Se o soubesse, teria se divertido com isso. Após nossas primeiras conversas, decidi ser seu amigo; como com ele tudo transcorria de modo cortês e civilizado, esse processo demandou certo tempo. Do lado paterno, sua família era proprietária de um dos maiores bancos privados da Alemanha; isso nos fazia crer que seu pai deveria ser muito rico. Como eu sempre me sentira envolvido e ameaçado por meus próprios parentes, essa situação teria inevitavelmente provocado minha desconfiança e antipatia. Mas a isso se contrapunha o fato, para mim esmagador, de que seu pai resistira à tradição de ser banqueiro e se tornara escritor, simplesmente isto: escritor. E não um daqueles que perseguem o sucesso escrevendo romances baratos, mas sim um escritor moderno, um lírico que só poucos conseguiam entender, escrevendo, eu supunha, em francês. Eu jamais o lera, mas existiam livros dele publicados. Não tentei obtê-los; pelo contrário, hoje me parece que eu os evitava, pois para mim se tratava da aura de algo obscuro, algo de difícil compreensão; tão difícil que, na minha idade, seria absurdo tentar ter acesso a eles. Albert Dreyfus também se interessava por pintura moderna: escrevia crítica de arte e colecionava quadros; era amigo de alguns dos mais originais pintores novos e casado com uma pintora, a mãe de meu companheiro de classe.

De início, não apreendi bem esse fato. Jean o mencionara de passagem; não soara como algo particularmente honroso, mas antes — até onde se podia suspeitar alguma coisa por trás de suas frases bem formuladas — como uma dificuldade. Só quando fui convidado a visitá-lo e penetrei numa habitação cheia de quadros, retratos fortemente impressionistas, entre os quais havia também retratos infantis de meu amigo, fiquei sabendo que eram obras de sua mãe. Eram tão cheios de vibração e vivacidade que, no mesmo instante, apesar de meus parcos conhecimentos sobre a matéria, exclamei: "Mas ela é uma pintora *de verdade*! Isso você não me contou!". Ele, um pouco surpreso, disse: "Você havia duvidado disso? Pois eu o disse a você!". No entanto, tudo depende do que se entende por "dizer"; ele não anunciara o fato, apenas o mencionara casualmente. Dada a solenidade com que, para mim, se revestia qualquer atividade artística, a forma como ele a comunicara me dera a impressão de que ele quisera *desviar-se* do assunto, desculpando-se, à sua maneira cortês, pela atividade pictórica de sua mãe. Eu esperara encontrar algo no gênero da pintura floral de *Fräulein* Mina, na Vila Yalta, e agora caía das nuvens.

Jamais teria me ocorrido perguntar se a mãe de Jean era uma pintora *famosa*; tudo o que importava era que eu visse os quadros, que eles existissem em sua plenitude e vitalidade; e também que aquela residência, bastante ampla, estivesse *repleta* deles. Numa visita posterior, fiquei conhecendo a pintora. Pareceu-me nervosa e um pouco distraída; dava a impressão de ser infeliz, embora risse com frequência. Senti algo da profunda afeição que a ligava a seu filho. Jean, em sua presença, pareceu-me menos sereno. Preocupado, como qualquer outro estaria, indagou sobre a saúde de sua mãe. Como a resposta dela não o satisfez, ele perguntou novamente. Queria saber toda a verdade, sem qualquer traço de ironia, mas simpatia — na verdade, a última coisa que eu esperava dele — em vez de superioridade. Se com mais frequência eu os tivesse visto juntos, Jean e sua mãe, a imagem que guardo dele seria completamente diferente.

Mas jamais tornei a vê-la, enquanto que com ele eu me encontrava diariamente. Assim, foi dele que obtive aquilo de que mais necessitava naquele tempo: uma noção intacta, inquestionável, da arte e da vida daqueles que se dedicam a ela. Um pai que dera as costas aos negócios de sua família e se tornara escritor, cuja paixão eram os quadros e que, por isso mesmo, se casara com uma pintora de verdade. Um filho que falava francês maravilhosamente, embora frequentasse uma escola alemã, e que de vez em quando — o que era muito natural com um pai como aquele! — escrevia, ele próprio, poemas em francês, embora a matemática o interessasse mais. Havia ainda um tio, irmão de seu pai, que era médico neurologista, professor na Universidade de Frankfurt, com uma filha muito bela, Maria, que vi uma única vez e teria gostado de reencontrar.

Realmente, não faltava coisa alguma: a ciência pela qual eu tinha o maior respeito, a medicina — seguidamente vinha-me a ideia de que eu estudaria medicina; e, finalmente, a beleza de uma prima morena, aparentemente voluntariosa, cujos atrativos Jean, que já se arvorava um pouco a ser conhecedor das mulheres, certamente reconhecia, embora fosse propenso a aplicar critérios mais rígidos a uma prima.

Era agradável conversar com Jean sobre as moças; aliás, era, ele quem falava, e eu escutava. Levou algum tempo até que eu adquirisse suficiente experiência, através de suas conversas, para me sair com minhas próprias histórias. Eram todas inventadas; eu continuava tão inexperiente quanto fora em Zurique. Mas aprendia com ele e passei a imitá-lo. Ele nunca notou que eu o regalava com meras histórias, portanto eu preferia limitar--me a bem poucas, ou, melhor ainda, a uma só, que eu estendia através das mais variadas vicissitudes. Era uma história tão palpitante que ele depois ficava pedindo detalhes; seu mais vivo interesse fora despertado por uma moça em particular que eu, em honra de sua prima, batizara de Maria. Ela — além de sua

39

beleza — tinha as qualidades mais contraditórias: num dia, tinha-se a certeza de ter conquistado o seu afeto, para, no dia seguinte, descobrir-se a sua completa indiferença. Mas também isso não era definitivo; dois dias depois nossa perseverança era recompensada com o primeiro beijo. Dali em diante haveria uma longa sequência de ofensas, recusas e as mais ternas declarações. Conjecturávamos muito sobre a natureza das mulheres. Ele admitiu que jamais encontrara uma pessoa tão enigmática quanto a minha Maria, embora tivesse tido as mais variadas experiências. Mencionou o desejo de conhecer Maria, o que não descartei de imediato. Como ela era muito instável, eu sempre tinha condições de adiar o encontro sem despertar as suspeitas dele.

À luz dessas conversas, que continuaram quase ininterruptas, pois tinham seu próprio peso e se prolongaram por meses, foi despertado meu interesse por coisas que, no fundo, ainda me eram indiferentes. Eu não sabia coisa alguma; não tinha ideia do que acontecia entre amantes, afora os beijos. Na pensão, nossos aposentos ligavam-se por uma porta com o quarto ao lado, o de *Fräulein* Rahm, a qual, noite após noite, recebia a visita de seu amigo. Embora minha mãe tivesse, como medida de precaução, colocado o piano contra a porta, ouvia-se o suficiente, mesmo sem bisbilhotar. Talvez por causa da natureza daquela relação, os sons que vinham do quarto ao lado me surpreendiam, mas não me preocupavam. Tudo começava com as súplicas de *Herr* Odenburg, às quais *Fräulein* Rahm respondia com um brusco "não". As súplicas iam aumentando e então começavam os choros e gemidos, que pareciam não ter fim, sempre interrompidos pelo "não!", cada vez mais frio, de *Fräulein* Rahm. Finalmente, parecia que ela se zangava seriamente. "Saia! Saia!", ordenava ela, enquanto *Herr* Odenburg chorava, desolado. Às vezes ela realmente o expulsava, no meio de seu choro, e eu me perguntava se ele continuaria chorando ao descer a escada e cruzar com um dos outros moradores da pensão, mas eu não tinha o ânimo de sair para verificar com meus próprios olhos. Às vezes ele tinha permissão de ficar e os soluços se transformavam num choramingar. De qualquer forma, ele teria de deixar *Fräulein* Rahm pontualmente às dez; já que o regulamento da pensão não permitia visitas masculinas além dessa hora.

Quando o choro se tornava tão forte que nos atrapalhava a leitura, minha mãe sacudia a cabeça; mas jamais fazíamos comentários. Eu sabia o quanto lhe era desagradável essa vizinhança, mas, no que se referia aos nossos inocentes ouvidos infantis, aquela relação não parecia incomodá-la particularmente. Eu guardava para mim tudo o que ouvia, e nunca associava aquilo às conquistas de Jean; mas talvez, sem que eu então o suspeitasse, isso tenha influenciado o comportamento de minha Maria.

Tanto nos relatos de Jean quanto em minhas invenções, nunca havia impropriedades. Contávamos as coisas um ao outro, como era costume antigamente. Tudo tinha um tom cavalheiresco; o que importava era a admiração, não o domínio. Quando a admiração tinha a forma tão inteligente e jeitosa a ponto de não ser esquecida, então havíamos ganho: a conquista consistia em impressionar e ser levado a sério. Quando o fluxo das belas coisas que imaginávamos e depois *proferíamos* não era interrompido, quando a oportunidade de aplicá-las dependia não só da própria habilidade, mas também da expectativa e da receptividade da moça em questão, então estava provado que se era levado a sério, e era-se um homem. Era dessa prova que tudo dependia; era ela, mais do que a aventura, o que nos excitava. O relato de Jean era uma corrente ininterrupta de tais provas. Embora o que eu lhe contrapunha fosse inventado do começo ao fim, eu acreditava em cada uma de suas palavras, assim como ele acreditava em mim. Jamais me ocorreu pôr em dúvidas o que ele me contava, só porque eu inventava os *meus* casos. Nossos relatos existiam por si mesmos; talvez ele embelezasse alguns detalhes; aquilo que eu tirava da imaginação talvez o estimulasse a tornar mais atraentes alguns pontos. Nossos relatos afinavam-se uns aos outros, encaixavam-se, e, naquele tempo, influenciaram sua vida interior não menos do que a minha.

Nas conversas com Hans Baum, minha atitude era completamente diferente. Os dois não eram amigos; Jean achava Baum enfadonho. Ele detestava alunos exemplares, e o senso do dever de Baum lhe parecia ridículo por ser rígido, sem vida, e por permanecer sempre igual. A distância que os separava foi minha sorte, pois se comparassem o que eu lhes dizia em matéria de amor, eu logo teria perdido meu prestígio com ambos.

Eu falava a *sério* com Baum, enquanto minhas conversas com Dreyfus eram um jogo. Talvez eu desejasse aprender com Dreyfus, embora só competisse com ele nas palavras, guardando-me de procurar imitá-lo. Uma vez, tive uma conversa bastante séria com Baum, quando, para sua surpresa, lhe transmiti minha mais recente opinião sobre o assunto. "Não existe amor", declarei. "O amor é invenção dos poetas. Vez por outra se lê sobre ele em algum livro, e acredita-se nele porque se é jovem. Pensamos que é algo de que os adultos nos privaram, por isso nos atiramos sobre ele e acreditamos nele antes de qualquer experiência pessoal. Ninguém o descobriria por si. Na realidade, o amor sequer existe." Ele hesitou em responder; senti que não compartilhava minha opinião, mas, como ele levava tudo muito a sério, e além disso era um rapaz reservado, não apresentou qualquer refutação. Para isso ele teria de revelar experiências íntimas suas, o que era incapaz de fazer.

Minha extrema resistência foi uma reação a um livro que estava em poder de minha mãe desde o tempo de Zurique, e que eu acabara de ler, contra a sua vontade: *Confissão de um tolo*, de Strindberg. Minha mãe tinha um apreço especial por esse livro, o que notei pelo fato de ele sempre estar separado dos demais volumes de Strindberg, que ela empilhava. Certa vez, quando de maneira arrogante e empolada chamei *Herr* Odenburg de "vendedor de gravatas" e perguntei-me como poderia *Fräulein* Rahm suportar sua companhia noite após noite (enquanto minha mão, intencionalmente ou por acaso, brincava com o *Confissão de um tolo*, abria-o, folheava-o, depois o fechava, e novamente o abria), ela, pensando que por causa das cenas de todas as noites no quarto ao lado eu agora pretendia

42

ler mesmo aquele livro, pediu-me: "Não o leia! Você destruirá algo em você que nunca mais poderá ser reparado. Espere até que você tenha tido suas próprias experiências, então ele não mais poderá prejudicá-lo".

Durante muitos anos eu acreditara nela cegamente; não houvera nunca necessidade de argumentos para evitar que eu lesse algum livro. Mas agora, desde a visita de *Herr* Hungerbach, a autoridade dela estava abalada. Eu o conhecera e o achara totalmente diferente do homem que ela descrevera e cuja visita anunciara. Agora eu queria verificar pessoalmente o que havia acerca desse Strindberg. Nada lhe prometi, mas ela confiou no fato de que eu não lhe retrucara. Na primeira oportunidade me apoderei do *Confissão de um tolo* e o li às escondidas, com aquela pressa incontida com que antigamente lera Dickens, mas sem vontade de relê-lo.

Não senti qualquer simpatia por essa confissão, pareceu-me uma grande mentira. Creio que me repugnava nela a sobriedade, a tentativa de nada dizer que ultrapassasse o momento, a restrição e a limitação a uma dada situação. Eu sentia a falta de ímpeto, o ímpeto da invenção, pensando na invenção em geral, não na específica. Eu não discernia o verdadeiro ímpeto: o ódio. Não via que se tratava de minha mais antiga e pessoal experiência: o ciúme. Aborrecia-me, a princípio, a falta de liberdade, por se tratar da mulher de outro homem: parecia-me uma história entrincheirada. Eu não gostava de rodeios na aproximação das pessoas. Com o orgulho dos meus dezessete anos, eu olhava para a frente e sentia desprezo por tudo o que estava encoberto. O confronto era tudo; só a outra pessoa contava. Eu não levava a sério os olhares de revés, tampouco os golpes de revés. Aquele livro, de leitura demasiadamente fácil, talvez tivesse caído no esquecimento, como se eu jamais o tivesse lido. Mas veio, então, a parte que me atingiu como uma cacetada, a única passagem do livro que ainda tenho presente nos mínimos detalhes, embora eu jamais tornasse a tomá-lo nas mãos, talvez por causa dessa mesma cena.

O herói do livro, o confessor, o próprio Strindberg, recebe

pela primeira vez a visita da esposa de um amigo, oficial da guarda. Ele a despe e deita-a no chão. Através da gaze, ele vislumbra os bicos de seus seios. Uma narração de tal intimidade era algo completamente novo para mim. Aquilo acontecia num quarto que poderia ser qualquer quarto, inclusive o nosso. Talvez fosse esse um dos motivos pelo qual rejeitei a passagem com veemência: era impossível. O autor queria persuadir-me de alguma coisa que ele chamava de amor. Mas não deixei que ele me surpreendesse, e declarei-o mentiroso. Não só me recusei a tomar conhecimento daquilo — que me repugnava por se passar às costas do marido, um amigo que confiava em ambos —, como também achei que a cena era absurda, má e inacreditável; uma invenção infame. Por que uma mulher permitiria que a deitassem no chão? Por que ele a despiu? Por que ela permitiu que ele a despisse? Lá estava ela deitada no chão, e ele a contemplava. A situação me era tão incompreensível quanto nova, mas provocou a minha ira contra o autor, o qual ousava apresentar-nos uma coisa dessas, como se realmente pudesse acontecer.

Começou dentro de mim uma campanha contra aquilo. Mesmo que os outros fossem débeis a ponto de se deixarem convencer de que aquilo podia acontecer, *eu* não acreditaria, jamais acreditaria. Os gemidos de *Herr* Odenburg no quarto ao lado nada tinham a ver com isso. *Fräulein* Rahm andava ereta e soberba pelo seu quarto. Eu a vira nua através de um binóculo quando, da sacada de nosso quarto, eu contemplava as estrelas. Por acaso, segundo pensei, o binóculo focalizara a janela bem iluminada de seu quarto. Lá estava ela, nua, a cabeça erguida, o corpo esbelto e resplandecente à luz avermelhada. Fiquei tão surpreso que tornei a olhar. Ela deu alguns passos, sempre aprumada, tal como caminhava quando vestida. Da sacada, eu não ouvia os gemidos. Mas quando voltei ao nosso quarto, embaraçado, logo tornei a ouvi-los, tão fortes quanto antes. Isso significava que aquilo havia ocorrido durante todo o tempo em que eu estivera na sacada. Enquanto *Fräulein* Rahm andara de um lado ao outro, em seu quarto, *Herr* Odenburg não parara de gemer, e isso não a impressionara; ela se comportara como se não o visse, como se estivesse sozinha. Eu também não o via, era como se ele não estivesse lá.

O DESMAIO

Todas as noites, eu ia à sacada para olhar as estrelas. Eu procurava as constelações que conhecia e ficava contente quando as encontrava. Nem todas tinham a mesma nitidez; nem todas se distinguiam por uma estrela extraordinariamente azul que delas fazia parte, como a Vega, na constelação da Lira, acima da minha cabeça, no zênite; ou por uma grande estrela vermelha, como Betelgeuse em Órion, no nascente. Sentia ali a vastidão que procurava. Durante o dia, eu não podia sentir a amplidão do espaço; a noite, com suas estrelas, despertava em mim essa sensação. Às vezes, eu ajudava pronunciando algum dos imensos números de anos-luz que me separavam desta ou daquela estrela.

Naquele tempo, muitas coisas me atormentavam. Eu me sentia culpado pela miséria que víamos ao nosso redor e da qual não partilhávamos. Eu teria me sentido menos culpado se tivesse conseguido convencer minha mãe, uma única vez, da injustiça de nossa boa vida, como eu a chamava. Mas minha mãe ficava fria e distante quando eu começava a falar dessas coisas, fechava-se deliberadamente, apesar de, pouco antes, ter se mostrado entusiasmada com algum tema de literatura ou de música. Era, aliás, bem fácil fazer com que ela tornasse a falar: eu só precisava abandonar o assunto que ela não queria ouvir, e ela reencontrava a fala. Contudo, fiz questão de *arrancar* dela um pronunciamento. Contava-lhe casos deprimentes que havia visto durante o dia ou perguntava-lhe diretamente se ela sabia disso ou daquilo: ela se calava, com uma leve expressão de desprezo ou de reprovação no rosto. Só quando o caso era grave demais, ela dizia: "Não fui eu quem causou a inflação" ou "É a consequência da guerra".

Parecia que nada significava para ela o que acontecia com pessoas que não conhecia, principalmente quando se tratava de pobreza. No entanto, durante a guerra, ela se enchera de compaixão pelas pessoas que foram mutiladas ou mortas. Talvez sua compaixão tivesse se esgotado durante a guerra; às vezes me parecia que algo nela se consumira, algo que ela esbanjara demais. Mas essa era a mais suportável de minhas suspeitas, pois me atormentava cada vez mais a desconfiança de que em Arosa ela tivesse ficado sob a influência de pessoas que a impressionaram porque "estavam por cima", porque "sabiam defender o que era delas". Quando ela usava com demasiada frequência tais expressões, o que antigamente jamais teria feito, eu me defendia, atacando-a ("Como assim eles estavam por cima? Eram enfermos internados num sanatório. Quando lhe disseram essas coisas, eram doentes desocupados."). Ela ficava zangada e me acusava de ser cruel com os enfermos. Era como se ela tivesse recolhido toda a compaixão que sentira pela humanidade, limitando-a ao círculo mais estreito de um sanatório.

Mas naquele pequeno mundo havia muito mais homens do que mulheres, e os homens se interessavam pela jovem mulher. Quando rivalizavam entre si por sua atenção, acentuavam seus traços masculinos, talvez justamente por estarem doentes, fazendo tal alarde em torno dos mesmos, que ela *acreditava* neles e aceitava traços e características que ainda há pouco, durante a guerra, ela desprezara e, até mesmo, abominara. Sua posição, entre aqueles homens, baseava-se em sua boa vontade para escutá-los, em sua curiosidade acerca deles, sempre pronta a ouvir-lhes as confissões, sem explorar ou intrigar com as confidências assim adquiridas. Em lugar de um interlocutor infantil, ao qual estava acostumada havia anos, ela agora tinha muitos, e os levava a sério.

Era-lhe impossível manter relações fúteis ou frívolas com as pessoas. Assim sua melhor qualidade, a seriedade, no sanatório a afastava dos seres humanos em geral, os quais, ao lado de seus filhos, haviam sido tudo para ela. Aproximou-se de um grupo mais restrito, que ela não poderia ter considerado privilegiado, pois tratava-se de doentes. Talvez também ela tivesse voltado àquilo que fora em casa, a filha predileta, mimada, de gente rica.

A grande época de sua vida, quando ela era infeliz e, ao mesmo tempo, se sentia culpada; quando ela expiava sua culpa, que parecia indefinida e quase intangível, através do desenvolvimento intelectual de seus filhos com um esforço quase sobre-humano, que finalmente atingiu o auge durante a guerra, ao se unirem suas forças num ódio cego contra a guerra — essa grande época talvez tivesse terminado antes que ela o percebesse. As cartas que circulavam entre Arosa e Zurique eram apenas um jogo de esconder, no qual todos nós parecíamos nos ater a um passado que, na realidade, já nem sequer existia.

Na Pensão Charlotte, agora, as coisas não se passavam de modo que eu pudesse formular tudo isso com clareza, embora após a visita de *Herr* Hungerbach eu começasse a entender e a interpretar corretamente muitas delas. Tudo transcorria, na verdade, na forma de uma luta, de uma dura ofensiva, através da qual eu procurava interessá-la novamente pelas coisas "verdadeiras" da vida, aquelas que *eu* assim considerava. As conversas à mesa da pensão frequentemente forneciam o pretexto para tal ofensiva. Aprendi a dissimular minhas intenções para, às vezes, começar o ataque com muita hipocrisia, fazendo perguntas sobre alguma coisa que lá em baixo, à mesa, eu não havia entendido, ou discutindo o comportamento de hóspedes que não a agradavam. Sobre os Bemberg, o jovem casal de novos-ricos à mesa da pensão, estávamos de perfeito acordo. O desprezo de minha mãe pelos novos-ricos não se abalou durante toda a sua vida. Se eu tivesse me dado conta de que seu desprezo provinha da imagem que ela fazia de uma "boa família", aqueles momentos de perfeita harmonia teriam sido menos agradáveis.

O melhor, porém, era que eu tentasse perguntar alguma coisa a minha mãe. Um ardil bem pouco ingênuo consistia em perguntar-lhe sobre coisas que, segundo eu percebera, ela já conhecia. Isso permitia que, aos poucos, eu me aproximasse daquilo que realmente pretendia. Muitas vezes, entretanto, eu estava impaciente e, irrefletidamente, ia direto à questão. Houve, por exemplo, aquele fiasco sobre Van Gogh, quando ela fracassou completamente e procurou encobrir sua ignorância com as mais tacanhas investidas contra "aquele pintor maluco". Em situações como essa eu perdia a cabeça e a atacava impetuosamente, provocando conflitos embaraçosos para ambos. Para ela porque, obviamente, estava errada; para mim porque, impiedosamente, eu a acusava de falar sobre coisas de que ela nada entendia, conduta que, em nossas conversas sobre escritores, ela criticava da forma mais veemente. Após esses embates, eu ficava tão desesperado que abandonava a casa e saía de bicicleta — um dos meus consolos durante aqueles anos em Frankfurt. O outro, que era ainda muito mais necessário, quando ela emudecia sem que tivesse havido qualquer discussão, sem que nada tivesse acontecido, eram as estrelas.

Aquilo que ela negava obstinadamente — a responsabilidade pelas coisas que aconteciam ao seu redor —, aquilo que ela repelia com uma espécie de cegueira consciente, seletiva e sempre disponível, tornou-se para mim, naquele momento, tão premente, tão nítido, que não pude me conter; eu tinha que discuti-lo com ela, pois eu o sentia cada vez mais como uma censura permanente. Ela temia minha volta da escola, certa de que eu viria com novidades sobre o que eu mesmo vira, ou o que outros haviam me contado. Na minha primeira frase, eu já notava que minha mãe se fechava, e então minhas palavras se tornavam mais veementes, assumindo o tom de repreensão que lhe era insuportável. De início, eu de forma alguma costumava acusá-la de ser responsável por coisas que me indignavam por serem injustas ou desumanas. Mas como ela não queria ouvir, desenvolvendo um método próprio de escutar só pela metade, meu relato acabava se transformando numa acusação. Aquilo que eu relatava ia tomando uma forma pessoal, eu a obrigava a escutar e a dar alguma resposta. Ela o tentava com: "Eu sei. Eu sei", ou "Isto eu posso imaginar". Mas eu não lhe dava trégua, exagerava o que tinha visto ou ouvido, lançando-o em seu rosto. Era como se algum poder me tivesse incumbido de transmitir-lhe uma queixa. "Escute!", dizia eu então, primeiro impaciente, depois zangado. "Escute! Você tem que me dar uma explicação! Como é possível que essas coisas aconteçam sem que ninguém o perceba?"

Uma mulher desmaiara na rua e fora ao chão. Os que a ergueram disseram: "É fome". Ela estava terrivelmente pálida e abatida. Mas outros passavam e não faziam caso. "E *você*, ficou lá?", disse minha mãe, mordaz, obrigada a dizer alguma coisa. E era verdade; eu tinha voltado para casa e estava sentado com ela e meus irmãos à mesa redonda, na qual costumávamos comer nossa merenda. A xícara de chá estava à minha frente, e em meu prato havia uma fatia de pão com manteiga; eu ainda não havia comido nenhum pedaço, mas eu estava sentado à mesa, como sempre, e começado meu relato.

A cena que eu presenciara naquele dia não fora um espetáculo comum. Pela primeira vez em minha vida, diante de meus olhos, uma pessoa havia desmaiado na rua, de fome e de fraqueza. Eu ficara tão abalado que entrei na sala e me sentei em meu lugar à mesa em silêncio. Quando vi o pão com manteiga e, principalmente, o pote de mel no centro da mesa, minha língua soltou-se e comecei a falar. Imediatamente minha mãe percebeu o ridículo da situação mas, como sempre, sua reação foi impetuosa demais. Se ela tivesse esperado um pouco — isto é, até que eu pegasse o pão e desse uma mordida nele, ou, mais ainda, o cobrisse de mel —, o seu sarcasmo, alimentado pelo grotesco da situação, teria me aniquilado. Mas ela novamente não levou a situação bastante a sério, talvez pensando que eu; uma vez sentado à mesa, observaria o costume do chá da tarde. Ela confiou demais no ritual estabelecido, e serviu-se dele como de uma arma para me abater com maior rapidez, pois a perturbação do chá da tarde pela imagem de fome e desmaios lhe era incômoda, nada mais do que isto, apenas incômoda. E assim, em sua indiferença, ela subestimou a seriedade de minha disposição de ânimo. Dei um empurrão na mesa com tanta força que o chá se derramou das xícaras sobre a toalha, e disse: "Aqui não fico!", e me precipitei para fora.

Desci a escada aos pulos, saltei sobre minha bicicleta e pedalei de um lado para outro, desesperado, pelas ruas de nosso bairro, com a maior rapidez e insensatez possível, sem saber o que eu queria, pois o que poderia eu querer? Tomado de um ódio profundo pela merenda, via, diante de mim, o pote de mel, que maldizia amargamente. "Se eu ao menos o tivesse jogado pela janela! Para a rua! Não para o pátio!" Só faria sentido se ele se espatifasse na calçada, diante dos olhos de todos, pois então saberiam que lá morava gente que tinha mel em casa, enquanto outros morriam de fome. Mas eu não tinha feito nada disso; deixara o pote de mel sobre a mesa, nem mesmo entornara a xícara de chá, apenas algumas gotas sobre a toalha da mesa, e foi só. Eu estava muito amargurado, mas na realidade não havia feito coisa alguma; tinha tão pouco poder — um pacífico cordeiro, cujos tristes balidos ninguém ouve. O máximo que acontece é que minha mãe fica zangada por causa da interrupção do chá da tarde.

Realmente, nada mais acontecera. Acabei voltando. Ela me puniu perguntando, compassiva, se aquilo de fato tinha sido tão grave, pois de um desmaio a gente se recuperava, não era um fato definitivo. Com certeza eu me assustara porque estava olhando justamente quando a mulher desfaleceu. Já uma coisa bem diferente era quando se via pessoas *morrendo*, ela disse. Receei que minha mãe tornasse a falar do sanatório florestal e das pessoas que lá haviam morrido. Costumava dizer que haviam morrido *diante de seus olhos*. Mas dessa vez ela não disse isso; disse apenas que eu teria de me acostumar a esse tipo de coisa, já que às vezes eu mencionava que queria ser médico. Que espécie de médico seria este que teria um *colapso* com a morte de um paciente? Talvez até mesmo fosse bom que eu tivesse presenciado aquele desmaio, ela disse, para que eu começasse a me acostumar a essas coisas.

Assim, o desmaio de uma mulher, que me havia revoltado, tornou-se assunto profissional: um problema para médicos. Minha mãe reagiu à minha atitude brusca não com uma reprimenda, mas com um conselho para minha vida futura, na qual eu fracassaria se não aprendesse a ser mais firme e a me dominar.

50

Desde aquele fato, fiquei marcado: eu não servia para ser médico. Minha sensibilidade me impediria de exercer tal profissão. Fiquei muito impressionado com a mudança que minha mãe provocou em meus planos para o futuro, embora eu jamais o admitisse. Meditei sobre aquilo e fiquei indeciso. Eu já não tinha certeza de que poderia me tornar um médico.

GILGAMESH E ARISTÓFANES

O período em Frankfurt não se limitou às experiências que tive com as pessoas da espécie que encontrei na Pensão Charlotte. Mas como essas experiências prosseguiam diariamente, num processo contínuo, não podiam ser subestimadas. Ocupávamos sempre o mesmo lugar à mesa, e à nossa frente, também sempre no mesmo lugar, atuavam pessoas que, para nós, haviam se tornado personagens. Elas, na maioria, permaneciam sempre iguais, e nada saía de suas bocas que não se tivesse esperado. Outras, contudo, conservavam sua natureza mais plena e podiam surpreender-nos com imprevistos. Era um espetáculo, de uma forma ou de outra, e *nem uma vez* sequer entrei na sala de jantar sem expectativa e curiosidade.

Aos professores da escola, com uma única exceção, nunca pude me afeiçoar. O colérico professor de latim perdia a compostura à menor provocação, e então nos insultava, chamando-nos de "burros fedorentos". E este não era seu único insulto. Seu método de ensino, baseado em "sentenças-modelo" que tínhamos de recitar, era ridículo. Era espantoso que minha aversão por ele não me fizesse esquecer o latim que eu aprendera em Zurique. Jamais, em qualquer outra escola, presenciei acessos de fúria tão desagradáveis e ruidosos quanto os dele. Ele estava marcado pela guerra, devia ter sofrido ferimentos graves; era o que nos dizíamos às vezes, para melhor suportá-lo. Muitos professores traziam marcas da guerra, embora não de forma tão retumbante. Entre eles havia, porém, um homem cordial, efusivo, que transbordava de ternura pelos alunos. Havia, ainda, um excelente professor de matemática, angustiado, mas sua perturbação atuava contra si mesmo, não contra seus alunos. Ele se entregava inteiramente ao ensino, de uma forma quase assustadoramente exclusiva.

Poder-se-ia ficar tentado a descrever os diferenciados efeitos da guerra sobre as pessoas, mediante a observação daqueles professores. Mas, para tanto, se deveria também saber alguma coisa de suas experiências, sobre as quais eles nunca nos falavam. Eu tinha diante de mim seus rostos e suas figuras, e conhecia seu comportamento durante as aulas; tudo o mais só se conhecia por ouvir dizer.

Mas desejo falar de um homem calmo e distinto, ao qual devo agradecimentos. Gerber era nosso professor de alemão; em contraste com os outros, parecia quase tímido. Através das composições, cujos temas ele nos apresentava, desenvolveu-se entre nós uma espécie de amizade. No começo, essas composições me enfastiavam, quer se tratasse de Maria Stuart ou de algo semelhante; mas elas não me exigiam esforço e ele se dava por satisfeito com tudo que eu fazia. Depois os temas se tornaram mais interessantes e eu passei a manifestar minhas verdadeiras opiniões, as quais, em relação à escola, eram bastante rebeldes e, certamente, não correspondiam às suas próprias. Ele, contudo, deixava-as passar; escrevia com tinta vermelha, no final, longas observações nas quais me dava motivos para refletir. Ao mesmo tempo que era tolerante, não poupava elogios à maneira pela qual eu expunha meu ponto de vista. Quaisquer que fossem suas objeções, elas não me pareciam hostis, e mesmo que eu não as aceitasse, faziam-me feliz por tanta consideração. Não era um professor estimulante, mas muito compreensivo. Tinha as mãos e os pés pequenos, e seus movimentos eram comedidos; sem ser particularmente lerdo, tudo o que empreendia parecia um pouco reduzido. Sua voz não tinha o tom autoritário e viril com que os outros professores se pavoneavam.

Gerber abriu-me a biblioteca do corpo docente, que ele administrava, e permitiu que eu levasse para ler tudo o que eu quisesse. Eu estava louco por literatura grega antiga; li, em tradução alemã, um volume após o outro: os historiadores, os dramaturgos, os líricos, os oradores, omitindo, por ora, apenas os filósofos — Platão e Aristóteles. Afora estes, li realmente tudo; não só os grandes autores, mas também aqueles que me interessavam por causa do assunto que abordavam, como Diódoro ou Estrabão. Gerber admirou-se de minha pertinácia; durante dois anos retirei da biblioteca tais livros. Quando cheguei a Estrabão, Gerber sacudiu levemente a cabeça e perguntou se, para variar, eu não gostaria de ler algo da Idade Média, mas não teve sorte com sua oferta.

Certa vez, quando nos encontrávamos na biblioteca do corpo docente, Gerber perguntou-me com cuidado, quase com ternura, o que eu queria ser. Senti qual a resposta que ele esperava, mas disse, um tanto inseguro, que queria ser médico. Ele ficou desapontado, pensou um pouco, e chegou a um meio-termo: "Então você será um segundo Carl Ludwig Schleich", disse ele. Ele apreciava as memórias daquele autor, mas teria preferido que eu dissesse, sem rodeios, que queria ser escritor. Desde então ele, com frequência, passou a mencionar discretamente e a qualquer pretexto, médicos que escreviam livros.

Em suas aulas fazíamos leituras dramáticas de peças teatrais, mas não posso dizer que essas leituras fossem um prazer. Mas era uma tentativa que ele fazia, através da atribuição de papéis a alunos que não gostavam de literatura, de interessá-los pela matéria. Ele raramente escolhia peças muito enfadonhas. Lemos *Os salteadores*, *Egmont*, *Rei Lear*, e tivemos oportunidade de assistir a muitas dessas peças no Schauspielhaus.

Na Pensão Charlotte, falava-se muito em apresentações teatrais. Eram comentadas em seus pormenores; e, como os conhecedores entre os hóspedes eram sempre aqueles que partiam da crítica do *Frankfurter Zeitung*, eles a mencionavam e, mesmo que fossem de opinião diferente, demonstravam seu respeito ao parecer impresso. Essas conversas tinham um certo nível e, talvez, mais seriedade do que aquelas sobre qualquer outro tema. Sentia-se o interesse, como também um certo orgulho, pelo teatro. Quando alguma coisa saía errada, sentiam-se pessoalmente atingidos e ficavam descontentes com agressões vulgares. O teatro era uma instituição reconhecida, e mesmo aqueles que costumavam estar em campo contrário não ousavam atacá-lo. *Herr* Schutt, tolhido por seus graves ferimentos, quase não ia ao teatro, mas em poucas palavras percebia-se que ele colhia informações sobre todas as apresentações com *Fräulein* Kündig. Tudo o que dizia soava tão seguro como se ele próprio tivesse estado lá. Aqueles que realmente não tinham o que dizer ficavam calados, pois um fiasco nessa área era uma das coisas mais humilhantes que nos podia acontecer.

Quase todas as conversas sobre outros temas pareciam tão incertas — quando as opiniões oscilavam e se cruzavam sem cessar, não apenas devido à superficialidade da tagarelice — que se ficava com a impressão, especialmente quando se era tão jovem, de que existia ao menos uma coisa intocável: o teatro.

Eu ia ao Schauspielhaus com frequência e uma das representações, em especial, me deixou tão empolgado que fiz tudo para poder assisti-la diversas vezes. Nela se apresentava uma atriz que por muito tempo ocupou meus pensamentos, e cuja imagem ainda hoje tenho diante dos olhos: Gerda Müller como Pentesileia. *Esta* paixão penetrou em mim; jamais duvidei dela, minha iniciação no amor foi a *Pentesileia* de Kleist. Achei-a semelhante a uma das tragédias gregas que estava lendo, *As bacantes*. A ferocidade das guerreiras amazonas era como a das mênades; em vez das fúrias que despedaçam o corpo vivo do rei, aqui é Pentesileia que atiça sua matilha de cães contra Aquiles e, como um deles, crava os próprios dentes em sua carne. Desde então, jamais ousei tornar a ver essa peça no palco, e toda vez que a reli ouvi a voz de Gerda Müller, que nunca perdeu a majestade. Permaneci fiel à atriz que me convenceu da veracidade do amor.

Não vi qualquer relação entre ela e os lamentáveis acontecimentos no quarto ao lado do nosso, na pensão, e continuei a considerar a *Confissão de um tolo* como um monte de mentiras.

Entre os atores que se apresentavam com frequência estava Carl Ebert, de início regularmente, depois como convidado. Anos depois, ele ficou famoso por motivos muito diferentes.

Eu o vi, em seus primeiros tempos, como Karl Moor, como Egmont. Acostumei-me a ele em diversos papéis. Teria ido a qualquer representação só por sua causa, e não posso nem mesmo envergonhar-me dessa fraqueza, pois a ela devo minha mais importante experiência desse período em Frankfurt. Numa vesperal de domingo, ele deveria ler uma obra da qual eu nunca tinha ouvido falar, tão antiga quanto a Bíblia, uma epopeia babilônica. Eu sabia que os babilônios haviam tido um dilúvio, cuja lenda transmigrara, deles, para a Bíblia. Isso era tudo que eu podia esperar dessa peça, e essa única razão nunca me faria ter ido assisti-la. Mas quem recitava era Carl Ebert. Assim, o entusiasmo por um ator brilhante me levou a Gilgamesh, o qual, mais do que tudo, influenciou minha vida em seu sentido mais íntimo, minha fé, minha força e minha esperança.

O lamento de Gilgamesh sobre a morte de seu amigo Enkidu atingiu-me no coração:

> *Por ele chorei noite e dia,*
> *Sete dias e sete noites sem fim,*
> *Crendo que minha dor o ressuscitaria,*
> *E ele voltasse para mim.*
> *Seu enterro não permiti*
> *Até que suas faces se desfizeram.*
> *Minha vida não vivi,*
> *Vagueei com minha dor,*
> *Pela árida estepe corri*
> *Tal qual um salteador.*

Segue-se, então, seu empreendimento contra a morte, sua peregrinação pela escuridão da montanha celestial e a travessia das águas da morte até encontrar seu antepassado Utnapistin, que escapou do grande dilúvio e a quem os deuses concederam a imortalidade. Gilgamesh pergunta-lhe como alcançar a vida eterna. Na verdade, Gilgamesh, malogrado, falha em sua busca e até mesmo morre. Mas isso faz a necessidade desse empreendimento parecer ainda mais válida.

Percebi em mim o efeito de um mito: algo que, durante o meio século que desde então transcorreu, foi objeto de muitas meditações; algo que resolvi em minha mente, mas de que não duvidei seriamente sequer *uma vez*. Absorvi como unidade o que dentro de mim permaneceu como unidade. A isso não posso fazer reparos. A pergunta sobre se *creio* em tal história não me atinge; pois como poderia eu, em face de minha substância essencial, decidir se creio nela ou não? Não se trata de repetir, como um papagaio, que todos os homens morrem, trata-se de decidir se *aceitamos* docilmente a morte ou se nos revoltamos contra ela. Adquiri, com minha rebelião contra a morte, o direito à glória, à riqueza, à miséria e ao desespero de toda experiência. Foi nessa rebeldia sem fim que vivi. E se a dor da perda dos meus próximos, que se foram no decorrer do tempo, não foi menor do que a de Gilgamesh por seu amigo Enkidu, tenho pelo menos uma vantagem, uma só, sobre o homem-leão: importa-me a vida de *cada* ser humano, e não só a dos que estão perto de mim.

Essa epopeia, ao focalizar bem poucos personagens, destacou-se do tempo turbulento em que a conheci. Minhas lembranças dos anos em Frankfurt estão marcadas por acontecimentos de natureza pública, que se sucediam com rapidez, todos precedidos de boatos. À mesa da pensão havia um zumbido de rumores, que nem sempre provavam serem falsos. Lembro-me de que se falou do assassinato de Rathenau antes que os jornais trouxessem a notícia (ainda não havia rádio). Tais boatos, com maior frequência, diziam respeito aos franceses. Eles haviam ocupado Frankfurt, depois se retiraram; de repente, dizia-se que estavam voltando. Represália e repressão tornaram-se palavras do dia a dia. Provocou grande alarde a descoberta de um depósito secreto de armas no porão de nossa escola. A investigação do caso revelou que um jovem professor, que eu só conhecia de vista, muito estimado, o mais popular da escola, fora o responsável pela estocagem das armas.

Fiquei muito impressionado com as primeiras manifestações públicas que presenciei; não eram raras, e sempre dirigidas contra a guerra. Havia uma nítida separação entre aqueles que eram a favor da revolução, a qual havia provocado o fim da guerra, e os que se ressentiam, não contra a guerra, mas contra o Tratado de Versalhes, um ano mais tarde. Esta era a separação mais importante, seus efeitos já se faziam sentir naquele tempo. Por ocasião de manifestações contra o assassinato de Rathenau, no Zeil, tive minha primeira experiência de uma massa popular. As consequências dessas minhas experiências foram articuladas em discussões que tive alguns anos mais tarde, e prefiro falar das mesmas quando meu relato chegar a esse ponto.

O nosso último ano que passamos em Frankfurt foi novamente um ano de separação para nossa pequena família. Minha mãe sentiu-se mal; talvez também a tensão de nossas altercações diárias estivesse se tornando insuportável para ela. Viajou para o Sul, como antigamente fizera por diversas vezes. Deixamos a Pensão Charlotte e fomos morar, os três irmãos, com uma família cujo membro feminino dominante, *Frau* Suse, nos recebeu com um carinho e uma bondade que não seria de se esperar nem mesmo de nossa própria mãe. A família consistia no pai, na mãe, em dois filhos que tinham aproximadamente a nossa idade, numa avó e numa empregada doméstica. Cheguei a conhecer tão bem cada um deles, e mais os dois pensionistas estrangeiros que eles hospedavam além de nós, que seria necessário todo um livro para dar uma ideia daquilo que eu então vim a entender sobre essas pessoas.

Foi na época em que a inflação atingiu o auge; o salto diário, que afinal chegou ao bilhão, tinha consequências extremas para todos, embora não fossem sempre as mesmas. Era horrível assistir: tudo o que acontecia, e acontecia muita coisa, dependia de uma única premissa: a progressiva desvalorização do dinheiro, numa velocidade louca. O que desabou sobre as pessoas era mais do que uma desordem, era como *explosões* diárias. Aquilo que sobrava de uma explosão, ficava exposto à do dia seguinte. Vi os efeitos, não só em grande escala; eu os vi, inconfundivelmente próximos, em cada membro daquela família, na qual os menores acontecimentos, por mais pessoais e particulares que fossem, tinham sempre a mesma origem: a queda vertiginosa do valor do dinheiro.

Para me afirmar diante dos parentes apegados ao dinheiro, simulei a virtude um tanto ingênua do desprezo ao mesmo. Considerei-o como algo enfadonho, monótono, que não oferecia qualquer vantagem espiritual, e deixava cada vez mais secos e estéreis os que se entregavam a ele. Então, de repente, o vi por outro lado, um lado pavoroso — um demônio com açoite gigantesco, com o qual batia em todos, alcançando as pessoas em seus esconderijos mais secretos.

Talvez tenha sido essa consequência extrema de algo que minha mãe, de início, preferia ignorar, mas do que eu a lembrava incessantemente, o que a tenha induzido a fugir de Frankfurt. Ela de novo se sentia atraída por Viena, e tão logo melhorou da doença, retirou os dois irmãos menores da família que os hospedava e os matriculou em escolas de Viena. Eu fiquei mais meio ano, porque estava próximo meu exame final no liceu. Depois, eu deveria frequentar a Universidade em Viena.

Nesse último semestre em Frankfurt, ainda hospedado com a mesma família, eu me senti completamente livre. Assistia a muitas reuniões, e depois escutava as discussões que à noite se tratavam nas ruas; assim conheci todas as opiniões, todas as convicções e todas as crenças, cada uma divergindo da outra. Discutia-se com tanta paixão que aquilo parecia um crepitar e chamejar, do qual eu nunca tomava parte, mas escutava com uma concentração que hoje me parece horripilante, pois eu era indefeso. Minhas próprias opiniões não estavam à altura de tanta pressão e tanta imoderação. Muitas coisas me repugnavam, mas eu não podia refutá-las. Algumas me atraíam, mas eu não saberia dizer por quê. Eu ainda não tinha um entendimento profundo do sentido das *línguas* que aqui colidiam. Entre as pessoas que então ouvi, não há uma que eu pudesse evocar em seu verdadeiro aspecto, ou sequer tomar por modelo. Era a variedade das *opiniões* que eu apreendia, o complexo cerne das convicções; era um caldeirão do diabo que fumegava e fervia, mas cada um dos ingredientes que nele flutuavam tinha seu próprio cheiro e era reconhecível.

Jamais senti tanta inquietação nas pessoas como durante aquele meio ano. Não tinha muita importância o quanto elas se diferenciavam entre si como indivíduos; eu quase não percebia aquilo que, em anos futuros, teria observado em primeiro lugar. Prestava atenção a cada convicção, mesmo que ela me repugnasse. Alguns oradores públicos, que tinham certeza do efeito que sempre produziam, pareciam-me charlatães. Mas depois, nas discussões que havia na rua, quando tudo estava cindido e homens que não eram oradores procuravam convencer uns aos outros, eu era tomado por sua inquietude e levava cada um deles a sério.

Não pretendo ser arrogante ou frívolo quando indico aquele tempo como o de meu aprendizado aristofânico. Eu então lia Aristófanes, e estava sensibilizado pela força e coerência com que cada uma de suas comédias é dominada por uma surpreendente ideia fundamental, da qual ela deriva. Em *Lisistrata*, que foi a primeira que conheci, uma greve das mulheres, que se recusam a seus maridos, leva ao fim da guerra entre Atenas e Esparta. Há muitas ideias fundamentais como essa em suas comédias, das quais a maior parte se perdeu, e assim muitas ideias não se conservaram. Eu deveria estar cego para não perceber a semelhança com aquilo que se passava ao meu redor. Também aqui tudo derivava de uma única premissa fundamental: a vertiginosa desvalorização do dinheiro. Não era uma ideia, era a realidade; e por isso não era cômico, mas horrível. Como estrutura global, quando se tentava vê-lo assim, parecia-se com alguma daquelas comédias. Poder-se-ia dizer que a crueldade da visão aristofânica oferecia a única possibilidade de manter unido aquilo que se partia em mil pedaços.

Desde então tenho uma aversão inabalável à representação teatral de situações meramente pessoais. No conflito entre a Antiga Comédia e a Nova Comédia, que se haviam desenvolvido em Atenas, tomei partido, sem que o percebesse com clareza, pela Antiga. Parece-me que só é válido como representação teatral aquilo que afeta o público como um todo. A comédia de caracterização, que tem por alvo um ou outro indivíduo, sempre me constrange um pouco, mesmo sendo boa, pois sempre me sinto como se estivesse me refugiando num esconderijo, só o abandonando por necessidade, como para me alimentar. A comédia, para mim, vive — como começou com Aristófanes — do seu interesse *universal*, de seu olhar sobre o mundo em seus grandes contextos. Entretanto, ela deve ser ousada; deve permitir-se ideias que cheguem à beira da loucura. Deve unir, separar, mudar, confrontar, encontrar novas estruturas para novas ideias, jamais se repetir e nada facilitar, exigindo do espectador o máximo; agarrá-lo, sacudi-lo e exauri-lo.

Uma reflexão muito recente me leva à conclusão de que a escolha do teatro, que viria a ser tão importante para mim, se deu naquela época. Não creio que eu me engane. De que outra forma se explicaria que minha lembrança do último ano em Frankfurt esteja repleta da turbulência dos acontecimentos públicos, e no entanto contenha, como se se tratasse do mesmo mundo, as comédias aristofânicas, dominando-me como quando as li pela primeira vez? Nada vejo que separe os dois eventos, um se confunde com o outro; e se em minha memória ficaram tão próximos um do outro, isso significa que para mim eram as coisas mais importantes daquela época, e que um teve sobre o outro uma influência decisiva.

Mas ao mesmo tempo algo estava acontecendo, ligado a Gilgamesh, que servia de contrapeso. Dizia respeito ao destino do indivíduo, separado de todos os demais; à sua própria maneira de estar só: o fato de que ele vai morrer, e se ele deve aceitar o fato de que sua morte é iminente.

II. TEMPESTADE E COMPULSÃO — VIENA 1924-1925

VIDA COM MEU IRMÃO

No começo de abril de 1924, Georg e eu nos mudamos para um quarto do apartamento de *Frau* Sussin, na Praterstrasse 22, em Viena. Era o escuro quarto dos fundos, com uma janela para o quintal. Lá passamos juntos quatro meses, um período não muito longo. Mas era a primeira vez que eu vivia só com meu irmão, e naquele tempo aconteceram muitas coisas.

Surgiu uma relação íntima entre nós, eu tomei o lugar de um conselheiro, a quem ele consultava acerca de tudo, especialmente sobre problemas morais: o que se podia e o que se devia fazer, o que se devia abominar em todas as circunstâncias; mas também o que se devia descobrir, o que se devia conhecer. Quase todas as noites, durante aqueles quatro meses em que estivemos juntos, falamos sobre essas coisas, em meio ao nosso trabalho na grande mesa retangular em frente à janela, à qual nos sentávamos, cada um com seus livros e seus cadernos. Lá nos separava apenas o canto da mesa, era só levantar a cabeça para nos olharmos bem no rosto. Já naquele tempo, embora tivesse seis anos menos, ele era um pouco mais alto do que eu. Sentados, ficávamos quase da mesma altura. Eu havia resolvido iniciar, em Viena, meus estudos de química (sem ter certeza de que persistiria). Dentro de um mês começaria o semestre. Como eu nada havia aprendido dessa matéria na escola de Frankfurt, já era tempo de que adquirisse algumas noções. Durante as quatro semanas que me restavam eu queria recuperar o que havia perdido. Diante de mim estava o *Tratado de química inorgânica*, e como era só teórico, sem exigir trabalhos práticos, fiquei interessado e progredi rapidamente.

Mas, por mais absorvido que eu estivesse, qualquer que

fosse o tópico, Georg tinha permissão de me interromper no momento que quisesse para fazer perguntas. Ele frequentava o ginásio em Stubenbastei; com seus treze anos estava numa das classes mais baixas. Ele gostava de estudar e tinha facilidade de aprender. Sua dificuldade era o desenho, em sua escola levado muito a sério. Mas ele era tão ávido por conhecimentos como eu havia sido em sua idade, e toda matéria lhe despertava perguntas sensatas. Em geral não se tratava de alguma coisa que ele não tivesse entendido, tudo o que ele lia compreendia com facilidade; tratava-se de detalhes, de pormenores que ele tinha curiosidade em conhecer, além das generalidades fundamentais que constavam dos compêndios. Muitas de suas perguntas eu podia responder na hora, sem pensar ou consultar algum livro. Eu ficava feliz em poder transmitir alguma coisa, até ali guardara tudo para mim, não havia ninguém com quem eu tivesse falado sobre tais coisas. Ele notou que suas interrupções me davam prazer, e que não havia limites para suas perguntas. Em poucas horas vinham à tona muitos assuntos, o que animava meu estudo da química, que ainda me parecia um pouco estranha e ameaçadora, pois era bem possível que eu me ocupasse dela durante os quatro anos seguintes, ou mais. Assim ele me interrogava sobre autores romanos, sobre História — sempre que eu podia, falava nos gregos —, sobre problemas de matemática, botânica e zoologia, e de preferência, com relação à geografia, sobre os países e seus habitantes. Ele já sabia que isso era o que provocava minhas respostas mais extensas, e às vezes eu tinha que fazer um esforço para ser conciso, tanto era o prazer que eu tinha em relatar minuciosamente tudo quanto aprendera com meus exploradores. Tampouco eu me refreava ao externar minha opinião sobre o comportamento das pessoas. Quando se tratava do combate às doenças em países exóticos, eu me entusiasmava. Ainda não me havia conformado de todo com a renúncia à medicina, e transmitia a ele meu antigo desejo, ingenuamente e sem reservas.

Eu gostava de sua insaciabilidade. Quando me sentava junto a meus livros, antegozava o prazer de suas perguntas. Eu teria sofrido mais com o seu silêncio do que ele com o meu. Se Georg fosse prepotente ou calculista, poderia ter me dominado facilmente. Uma noite à nossa mesa sem suas perguntas teria me deixado abatido e infeliz. Não havia segundas intenções em suas perguntas, assim como em minhas respostas. Ele queria saber, e eu queria dar-lhe aquilo que sabia; e o que ele ficava sabendo levava a novas perguntas. Era espantoso como ele nunca me deixava embaraçado. Sua insaciabilidade se movia dentro de meus limites. Seja porque nossas tendências naturais fossem semelhantes, seja porque a energia de minha intervenção o afastasse de outras coisas, o fato é que ele só fazia perguntas que eu sabia responder, sem me humilhar, o que teria sido fácil se ele me acossasse em áreas que eu ignorava. Ambos éramos completamente francos, e nada escondíamos um do outro. Naquele tempo cada um de nós dependia do outro, ninguém estava tão próximo de nós, e tínhamos de atender a um único requisito: ele não podia me decepcionar, e eu não podia decepcioná-lo. Sob hipótese nenhuma eu teria desistido de nossas "noites de estudo" conjuntas, na grande mesa retangular encostada à janela.

Chegou o verão, as tardes se tornaram mais longas; as janelas que davam para o pátio ficavam abertas. Dois andares abaixo de nós estava o ateliê do alfaiate Fink. Também sua janela permanecia aberta, e o leve zunir de sua máquina de costura chegava até nós. Ele trabalhava até altas horas da noite, trabalhava sempre. Nós o ouvíamos quando comíamos a ceia, o ouvíamos quando levantávamos da mesa, o ouvíamos quando nos sentávamos para estudar, e só o esquecíamos quando nossa conversa ficava tão animada que nos esquecíamos *de tudo*. Mas depois, quando estávamos na cama, cansados, pois o dia começara cedo, tornávamos a ouvir o zunir de sua máquina, até cairmos no sono.

Nossa ceia consistia em pão e iogurte; por algum tempo fora só pão, pois nossa vida em comum começara com uma pequena catástrofe, da qual só eu fora o culpado. Embora nossa mesada fosse modesta, havia sido incluído nela tudo o que precisávamos para viver, e ela teria permitido também uma ceia um pouco

63

mais abundante. Recebi adiantada a primeira mesada; uma parte era paga por meu avô, o resto por minha mãe. Eu levava tudo comigo, e havia decidido administrar bem o dinheiro. Nisso eu já tinha prática, pois em Frankfurt eu vivera meio ano com os irmãos pequenos, sem minha mãe, e durante a última e desenfreada fase da inflação não fora nada fácil fazer tudo certo para que o dinheiro fosse suficiente. Comparado com aquilo, agora em Viena era uma brincadeira lidar com dinheiro.

Seria uma brincadeira, não fosse o parque de diversões no Prater. Ficava bem próximo, chegávamos lá em menos de quinze minutos, e, por causa da esmagadora importância que ele tivera para mim durante a infância em Viena, parecia mais próximo ainda. Em vez de manter meu irmãozinho longe de tentações, levei-o até lá. Numa tarde de sábado mostrei-lhe as maravilhas; muitas delas haviam desaparecido. Mas também as que tornei a encontrar eram um tanto decepcionantes. Georg havia saído de Viena com cinco anos, não se lembrava do Prater; e assim dependia das histórias que eu lhe contara, as quais eu embelezara ao máximo. Era um pouco constrangedor que eu, seu irmão mais velho, aparentemente onisciente, que lhe havia falado do Prometeu de Ésquilo, da Revolução Francesa, da lei da gravidade e da teoria da evolução, agora o regalasse justamente com o terremoto de Messina, no Trem Fantasma, e com a boca do inferno que havia à sua entrada.

Devo tê-los pintado em cores horríveis, pois quando finalmente encontramos o Trem Fantasma e estávamos diante da boca do inferno, na qual os diabinhos calmamente metiam pecadores espetados em seus enormes garfos, Georg me olhou surpreso, e disse: "E era disto que você antigamente tinha tanto medo?". "Eu não, pois já tinha oito anos, mas vocês sim. Vocês ainda eram bem pequenos." Notei que ele estava prestes a perder todo respeito que tinha por mim. Mas isso não lhe convinha, ele já estava afeiçoado às nossas conversas noturnas, embora apenas tivessem começado; portanto, não demonstrou o menor interesse em ver o terremoto de Messina, que, aliás, fora o motivo de nossa ida ao parque. Fiquei aliviado por poder encerrar o assunto; agora eu tampouco queria ver o terremoto, e rapidamente puxei meu irmão para longe de lá. Assim o conservei na memória em todo seu antigo esplendor.

Mas não escapei com tanta facilidade; eu tinha de lhe oferecer alguma coisa em troca da decepção, e o levei aos jogos de azar do parque, que aliás nunca me haviam interessado. Eram vários jogos, mas o das argolas nos prendeu, porque vimos que algumas pessoas ganharam diversas vezes seguidas. Deixei que ele tentasse; não teve sorte. Eu mesmo o tentei; errei todas as jogadas. Tentei de novo. Aquilo parecia enfeitiçado. Logo fiquei tão tomado pelo jogo que meu irmão várias vezes me puxou pela manga. Mas não desisti. Ele viu que nossa mesada sumia, e tinha perfeita noção das consequências; mas nada dizia. Tampouco manifestou desejo de tentar novamente. Creio que ele entendeu que eu me sentia humilhado diante dele pelas jogadas incrivelmente ruins, as quais eu tinha de compensar com uma série de jogadas de sorte. Olhava paralisado, sacudindo-se de vez em quando; parecia-me uma daquelas figuras automáticas do Trem Fantasma. Eu jogava e jogava, cada vez com menos jeito. Minhas duas humilhações se confundiram numa só. Pareceu-me pouco tempo, mas devo ter demorado pois, de repente, toda a nossa mesada de maio se fora.

Se fosse só eu o prejudicado, não teria sentido tanta culpa. Mas lá estava ele, por cuja vida eu era responsável, para o qual eu fazia, por assim dizer, a vez de pai, ao qual eu dava os melhores conselhos, a quem eu tentava imbuir dos mais altos ideais. No Laboratório de Química, onde começara a trabalhar recentemente, eu me lembrava, durante o dia, de muitas coisas que à noite deveria contar a meu irmão, que o impressionariam de tal maneira que ele nunca as esqueceria. Eu acreditava, naquele tempo, justamente por causa daquele amor fraterno que se tornou meu sentimento dominante, que minha responsabilidade estava presente em cada uma de minhas frases; que uma só informação falsa poderia conduzir meu irmão a um caminho errado, arruinando sua vida — e agora eu havia dissipado no jogo tudo o que tínhamos para o mês de maio, e ninguém deveria sabê-lo, principalmente a família Sussin, com a qual morávamos, pois eu temia que nos expulsassem por isso.

Por sorte, nenhum de nossos conhecidos estava presente quando cometi o pecado, e Georg logo entendeu o quanto era imperioso que guardássemos silêncio. Consolamo-nos mutuamente com resoluções viris. Ao meio-dia costumávamos almoçar no Restaurante Benveniste junto ao Teatro Carl, que meu avô nos havia apresentado. Mas isso não era indispensável. Nos contentaríamos com iogurte e um pedaço de pão. Para o jantar bastaria um pedaço de pão. Eu não disse a meu irmão onde arranjaria o dinheiro — pelo menos para isto —, eu mesmo ainda não o sabia.

Creio que foi esse pequeno desastre, que eu causei, o que nos aproximou; mais ainda do que o jogo de perguntas e respostas de todas as noites. Durante um mês levamos uma vida extremamente sóbria, não sei se a teríamos suportado sem o desjejum que *Frau* Sussin nos trazia todas as manhãs. Esperávamos esfomeados pelo café com leite acompanhado de dois pãezinhos para cada um de nós. Acordávamos mais cedo, nos lavávamos mais cedo, e já estávamos sentados à mesa quadrada quando ela entrava no quarto com a bandeja. Evitávamos os movimentos bruscos que denunciariam nossa cobiça, ficávamos tesos, como se ainda tivéssemos que decorar alguma coisa juntos. Ela dava valor a algumas frases matinais, sempre tínhamos que ter dormido assim ou assado; ao menos ela nos poupava de um relatório sobre seu próprio sono.

Mas todas as manhãs ela mencionava de forma enfática seu irmão, que estava na prisão em Belgrado. "Um idealista", dizia ela de repente; jamais falava nele sem começar por "idealista". Ela não compartilhava suas convicções políticas, mas tinha orgulho dele, pois era amigo de Henri Barbusse e Romain Rolland. Era um homem doente, já sofrera de tuberculose; achava a prisão um veneno, pois uma alimentação sadia e farta era especialmente importante para ele. Quando nos trazia o desjejum, o café fumegante, ela se lembrava do que ele fora privado, e assim era natural que falasse nele. "Ele começou cedo, na escola. Na idade dele"

— ela apontava para Georg — "já era um idealista. Na escola, fazia discursos e era punido. Embora os professores estivessem do seu lado, eram obrigados a castigá-lo." Ela não aprovava a teimosia do irmão, mas jamais saía de sua boca uma palavra de censura. Ela e sua irmã solteira que morava com o casal Sussin haviam ouvido alguns comentários sobre as convicções do irmão. Os sérvios monarquistas repudiavam essas convicções como se fossem bons austríacos, e assim as irmãs haviam decidido, de uma vez por todas, que nada entendiam de política, e que era matéria para os homens.

Mosche Pijade — era este o nome do irmão — sempre se considerara um revolucionário e um escritor. O fato de que chegara a ser alguma coisa nesse sentido era atestado pelos nomes de seus amigos franceses. A prisão, e especialmente a doença e a fome de seu irmão, preocupavam muito *Frau* Sussin. Ela de bom grado teria lhe servido o desjejum que todas as manhãs nos trazia ao quarto, e assim o mínimo que podia fazer era lembrar-se dele naquelas ocasiões. Com isso ela retardava a nossa refeição, e estávamos esfomeados; mas, por outro lado, nos fortalecia com o relato da fome de seu irmão. Ele jamais abriria a boca para dizer que tinha fome. Já quando menino, em casa, ele nunca notava que estava faminto, sempre ocupado com seus ideais. Isso fez dele um estímulo para nós, e todas as manhãs esperávamos, junto com o café com leite e os gostosos pãezinhos, pela história de *Frau* Sussin. Foi também a primeira vez que Georg ouviu falar de tuberculose, que mais tarde se tornaria o conteúdo de sua vida.

Saíamos de casa juntos. Logo à esquerda, ao atravessarmos o pátio, víamos *Herr* Fink, o alfaiate, que já havia muito tempo estava sentado diante de sua máquina de costura. Era o primeiro ruído que ouvíamos de manhã, ao acordarmos, assim como havia sido o último que ouvíramos à noite, antes de adormecermos. Agora passávamos pela janela de seu ateliê e cumprimentávamos aquele homem silencioso de rosto penoso. Quando eu o via com os alfinetes na boca, parecia-me que ele tinha espetado um longo alfinete através das faces e por isso não podia falar.

Quando ele, mesmo assim, dizia alguma coisa, eu ficava admirado; todos os alfinetes haviam desaparecido, até aqueles que ele segurara com os lábios.

Lá estava sua máquina de costura, que ele jamais abandonava, junto à janela do ateliê — um homem jovem que nunca saía de casa. Quando cheguei a conhecê-lo melhor, já era verão, a janela ficava aberta. Do pátio podia-se ouvir o zunido da máquina, um leve acompanhamento para o riso de sua mulher, cuja beleza voluptuosa e morena enchia o ateliê. Quando alguém queria falar com o alfaiate Fink por causa de alguma encomenda e batia à porta da pequena peça na qual ele vivia com sua família, hesitava um pouco antes de entrar, para ouvir por mais tempo o riso da mulher, e acreditar nele. Sabíamos perfeitamente que a alegria com que o ateliê nos recebia não cabia a nós, era a alegria daquele corpo opulento, cujo olor se espalhava por toda a parte. O olor e o riso se permeavam mutuamente. De vez em quando se ouvia que chamavam por alguém; era por Kamilla, a filha de três anos. Essa menina gostava de brincar junto ao umbral, por isso abríamos a porta com cuidado, e a primeira frase que se ouvia entre sorrisos era: "Kamilla, dê lugar para que o cavalheiro entre". Ela sempre dizia "o cavalheiro", embora eu ainda não tivesse dezenove anos, e também o dizia quando eu estava lá dentro e uma mulher queria entrar. Logo que via que era uma mulher, ela interrompia um pouco o seu riso, mas nunca corrigia a frase; isso não me surpreendia, pois *Herr* Fink era alfaiate para homens. Ele então rapidamente levantava os olhos, com os alfinetes na boca. Um grande e horrível alfinete havia-lhe atravessado as faces, como poderia ele falar? Em lugar dele falava o riso.

KARL KRAUS E VEZA

Era natural que os boatos sobre Karl Kraus e Veza me alcançassem ao mesmo tempo: provinham da mesma fonte, da qual naquela época vinha tudo que para mim era novidade. Se eu, ao chegar em Viena, tivesse que contar só comigo mesmo ou com a frequência à universidade, cujas aulas estavam prestes a começar, teria sido difícil adaptar-me à nova vida. Todos os sábados à tarde eu visitava a casa da família Asriel, em Heinestrasse junto ao Praterstern. Lá as novidades eram tantas que teriam sido suficientes para alguns anos; eu ouvia nomes completamente novos, e suspeitos apenas porque eu nunca os ouvira antes.

O nome que os Asriel mencionavam com mais frequência era o de Karl Kraus. Diziam ser o maior de todos os homens, e o mais austero dos que então viviam em Viena. Diante de seus olhos ninguém encontrava clemência. Em suas conferências ele atacava tudo o que era mau e corrupto. Ele publicava um periódico escrito inteiramente por ele. Todas as contribuições eram indesejadas; não aceitava qualquer colaboração de quem quer que fosse; às cartas ele não respondia. Cada palavra, cada sílaba na *Tocha* [*Die Fackel*] vinha dele mesmo. Nesse periódico, as coisas se passavam como num julgamento. Ele próprio era o acusador, ele próprio era o juiz. Não havia advogado de defesa, isso era supérfluo, pois ninguém era acusado sem que o merecesse. Karl Kraus jamais se enganava, não podia se enganar. Tudo o que proferia era rigorosamente exato, jamais houvera tanta exatidão na literatura. Ele se ocupava pessoalmente de cada vírgula, e quem quisesse encontrar na *Tocha* um erro de imprensa, poderia procurar debalde durante semanas. Seria mais sensato que nem sequer procurasse. Karl Kraus odiava a guerra, e durante a Guerra Mundial ele conseguira publicar na *Tocha* muita coisa contra a guerra, apesar da censura. Havia exposto falcatruas e denunciado corrupções, contra as quais ninguém mais ousara abrir a boca. Só por milagre não fora parar na prisão. Ele havia escrito um drama de oitocentas páginas, *Os últimos dias da humanidade*, no qual aparece tudo o que aconteceu na guerra. Quando Karl Kraus fazia leituras de partes do mesmo, ficava-se como que aniquilado. Nada se movia no auditório, mal se ousava respirar. Ele mesmo lia os papéis de todos os personagens, dos aproveitadores e dos generais, dos velhacos e dos pobres-diabos que eram as vítimas da guerra.

Todos pareciam tão genuínos em sua interpretação como se estivessem à nossa frente. Quem o ouvisse, nunca mais desejaria frequentar um teatro, pois o teatro era enfadonho em comparação a Karl Kraus. Ele sozinho era um teatro inteiro, porém melhor, e este milagre da humanidade, este monstro, este gênio tinha um nome tão comum como Karl Kraus.

Eu teria acreditado em tudo acerca dele, menos no seu nome, e que um homem com esse nome fosse capaz de tudo aquilo que lhe era atribuído. Enquanto os Asriel me cativavam com notícias acerca de Karl Kraus — o que causava muito prazer a ambos, mãe e filho —, caçoavam de minha desconfiança a respeito do nome, e sempre tornavam a explicar que o que importa não é o nome, mas sim a pessoa, pois do contrário ela e eu, com nossos nomes sonoros, seríamos superiores a um homem como Karl Kraus. Como podia eu imaginar uma coisa tão ridícula, tão absurda?

O fascínio vermelho foi posto em minhas mãos e, embora me agradasse que seu título fosse *Tocha*, foi-me completamente impossível lê-lo. Eu tropeçava nas frases, não as entendia. Quando chegava a entender alguma coisa, então me parecia uma pilhéria, e disso eu não gostava. Falava-se também de acontecimentos locais e de erros tipográficos, o que me parecia altamente insignificante. "Tudo isto são bobagens; como é que vocês podem ler estas coisas? Até mesmo um jornal me parece mais interessante, pelo menos se entende o que se lê; isto aqui é maçante, e não se aproveita coisa alguma!" Fiquei sinceramente indignado com os Asriel e lembrei-me do pai de um colega de escola em Frankfurt que, sempre que se visitava sua casa, fazia a leitura de algum trecho do autor local Friedrich Stoltze e, ao terminar alguma poesia, costumava dizer: "Quem não gosta disso merece ser fuzilado. É o maior poeta que já existiu". Falei aos Asriel, não sem ironia, desse poeta do dialeto de Frankfurt. Eu os azucrinei, não lhes dei trégua, e os deixei tão embaraçados que de repente começaram a falar das distintas damas que não perdiam uma conferência de Karl Kraus, que estavam tão arrebatadas por ele a ponto de sempre se sentarem na primeira fila para que ele percebesse seu entusiasmo. Com tais relatos, os Asriel caíram ainda mais no meu conceito: "Que belas damas! Com certeza usando peles! Estetas perfumadas! E ele não se envergonha de fazer conferências para gente como esta!".

"Mas não se trata de damas como *estas*! São senhoras altamente cultas! Por que ele não haveria de fazer conferências diante delas? Elas entendem toda alusão; antes que ele pronuncie uma frase, já sabem de que se trata. Conhecem toda a literatura inglesa e francesa, não só a alemã! Sabem de cor Shakespeare, sem falar em Goethe. Não se pode sequer imaginar o quanto são cultas!"

"Como é que vocês sabem disso? Falaram com elas? Vocês falam com essa gente? Não se sentem mal com o cheiro do perfume? Eu não daria atenção a elas nem por um minuto. Mesmo que alguma fosse realmente bela, eu lhe daria as costas, e quando muito lhe diria: 'Não ponha Shakespeare na sua boca. Ele, de nojo, se virará no túmulo. E deixe Goethe em paz. Fausto não é para macaquinhas'."

Aí os Asriel pensaram ter ganho o jogo, pois ambos exclamaram ao mesmo tempo: "E Veza! Você sabe quem é Veza? Já ouviu falar nela?".

Esse nome me surpreendeu. Logo gostei dele, embora eu não quisesse admiti-lo. Lembrou-me uma de minhas estrelas, Vega, na constelação de Lira, mas soou-me mais bonito com uma consoante trocada. Mas eu disse com aspereza: "Ora, que nome é este? Ninguém se chama assim. *Seria* um nome incomum. Mas não existe."

"Existe, sim. Nós a conhecemos, mora na Ferdinandstrasse, com sua mãe. A dez minutos daqui. É de uma beleza extraordinária, com rosto de espanhola. É muito distinta e sensível, em sua presença não se pode falar coisas feias. Ela leu mais do que nós todos juntos. Conhece de cor os mais longos poemas ingleses, e mais a metade de Shakespeare. E Molière, e Flaubert, e Tolstói." "Sim, e que idade tem esse portento?" "Vinte e sete." "E já conseguiu ler tudo isto?" "Sim, e mais ainda. Mas ela lê com juízo. Sabe por que alguma coisa lhe agrada. E sabe fundamentá-lo. Não se deixa ludibriar por ninguém." "E ela se senta na primeira fila para ouvir Karl Kraus?" "Sim, em todas as conferências."

Em 17 de abril de 1924 realizou-se a tricentésima conferência de Karl Kraus. Foi escolhido, para a ocasião, o grande salão do Konzerthaus. Disseram-me que até mesmo aquele local não seria de tamanho suficiente para acomodar o grande número de adeptos. Mas os Asriel obtiveram as entradas com bastante antecedência e insistiram para que eu os acompanhasse. Por que discutiríamos sempre acerca da *Tocha*? Melhor seria que eu ouvisse pessoalmente o que aquele grande homem tinha a dizer. Depois eu poderia formar minha própria opinião. Hans deu seu sorriso mais irônico. A ideia de que qualquer pessoa, quanto mais um secundarista recém-formado que acabara de chegar de Frankfurt, pudesse resistir a Karl Kraus em pessoa, fizera sorrir não só a ele; também sua ágil e graciosa mãe não pôde evitar um sorriso ao assegurar o quanto me invejava pela experiência de ouvir Karl Kraus pela primeira vez.

Ela me preparou com alguns conselhos bem formulados: que eu não me assustasse com os aplausos turbulentos dos ouvintes. Os que lá se reuniam não eram os usuais vienenses de opereta, nem uma turba alegrada pelo vinho; mas também não era um clube decadente de estetas *à la* Hofmannsthal. Tratava-se da verdadeira intelectualidade vienense, do melhor e mais sadio que havia naquela cidade aparentemente decaída. Eu ficaria admirado da rapidez com que aquele público entendia a mais sutil alusão, as pessoas já riam quando o orador apenas começava uma frase; e quando ele a terminava, a casa vinha abaixo. Karl Kraus havia educado muito bem o seu público, podia fazer com as pessoas o que bem queria; e devia-se considerar que eram todas altamente cultas, em geral profissionais liberais, ou pelo menos estudantes. Lá, *Frau* Asriel jamais encontrara um rosto estúpido; por mais que se procurasse, não se achava nenhum. Ela sempre se divertia a valer, observando nos semblantes dos ouvintes as reações às conclusões do orador. Era-lhe muito penoso que desta vez não pudesse ir, mas preferia quando o evento se realizava no Salão Médio de Concertos, pois lá nada nos escapava, nada absolutamente. No Salão Grande — embora a voz dele tivesse ótimo alcance — sempre se perdia alguma coisa, e ela era tão ávida por suas palavras que não queria perder uma única. Por isso ela desta vez me cedera sua entrada. O comparecimento a essa tricentésima reunião era antes uma homenagem a ele, e haveria tal aglomeração que a ausência dela realmente não seria notada.

Eu sabia que os Asriel viviam com muitas dificuldades — embora nunca se falasse disso, pois havia coisas bem mais importantes, intelectuais, que ocupavam nossas conversas. Eles insistiram, contudo, para que nessa ocasião eu fosse seu convidado, e só por isso *Frau* Asriel desistiu de comparecer àquele acontecimento glorioso.

Naquela noite, adivinhei uma de suas intenções que ocultavam de mim. Tão logo Hans e eu havíamos ocupado nossos lugares, que ficavam na parte de trás do salão, discretamente observei o público; Hans fez o mesmo, com não menos discrição, cada um escondendo do outro a quem procurava, e que era a mesma pessoa. Eu havia esquecido que a dama de nome estranho sempre se "sentava na primeira fila e, embora jamais tivesse visto um retrato dela, eu tinha a esperança de vê-la, de repente, em algum lugar de nossa fila. Parecia-me inconcebível que eu não a reconhecesse, após a descrição que me haviam feito: o mais longo poema inglês, que ela sabia de cor, seria "The Raven" [O Corvo] de Poe, e ela própria pareceria um corvo, mas um corvo, por feitiço, transformado numa dama espanhola. Hans estava, ele próprio, irrequieto demais para notar o meu nervosismo; olhava firmemente para a frente, observando as entradas dianteiras do salão. De repente, num ímpeto, mas desta vez sem arrogância, antes embaraçado, ele disse: "Lá está ela. Acabou de entrar". "Onde?", disse eu e não perguntei a quem ele se referia, "onde?" "Na primeira fila, bem à esquerda. Foi o que pensei, na primeira fila."

A distância era grande demais para que eu pudesse enxergar muita coisa, mas em todo o caso reconheci o cabelo negro como um corvo, e me contentei. Reprimi as observações irônicas que pretendia fazer e as guardei para mais tarde. Logo surgiu o próprio Karl Kraus, que foi saudado com um aplauso tão entusiástico como eu nunca havia presenciado, nem mesmo em concertos. Ele, aparentemente, mal tomou conhecimento do aplauso — meus olhos ainda eram inexperientes —, hesitou um pouco, de pé; seu porte parecia ligeiramente curvado. Quando sentou-se e começou a falar, fui surpreendido por sua voz, que tinha uma vibração pouco natural, como um lento cacarejar. Mas essa impressão logo se desfez, pois a voz se alterou, e continuou a se alterar sempre, deixando-me surpreso pela multiplicidade de timbres de que era capaz. O silêncio com que foi recebida de início lembrou-me, mesmo, um concerto, mas a expectativa que dominava o auditório era de uma espécie bem diferente. Desde o começo, e durante toda a apresentação, o silêncio era aquele que antecede a tempestade. Já o primeiro chiste — aliás, era apenas uma insinuação — foi precedido de uma risada que me assustou. O som era de entusiasmo e de fanatismo, ao mesmo tempo de contentamento e de ameaça, e eclodiu ainda antes que fosse pronunciado do que se tratava. Mas, mesmo plenamente pronunciado, eu não o poderia entender, pois se referia a alguma coisa local, alguma coisa relacionada não só com Viena mas também com a intimidade que se estabelecera entre o orador e seus ouvintes, os quais esperavam por aquilo. Não era só um ou outro que ria, mas muitos juntos. Quando dirigi meu olhar, de esguelha, para um deles, querendo entender as contorções de seu riso, cujo motivo eu não conseguia apreender, ouvi o mesmo som vindo de trás de mim, e de todos os lados, algumas cadeiras além. Só então notei que Hans, a quem eu quase havia esquecido, ria exatamente da mesma maneira. Sempre eram muitos os risos, e sempre era um riso faminto. Logo descobri que aquela gente tinha vindo para um repasto, e não para homenagear Karl Kraus.

Não me lembro do que ele falou naquela noite de meu primeiro encontro com ele. Cem conferências que ouvi mais tarde acumularam-se sobre aquela primeira. É possível, também, que mesmo então eu não o soubesse, porque o público, que me assustava, absorvia minha atenção. A ele próprio eu mal pude ver; seu rosto se estreitava em direção ao queixo; um rosto tão movimentado que não se conseguia fixá-lo; penetrante e exótico como o de um animal, mas um animal novo, diferente, não daqueles que se conhece. Fiquei abismado com as gradações de que sua voz era capaz; o salão era enorme, mas havia nela uma vibração que se transmitia a todo o ambiente. Parecia que tanto as cadeiras quanto as pessoas cediam a esse palpitar, e eu não teria ficado surpreso se as cadeiras se curvassem. A dinâmica daquele salão abarrotado, sob a influência daquela voz, que não se interrompia nem mesmo nos momentos em que ela silenciava, é tão difícil descrever como a lendária Caçada Selvagem. Mas creio que é dessa lenda que aquela cena mais se aproxima. Imagine-se o exército da Caçada Selvagem numa sala de concertos, obrigado por aquele que o trouxe a ficar confinado e a sentar-se em silêncio e depois, seguidamente, conclamado a exibir sua verdadeira natureza. Essa imagem não nos aproxima muito da realidade, mas eu não saberia citar outra que fosse mais exata e, assim, desisto de dar uma ideia de Karl Kraus como efetivamente era.

Contudo, durante o intervalo, saí do salão e Hans apresentou-me àquela dama que deveria servir de principal testemunha do efeito que eu acabara de experimentar. Ela, porém, estava perfeitamente calma e impassível; aparentemente, na primeira fila tudo era mais fácil de suportar. Ela parecia muito exótica, uma preciosidade, um ser que não se esperaria encontrar em Viena mas sim numa miniatura persa. Suas sobrancelhas arqueadas, seus longos cílios negros que ela movia com virtuosismo, ora ligeiro, ora devagar, deixaram-me confuso. Eu olhava para os cílios em vez de mirar em seus olhos; e me admirava da pequenez de sua boca.

Ela não me perguntaria se eu gostara da conferência, disse ela, pois não queria me embaraçar. "O senhor veio pela primeira vez", soava como se ela fosse a anfitriã e o salão sua casa, e de seu lugar na primeira fila oferecesse toda a récita ao público. Ela conhecia os ouvintes, sabia quem costumava vir e observou, sem se comprometer, que eu era novo ali. Tive a sensação de que fora ela quem me convidara, e agradeci sua hospitalidade, que consistia em notar minha presença. Meu acompanhante, cujo forte não era a discrição, disse: "É um grande dia para ele", e fez um movimento de ombros em minha direção. "Isto ainda não se pode saber", disse ela, "por enquanto tudo ainda está confuso." Não senti ironia nisso, embora cada uma de suas frases tivesse um tom irônico, e fiquei feliz ao ouvi-la dizer alguma coisa que correspondia exatamente àquilo que eu pensava. Mas essa compreensão foi justamente o que me embaraçou, como os cílios, que agora empreendiam movimentos soberbos, como se tivessem que esconder algo importante. Assim eu disse o mais singelo e despretensioso que poderia dizer naquelas circunstâncias: "Eu realmente me sinto confuso". Isso poderá ter soado rude, mas não para ela, pois perguntou: "O senhor é suíço?".

Não havia coisa alguma que eu mais teria gostado de ser. Durante os três anos em Frankfurt minha paixão pela Suíça chegara ao ponto de ebulição. Eu sabia que a mãe de Veza era sefardim, da família Calderon e que, atualmente, vivia em terceiras núpcias com um homem muito idoso chamado Altaras; e assim também ela deveria saber, pelo meu nome, que eu era sefardim. Por que me inquiriu ela sobre aquilo que eu mais teria gostado de ser? Eu não falava com ninguém sobre a antiga dor daquela separação, e me acautelava especialmente de me expor aos Asriel, que, apesar de toda a sua arrogância satírica, ou talvez justamente por causa de Karl Kraus, se ufanavam muito de serem vienenses. Portanto a bela dama-corvo não poderia ter ouvido de ninguém acerca de minha desgraça, e sua primeira pergunta direta atingiu-me no coração. Isso me tocou mais do que a conferência, a qual — também nesse ponto ela acertara no alvo — por enquanto só me causava confusão. Eu disse: "Infelizmente não", com o que quis dizer que, infelizmente, não era suíço. Assim me entreguei em suas mãos. Com a única palavra "infelizmente", revelei mais do que qualquer pessoa então sabia de mim. Ela pareceu compreender; toda a ironia desapareceu de suas feições, e disse: "Eu gostaria de ser inglesa". Hans, como era seu jeito, atacou-a com uma enxurrada de palavrório, da qual só deduzi que se podia conhecer bem Shakespeare sem que para isso fosse necessário ser inglês. E, ademais, o que tinham os ingleses de hoje em comum com Shakespeare? Mas ela lhe deu tão pouca atenção quanto eu, embora, como logo percebi, nada lhe tenha escapado do que ele disse.

"O senhor deveria ouvir uma leitura de Shakespeare por Karl Kraus. Já esteve na Inglaterra?" "Estive, em criança. Lá, frequentei a escola durante dois anos. Foi minha primeira escola." "Eu seguidamente viajo para lá em visita a parentes. O senhor deve me falar de sua infância na Inglaterra. Não deixe de me visitar em breve!"

Todo o distanciamento protocolar havia desaparecido, também a garridice com que ela fazia as honras da apresentação. Ela falou de algo que lhe era próximo e importante e o comparou com o que era importante para mim, que ela mencionara rapidamente e de leve, não de forma ofensiva. Quando voltamos ao salão e Hans, durante o pouco tempo que ainda nos restava, rapidamente me perguntou duas ou três vezes o que eu achara dela, fiz de conta que não o ouvira. Só quando senti que ele pronunciaria seu nome, para me antecipar, disse: "Veza?". Mas então Karl Kraus já havia reaparecido; a tempestade recomeçou, e o nome se perdeu na tempestade.

O BUDISTA

Não creio que tenha visto Veza de novo logo após a conferência. Mesmo que a tivesse encontrado, isso pouco significaria, pois agora Hans abrira todas as comportas. Despejava sobre mim uma frívola torrente de tagarelice, à qual faltava tudo aquilo com que o orador público nos havia impressionado: a paixão altiva, a ira, o desprezo. Tudo o que Hans dizia passava por mim como se fosse dirigido a outrem que andasse a nosso lado, mas que nem sequer estava presente. "Naturalmente" e "obviamente" eram suas expressões mais usuais, acrescentadas a cada uma de suas frases para reforçá-las, mas que justamente por isso perdiam a força. Ele sentiu o peso diminuto de suas afirmações e tentou generalizá-las para lhes dar mais consistência. Mas suas generalizações eram tão débeis quanto ele próprio; sua infelicidade era que não se acreditava nele. Não que fosse considerado mentiroso; era fraco demais para fazer invenções, e em vez de *uma* palavra ele usava cinquenta. Nessa diluição nada sobrava daquilo que ele queria dizer. Repetia uma pergunta com tanta frequência e tanta rapidez que não me deixava um intervalo para responder. Ele dizia "Como assim?" e "Disto eu não gosto", e "Isto já se sabe", que intercalava como interjeições em suas infindáveis explicações, talvez para lhes dar mais ênfase.

Já em criança Hans fora magro, mas agora, tão franzino, não havia roupa que não lhe ficasse folgada. Parecia mais seguro quando nadava, e por esse motivo sempre falava nisso. Ele era tolerado pelos "felões" — dos quais tornaremos a falar — quando ia nadar em Kuchelau, embora não pertencesse realmente ao grupo. Ele não pertencia a grupo algum, sempre ficava à margem. Sua mãe era quem atraía os rapazes à sua casa para participarem de torneios orais e ela dava um jeito para que seu filho, nessas ocasiões, se retraísse, por hospitalidade, por assim dizer, e para que os torneios ficassem mais interessantes. Mas ele escutava com atenção, absorvia tudo — eu quase teria dito — com avidez; e logo que os verdadeiros contendores se retiravam, o torneio se repetia como um epílogo entre ele e algum amigo mais íntimo da família que resolvia ficar mais tempo por sentir que tinha privilégios junto à mãe de Hans. Assim, cada disputa e cada tema era repassado até que, de tudo aquilo que tinha vida e encanto espontâneos, só restasse um gosto insosso.

Naquele tempo, Hans ainda não estava cônscio de suas dificuldades no trato com as pessoas. Vinha à sua casa muita gente jovem, sempre se realizavam novos debates — incentivados pelos olhares admirativos de *Frau* Asriel —, nada ela perdia e nada, para ela, durava demais. Os contendores ficavam quanto tempo queriam, mas também nunca eram retidos; iam e vinham conforme lhes agradava. Graças a essa liberdade, que para *Frau* Asriel era uma necessidade vital, sua casa nunca ficava deserta. Mas Hans, que vivia de imitações intelectuais e consistia só nelas, devia à sua mãe que sempre houvesse algo para imitar, que o fluxo daquilo que se costuma chamar de "estímulos" jamais estancasse. Ele também não percebia que ninguém gostava de convidá-lo, pois *Frau* Asriel era bem-vinda em todos os lugares não demasiado pequeno-burgueses, e era natural que levasse seu filho, tão inteligente — pois ela assim o considerava.

Após o dia 17 de abril, que se tornou para mim deveras importante pois, no mesmo dia e no mesmo lugar, surgiram em minha vida as duas pessoas que a dominaram por longo tempo, começou um período de dissimulação que durou quase um ano. Eu desejava muito tornar a ver a dama-corvo, mas não queria que alguém o percebesse. Ela havia me convidado à sua casa e os Asriel, mãe e filho, sempre tornavam a falar desse convite e a me perguntar se eu não tinha vontade de visitá-la. Como minha reação era imprecisa, denotando até mesmo uma certa aversão, eles concluíram que eu era tímido demais, e me acenaram animadoramente com sua presença. Eles já a haviam visitado muitas vezes; em breve tornariam a fazê-lo, e me levariam. Mas era justamente isso o que me desanimava. A ideia da tagarelice de Hans, à qual eu, aliás, já havia me acostumado não a levando muito a sério, lá, entretanto, me seria sumamente desagradável; como também a imagem de Alice Asriel posteriormente me interrogando sobre o que eu achara disto e daquilo. Ter-me-ia sido impossível conversar diante deles sobre a Inglaterra, e jamais teria conseguido dizer alguma coisa sobre a Suíça na frente dos Asriel. No entanto era esta a perspectiva que mais me atraía.

Alice não queria perder este prazer e, todos os sábados, quando eu visitava os Asriel, em algum momento vinha a pergunta, gentil mas insistente: "Quando visitaremos Veza?". Era-me até mesmo desagradável que eles pronunciassem seu nome, eu o achava belo demais para que viesse da boca de outros. Defendia-me fingindo antipatia por ela, evitando pronunciar seu nome, e conferindo-lhe atributos não muito corteses.

Na casa de Alice conheci Fredl Waldinger, com quem depois, durante vários anos, costumava conversar; eu não poderia ter desejado melhor interlocutor. Embora tivéssemos opiniões diferentes sobre quase tudo, jamais houve entre nós suscetibilidades ou desavenças. Ele não se deixava perturbar nem tomar de surpresa. Contrapunha ao meu jeito impetuoso, moldado por experiências tormentosas, uma resistência serena e bem-humorada. Quando o encontrei pela primeira vez, ele acabara de regressar da Palestina, onde vivera durante meio ano num kibutz. Gostava de cantar canções judaicas, muitas das quais eu conhecia; tinha uma bela voz e cantava bem. Não precisava ser instado para que cantasse, era para ele tão natural que começava uma canção no meio da conversa; exemplificava com canções, eram suas citações.

Outros rapazes que conheci na mesma roda se apraziam com a arrogância da alta literatura: se não era Karl Kraus então era Weininger ou Schopenhauer. As frases pessimistas ou misóginas eram particularmente populares, embora nenhum deles fosse misógino ou misantropo. Cada um tinha sua amiga, com a qual se entendia. Com ela e os amigos — que, como grupo, se denominavam os "felões", pois um deles se chamava Felo — iam nadar em Kuchelau. Lá, o ambiente era revigorante, sadio e afável. Mas as frases ásperas, espirituosas, desdenhosas, significavam para aqueles jovens a flor da inteligência. Era considerado desprezível que não fossem ditas em sua forma exata, e boa parte do respeito que uns tinham pelos outros consistia em que a verbalização dessas coisas fosse levada tão a sério como o teria exigido o verdadeiro mestre de todos aqueles círculos, Karl Kraus. Fredl Waldinger era apenas vagamente ligado a eles. Bem que gostava de acompanhá-los nas excursões, mas não era partidário inveterado de Karl Kraus, já que havia outras coisas que não lhe importavam menos e algumas que, até mesmo, lhe importavam mais.

Seu irmão mais velho, Ernst Waldinger, já tinha publicado poemas. Voltara da guerra gravemente ferido, havia se casado com uma sobrinha de Freud, e era amigo do poeta Josef Weinheber, uma amizade baseada em convicções artísticas. Devotados aos modelos clássicos, as formas rigorosas lhes eram muito importantes. Um dos poemas de Ernst Waldinger chamava-se "O lapidador de gemas". Podia-se designá-lo de programático, e ele o escolheu para título de um de seus livros de poesias. Fredl Waldinger devia sua liberdade em parte a esse seu irmão, pelo qual tinha o maior respeito. Mais do que respeito ele não revelava; não era de sua natureza orgulhar-se de coisas externas. O dinheiro lhe importava tão pouco quanto a fama, mas também não lhe teria ocorrido desprezar um escritor que tivesse publicado livros só porque, aos poucos, ia adquirindo renome. Quando conheci Fredl, tinha acabado de ser publicado o *Barco na baía*, de Weinheber. Ele tinha o livro consigo e leu-me alguns trechos; já havia decorado um ou dois poemas. Apreciei muito que ele levasse a sério a poesia, em minha casa havia muito desprezo pelos poetas, onde costumavam chamá-los de "poetastros". Mas as verdadeiras citações de Fredl, como eu já disse, eram as canções, canções populares judaicas.

Ao cantar, ele levantava a mão direita a meia altura e a mantinha aberta para cima, como uma taça. Era como se oferecesse alguma coisa, pela qual pedia desculpas. Ele parecia humilde e, no entanto, seguro de si, lembrava um monge itinerante; mas um que, em vez de pedir esmolas, trazia presentes. Ele nunca cantava alto, toda imoderação lhe parecia estranha. Com sua graça rústica, conquistava os corações dos ouvintes. Embora estivesse cônscio de que cantava bem suas canções, e nisso se comprouvesse como outros cantores, muito mais importantes do que qualquer vaidade eram-lhe as convicções de que dava testemunho: seu gosto pela vida rural, o preparo do solo, a atividade clara, devotada, mas também exigente, de suas mãos. Ele gostava de contar sobre sua amizade com os árabes; não estabelecia diferenças entre eles e os judeus, todo orgulho baseado em diferenças de cultura lhe era estranho. Forte e sadio, ter-lhe-ia sido fácil bater-se com os outros de sua idade, mas nunca vi pessoa mais pacífica. Era pacífico a ponto de jamais competir com os outros. Para ele era indiferente ser o primeiro ou o último; não se envolvia em hierarquias e, aparentemente, nem mesmo notava que elas existiam.

Com Fredl entrou em minha vida o budismo, do qual ele se aproximara através da poesia. *Os cânticos dos monges e das monjas*, na tradução de Carl Eugen Neumann, o haviam enfeitiçado. Muitos trechos ele recitava de cor, num cantarolar rítmico que nos fascinava pelo exotismo. Naquele ambiente, onde tudo girava em torno de discussões intelectuais que se realizavam entre dois jovens de cada vez, onde uma opinião só valia enquanto era defendida com espírito e humor, naquele ambiente que não fazia exigências científicas, onde o que importava era a fluência, a agilidade e a versatilidade da *palavra*, a ladainha de Fredl, sempre igual, jamais alta ou hostil, mas que também nunca se perdia, parecia uma fonte inesgotável, um pouco monótona.

Mas Fredl conhecia mais do budismo do que aquelas ladainhas, embora elas parecessem ser-lhe singularmente familiares. Tinha também bons conhecimentos da doutrina. O cânone Pali, aquilo que constava das traduções de Carl Eugen Neumann, era-lhe familiar, assim como os Livros da Coleção Média e da Coleção Longa, o *Livro dos fragmentos* e a *Senda da Verdade* — ele se apropriara de tudo o que havia sido publicado e recitava-o nas conversas que mantínhamos, assim como as canções.

Eu ainda estava sob a impressão dos acontecimentos públicos do tempo de Frankfurt. Às tardes eu comparecera a reuniões e ouvira os oradores, e as discussões que depois se seguiram na rua haviam me agitado profundamente. Pessoas as mais diversas, profissionais, proletários, jovens, velhos, falavam uns aos outros com tanta veemência, tanta obstinação, tanta segurança, como se não fosse possível pensar de outra maneira. No entanto, aquele com quem falavam estava convencido do contrário, com a mesma obstinação. Como já era noite, uma hora para mim invulgar de estar na rua, essas disputas davam-me a impressão de serem incessantes, de continuarem sempre assim, como se o sono já não fosse possível, tanto importava a cada um a sua convicção.

Tive, porém, uma experiência excepcional naqueles anos em Frankfurt, uma experiência *de dia*: uma manifestação. Ainda cedo, talvez um ano após a minha chegada em Frankfurt, eu assistira no Zeil a uma manifestação de operários. Era um protesto contra o assassinato de Rathenau. Eu estava de pé na calçada. Ao meu lado deve ter havido outras pessoas que assistiam ao ato, como eu; não me lembro delas. Ainda vejo as figuras altas e robustas que seguiam o cartaz das Usinas Adler. Andavam próximos uns aos outros e lançavam olhares provocadores a seu redor. Seus gritos me atingiam como se fossem dirigidos a mim pessoalmente. Cada vez surgia mais gente, todos tinham certa semelhança, não tanto por seu aspecto, mais por sua conduta. Aquilo não tinha fim. Senti uma forte convicção que emanava deles e se tornava cada vez mais forte. Eu teria gostado de ser um deles; eu não era operário, mas seus gritos pareciam me convocar como se eu o fosse. Não sei se os outros, os que estavam a meu lado, sentiam a mesma coisa, não me lembro deles, mas também não me lembro de nenhum que tenha descido da calçada para se reunir ao cortejo. Talvez os cartazes que designavam os diversos grupos de manifestantes os tivessem detido.

Minha lembrança da primeira manifestação, à qual assisti conscientemente, permaneceu viva. O que eu não podia esquecer era a atração real. Sentia um intenso desejo de participação, mas não eram reflexões ou deliberações, tampouco a dúvida, o que me impedia de dar o passo decisivo. Mais tarde, quando cedi e realmente me encontrei entre a multidão, pareceu-me que lá ocorria algo semelhante ao que na física se conhece por gravitação. Mas é claro que esta não era a verdadeira explicação daquele processo absolutamente surpreendente. Pois não éramos uma coisa sem vida; nem antes, isolados, nem depois, em meio à multidão. E o que acontecia com a gente em meio à multidão, uma completa alteração da consciência, era tão drástico quanto misterioso. Eu queria saber de que se tratava, realmente. Era um enigma, que não mais me largou; perseguiu-me durante a melhor parte de minha vida e, se eu finalmente descobri algumas coisas, não passou a ser menos enigmático.

Em Viena conheci jovens de minha idade com quem se podia conversar, que me deixavam curioso quando falavam de suas principais experiências, mas que também estavam dispostos a me escutar quando eu me saía com as minhas. O mais paciente de todos era Fredl Waldinger; ele podia permitir-se ser paciente, pois era imune ao contágio: meu relato sobre a experiência com a massa, como eu então a chamava, deixava-o de bom humor, e ele não parecia estar zombando de mim. Para ele estava claro que eu sentira uma espécie de embriaguez, uma intensificação das possibilidades da experiência, uma ampliação da própria pessoa que, abandonando suas limitações, encontra outras em situação semelhante, e junto com elas forma uma unidade superior. Ele duvidava da existência dessa unidade superior e duvidava, sobretudo, do valor da intensificação pela embriaguez. Ele havia percebido, com a ajuda de Buda, a inutilidade de uma vida que não se liberta de seus envolvimentos. Sua meta era a gradativa extinção da vida, o nirvana, que para mim se parecia com a morte. E, embora ele contestasse com múltiplos e interessantes argumentos que nirvana e morte se equivalessem, a acentuação negativa da vida, que ele obtivera através do budismo, continuava incontestável.

Nossas posições, durante nossas conversas, ficavam mais firmes. A influência que exercíamos um sobre o outro consistia sobretudo em que ambos nos tornávamos mais radicais e mais cautelosos. Ele assimilava cada vez mais os textos religiosos do budismo, não se limitando às traduções de Carl Eugen Neumann, embora estas continuassem as mais próximas de seu coração. Aprofundou-se na filosofia indiana, usando fontes em língua inglesa que traduzia para o alemão com o auxílio de Veza. Eu procurava aprender mais sobre as multidões, das quais eu falava. De qualquer forma eu teria investigado esse processo, que tanto me tomava, que para mim se tornara o enigma de todos os enigmas. Mas, se não fosse por Fredl, eu talvez não me tivesse ocupado tão cedo das religiões indianas, as quais eu repudiava por causa das mortes múltiplas em sua doutrina da reencarnação. Em nossas conversas eu ficava desagradavelmente cônscio de que, à doutrina ricamente elaborada que ele defendia — uma das mais significativas e profundas que a humanidade produziu —, eu só sabia contrapor a descrição, um tanto pobre, de uma única experiência, que ele designava de pseudomística. Ele podia valer-se de muitas explicações, interpretações, causalismos, quando falava de suas coisas — e eu não era capaz de uma única explicação de uma única experiência, da qual eu estivesse imbuído. A obstinação com que me atinha a essa experiência, talvez justamente por não ter uma explicação, deve ter-lhe parecido tacanha, talvez até mesmo absurda. De fato o era, e se eu tivesse de dizer onde estava minha verdadeira obstinação, eu diria que estava naquilo em que eu fora subjugado por experiências que não sabia explicar. Ninguém jamais conseguiu desviar-me dela, nem mesmo eu próprio.

A ÚLTIMA VIAGEM PELO DANÚBIO. A MENSAGEM

Em julho de 1924, após o primeiro semestre na Universidade de Viena, fui passar o verão na Bulgária. Eu fora convidado a ficar na casa de irmãs de meu pai, em Sófia. Não pretendia visitar Ruschuk, onde passara os primeiros anos de minha infância; lá não havia mais ninguém que me conhecesse. Todos os membros da família, no decorrer dos anos, haviam se mudado para Sófia, que crescera em importância como capital do país e, aos poucos, se transformara numa grande cidade. Essas férias não seriam um regresso à cidade natal, mas sim uma visita ao maior número possível de parentes. O mais atraente, porém, seria a viagem descendo o Danúbio.

Buco, o irmão mais velho de meu pai, naquele tempo morava em Viena e, como ele tinha negócios a resolver na Bulgária, viajamos juntos. Foi uma viagem bem diferentes daquelas que eu me lembrava da infância, quando passávamos boa parte do tempo nos camarotes onde minha mãe tirava nossos piolhos com um pente fino; os navios eram sujos e era inevitável que ficássemos com piolhos. Desta vez não havia piolhos. Partilhei o camarote com meu tio, um brincalhão; era o mesmo que em minha primeira infância costumava caçoar de mim, abençoando-me com toda a solenidade. Passamos quase todo o tempo no convés. Ele precisava de gente a quem contar suas histórias. Começou com alguns conhecidos que encontrou, mas logo reunia-se ao seu redor um numeroso círculo, ao qual ele contava suas piadas sem pestanejar, piscando apenas de vez em quando. Tinha um grande repertório, mas eu o ouvira tantas vezes que, para mim, estava esgotado. Ele não suportava uma conversa séria por muito tempo. No camarote, contudo, sentia-se no dever de dar a mim, seu sobrinho que iniciara recentemente seus estudos superiores, alguns conselhos para a vida que me pareceram ainda mais enfadonhos do que seus gracejos. Por mais familiares que me fossem suas constantes tentativas de provocar o riso e o aplauso de terceiros, mais ainda me aborreciam seus aconselhamentos.

Ele não tinha a menor ideia do que realmente se passava comigo e seus conselhos podiam valer para qualquer sobrinho. Eu estava farto da *utilidade* da química, não havia um parente mais velho que não se alongasse sobre o tema, todos achavam que eu desvendaria um território que lhes estava vedado. Nenhum deles fora além da escola superior de comércio, e agora percebiam, aos poucos, que além das operações de compra e venda, nas quais tinham experiência de sobra, careciam cada vez mais de conhecimentos especializados de natureza técnico-científica, dos quais não tinham qualquer noção. Eu seria o especialista da família em química, e com meus conhecimentos poderiam alargar a área de seus empreendimentos. No camarote, antes de dormirmos, sempre se falava nisso; era como se fosse a oração da noite, embora bastante breve. A bênção, com a qual em criança ele me fazia de bobo e sempre tornara a me desapontar, e que eu levava tão a sério que cada vez me fazia ficar parado, esperançoso, sob sua mão aberta, ansioso pelas belas palavras com que ele começava: *"Io ti bendigo..."* — essa bênção, que há muito tempo eu não mais queria, que se transformara na maldição de meu avô e na morte súbita de meu pai, agora era levada a sério: *eu* traria sorte à família, tornando-a ainda mais próspera através de novos conhecimentos, modernos e "europeus". Mas ele logo interrompia essa conversa, pois antes de dormirmos ainda tinha de contar duas ou três piadas. De manhã, já cedo ele era atraído para seus ouvintes no convés.

O navio estava lotado, inúmeras pessoas ficavam sentadas ou deitadas no convés; era um prazer serpentear por entre os diversos grupos para escutar suas conversas. Havia estudantes búlgaros que passariam as férias em casa; também pessoas que já exerciam suas atividades profissionais, como um grupo de médicos que tinham ido renovar seus conhecimentos na "Europa". Entre eles, havia um com uma enorme barba negra, que me parecia familiar, o que não é de se admirar já que fora ele quem me trouxera ao mundo. Era o dr. Menachemoff, de Ruschuk, cujo nome sempre se pronunciava em nossa casa, de quem todos gostavam e que eu vira, pela última vez, quando ainda não fizera seis anos. Assim como tudo o que pertencia àquele tempo pretensamente "bárbaro" dos Bálcãs, eu não o levara inteiramente a sério, e agora — logo começamos a conversar — eu estava admirado ao verificar o quanto ele sabia, por quanta coisa se interessava. Ele havia acompanhado o progresso da ciência, e não só em seu próprio ramo. Respondia com critério, interessava-se por tudo, nada rejeitava automaticamente só porque vinha de um rapaz de dezenove anos. A palavra "dinheiro" não surgiu em nossa conversa *sequer uma vez*.

Ele disse que pensava em mim ocasionalmente e que sempre tivera certeza de que eu, após a súbita morte de meu pai, para a qual ninguém encontrava uma explicação, *só* poderia estudar medicina, pois aquele enigma me preocuparia até o fim de meus dias. Mesmo que eu jamais encontrasse uma resposta, seria um incentivo enorme, uma fonte toda especial. Assim que me dedicasse à medicina, eu não poderia deixar de descobrir coisas novas e importantes. Ele cuidava de mim quando meu pai, com seu rápido regresso da Inglaterra após aquela horrível escaldadura, me salvara a vida. Disse que eu devia a vida a meu pai em dobro, e que, embora eu não pudesse, mesmo, salvá-lo da morte ano e meio depois, em Manchester, eu tinha essa dívida para com ele, e minha obrigação era pagá-la salvando a vida de outros. Isso ele disse com toda a simplicidade, sem retórica e sem ênfase; mas a palavra "vida", em sua boca, soou como se fosse não apenas algo precioso, mas também algo *raro*, o que parecia um tanto peculiar em face das inúmeras pessoas que se apinhavam no convés.

Fiquei envergonhado, particularmente com a hipocrisia com que eu justificava, perante mim mesmo, meu absurdo estudo da química. Mas disso eu não falei, teria sido demasiado ignóbil. Falei da minha vontade de saber tudo o que havia para saber. Ele me interrompeu, apontou para as estrelas — já era noite — e perguntou: "Você conhece os nomes das estrelas?". Passamos a mostrar um ao outro as diversas constelações. Primeiro eu mostrei a Lira com Vega, já que *ele* havia feito a pergunta; depois ele me mostrou Cisne com Deneb, pois tinha de demonstrar que conhecia as estrelas. Assim nos mostramos todo o céu noturno, sem que um de nós soubesse o que o outro abordaria a seguir. Embora não omitíssemos nenhuma constelação, logo havíamos esgotado todo o firmamento. Eu jamais tinha tido esse diálogo com quem quer que fosse, e ele disse: "Você sabe quantas pessoas entrementes morreram?". Referia-se ao breve tempo em que havíamos designado as estrelas. Eu nada disse, ele não mencionou qualquer número. "Você não os conhece. Não lhe importam. Um médico os conhece. A ele importam."

Quando eu o havia encontrado — ainda era crepúsculo — ele estava num grupo de pessoas que conversavam com animação enquanto, não longe deles, um grupo de estudantes cantava canções búlgaras com entusiasmo, a plenos pulmões.

Meu companheiro de viagem já me havia dito em Viena que o dr. Menachemoff estaria a bordo e que ficaria contente em me ver após tanto tempo — haviam decorrido treze anos. Eu já não me lembrava dele, e de repente estava parado diante da barba negra. Entrementes, quanto eu havia odiado uma barba negra como esta! Talvez fosse um resto daquela antiga emoção que me havia atraído para perto da barba. Eu sabia que era ele, pois a barba era de médico. Fitei-o desconfiado; ele interrompeu sua frase — estava em meio de uma conversa — e disse: "É você, eu sabia que era você. Mas não o reconheci. Como poderia reconhecê-lo? Você ainda não havia completado seis anos quando o vi pela última vez".

Ele vivia muito mais nos velhos tempos do que eu. Eu havia deixado Ruschuk com certa arrogância, no tempo em que ainda não sabia ler. Eu nada esperava das pessoas que lá viviam, e de repente me encontrava na "Europa". Mas ele, que sempre morara lá, conservava o interesse por seus pacientes e esperava algo especial daqueles que haviam saído de Ruschuk em criança. Ele sabia que meu avô amaldiçoara meu pai quando nos mudamos para a Inglaterra, toda a cidade havia falado nisso, mas era contra seu orgulho científico que acreditasse no efeito da maldição. A morte de meu pai, tão pouco tempo depois, era para ele um mistério e, como não houvera solução na época devida, parecia-lhe natural que eu dedicasse minha vida à solução de enigmas como aquele, ou semelhantes.

"Você ainda se lembra das dores que teve de suportar?", disse ele. Seu pensamento havia voltado às queimaduras que eu sofrera. "Toda a pele se foi. Só sua cabeça ficou fora d'água. A água era do Danúbio. Você talvez nem sequer o saiba. E agora flutuamos pacificamente no mesmo Danúbio." "Mas não é o mesmo", disse eu, "é sempre outro. Das dores não me lembro, mas sim do regresso de meu pai."

"Foi um milagre", disse o dr. Menachemoff. "A volta de seu pai salvou-lhe a vida. É assim que alguém se torna um grande médico. Aquele que tem uma experiência dessas na primeira infância torna-se médico. É impossível tornar-se outra coisa.

Foi por isso que sua mãe, logo após a morte de seu pai, mudou-se com os filhos para Viena. Ela sabia que lá você encontraria todos os grandes mestres de que precisava. O que seríamos sem a grande Escola de Medicina de Viena! Ela sempre foi uma mulher sensata, sua mãe. Ouvi dizer que anda muito doente. Você cuidará dela. Ela terá o melhor médico dentro de sua família, o próprio filho. Trate de formar-se logo: especializar-se, mas não demais."

Depois ele passou a me dar conselhos detalhados para meus estudos. Quando se tratava desse assunto ele não prestava atenção às minhas — tímidas — objeções. Falamos de muitas coisas; a todos os *outros* assuntos ele respondia, algumas vezes refletindo longamente sobre aquilo que dizia. Era flexível e sábio, interessado e preocupado, e só aos poucos entendi que havia algo que ele não havia apreendido, e jamais apreenderia. Não podia acreditar que eu não seria médico; após o primeiro semestre ainda havia muitos caminhos abertos. Fiquei tão constrangido que desisti de lhe contar a verdade, e passei a evitar aquele ponto penoso. É possível, também, que eu tenha ficado vacilante. Quando perguntou por meus irmãos e eu, como sempre, só falei do menor, e com tanto orgulho como se eu o tivesse gerado, ressaltando seu talento, dr. Menachemoff quis saber o que *ele* estudaria. Fiquei aliviado por poder responder "medicina", pois era assunto resolvido. "Dois irmãos — dois médicos!", disse ele, rindo. "Por que não também o terceiro?" Mas era brincadeira, e não precisei lhe explicar por que este não poderia seguir a medicina.

Acerca da *minha* vocação, entretanto, ele não tinha dúvidas. Várias vezes, durante a viagem, tornamos a nos encontrar no convés. Ele me apresentou a diversos de seus colegas, declarando simplesmente: "Um futuro luminar da Escola de Medicina de Viena". O tom não era de fanfarronice, era perfeitamente natural. Para mim ficava cada vez mais difícil dizer-lhe a cruel e inequívoca verdade. Visto que falava tanto de meu pai, e que estivera presente por ocasião de sua volta para que eu sarasse, não tive coragem de desapontá-lo.

Foi uma viagem maravilhosa. Vi inúmeras pessoas e conversei com muitas delas. Um grupo de geólogos alemães, examinando as formações na Porta de Ferro, discutiu-as em termos que eu não entendia. Um historiador americano tentava explicar à sua família as campanhas de Trajano. Estava a caminho para Bizâncio, o verdadeiro objeto de suas pesquisas, mas só quem lhe dava ouvidos era sua mulher pois as duas filhas, belas moças, preferiam conversar com os estudantes. Fiz logo amizade com elas conversando em inglês. Queixaram-se de seu pai que sempre vivia no passado, mas disseram que elas, sendo jovens, viviam no dia de hoje. E o diziam com tanta convicção que lhes dávamos crédito. Camponeses trouxeram a bordo cestos com frutas e legumes. Um carregador levou sobre a nuca todo um piano; correu pelas pranchas e o colocou no chão. O homem era baixo, tinha pescoço de touro e era um feixe de músculos; mas, até hoje, não entendo como pôde fazê-lo sozinho.

Em Lom Palanka, Buco e eu desembarcamos. Lá pernoitaríamos e, na manhã seguinte, tomaríamos o trem, atravessando os Bálcãs para Sófia. O dr. Menachemoff, que estava voltando a Ruschuk, ficou a bordo. Quando me despedia dele, com a consciência bastante conturbada, ele disse: "Não se esqueça do que eu espero de você". Depois acrescentou: "E não se deixe desviar por ninguém, você ouviu, por ninguém!". Foram suas palavras mais fortes até então, pareciam um mandamento. E eu suspirei aliviado.

Durante toda aquela noite que passamos em Lom, em que não dormi por um instante, atormentado por percevejos, pensei no sentido de sua última frase. Ele devia ter percebido que eu desistira e havia dissimulado. Eu estivera envergonhado por tê-lo iludido, pois renunciara a expor-lhe nítida e terminantemente toda a verdade. Mas *ele* também fingira. Ainda na mesma noite fui ao quarto de Buco, que também não podia dormir por causa dos percevejos, e perguntei: "O que você disse ao dr. Menachemoff? Você lhe disse o que estou estudando?". "Sim, química, o que haveria de dizer?" Portanto, ele realmente o sabia e tentara reconduzir-me ao caminho certo. Foi o único que fez o que meu pai teria feito: proporcionar-me a liberdade da própria escolha. Ele fora testemunha daquilo que se desenvolvera entre meu pai e mim, e ele o conservou, somente ele. Apareceu no navio que me levava de volta àquele país e me transmitiu a mensagem à qual ele, aos olhos do mundo, não tinha direito. Ele o fez através de um ardil, não tomando conhecimento daquilo que havia acontecido. Importava-lhe a pureza da mensagem, o teor inadulterado. Ele não levou em conta meu estado de espírito, quando a comunicou para mim.

O ORADOR

Em Sófia morei durante as três primeiras semanas na casa de Rachel, a irmã mais nova de meu pai. Ela era a mais gentil de todos os seus irmãos, uma mulher bela, ereta, alta e imponente, cordial e alegre. Possuía dois rostos, que se podiam ver quando ela estava rindo, ou quando estava convencida de alguma coisa que defendia com vigor e espírito; sempre algo altruístico, uma fé ou uma convicção. Tinha um marido já de certa idade, prudente, respeitado por seu senso de justiça, e três filhos, dos quais o menor tinha oito anos e, como eu, levava o nome do avô. Era uma casa muito animada, em toda parte havia bulício e riso. Uns chamavam os outros por todos os aposentos. Lá ninguém podia se esconder. Quem quisesse sossego teria de sair à rua, onde o encontraria antes do que em casa. Mas o que se passava com o centro de gravidade daquele lar, o marido e pai, era um mistério. Ele quase nunca falava, só o ouvíamos pronunciando alguma sentença que fosse imprescindível. Ele então dizia um sim ou um não, uma frase bem curta, com tanta serenidade que era difícil ouvi-lo. Quando ele queria dizer alguma coisa, fazia-se silêncio, sem que ninguém o ordenasse. Por um momento, tão breve que parecia lúgubre, havia efetivo silêncio e então, em voz baixa, mal perceptível, em palavras contadas e um pouco cinzentas, vinha a sentença, a decisão. Logo em seguida o barulho tornava a eclodir; era difícil dizer se era mais forte o furor dos meninos ou as altas admoestações, exigências e perguntas da mãe.

Para mim essa vida constituía uma novidade. Naqueles meninos tudo se dirigia para a atividade física, jamais se falava de livros, mas sim de esportes. Eram rapazes robustos, ativos, que jamais podiam ficar quietos, e constantemente se desafiavam soqueando-se. Seu pai, de índole tão diferente, parecia apreciar e promover esse excesso de vitalidade. Eu sempre esperava ouvir dele um "Ya basta!"; em meio ao maior tumulto eu olhava para ele. Bem que ele o percebia, nada lhe escapava; também sabia o que eu esperava dele, mas nada dizia. O tumulto continuava e só era interrompido, por pouco tempo, quando os três meninos saíam, juntos, de casa.

Mas essa promoção de tanta vitalidade obedecia a um método e a um desígnio. A família estava prestes a emigrar. Pretendia deixar a cidade e o país nas próximas semanas, com várias outras famílias. A Palestina, assim se dizia, era sua terra prometida; eles estavam entre os primeiros, eram considerados pioneiros, e estavam cônscios disso no mais alto grau. Toda a comunidade sefardim de Sófia, aliás não só de Sófia mas de todo o país, havia se convertido ao sionismo. Não que os sefardins passassem mal na Bulgária; não sofriam qualquer perseguição, não havia guetos, tampouco havia pobreza opressiva. Mas havia entre eles oradores, cujas centelhas haviam provocado um incêndio e que, sempre, pregavam o regresso à terra prometida. O efeito desses sermões era notável em mais de uma maneira. Eram dirigidos contra a arrogância separatista dos sefardins: todos os judeus seriam iguais, toda separação seria desprezível e, de forma alguma, teriam sido os sefardins, durante o último período histórico, os que mais se distinguiram em realizações em prol da humanidade. Pelo contrário, eles estavam presos a um torpor espiritual, e já era tempo de acordarem e deixarem para trás aquele capricho inútil: a sua arrogância.

Um dos oradores mais inflamados, que supostamente produzia verdadeiros milagres, era um primo meu, Bernhard Arditti. Era o filho mais velho daquele justiceiro maníaco de Ruschuk,

Josef Arditti, que acusava todos os membros da família de ladrões e vivia movendo processos, e da bonita Bellina, que parecia saída de um quadro de Ticiano, e pensava dia e noite nos presentes com que alegraria o coração de todo o mundo. Bernhard se tornara advogado, mas a profissão nada significava para ele. As chicanas de seu pai talvez tenham destruído todo seu interesse. Quando ainda muito jovem, ele se convertera ao sionismo, descobrindo seus dons de oratória, que pôs a serviço da causa. Quando cheguei a Sófia, todos falavam dele. Reuniam-se aos milhares para ouvi-lo; seus ouvintes mal cabiam na maior das sinagogas. Felicitavam-me pelo meu primo e lamentavam que eu próprio não pudesse ouvi-lo, pois, nas poucas semanas de minha estada, não estava prevista nenhuma reunião. Ele arrebatara a todos, conquistara-os; fiquei conhecendo muita gente, ninguém se excetuava, era como se uma enorme onda os tivesse arrebatado e jogado ao mar, do qual todos se tornaram parte. Não encontrei um único adversário de sua causa. Ele discursava em espanhol e fustigava a todos com seu orgulho, que se baseava nessa língua. Ele usava o espanhol *antigo* e verifiquei, com surpresa, que nesse idioma atrofiado de berçário e de cozinha, como eu o julgava, era possível se tratar de assuntos gerais e imbuir as pessoas de tanta paixão que elas, seriamente, admitiam abandonar tudo, dar as costas a um país onde viviam havia gerações, onde eram consideradas e respeitadas, onde sem dúvida passavam bem, e emigrar para um país desconhecido, que lhes fora prometido havia milênios, mas que atualmente nem sequer lhes pertencia.

Eu chegara a Sófia num momento crítico. Não admira que nessas circunstâncias não houvesse cama para mim na casa e um dos filhos tivesse que dormir fora, para me dar lugar. Era notável a magnanimidade com que me recebiam. Mudavam as coisas de um lado para outro, encaixotavam coisas. Além do alvoroço natural que lá sempre reinava, havia agora uma mudança de natureza muito peculiar. Ouvi os nomes de outras famílias, que estavam passando pela mesma experiência. Era todo um grupo que emigrava em conjunto, na primeira ação desse tipo, de maior vulto, e quase não se falava de outra coisa.

94

Quando eu saía à rua para conhecer Sófia, ou também para me livrar do barulho, com frequência encontrava Bernhard, o primo que fora o causador de tudo com seus discursos ou que, no mínimo, havia dado o impulso decisivo para essa ação tão extremada. Era um homem atarracado, robusto, de sobrancelhas cerradas, uns dez anos mais velho do que eu, sempre com movimentos juvenis, que nunca falava de assuntos particulares (ao contrário de seu pai). Suas palavras em alemão eram pronunciadas com tanta fluência e segurança como se fosse sua própria língua. Tudo o que dizia parecia imutável, mas ele permanecia líquido e ardente, como uma lava que jamais esfriasse. As objeções que eu arriscava, apenas para dizer alguma coisa, eram por ele afastadas com um ar de superioridade, enquanto parecia desculpar-se de sua experiência em debates políticos com um sorriso magnânimo, de forma alguma ofensivo.

O que apreciei em Bernhard foi que as coisas materiais, para ele, não contavam. Como tinha pouco interesse pela banca de advocacia, a qual lhe era maçante, ele não pegava causas rendosas. Caminhando a seu lado pelas ruas largas e limpas de Sófia, eu me perguntava como ele ganharia a vida. Era evidente que precisava de sua própria espécie de alimento: vivia daquilo que o realizava. Talvez suas palavras tivessem tanto efeito sobre os outros precisamente porque ele não as torcia ou deformava de acordo com suas conveniências diárias. Acreditavam nele porque ele nada queria para si próprio, e ele acreditava em si porque não desperdiçava seus pensamentos com ideias de posse.

A ele confidenciei que não tinha a menor intenção de me tornar químico. Estudava apenas pelas aparências a fim de, entrementes, me preparar para outras coisas.

"Para que esta simulação", disse ele, "se você tem uma mãe sensata?"

"Ela caiu sob a influência de pessoas comuns. Quando esteve doente, em Arosa, conheceu pessoas que 'tiveram sucesso na vida', como se costuma dizer, pessoas importantes. Agora ela quer que eu também 'tenha sucesso na vida', mas à moda deles, não à minha."

"Cuidado!", disse ele, e de repente olhou para mim muito sério, como se pela primeira vez me visse como *pessoa*. "Cuidado! Do contrário você estará perdido. Meu próprio pai queria que eu prosseguisse com todas as suas questões judiciais."

Foi só o que ele disse, o assunto era demasiado pessoal para interessá-lo por mais tempo. Mas ficou claro que ele estava do meu lado e então, quando eu disse que queria escrever em alemão, em nenhuma outra língua, ele reprovou sacudindo a cabeça: "Para quê? Estude hebraico! É a nossa língua. Você acredita que exista idioma mais belo?".

Eu gostava de me encontrar com Bernhard; ele conseguira escapar do dinheiro. Ganhava pouco, e no entanto ninguém era mais respeitado do que ele. De todos os dedicados escravos do comércio, entre os quais se contava grande parte de minha família, ninguém o censurava. Ele sabia como dar-lhes esperança, da qual precisavam mais do que de riqueza ou de boa sorte comum. Senti que ele queria conquistar-me para sua causa, mas não de forma brutal, como através de um discurso numa reunião de massa, e sim de homem para homem, como se pensasse que eu poderia tornar-me tão útil para a causa quanto ele. Perguntei-lhe qual era seu próprio estado de espírito quando discursava, se então sempre sabia quem ele era, se não temia perder-se na multidão entusiasmada.

"Jamais! Jamais!", disse ele com a maior firmeza. "Quanto mais entusiasmados eles estão, tanto mais eu sinto a mim mesmo. Fico com aquela gente em minhas mãos, como se fosse massa de pão que posso moldar como bem entendo. Pode-se incitá-los a porem fogo em suas próprias casas, não existe limite para este tipo de poder. Tente você! É só querer! *Você* não abusará desse tipo de poder! Você o utilizará para uma boa causa, como eu; pela nossa causa."

"Eu conheci a multidão", disse eu, "em Frankfurt. Eu próprio me tornei massa de pão. Não o posso esquecer. Eu gostaria de saber o que é. Gostaria de entender aquilo."

"Não há nada para entender. Em toda a parte é a mesma

coisa. Ou você é uma gota que se dissolve na massa, ou é aquele que sabe como dar-lhe uma direção. Não há outra escolha."

Parecia-lhe fútil perguntar-se *o que* aquela massa realmente era. Ele a considerava uma dádiva, algo que se pode evocar para, com ela, se conseguir determinados efeitos. Mas tinham, todos os que sabiam fazê-lo, o direito de fazê-lo?

"Não, nem todos!", disse ele com a maior segurança. "Só aquele que o utiliza pela causa verdadeira."

"Como pode ele saber que a causa é verdadeira?"

"Ele o sente", disse ele, "aqui!" Bateu com força em seu próprio peito, por diversas vezes. "Quem não o sente, também não sabe fazê-lo!"

"Então tudo depende de que alguém acredite em sua causa. E seu inimigo talvez acredite no contrário!"

Isso eu disse hesitante, tateando; não queria criticá-lo nem embaraçá-lo. Nem mesmo o teria conseguido, ele era seguro demais. Eu só queria abordar algo que sentia vagamente, que me preocupava desde aquela experiência em Frankfurt, e que não conseguira apreender bem. Eu havia sido *arrebatado* pela multidão, foi uma embriaguez em que perdi a mim mesmo, esqueci-me de mim, senti-me imensamente longe e ao mesmo tempo realizado. O que quer que eu sentira, não o sentira para mim; era a maior abnegação que eu conhecera, e, como o egoísmo me era exibido, dele me falavam e, finalmente, com ele me *ameaçavam* de todos os lados, eu precisava dessa experiência de fulminante abnegação como do toque de trombetas do Juízo Final, guardando-me de menosprezá-la ou desvalorizá-la. Mas ao mesmo tempo eu sentia que não tinha domínio sobre mim, não era livre; algo pavoroso acontecia comigo. Em parte era atordoamento, em parte paralisia. Como era possível tudo isso junto? O que era aquilo?

De forma alguma, entretanto, eu esperava de Bernhard, o orador neste auge especial de sua eficácia, uma resposta à minha pergunta ainda não articulada. Eu lhe resistia, embora o aprovasse. Não teria sido suficiente para mim ser um de seus sequazes. Havia muitos homens dos quais poderíamos nos tornar seguidores, e eles defendiam todas as causas possíveis. No fundo — mas isto eu não admitia para mim mesmo — eu o contemplava como a alguém que tinha a habilidade de excitar pessoas até fazê-las se transformarem numa massa.

Voltei à casa de Rachel, e lá reinava aquele rebuliço em que Bernhard deixara aquela família, como muitas outras, com os discursos que fazia havia anos. Durante três semanas testemunhei essa febre de mudança. Ela atingiu sua maior intensidade por ocasião da partida, na estação. Centenas de pessoas haviam se reunido para se despedir de seus parentes. Os imigrantes, sempre famílias, que ocupavam o trem, foram cumulados de flores e de felicitações. Cantava-se, abençoava-se, chorava-se, era como se a estação tivesse sido construída especialmente para essa despedida, seu tamanho mal sendo suficiente para abrigar toda essa riqueza de afetos. Estendiam as crianças para fora das janelas dos vagões; pessoas idosas, especialmente mulheres já meio encarquilhadas, paradas na plataforma, por causa das lágrimas já não distinguiam as crianças umas das outras, e abanavam para as erradas. Eram netos e netas, estes é que importavam; os netos partiam, os velhos ficavam, era a impressão — não muito correta — que se tinha na despedida. Uma imensa expectativa enchia a gare, e talvez os netos lá estivessem em razão dessa expectativa e desse momento.

O orador, que também comparecera, não viajou. "Ainda tenho o que fazer", disse ele, "ainda não posso sair. Preciso dar coragem àqueles que ainda temem." Na estação ele se conteve, não se pôs na frente dos outros; parecia que teria preferido ficar anônimo, desconhecido, escondido debaixo de um capuz mágico que o tornasse invisível. Uns e outros o cumprimentavam e o apontavam, o que parecia irritá-lo. Mas então insistiram para que ele dissesse alguma coisa; após as primeiras frases ele era outro homem, ardente e seguro, desabrochando sob suas próprias palavras. Encontrou e lhes transmitiu as expressões de felicidade de que aquela gente precisava para seu empreendimento.

Da casa de Rachel; que agora estava vazia e abandonada, mudei-me para a de Sophie, a irmã mais velha de meu pai. Após o tumulto das últimas semanas, agora tudo parecia monótono e sem graça, como se ali se desconfiasse de empreendimentos que se desviassem do cotidiano. Embora se compartilhasse das convicções dos imigrantes, não se falava nisso, deixando as manifestações de entusiasmo para as ocasiões festivas e continuando-se a fazer o que sempre se fazia. Ali reinava a repetição, a rotina da minha primeira infância, que agora nada significava para mim, pois dela nos escapulíramos para a Inglaterra, e o terrível acontecimento de Manchester barrava-me o caminho à infância. Eu escutava as conversas domésticas de Sophia, que tinha bons conhecimentos de dietas e de clisteres, uma mulher diligente, mas que nunca contava histórias; eu escutava seu prosaico marido, que era de poucas palavras, seu prosaico filho, que dizia igualmente pouco usando muitas palavras e, minha maior decepção, sua filha Laurica, a companheira de brinquedos de minha infância que, aos meus cinco anos, quis matar com um machado.

Já em suas proporções alguma coisa estava errada. Eu a tinha na lembrança como uma menina *espichada*, bem acima de minha cabeça; agora ela era menor do que eu, mimosa, catita, preocupada com o casamento e um marido. O que acontecera com sua periculosidade, o que fora feito de seus invejados cadernos? Ela já não se lembrava deles, entrementes desaprendera a ler, não tinha lembrança do machado com que eu a ameaçara, nem mesmo do próprio berreiro. Ela não me empurrara na tina de água fervente, eu caíra sozinho; eu não estivera de cama durante muitas semanas, "você ficou um pouco escaldado", e quando eu, pensando que ela só esquecera aquilo que se referia a ela mesma, lembrei-a da maldição do avô. Ela deu uma sonora gargalhada, como a camareira numa ópera. "Maldição — um pai amaldiçoando seu filho, isto não existe, isto você inventou, são contos da carochinha, não gosto de contos da carochinha." Quando lhe lancei no rosto que em Viena assistira a inúmeras cenas entre meu avô e minha mãe que se referiam a essa maldição, que meu avô saíra de casa furioso, sem se despedir, e que minha mãe, depois, chorara durante horas e horas, ela rechaçou com desdém: "Tudo isto você imaginou".

O que quer que eu dissesse era inútil; nada de terrível acontecera, nada de terrível acontecia, e assim eu — com relutância — lhe contei que no vapor do Danúbio encontrara o dr. Menachemoff. Disse-lhe que havíamos conversado durante horas, e que ele se lembrara de tudo; que ele ainda tinha tudo nitidamente diante dos olhos, como se tivesse acontecido ontem. Ora, ele fora também o médico de sua família em Ruschuk, ela o conhecia melhor do que eu, e, até a mudança da família para Sófia, ele ainda vivera lá. Mas para isso ela também tinha resposta: "Na província as pessoas ficam assim. É gente à moda antiga. Tramam essas coisas. Não têm outras coisas em que pensar. Acreditam numa porção de bobagens. Você caiu n'água sozinho. Nem sequer ficou muito doente. Seu pai não veio de Manchester. Teria sido longe demais. Naquele tempo as viagens não eram tão baratas assim. Seu pai não estava mais em Ruschuk. Quando é que seu avô o poderia ter amaldiçoado? O dr. Menachemoff não sabe de coisa alguma. Só as famílias sabem dessas coisas".

"E sua mãe?" No dia anterior ela havia comentado como me tirara da água, despira minha roupa, e toda minha pele viera junto. "Minha mãe anda muito esquecida", disse Laurica. "Está sentindo a idade. Mas não se pode dizer-lhe isto."

Fiquei irritado com sua teimosia e sua mesquinhez. Para ela nada importava, a não ser sua única determinação: encontrar um marido e casar. Estava com vinte e três anos e temia que já fosse considerada solteirona. Ela me assediava para que eu lhe dissesse a verdade: queria saber se ainda poderia agradar a um homem. Eu, com dezenove anos, deveria conhecer tais sentimentos. Perguntou-me se eu tinha vontade de beijá-la. Se o penteado de hoje era mais provocante do que o de ontem. Se eu a achava magra. Ela era esbelta, disse, mas magra não era. Se eu sabia dançar. Achava que esta seria a melhor ocasião de agradar a um homem. Uma amiga sua havia noivado enquanto dançava. Mas depois o homem dissera que aquilo não valia, só acontecera porque estavam dançando. Se eu acreditava que isso poderia acontecer também com ela.

100

Eu não acreditava em nada; não respondi a nenhuma de suas perguntas e, por mais que chovessem sobre mim, eu continuava empacado. Ainda não conhecia tais sentimentos, disse eu, embora tivesse dezenove anos. Nem mesmo sabia se uma mulher me agradava. Como é que se poderia saber? Todas elas eram tolas, e não tinham sobre o que conversar. Eram todas como ela, não se lembrando de coisa alguma. Como pode nos agradar uma pessoa que não se lembra de nada? Seu penteado era sempre igual, ela de fato era magra, por que uma mulher não poderia ser magra? Dançar, eu não sabia. Em Frankfurt eu o tentara uma vez, e sempre pisava nos pés da moça. Um homem tem que ser idiota para noivar enquanto está dançando. Todo homem que assume tal compromisso é um idiota.

Deixei-a desesperada, e assim consegui que fosse mais razoável. Para obter uma resposta minha, ela começou a se lembrar das coisas. Não foi muito, mas o machado levantado ela ainda via à sua frente, voltava sempre a sonhar com aquilo, sendo a última vez quando foi desmanchado o noivado de sua amiga.

O APERTO

Em começo de setembro nos mudamos para o apartamento de *Frau* Olga Ring: uma mulher muito bela, com o perfil de romana, orgulhosa e ardente, que não aceitava favores de quem quer que fosse. Seu marido falecera já havia algum tempo; o amor daqueles dois se tornara uma espécie de lenda em seu círculo, mas da parte de *Frau* Olga não degenerara num culto aos mortos, já que nada ficara devendo a seu marido. Ela não temia sua lembrança, jamais adulterava seu retrato, e era sempre a mesma. Muitos a requestavam; ela jamais vacilou, e conservou sua beleza até o terrível fim, em idade avançada.

Passava a maior parte do ano com sua filha casada, em Belgrado. Na residência de Viena, onde nada fora alterado, ou melhor, em sua parte mais afastada, um quartinho modesto, vivia seu filho Johnnie, um pianista de bar que, aos seus próprios olhos bem como aos de sua mãe, não negava a origem, mas aos olhos dos demais parentes, sim. Também ele era um tipo de beleza, o retrato de sua mãe e, contudo, bem diferente dela, pois tendia para a gordura. Ficava-se admirado que ele não andasse vestido de mulher, já que muitas vezes era tomado por uma. Era um adulador matreiro, tomava o que se lhe dava, com o braço estendido, a mão sempre aberta. Era de opinião que a ele cabia tudo, e mais ainda, pois tocava bem piano. Em seu bar ele era o favorito do público; tocava os sucessos do momento, bem como os mais antigos. O que ele tocava uma vez nunca mais esquecia; era o repositório vivo dos ruídos noturnos. De dia ele dormia em seu quartinho, onde mal cabia a cama. O resto da habitação, decorado com pesados móveis burgueses, estava alugado.

Durante algum tempo ele estava incumbido de cobrar os aluguéis para sua mãe, remetendo os proventos a Belgrado após algumas deduções. Esta era sua incumbência, mas na realidade as deduções consumiam todos os aluguéis e, para sua mãe, nada sobrava. Só o que ela recebia eram contas a pagar e, não sabendo como resgatá-las — do feliz casamento só sobrara a moradia —, teve que ser feito outro arranjo. Sua sobrinha, Veza, encarregou-se de alugar a casa, e cobrar os aluguéis todos os meses; cuidou, também, do pagamento das contas, e só o saldo era entregue a Johnnie, para o caso de que lhe fizesse falta. Sempre lhe fazia falta, e para *Frau* Olga continuou não sobrando sequer um tostão. Ela não se queixava, pois adorava o filho. "Meu filho, o músico", costumava dizer; e como tudo quanto ela dizia dele estava tingido de seu orgulho, muitos que não o conheciam podiam pensar, apesar de seu nome de profissional de bar, Johnnie, que se tratava de um Schubert disfarçado.

Ficamos contentes em nos mudarmos para aquela casa, a qual, embora mobiliada por outros, era um verdadeiro lar para nós. Fazia-nos lembrar a Scheuchzerstrasse e, embora não estivéssemos em Zurique, o meu paraíso, estávamos em Viena, o de minha mãe. Fazia cinco anos que havíamos saído de lá, depois viera a Vila Yalta em Zurique para mim, o sanatório florestal em Arosa para minha mãe, e mais tarde a vida de pensão e de inflação em Frankfurt. Era de admirar que, depois de tudo isso, ainda pudéssemos aspirar a uma vida em conjunto, sem tensão. Todos falávamos disso, cada qual à sua maneira, como se começasse uma nova era de saúde, estudos e paz.

Mas havia um espinho, e este era Johnnie Ring. Nossa sala de jantar e de estar era contígua ao seu quartinho e quando a família, finalmente reunida, estava sentada à mesa, abria-se a porta, aparecia a volumosa figura de Johnnie vestindo um velho roupão e nada mais e, com uma breve saudação, passava por nós de chinelos, a caminho do banheiro. Ele exigira o direito a esse arranjo, mas esquecêramos de dele excluir as horas das refeições, quando não gostávamos de ser perturbados. Assim ele sempre aparecia pontualmente, tão logo começássemos a tomar a sopa — talvez nossas vozes o acordassem e o lembrassem de sua necessidade, mas talvez ele também fosse curioso, e quisesse conhecer nosso cardápio. Pois ele não voltava logo, mas sempre dava um jeito de embarafustar de volta quando já nos servíamos do prato principal. Ele realmente produzia um farfalhar, não que estivesse envolto em sedas, mas pelo modo como se movimentava, e pela repetição, pelo menos uma dúzia de vezes, em rápida sucessão, da saudação e do pedido de desculpas. Ele tinha de passar por trás da cadeira de minha mãe e, com uma artística pirueta, conseguia passagem entre a cadeira e o aparador, sem roçá-la sequer uma vez. Ela esperava pelo contato com seu roupão sebento e, quando o perigo havia passado e ele desaparecera atrás da porta, ela sempre dizia as mesmas palavras: "Graças a Deus, do contrário eu teria perdido o apetite". Sabíamos quanta repugnância ela sentia, sem conhecermos o motivo, mas todos os três nos admirávamos da delicadeza com que ela respondia à sua saudação. Na escolha de suas palavras: "Bom dia, *Herr* Ring!", certamente havia ironia, mas a entonação não o deixava transparecer, pois era inofensiva, cortês, até mesmo cordial. O suspiro de alívio de minha mãe, depois que Johnnie Ring tinha passado, nunca era tão alto que pudesse ser ouvido através da porta e, além do mais, a conversa à mesa continuava como se ele não tivesse aparecido.

Em outras horas, especialmente ao entardecer, ele enredava minha mãe numa palestra da qual ela não sabia se livrar. Começava com elogios aos seus três rapazes, tão bem-educados. "É incrível, minha senhora, são tão lindos como filhos de condes!" "Meus filhos não são lindos, *Herr* Ring", vinha a resposta indignada. "Nos homens não é isto o que importa." "Não diga isto, distinta senhora, ajuda muito na vida! Quando são lindos, têm muito mais facilidade para progredir na vida. Quantas histórias eu lhe poderia contar! Nosso bar é frequentado pelo jovem Tisza. Quem eram os Tisza — isto eu não preciso lhe dizer. Na Hungria ainda o são até hoje. É uma pessoa encantadora, esse jovem Tisza. Uma beleza, não apenas elegante, mas um conquistador! Tem o mundo a seus pés. Eu toco tudo o que ele deseja, e ele nunca deixa de agradecer; agradece especialmente por cada uma de minhas músicas. 'Maravilhoso!', diz ele, encarando-me de um modo especial, 'você tocou isso maravilhosamente bem, meu caro Johnnie!' Eu leio cada um de seus desejos em seus olhos. Por ele eu atravessaria o fogo. Eu repartiria com ele meu último roupão! E por que ele é assim? A educação, minha senhora, tudo isto é por causa da boa educação. As boas maneiras valem pela metade do homem. Tudo depende da mãe. Sim, quem tem uma mãe como a senhora! Será que seus três anjos têm ideia do que significa ter uma mãe como a senhora? Eu levei muito tempo até que aprendi a dizer obrigado à minha mãe. Mas não quero comparar-me com seus três anjos, minha senhora!" "Por que o senhor sempre os chama de anjos, *Herr* Ring? Por que não os chama de pirralhos? Não ficarei ofendida. Eles não são tolos, é verdade, mas não há mérito nisto, pois eu me esforcei bastante para educá-los." "A senhora está vendo? Agora a senhora também o reconhece, foi *a senhora* quem se esforçou! A senhora, só a senhora! Sem o seu sacrifício, eles talvez realmente tivessem se tornado apenas pirralhos."

"Sacrifício" — foi esta a palavra com que ele a cativou; se soubesse o que significava para ela essa palavra, em todas as suas conotações, ele a teria usado com mais frequência. Já antigamente ela costumava dizer que havia sacrificado sua vida por nós, era a única coisa que lhe sobrara da religião. À medida que a fé na presença de Deus se desvanecia, à medida que, para ela, Deus estava cada vez menos presente e quase sumia, crescia a seus olhos a importância do sacrifício. Não era apenas um dever, era o mais alto desígnio do homem sacrificar-se; mas não por ordem de Deus, que estava longe demais para importar--se. Era o sacrifício em si e de si mesmo que contava. Embora tivesse esse nome concentrado, era algo complexo e amplo, que se estendia através de horas, dias e anos — a vida se compunha de todas as horas; e aquelas em que *não* se havia vivido, isso era o sacrifício.

Quando Johnnie a cativava com essa conversa, podia continuar a persuadi-la enquanto quisesse. Ela então não conseguia livrar-se dele, e era *ele* quem ia embora para levar seu cão pastor Nero a passear; ou a campainha tocava e ele recebia uma visita. Aparecia um homem jovem e sumia com Johnnie e Nero no quartinho, onde ficavam várias horas, até que chegasse a hora de ir ao bar e tocar piano. Não vinha qualquer ruído do quartinho. Nero, que estava acostumado a dormir lá, nunca latia. Nunca se podia descobrir se Johnnie e o jovem conversavam. Minha mãe jamais teria se rebaixado a ponto de escutar à porta, a suposição dela era de que eles nem sequer falavam. O quartinho, ao qual ela nunca teria lançado um olhar — evitava-o como à peste — era tão exíguo que a cama o ocupava quase todo. Ela se preocupava muito com o fato de que duas pessoas, uma das quais o exuberante Johnnie, e mais um cão grande, suportassem aquele aperto durante horas, sem nos deixarem perceber qualquer ruído. Ela nunca falava nisso, mas eu sentia quando aquilo ocupava seus pensamentos. O que realmente a preocupava era que *eu* pudesse pensar naquilo, o que jamais ocorria; eu não tinha o menor interesse. Certa vez ela disse: "Creio que aquele jovem dorme debaixo da cama. Sempre parece tão pálido e cansado. Talvez ele não tenha seu próprio quarto, e Johnnie, por compaixão, o deixe dormir algumas horas

105

debaixo da cama". "Sim, mas por que não sobre a cama?", disse eu com toda a ingenuidade, "você acha que Johnnie é gordo demais e não há lugar para ambos?" "Eu disse *debaixo* da cama", ela me lançou um olhar penetrante: "Que ideias estranhas são estas?" Eu não fazia ideia alguma mas ela, em todo caso, queria se antecipar fazendo com que, ao pensar no quartinho, meus pensamentos fossem para baixo da cama, o que sempre deixaria suficiente lugar sobre a cama para o cão, e isso lhe parecia inocente. Ela teria ficado muito admirada se pudesse ler a minha mente: os acontecimentos no quartinho não me interessavam, minha atenção fora despertada por outra coisa, relacionada com minha mãe, e que me parecia obscena, embora eu então não pudesse ter usado essa palavra.

Todas as manhãs vinha à nossa casa, para nos servir, uma mulher nas últimas semanas de gravidez, *Frau* Lischka. Ficava até depois do almoço, para lavar a louça, e então ia para casa. Ela vinha sobretudo para os trabalhos pesados: lavar a roupa, bater os tapetes. "Para os trabalhos leves não preciso dela", disse minha mãe, "estes eu mesma posso fazer." Ninguém quisera dar-lhe trabalho naquele estado pois temiam que estivesse tão adiantado que ela não pudesse fazer nada a contento. Mas ela nos assegurara que podia trabalhar bem, que a experimentássemos. Então minha mãe sentira compaixão dela e lhe permitira que viesse. Era arriscado. Como seria desagradável se ela de repente se sentisse mal, ou até mesmo se aquilo que se esperava acontecesse — acerca disso minha mãe, em consideração aos nossos tenros anos, não falava com clareza, poupando-nos dos detalhes. A mulher lhe teria assegurado que nada aconteceria antes de dois meses, e que até lá poderia muito bem fazer todos os trabalhos. Viu-se que ela dissera a verdade, era de uma atividade surpreendente. "As mulheres não grávidas poderiam tomá-la como exemplo", disse minha mãe.

Um dia, quando eu chegava em casa para o almoço, olhei da escadaria para o pátio: *Frau* Lischka estava lá parada, batendo um tapete. Era-lhe difícil não se atrapalhar com a barriga e, cada vez que batia, fazia um curioso movimento giratório. Era como se quisesse dar as costas ao tapete, que lhe desagradaria a ponto de não querer vê-lo por nada no mundo. Seu rosto estava muito vermelho; visto lá do alto, onde eu estava, poder-se-ia pensar que estivesse irritado. O suor lhe escorria pelo rosto vermelho e ela fazia exclamações que eu não entendia. Como ninguém estivesse próximo, a quem ela pudesse se dirigir, pensei que as exclamações eram para instigar a si própria a continuar batendo.

Entrei em casa perturbado e perguntei à minha mãe se ela havia visto *Frau* Lischka no pátio, lá embaixo. Ela subiria logo, foi sua resposta; hoje receberia algo de comer. Nos dias em que batia os tapetes ela recebia comida. Contratualmente minha mãe nem sequer estava obrigada a isso — ela usou a palavra "contratualmente" —, mas tinha muita compaixão por aquela mulher. Contudo, esta lhe havia dito que estava acostumada a não comer durante todo o dia e à noite, em casa, ela prepararia alguma coisa. Isso minha mãe simplesmente não podia suportar e, nos dias em que *Frau* Lischka batia os tapetes, dava-lhe de comer. *Frau* Lischka ficava tão contente que batia os tapetes com força redobrada. Quando chegava lá em cima com os tapetes, estava tão banhada de suor que na cozinha não se suportava o mau cheiro, e por isso minha mãe levava, ela mesma, a comida à sala de jantar, deixando *Frau* Lischka na cozinha com sua fome. Dizia-nos que lhe dava um enorme prato cheio, que nenhum de nós três, nem mesmo Georg, o menor, seria capaz de comer tanto assim. A comida desaparecia. Talvez ela a tivesse guardado em sua sacola para levá-la. Diante de minha mãe, da "distinta senhora", ela jamais comia, era de opinião que não ficava bem. À mesa, falamos sobre isso. Perguntei por que *Frau* Lischka não recebia comida todos os dias. Minha mãe disse que, quando lavava, a mulher também recebia alguma coisa, só que não era tanto. Mas que nos dias em que o trabalho era leve não; contratualmente ela não estava obrigada a coisa alguma e, além disso, *Frau* Lischka era grata pelo que recebia, em todo caso, mais grata do que eu.

"Gratidão" era assunto frequente. Quando eu ficava indignado com alguma coisa e criticava minha mãe, ela logo falava em minha ingratidão. Não era possível, entre nós, uma discussão serena. Eu dizia, sem piedade, o que pensava, e só o dizia quando estava furioso e, assim, o tom sempre era ofensivo. Ela se defendia como podia. Quando ficava em apuros, recaía sempre no tema do sacrifício que fazia por nós já havia doze anos, e me acusava de não demonstrar qualquer gratidão.

Os pensamentos *dela* estavam no quartinho superpovoado de nossa moradia, e no perigo a que nós três estávamos expostos vendo aquele tipo de conduta. Mas abertamente só falava da preguiça, do mau exemplo de uma pessoa adulta que passava o dia deitada na cama, ou perambulando seminua pela casa num roupão seboso, enquanto em segredo pensava em todos os vícios, dos quais eu não tinha a menor ideia. *Meus* pensamentos estavam na cozinha com *Frau* Lischka, grata porque de vez em quando recebia algo de comer, a qual nunca cruzava comigo sem asseverar, alegre, em seu dialeto vienense: "Você tem uma boa mãe", confirmando com vivos movimentos da cabeça. Ela nos servia a ambos como constante motivo para autoafirmação; à minha mãe por seu bom coração, pois lhe dava comida "sem obrigação contratual"; a mim por um sentimento de decência, pois eu sentia culpa por seu trabalho naquelas condições. Atiramo-nos, dois cavaleiros incansáveis, num torneio de autojustificação. Com a energia que empregávamos nessas lutas, poderíamos ter batido os tapetes de todos os apartamentos do prédio e ainda teria sobrado alguma para a lavagem da roupa. Mas tratava-se, disso ambos estávamos convencidos, de um princípio: no caso dela pela gratidão, no meu pela justiça.

A desconfiança, assim, viera morar conosco no novo lar. Para minha mãe não foi bom que existisse aquele segredo em nossa casa, o quartinho apertado de Johnnie, e a *mim* enchia de pavor a mulher em adiantado estado de gravidez que se esfalfava no pátio ou na cozinha. Eu sempre temia que ela sucumbisse, ouviríamos gritos, correríamos à cozinha e lá a encontraríamos deitada em seu próprio sangue. Os gritos seriam do recém-nascido, e *Frau* Lischka estaria morta.

O PRESENTE

O ano que passamos na Radetzkystrasse, onde vivíamos tão apinhados, foi o ano mais opressivo que guardo na lembrança.

Assim que eu entrava em casa, sentia-me sob observação. Nada do que eu fazia, ou dizia, era certo. Tudo era muito próximo. O pequeno quarto no qual eu dormia e que continha meus livros, onde eu procurava me refugiar, ficava entre a sala de estar e o quarto de minha mãe e de meus irmãos. Era impossível que eu fosse esconder-me no quarto sem ser visto. As saudações e explicações na sala de estar eram a primeira coisa a fazer quando eu chegava em casa. Eu era interrogado e, embora desde logo não houvesse acusações, as perguntas denotavam desconfiança. Estivera eu no laboratório, ou matara o tempo em alguma conferência?

Eu devia esse tipo de perguntas à minha própria franqueza. Era meu costume comentar especialmente aquelas conferências cujo tema não estivesse afastado demais da compreensão geral. A História da Europa desde a Revolução Francesa era mais próxima da maioria das pessoas do que a fisiologia das plantas ou a físico-química. Se eu não falava destas últimas, não era absolutamente por falta de interesse. Mas só importava o que eu dizia, era só o que valia, e eu era acusado com minhas próprias palavras: o Congresso de Viena me interessa mais do que o ácido sulfúrico! "Você é dispersivo demais", diziam, "assim você não vai para a frente."

"Eu *preciso* ir a essas conferências", dizia eu, "do contrário me sufoco. Não posso desistir de tudo aquilo que me interessa de verdade só porque estudo alguma coisa que não me importa."

"Mas por que não lhe importa? Você está se preparando para não exercer profissão alguma. Você receia que a química de repente possa lhe interessar. Pois esta é a profissão à qual pertence o futuro — mas você ergue uma barreira e se rebela contra a mesma. Nada de sujar as mãos! A única coisa limpa são os livros. Você vai a toda a espécie de conferências, só para ler mais livros sobre tudo aquilo. Isto nunca tem fim. Você ainda não sabe como você é? Isto já começou na infância. Para cada livro em que você aprende algo de novo, precisa de dez outros para aprender mais ainda sobre aquilo. Uma conferência, quando lhe interessa, se torna uma carga. Você fica cada vez mais empolgado pelo seu objeto. A filosofia dos pré-socráticos! Bem, disso você terá que prestar exame. Portanto não há escolha. Você faz anotações, já encheu três cadernos, e então para que você deseja os livros? Você pensa que eu não sei quantos já constam de sua lista? Isto não podemos permitir. E, mesmo que pudéssemos, seria prejudicial para você. Os livros o tentariam cada vez mais, e o afastariam do assunto principal. Você diz que Gomperz é conhecido nesta área. Você não disse que o pai de Gomperz já era célebre por seus *Pensadores gregos*?"

"Sim", interrompi, "em três volumes. Estes eu desejo, gostaria de tê-los."

"Eu só preciso mencionar o pai de seu professor, e já você programa uma obra científica em três volumes. Não creia que realmente lhe darei tal presente. Você terá de se contentar com o filho. Anote tudo, e depois estude em seus cadernos."

"Isto é muito lento para mim. Demora tanto, você não faz ideia. Eu gostaria de continuar a leitura, não posso esperar até que Gomperz chegue em Pitágoras. Antes disso quero saber alguma coisa sobre Empédocles e Heráclito."

"Mas, já em Frankfurt, você leu tantos autores da Antiguidade. Parece que foram sempre os errados. Aqueles volumes feios, todos iguais, estavam jogados por toda parte. Por que não havia entre eles os filósofos gregos? Já naquele tempo você se interessava pelas coisas de que mais tarde não necessitaria."

"Eu não gostava dos filósofos. Em Platão, desagradava-me a teoria das ideias, que faz do mundo uma aparência. Aristóteles eu nunca pude suportar. Ele pretende saber tudo através das classificações. Com ele, parece-nos que estamos encerrados em inúmeras gavetas. Se, naquele tempo, eu conhecesse os pré-socráticos, você pode crer, eu teria lido cada palavra deles. Mas jamais alguém me falou deles. Tudo começava com Sócrates, era como se antes dele ninguém tivesse pensado sobre coisa

110

alguma. E, você sabe, eu nunca gostei realmente de Sócrates. Talvez eu tenha evitado os grandes filósofos por terem sido seus discípulos."

"Você quer que eu lhe diga por que não gostava dele?" Eu teria preferido que ela não o dissesse. Mesmo sobre as coisas de que pouco entendia, ela tinha uma opinião muito pessoal e, embora eu soubesse que aquilo que ela dizia podia não estar certo, a cada vez ficava magoado como se uma camada de mofo cobrisse as coisas de que eu gostava. Eu sentia que era sua intenção aviltar as coisas, só porque me arremessavam longe demais. Meu entusiasmo por coisas tão variadas, sempre predisposto a vir à tona, parecia-lhe ridículo e *pouco viril* em minha idade. Esta era a censura que, no tempo da Radetzkystrasse, eu mais ouvia de minha mãe.

"Você não gosta de Sócrates porque ele é sensato, sempre parte das coisas cotidianas, nos dá uma sensação de firmeza, gosta de falar dos artesãos."

"Mas ele não gostava de trabalhar. Passava o dia todo *conversando*."

"Isto para vocês, os grandes silenciosos, não serve! Como eu me compadeço de vocês!" Lá estava outra vez o velho escárnio, que eu chegara a conhecer tão cedo, quando ela me ensinou o alemão. "Ou será que você gosta de estar sempre com a palavra, e tem receio de gente como Sócrates, que examina com rigor o que se anda dizendo por aí e nada deixa passar?"

Ela era tão apodítica quanto um pré-socrático, e quem sabe se minha preferência por estes, que só agora vim a conhecer, não estivesse relacionada com a natureza *dela*, da qual eu me havia apropriado completamente. Com quanta certeza ela sempre externava suas opiniões! Poder-se-ia chamar aquilo de opiniões? Cada frase que ela pronunciava tinha a força de um artigo de fé: tudo era certo. Ela não conhecia dúvidas, ao menos a seu próprio respeito. Talvez fosse melhor assim pois, se tivesse dúvidas, estas estariam providas da mesma força de suas afirmações e ela teria se desesperado em dúvidas extremas, até a destruição e a morte.

Eu sentia o confinamento e investia em todas as direções. Voltava ao confinamento e, da resistência que percebia, eu hauria a força para novas investidas. À noite eu me sentia só. Meus irmãos, que a secundavam em suas críticas e as reforçavam com suas próprias investidas contra mim, então já estavam dormindo, e ela própria havia se recolhido. Assim eu finalmente estava livre, no minúsculo quarto, sentado à minúscula mesa. Interrompia o que estava lendo ou escrevendo, lançando um terno olhar ao dorso de meus livros. Suas filas já não aumentavam aos saltos, como em Frankfurt. Mas seu afluxo nunca cessava por completo; havia uma ocasião ou outra de ser presenteado, e quem ousaria dar-me outro presente que não um livro?

Havia os de química, física, botânica, também zoologia geral, que eu pretendia estudar à noite, o que não era considerado desperdício de luz. Mas os livros didáticos eram justamente os que não ficavam abertos por muito tempo, e em vez dos cadernos de aula, nos quais eu costumava acompanhar as lições, estavam sobre a mesa os verdadeiros cadernos, os válidos, nos quais eu anotava todas as exuberâncias, e também as mágoas. Minha mãe, antes de adormecer, via a claridade de meu quartinho sob a porta; a situação da Scheuchzerstrasse, em Zurique, havia se invertido. Ela podia imaginar o que eu estaria fazendo em minha mesinha, mas como minha vigília era justificada pelos estudos, com os quais ela concordara de uma vez por todas, minha mãe não o impedia.

Naquele tempo minha mãe tinha bons motivos, segundo acreditava, para vigiar meus passos. Não confiava plenamente na química: não me atraía o suficiente, nem poderia me interessar por muito tempo. O estudo da medicina seria muito prolongado, e assim eu desistira dessa especialidade em consideração às preocupações materiais de minha mãe — embora eu sentisse que eram injustificadas —, e ela aceitava essa renúncia elogiando o sacrifício que, a seu ver, isso representava. Ela havia sacrificado a sua vida por nós, e suas recorrentes fraquezas e doenças provavam o quanto era penoso e pesado esse sacrifício. Agora era a vez de seu filho mais velho, eu, fazer um sacrifício. Eu desistia da medicina, que considerava uma profissão altruísta, um serviço à humanidade, e escolhia outra profissão que nada tinha de altruísta: à química pertencia o futuro, conforme eu ouvia dizer de todos os lados. Havia ótimas oportunidades de emprego na indústria, a química era útil, realmente útil, quem se estabelecesse nos seus domínios teria bons rendimentos, muito bons, e o fato de que eu me entregava ou pretendia entregar-me a essa profissão tão rendosa parecia-lhe um sacrifício, que ela reconhecia. Mas eu teria de persistir por quatro anos, e quanto a isso minha mãe tinha sérias dúvidas. Eu só me havia decidido pela química sob determinada condição, isto é, que Georg, a quem eu, desde a nossa vida em comum na Praterstrasse, amava mais do que a qualquer outra pessoa, pudesse estudar medicina em meu lugar. Eu já o havia imbuído de minha própria preferência e ele não desejava coisa melhor do que vir a fazer aquilo de que eu tinha desistido por sua causa.

As dúvidas que minha mãe tinha eram justificadas. Eu possuía a minha própria versão do assunto; *não era* sacrifício, pois na realidade eu não estudava química com a intenção de algum dia ser um químico bem remunerado. Era insuperável a minha prevenção contra atividades que se exercia para ganhar bem e não por motivos de vocação interior. Eu acalmava minha mãe, deixando que ela acreditasse que eu algum dia ingressaria numa fábrica como químico. Mas eu nunca falava nisso, era uma suposição silenciosa da parte dela, que eu tolerava. Poder-se-ia dizer que havia uma espécie de armistício: eu me abstinha de todo discurso de que não valia a pena seguir uma profissão, a não ser por vocação, e de que nenhuma profissão era válida se não fosse mais útil aos outros do que a si próprio. Ela, de sua parte, deixava de acenar com o futuro da química. Não havia esquecido o que acontecera na guerra, havia poucos anos, quando foram usados gases venenosos, e eu não creio que tenha sido fácil para ela superar esse aspecto da química, pois continuou sendo adversária da guerra, mesmo no tempo de sua desilusão e de suas aperturas. Portanto silenciamos ambos sobre o mau futuro que me aguardava, em consequência de meu "sacrifício".

O que importava era que eu fosse diariamente ao laboratório e, observando o horário normal, me acostumasse a uma atividade que exigia sua própria disciplina, não alimentando nem a voraz fome de saber, nem as proclamações poéticas.

Ela não tinha ideia do quanto eu a enganava sobre a natureza desse empreendimento. Não houve um instante sequer em que eu pretendesse seriamente trabalhar algum dia como químico. Eu *frequentava* o laboratório, lá passava a maior parte do dia; fazia o que era exigido, não de forma pior do que os outros. Inventei uma motivação própria para justificar essa atividade perante mim mesmo. Eu ainda alimentava o desejo de saber e me apropriar de *tudo* o que valia a pena conhecer no mundo. Ainda tinha a crença inabalável de que isso era conveniente e também possível. Não via limitações em parte alguma, nem na capacidade de apreensão de um cérebro humano, nem na natureza monstruosa de uma criatura que consistia em nada mais do que aquilo que apreendera e na intenção de continuar apreendendo. Além disso, eu ainda não havia descoberto qualquer conhecimento a cuja aquisição me dedicasse que me fosse inacessível. É verdade que eu tinha um ou outro mau professor, que nada nos transmitia, absolutamente nada, e ainda nos enchia de aversão por sua matéria. Um professor desses fora, em Frankfurt, o de química. Pouco me sobrou de suas aulas, além das fórmulas da água e do ácido sulfúrico e seus movimentos, durante as poucas experiências que ele nos demonstrou, me enchiam de repugnância. Era como se à nossa frente estivesse sentada uma preguiça disfarçada, que de hora em hora manejava os aparelhos mais devagar. Assim, em vez de adquirir uma pequena noção de química, ficou-me um verdadeiro vácuo de conhecimentos. Este agora tinha de ser preenchido, e seu espaço era tão grande que até mesmo o estudo da química se justificava com tal propósito.

Não há limites para a autossugestão, e lembro-me muito bem quantas vezes, em casa, insistiram para que eu não perdesse demasiado tempo com outras coisas, que eu deveria restringir-me à química. Justamente aquilo que eu nada entendia deveria tornar-se a base de meus conhecimentos. *Este* era o sacrifício que eu fazia a uma ignorância imperdoável; e a medicina, da qual eu desistira, era o *presente* que eu dava a meu irmão para lhe demonstrar o meu afeto. Ele era um pedaço de mim mesmo e, juntos, teríamos conquistado tudo o que havia para conhecer. E assim, também, nada haveria que pudesse nos separar.

O CEGAMENTO DE SANSÃO

Entre as repreensões que naqueles doze meses tive que ouvir muitas vezes, havia uma que me incomodava: que eu não sabia o que era a vida, estava cego, e nem *queria* mesmo sabê-lo. Que eu usava viseiras, e estava decidido a jamais enxergar sem elas. Que eu sempre procurava aquilo que conhecia dos livros. Seja porque eu me restringia demais a *uma* espécie de livros, seja porque eu tirava deles as conclusões erradas — toda tentativa de falar comigo sobre as coisas como efetivamente eram estava destinada ao fracasso.

"Você quer que ou tudo seja do mais alto padrão moral, ou então que seja o oposto. A palavra liberdade, que sempre está em sua boca, é uma piada. Não há pessoa menos livre do que você. É-lhe impossível ficar *imparcial* diante de um acontecimento, sem desenrolar diante dele todos os seus preconceitos, até que já não seja visível. Isto não seria tão grave em sua idade se não fosse essa resistência obstinada, essa arrogância, essa determinação firme de deixar tudo como está, sem alterar coisa alguma. Apesar de todas as suas belas palavras, você não tem ideia de desenvolvimento, amadurecimento gradual e, especialmente, da utilidade que uma pessoa tem para as outras. A origem do mal é sua cegueira. Talvez você também tenha aprendido alguma coisa com Michael Kohlhaas.* Só que você não é um caso interessante, pois ele, em todo o caso, sempre tinha alguma coisa a fazer. Você, o que faz?"

---

* Herói de uma narrativa de Kleist a respeito de um homem cegamente determinado a fazer justiça. (N. E.)

Era verdade que eu não queria aprender o que acontecia no mundo. Eu tinha a sensação de que, ao tomar conhecimento de coisas reprováveis, eu me tornava cúmplice das mesmas. Eu não queria aprender, quando aprender significava trilhar o mesmo caminho. Eu me defendia do aprendizado *imitativo*. Contra este eu usava viseiras, minha mãe tinha razão. Assim que eu percebia que me *recomendavam* alguma coisa, só porque era costume no mundo, eu empacava e, aparentemente, não entendia o que queriam de mim. Mas, por outros caminhos, a realidade me ficou próxima, bem mais próxima do que supúnhamos, naquele tempo, minha mãe e eu.

Um dos caminhos para a realidade é através da *pintura*. Não creio que haja caminho melhor. A gente se apega àquilo que não muda, e assim exaure aquilo que sempre muda. Os quadros são redes, o que neles aparece é a presa que você pode segurar. Algumas coisas escapolem das malhas, outras apodrecem; mas tenta-se de novo, leva-se as redes consigo e joga-se as mesmas, e elas se fortalecem com aquilo que capturam. Mas é importante que essas pinturas existam também fora do indivíduo, pois dentro dele estão igualmente sujeitas à mudança. Deve existir um lugar onde ele possa encontrá-las intactas, não só ele, mas um lugar onde todo aquele que fica inseguro as encontre. Quando o indivíduo sente a precariedade de sua experiência, volta-se para uma pintura. Nela a experiência fica parada, o indivíduo pode olhá-la de frente. Então ele se acalma por ter conhecimento da realidade, que é a sua própria, embora se trate de uma pintura. Aparentemente essa realidade estaria presente também sem ele, mas é uma aparência ilusória; a pintura precisa da experiência dele para existir. Só assim se explica que algumas pinturas fiquem como se dormissem durante gerações, porque ninguém pode contemplá-las com a experiência que as desperte.

Sente-se forte aquele que encontra as pinturas de que sua experiência precisa. Podem ser variadas — mas não muitas, pois seu sentido é o de manter unida a realidade, a qual, quando é dispersada, tem que se evaporar e se dissipar. Mas não deve ser uma única pintura, que violente seu dono, jamais o libertando, impedindo-lhe a transformação. São várias as pinturas de que um homem necessita para sua própria vida, e quando ele as encontra cedo, não é demais o que se perde dele.

Tive a sorte de estar em Viena quando mais necessitei de tais pinturas. Contra a realidade falsa com que era ameaçado — a da sobriedade, do entorpecimento, do proveito e da estreiteza — eu precisava encontrar outra realidade que fosse bastante ampla para que eu pudesse dominar a aridez, e não ser por ela subjugado.

Encontrei, casualmente, os quadros de Brueghel. O lugar onde travei conhecimento com eles não foi aquele onde estão as verdadeiras preciosidades, o Museu de História da Arte em Viena. Eu encontrava tempo, entre as conferências no Instituto de Física e Química, para uma rápida visita ao Palácio de Liechtenstein. Da Boltzmanngasse, descendo aos pulos a Escadaria Strudlhof, logo eu me encontrava na maravilhosa galeria, que hoje não mais existe. Lá, vi meus primeiros quadros de Brueghel. Pouco me importava que fossem cópias — eu gostaria de ver o homem inabalável, sem sentimento nem nervos que, subitamente confrontado com *esses* quadros, perguntasse: cópias ou originais? Por mim poderiam ser cópias de cópias de cópias, eu pouco ligaria, pois tratava-se de *A parábola dos cegos* e *O triunfo da morte*. Todos os cegos, que mais tarde encontrei, originam-se do primeiro desses quadros.

A ideia da cegueira me perseguia desde que tive sarampo, na primeira infância, e durante algum tempo não pude ver a luz do dia. Agora, eu via seis cegos numa fila transversal, amparando-se mutuamente com bastões, ou pelos ombros. O primeiro deles, o que guiava os demais, havia caído dentro do fosso d'água; o segundo, que estava prestes a cair após ele, tinha o rosto plenamente virado para o espectador: as órbitas vazias e a boca aberta de susto, com os dentes arreganhados. Entre este e o terceiro, a distância era maior do que entre os demais; ambos ainda seguravam o bastão que os unia, mas o terceiro havia sentido um solavanco, um movimento inseguro, e, hesitando de leve, na ponta dos pés, seu rosto, visto de perfil — só se vê um dos olhos cegos — não denotava medo, mas um ar interrogativo, enquanto o quarto, atrás dele, ainda mantinha a mão sobre seu ombro, cheio de confiança, com o rosto voltado para o céu. Sua boca estava bem aberta, como se ele esperasse receber por ela algo que viesse de cima, e que era negado aos olhos. O comprido bastão em sua mão direita era só para si, mas o cego não se apoiava nele. Era o mais confiante dos seis, cheio de esperança, até na cor vermelha de suas meias. Os dois últimos seguiam-no resignados, cada um o satélite de seu precedente. Também tinham boca aberta, mas não tanto. Eram os que estavam mais longe do fosso; nada esperavam, nada temiam, e não tinham perguntas. Se seus olhos cegos não chamassem tanto a atenção, poder-se-ia fazer algum comentário sobre os dedos daqueles seis homens, que seguravam e tocavam de maneira diferente dos daqueles que enxergam; e sobre seus pés, que tinham um modo diferente de apalpar o chão.

Esse quadro sozinho teria sido suficiente para uma galeria, mas então, inesperadamente — ainda hoje sinto o choque — me vi diante de *O triunfo da morte*. Centenas de mortos, na forma de esqueletos, esqueletos muito ativos, estão ocupadas em puxar outros tantos seres vivos para o seu lado. Os mortos são figuras de toda a espécie; aparecem tanto em grupos como individualmente, revelando sua classe social. Num esforço monstruoso, sua energia ultrapassa várias vezes a dos vivos, a quem eles atacam. Percebe-se que eles conseguirão o seu intento, mas ainda não o conseguiram. Estamos do lado dos vivos, e gostaríamos de correr em sua defesa, mas ficamos confusos porque os mortos parecem mais vivos do que eles. A vitalidade dos mortos, se podemos dizer assim, só tem um sentido: o de trazer os vivos para o seu lado. Eles não se dispersam, não empreendem nada diferente. Para eles só existe um único propósito, enquanto os vivos se atêm à vida de múltiplas maneiras. Todos se defendem ativamente, nenhum deles se entrega. Não encontrei no quadro nenhum que estivesse *cansado* da vida; é necessário que a morte arranque de cada um deles aquilo que não cedem espontaneamente. A energia dessa resistência, que se manifesta de cem maneiras diferentes, transferiu-se para mim e, desde então, muitas vezes tenho a sensação de que sou o conjunto de toda aquela gente que resiste à morte.

Entendi que se tratava de uma massa popular, de ambos os lados e que, por mais que o indivíduo sinta pessoalmente a sua morte, para cada um dos outros indivíduos a sensação é a mesma; por isso deve-se pensar neles em seu conjunto.

É verdade que aqui a morte é vitoriosa, mas não se tem a impressão de uma batalha que se trava de uma vez só; ela continua, volta a ser travada, e percebe-se que, de forma alguma, ela terá sempre o mesmo desfecho. Este *Triunfo da morte*, de Brueghel, foi o que primeiro me encheu de confiança para a minha luta. Cada um de seus demais quadros, que vi no Museu de História da Arte, presenteou-me com mais uma fração imprescindível da realidade. Centenas de vezes fiquei parado diante desses quadros; conheço-os tão bem quanto conheço as pessoas que me estão próximas e, entre os livros que pretendi escrever, mas que para meu arrependimento jamais concluí, há também um que contém todas as experiências que tive com Brueghel.

Mas não foram estas as primeiras pinturas que me impressionaram. Em Frankfurt, para chegar ao Museu Städel, cruzava-se o Meno. Via-se o rio e a cidade, e respirava-se fundo, o que nos dava coragem para enfrentar a coisa terrível que nos esperava. Era o grande quadro de Rembrandt, *O cegamento de Sansão*, que me assustou, me atormentou e me fascinou. Eu via a cena como se estivesse se desenrolando diante de meus olhos e, como se tratasse do momento em que Sansão perdia a luz de seus olhos, era um testemunho da espécie mais horrível. Eu sempre sentira receio dos cegos, e nunca os contemplava por muito tempo, embora me fascinassem. Como eles não podiam me ver, eu me sentia culpado diante deles. Mas aqui não era representado um estado, a cegueira, e sim o ato de cegar.

Sansão está deitado, de peito nu, a camisa puxada para baixo, o pé direito estendido obliquamente para cima, os dedos do pé contorcidos numa dor alucinante. Inclinado por sobre ele, um mercenário, de elmo e armadura, fincou-lhe o ferro no olho direito; o sangue esguicha sobre sua fronte. Seu cabelo está cortado rente. Debaixo dele está deitado outro mercenário, segurando-lhe a cabeça na direção do ferro. Mais um beleguim ocupa o lado esquerdo do quadro. De pé, com as pernas escarranchadas, inclina-se para Sansão e segura com ambas as mãos a alabarda apontada para o olho esquerdo da vítima, firmemente cerrado. A alabarda se estende por metade da tela, uma ameaça de que o ato de cegar deverá se repetir. Sansão tem dois olhos, como qualquer outra pessoa; do beleguim só se vê um, fixado no rosto ensanguentado de Sansão e na conclusão de sua incumbência.

Uma luz plena, vinda de fora do grupo com o qual tudo acontece, cai sobre Sansão. É impossível desviar os olhos, este ato de cegar ainda não é a cegueira, *será* cegueira, e não haverá nem clemência nem mercê. O ato é para ser visto; quem o vê, sabe o que é a cegueira, e a vê por toda parte. Existe na tela um par de olhos voltado para aquele ato, jamais o abandonando: são os olhos de Dalila, que se afasta triunfante, levando a tesoura numa das mãos, o cabelo cortado de Sansão na outra. Está ela com medo daquele cujo cabelo segura? Quer ela salvar-se daquele olho único, enquanto ele ainda o tem? Ela volta a olhar para ele; o ódio e a tensão assassina estão em seu rosto, sobre o qual cai tanta luz quanto sobre o do homem que estão cegando. Seus lábios estão semiabertos, ela acabara de gritar: "Que os filisteus caiam sobre ti, Sansão!".

Entende ele a língua daquela mulher? A palavra filisteus ele entende, é o nome da gente dela, que ele venceu e matou. Entre uma multidão e outra, ela o contempla. Não lhe concederá o outro olho, não implorará por clemência nem se jogará diante do punhal; não o cobrirá com os cabelos que segura na mão, e que são a antiga força dele. Para onde dirige ela seu olhar? Para o olho cego, e para aquele que será cegado. Ela espera pelo ferro, que dará o segundo golpe. Dela é a vontade, através da qual tudo acontece. Os homens de armadura, os alabardeiros, são seus servos. Ela tomou toda a força de Sansão. Tem essa força nas mãos, mas ainda o odeia e o teme. Dalila

120

o odiará enquanto se lembrar de sua cegueira e, para odiá-lo, sempre pensará nisso.

Com esse quadro, diante do qual fiquei parado muitas vezes, conheci o que é o ódio. Eu o sentira cedo na vida, cedo demais, com cinco anos, quando quis abater com o machado minha companheira de brinquedos. Mas não temos conhecimento daquilo que sentimos; é necessário que o vejamos nos outros para que o reconheçamos. Somente se torna *real* aquilo que reconhecemos quando, antes disso, o experimentamos. Aquilo primeiro jaz dentro de nós sem que possamos formular seu nome; então, de repente, lá está como quadro, e o que acontece aos outros torna-se dentro de nós uma memória: agora é real.

HONRA PRECOCE AO INTELECTO

As pessoas jovens das minhas relações tinham algo em comum, por mais que se diferenciassem em tudo o mais: interessavam-se apenas por coisas do intelecto. Estavam informados sobre tudo o que aparecia nos jornais, mas só ficavam excitados quando se falava de livros. Uns poucos livros ocupavam o centro da sua atenção, e teria sido desprezado quem não estivesse informado sobre eles. Contudo, não se pode dizer que apenas eram repetidas certas opiniões gerais ou dominantes. Cada um lia tais livros; uns liam trechos para os outros, ou citavam passagens de cor. A crítica não era apenas permitida, era bem-vinda; procurava-se encontrar pontos vulneráveis que abalassem a reputação pública de um livro. Esses pontos eram discutidos com ardor, sendo muito valorizados a lógica, a presença de espírito e o bom humor. Com exceção de tudo o que fora disposto por Karl Kraus, nada era definitivo; gostava-se muito de se escarafunchar nas coisas que eram aceitas com muita facilidade e rapidez.

Os livros que importavam particularmente eram aqueles que deixavam muita margem à discussão. O tempo da maior influência de Spengler, que eu testemunhara à mesa da pensão em Frankfurt, parecia haver passado; ou em Viena sua influência não teria sido tão marcante? Contudo, também aqui era iniludível uma nota de pessimismo. *Sexo e caráter*, de Otto Weininger, embora tivesse sido publicado já havia vinte anos, ainda vinha à tona em todas as discussões. Os livros pacifistas de meu tempo de guerra em Zurique haviam sido todos desbancados por *Os últimos dias da humanidade*. A literatura da decadência já não contava coisa alguma. Hermann Bahr era coisa do passado; o número de papéis que ele desempenhara fora grande demais, agora nenhum deles era levado a sério. A atitude de um escritor com relação à guerra, muito especialmente *durante* a guerra, era decisiva para a sua reputação. Assim, o nome de Schnitzler permaneceu incólume; ele não tinha uma mensagem urgente, mas jamais era desdenhado pois, ao contrário de outros, nunca se prestara à propaganda da guerra. O tempo não era propício, também, para a velha Áustria. A monarquia, que recentemente desmoronara, estava desacreditada; só havia monarquistas, diziam-me, entre as beatas. Todos tinham consciência da mutilação da Áustria, da surpreendente sobrevivência de Viena como "a cidade hidrocéfala" — a capital que agora era grande demais. Mas de forma alguma desistia-se das reivindicações intelectuais inerentes a uma metrópole. Havia interesse por tudo quanto existia no mundo, como se ainda pudesse ser importante para o mundo o que aqui se pensava; e ficava-se agarrado às propensões especiais de Viena, tal como haviam se formado há muito tempo, particularmente na música. Quer se tivesse inclinações musicais, quer não, frequentava-se concertos, pagando-se lugares em pé. O culto a Gustav Mahler, ainda pouco conhecido no mundo como compositor, aqui já chegara ao auge; sua grandeza era inquestionável.

Quase não havia uma conversa em que não surgisse o nome de Freud; um nome não menos resumido do que o de Karl Kraus, porém mais atraente por causa do ditongo fechado e do "d" final, assim como por seu significado, "alegria". Na época eram correntes muitos nomes monossilábicos, que teriam sido suficientes para as necessidades mais diversas. Mas Freud era um caso especial: muitas das palavras por ele criadas já faziam parte da linguagem corrente. Os personagens dominantes da universidade ainda o rejeitavam presunçosamente. *Fehlleistungen* — atos falhos — entretanto se tornaram uma espécie de jogo de salão. Para poder usar com frequência essa expressão, que se tornara popular, tais jogos eram tão frequentes como se fossem produzidos em linhas de montagem e, em cada conversa, por mais animada e espontânea que parecesse, vinha um momento em que se podia ler nos lábios do parceiro: agora vem um ato falho. E já ele havia sido pronunciado, agora se podia prosseguir, vaidoso, dando uma explicação, desvendando os processo mentais que produziram o ato falho, ao mesmo tempo em que falava minuciosa e incansavelmente dos próprios interesses, sem parecer inoportunamente íntimo, pois participava-se do esclarecimento de um fenômeno de interesse geral, até mesmo científico.

Em todo o caso, o que logo percebi é que essa parte da doutrina de Freud era a mais evidente. Quando se falava de atos falhos, eu jamais tinha a impressão de que alguma coisa precisava ser endireitada a qualquer preço, a fim de adaptar-se a um esquema sempre igual, e que por isso logo se tornaria enfadonho. Além disso, cada um tinha sua própria maneira de inventar atos falhos. Aconteciam coisas espirituosas, e às vezes havia até mesmo um ato falho legítimo, percebendo-se que ele não fora planejado.

Bem diferente, entretanto, era a situação dos complexos de Édipo. Por esses se lutava; cada um queria o seu, ou eram jogados no rosto dos presentes. Quem quer que participasse desses eventos sociais podia ter certeza: se não trouxesse à baila o seu próprio Édipo, seria com ele bombardeado por alguém, após um olhar impiedosamente penetrante. De alguma forma cada um tinha o seu Édipo (até mesmo filhos póstumos) e, por fim, todos os da roda estavam igualmente culpados, cada um deles um virtual amante da mãe ou assassino do pai, cingido pelo nome lendário de um secreto rei de Tebas.

Eu tinha minhas dúvidas a respeito de tudo, talvez por conhecer o ciúme homicida desde pequeno, estando perfeitamente cônscio da grande diferença entre as motivações. Mas, mesmo que algum dos inúmeros defensores dessa ideia de Freud conseguisse convencer-me de sua validade universal, jamais eu aceitaria esse nome para o fenômeno. Eu sabia quem era Édipo, havia lido Sófocles, e não permitia que me privassem da monstruosidade daquele destino. Na época de minha chegada a Viena aquilo se tornara tagarelice geral, da qual ninguém se excluía, e até mesmo os que mais desdenhavam a plebe não se julgavam superiores a um "Édipo".

Devemos admitir, entretanto, que ainda se estava sob a influência da guerra recentemente terminada. Ninguém podia esquecer a crueldade mortífera que tivéramos diante dos olhos. Muitos dos que nela tomaram parte ativa agora estavam de volta. Eles bem sabiam do que haviam sido capazes — sob ordens — e eram ávidos pelas explicações que a psicanálise oferecia para o instinto assassino. A banalidade da compulsão coletiva, sob a qual haviam estado, refletia-se na banalidade da explicação. Não deixava de ser estranho verificar-se como eles se tornavam *inofensivos*, assim que tinham o seu Édipo. O destino, por mais terrível que seja, quando multiplicado mil vezes, desfaz-se em pó. O mito se apodera do ser humano, sacode-o e o esgana. A "lei natural", a que se reduz o mito, não é mais do que a pequena música que o faz dançar.

Os jovens de minhas relações não haviam participado da guerra. Mas todos frequentavam as conferências de Karl Kraus e conheciam — de cor, poderia-se dizer — sua obra *Os últimos dias da humanidade*. Era a possibilidade que eles tinham de repassar a guerra, que havia obscurecido sua juventude. Dificilmente poderia haver um método mais intenso e mais legítimo, ao mesmo tempo, para se travar conhecimento com ela. Assim, também para aquelas pessoas, a guerra estava sempre presente; e como para eles não se tratava de esquecê-la, pois não tiveram de refugiar-se, a guerra os ocupava incessantemente. Não investigavam a dinâmica dos seres humanos como povo, através da qual se entregavam à guerra resignados e de bom grado e, após tê-la perdido, ainda ficavam presos a ela durante anos — embora de maneira diferente. Quanto a isso pouco havia sido dito, ainda não existia uma teoria desse fenômeno. O que Freud tinha a dizer a este respeito, como logo descobri, era completamente inadequado. Algumas pessoas se contentavam com a psicologia de processos individuais, como Freud, com uma autoconfiança inabalável, oferecia. Tudo o que eu alegava sobre o enigma da massa popular, que me ocupava desde o tempo de Frankfurt, parecia-lhes indigno de discussão, pois para isso não havia fórmula intelectual. Aquilo que não podia ser reduzido a uma fórmula não existia, devia ser pura imaginação, não tinha substância, do contrário já teria aparecido, de uma forma ou outra, seja em Freud, seja em Kraus.

A lacuna que eu aqui percebia, por enquanto, não podia ser preenchida. Não demorou muito até que no primeiro inverno, de 1924 para 1925, veio a "iluminação", a qual determinou toda a minha vida futura. Tenho de chamá-lo de "iluminação" pois aquilo que experimentei estava ligado a uma luz especial, e me atingiu de repente, como uma sensação violenta de expansão. Eu estava andando por uma rua de Viena, num passo rápido e inusitadamente enérgico, que durou tanto tempo quanto a própria "iluminação". Jamais esqueci o que aconteceu naquela noite. Ficou-me presente como um momento único, ainda o sinto após cinquenta e cinco anos — tanto tempo faz — como algo *inesgotado*. Se o conteúdo intelectual dessa iluminação é tão simples e diminuto que seu efeito é inexplicável, mesmo assim hauri dela, como de uma revelação, a força para dedicar trinta e cinco de minha vida — dos quais vinte anos integralmente — à explicação daquilo que a massa popular realmente é; como da massa surge o poder, e como este retroage sobre ela. Naquele tempo eu não me dei conta do quanto a forma de meu empreendimento se devia ao fato de que em Viena existia um homem como Freud, do qual se falava como se *nós próprios*, por nossa própria vontade e determinação, pudéssemos chegar à explicação das coisas. Como as ideias de Freud não me eram suficientes, deixando sem explicação aquilo que para mim era o mais importante, tive a convicção honesta, embora ingênua, de que aquilo que eu empreendia era diferente, e de todo independente. Para mim estava claro que eu precisava dele como adversário. Mas, na época, ninguém me convenceria de que ele também me servia como uma espécie de paradigma.

Essa iluminação, da qual me lembro com tanta clareza, ocorreu na Alserstrasse. Era noite; percebi no céu o reflexo vermelho da cidade, e contemplei-o com a cabeça voltada para cima. Não prestei atenção aos meus passos, tropecei algumas vezes de leve, e num desses tropeços, com a cabeça virada para cima e tendo diante dos olhos o céu vermelho, do qual eu, aliás, não gostava, de repente transpassou-me o pensamento de que há um impulso das massas antagônico ao impulso individual e que, pelo antagonismo entre ambos, se pode explicar o transcurso da história da humanidade. O pensamento pode não ter sido novo, mas era novo para mim, pois atingiu-me com uma força prodigiosa. Pareceu-me que tudo o que agora ocorria no mundo podia ser deduzido dessa luta. Em Frankfurt eu já experimentara a existência das massas, e em Viena a experiência agora se repetia; pareceu-me evidente e irrefutável que havia algo que obrigava os homens a se transformar em *massa*. Não era menos evidente que a massa se desfazia em indivíduos, e que estes queriam voltar a ser massa. Eu não tinha qualquer dúvida das tendências de se tornar massa, e da volta à individualidade. Essas tendências me pareciam tão fortes e tão cegas que as considerei como um instinto, e assim as designei. Mas eu não sabia o que realmente era a massa, era um enigma que decidi decifrar, pois parecia-me o enigma mais importante, pelo menos o que estava em primeiro plano, neste nosso mundo.

Mas como soa exausto, exânime, o que tenho a dizer agora. Falei em "força prodigiosa", e era justamente isto, pois a energia de que eu de repente estava imbuído obrigou-me a andar mais rápido, quase a correr. Zuni pela Alserstrasse em toda a sua extensão até o Gürtel; pareceu-me que eu tinha chegado lá num instante, com um zumbido nos ouvidos, o céu vermelho como antes, como se esta cor agora fosse a sua para sempre. Tornei a tropeçar, mas não caí; os tropeços eram parte integrante do movimento geral. Nunca mais tive a experiência de um movimento semelhante, e não posso dizer que alguma vez tenha desejado repeti-la, pois o movimento era estranho demais, esquisito demais, muito mais rápido do que era de meu costume; era uma estranheza que vinha de dentro de mim, mas que eu não dominava.

PATRIARCAS

Veza chamava a atenção onde quer que ela estivesse, todos a achavam exótica. Era uma andaluza que jamais estivera em Sevilha, mas que falava disso como se tivesse se criado lá. A gente a teria encontrado nas *Mil e uma noites*, já ao lê-las pela primeira vez. Era uma figura familiar nas miniaturas persas. Apesar dessa onipresença oriental, ela não era uma figura de sonhos; a imagem que se tinha dela era muito precisa. O retrato não se dissolvia, não se evaporava, conservava tanto os seus contornos nítidos, como a sua luminosidade.

Resisti à sua beleza, que deixava a gente sem fala. Eu era um rapaz inexperiente, mal ultrapassando a adolescência, tosco, impolido, perto dela um Caliban e, embora muito jovem, desajeitado, inseguro, rude. Incapaz de usar, justamente em sua presença, a única coisa, talvez, que dominava, a fala, eu, antes de vê-la, escolhia as mais absurdas injúrias, que me serviriam de couraça contra ela: "preciosa" era o mínimo, "adocicada", "dama da corte", uma "princesa"; capaz de usar somente a *metade* da linguagem, a metade elegante, sendo-lhe estranha a verdadeira, a grosseira, a áspera, a implacável. Mas era suficiente pensar naquela conferência de 17 de abril para destruir essas acusações. O público havia ovacionado Karl Kraus, não por sua elegância, mas por seu rigor. E no intervalo, quando vim a conhecê-la pessoalmente, ela parecia segura e altiva e não tentou furtar--se à segunda parte do programa. Desde então eu a procurara furtivamente com o olhar em todas as conferências — passei a assistir a todas — e sempre a encontrara. Eu a saudava de longe,

127

nunca ousei me aproximar, e ficava consternado quando ela não me via. Em geral ela retribuía a saudação.

Até mesmo ali ela chamava atenção, era a mais exótica entre os presentes. Como sempre sentava-se na primeira fila, Karl Kraus devia percebê-la. Apanhei-me perguntando o que ele acharia de Veza. Ela nunca batia palmas, o que também não devia escapar a Karl Kraus. Mas, da vez seguinte, lá estava ela de novo, no mesmo lugar; uma homenagem que, nem mesmo a ele, podia ser indiferente. Durante o primeiro ano, quando, apesar de seu convite, não ousei visitá-la, senti uma crescente irritação por Veza sentar-se na primeira fila. Sem entender a natureza de minha irritação, concebi as coisas mais estranhas. Lá na frente o som era alto demais, como podia alguém suportar as partes mais intensas. Alguns dos personagens de *Os últimos dias da humanidade* nos deixariam tão envergonhados que teríamos vontade de sumir; e, o que faria ela quando vinha a vontade de chorar, durante *Os tecelões*, ou durante o *Rei Lear*? Como suportaria ela que Karl Kraus a visse chorando? Ou era isto que ela queria? Orgulhava-se Veza desse efeito? Homenageava-o, chorando em público? Ela certamente não era impudente; segundo me parecia, devia ser mais pudica do que qualquer outra pessoa, e no entanto ficava lá sentada, exibindo a Karl Kraus tudo o que ele a fazia sentir. Após a conferência ela nunca se aproximava do púlpito; eram muitos os que lá se aglomeravam. Ela só ficava parada, olhando. Eu, abalado e confuso como sempre, ficava, também por muito tempo não deixava o salão; continuava parado e aplaudia, até que minhas mãos estivessem doloridas. Nesse estado eu a perdia de vista, e dificilmente a reencontraria se não fosse por seu cabelo preto-azulado, repartido de forma estranha. Após a palestra ela nada fazia que eu pudesse achar indigno. Não permanecia no salão por mais tempo do que os outros; e quando Karl Kraus vinha fazer suas mesuras, ela não estava entre os últimos a se retirar.

Talvez eu procurasse a concordância de Veza, pois a excitação após essas leituras persistia por muito tempo; quer se tratasse dos *Tecelões*, quer de *Timão de Atenas*, quer dos *Últimos dias da humanidade*, era o apogeu da existência. Eu vivia de uma ocasião dessas para a outra, o que acontecia de permeio pertencia a um mundo profano. No salão sentava-me só, não falava com ninguém e sempre dava um jeito de sair sozinho. Eu observava Veza, porque a evitava; não sabia o quanto desejava sentar-me a seu lado. Isso teria sido completamente impossível enquanto ela se sentava na primeira fila, à vista de todos. Eu sentia ciúmes daquele deus, de quem eu estava imbuído. Embora não tentasse entrincheirar-me contra ele em lugar nenhum, em parte alguma, e embora estivesse aberto para ele com todos os meus poros, eu lhe invejava a criatura exótica de cabelo preto repartido, que ria e chorava para ele, e se inclinava sob a sua tempestade. Eu queria estar ao lado dela, mas não lá na frente onde ela estava, num lugar onde o deus não a visse, onde pudéssemos nos dizer, através de olhares, o quanto ele nos atingia.

Enquanto alimentava a orgulhosa resolução de não visitá-la, eu tinha ciúmes dela, e não suspeitava que estava reunindo forças para raptá-la daquele deus. Enquanto em casa eu sentia sufocar-me sob a animosidade de minha mãe, provocada por meu comportamento, previa o momento em que bateria à porta de Veza. Eu o repelia com violência, como se se tratasse de um objeto, mas ele se aproximava cada vez mais. Para me manter firme, eu imaginava como as ondas de falatório dos Asriel se abateriam sobre mim. "Como foi? O que foi que ela disse? Foi isto que eu pensei! Ela não gosta disto. É claro." Eu já ouvia as advertências de minha mãe, a quem tudo seria servido ainda quente. Nas conversas que eu imaginava, eu antecipava o que depois realmente acontecia. Enquanto evitava cuidadosamente aproximar-me de Veza, e nem sequer podia imaginar o que eu lhe diria que não fosse demasiado rude ou denotasse demasiada ignorância, eu já inventava todos os comentários maldosos e hostis que em casa teria de ouvir sobre ela.

Sempre soube, apesar de todas as proibições que eu próprio me impus, que a visitaria; e em cada conferência em que a via, intensificava-se essa certeza. Entretanto, quando chegou o dia, numa tarde livre, tinha transcorrido mais de um ano desde que ela me convidara. Ninguém soube disso; meus pés acharam sozinhos o caminho para a Ferdinandstrasse. Eu quebrava a cabeça para encontrar uma explicação plausível, que não fosse nem imatura, nem submissa. Ela havia me dito que gostaria de ser inglesa, então não seria o caso de interrogá-la sobre literatura inglesa? Eu havia pouco tinha ouvido uma leitura de *Rei Lear*, uma das mais sublimes leituras de Karl Kraus; de todas as peças de Shakespeare era a que mais me prendia. Não me saía da cabeça a figura do ancião na floresta. Ela certamente a conhecia em inglês. Havia uma coisa em *Rei Lear* que eu não podia aceitar. Sobre isso eu queria falar com ela.

Toquei a campainha, ela mesma abriu, e me saudou como se me aguardasse. Fazia poucos dias que eu a havia visto na Sala Média de Concertos. Por acaso, como pensei, eu me vira próximo a ela, e aplaudira como os outros. Comportava-me como um louco, jogava os braços para cima, gritava "Viva! Viva! Karl Kraus!" e batia palmas. Eu não parava com isso, ninguém parava, e só deixei cair os braços quando ficaram doloridos. Percebi alguém ao meu lado, sem bater palmas, como que em transe. Era Veza, e eu não sabia se ela me percebera.

Ela me conduziu pela penumbra do corredor até o seu quarto, onde havia uma suave luminosidade. Sentei-me entre quadros e livros, aos quais não prestei maior atenção, pois ela estava sentada à minha frente, no lado oposto da mesa, e disse: "O senhor não me viu, eu estive no *Lear*". Eu lhe disse que a vira muito bem, e que viera por causa disso. Então lhe perguntei por que Lear tinha que morrer no fim. Era um homem muito idoso, certamente, e sofrera coisas horríveis, mas eu teria preferido sair com a impressão de que ele tinha suportado tudo, e ainda estava lá. Quando numa peça morresse outro herói, um jovem, eu estaria pronto a aceitá-lo, especialmente quando se tratasse de fanfarrões e rufiões, o que se costuma chamar de heróis. A estes eu concederia sua morte, pois seu prestígio decorria do fato de a terem dado a numerosos outros. Mas Lear, que atingira idade tão avançada, deveria envelhecer ainda mais.

130

Nunca se deveria tomar conhecimento de sua morte. Nessa peça haviam morrido tantos outros. Mas um único deveria sobrar, e este único seria ele.

"Mas, por que justamente ele? Não merecia Lear finalmente o seu descanso?"

"A morte é um castigo. Ele merecia viver."

"O mais idoso? Devia o mais idoso viver ainda mais? E os jovens que o precederam na morte, e foram privados de suas vidas?"

"Com os mais velhos morre *mais*. Morrem todos os seus anos. Existem muito mais coisas que sucumbem com eles."

"Então o senhor deseja pessoas tão velhas como os patriarcas bíblicos?"

"Sim! Sim! A senhorita não o deseja?"

"Não. Eu poderia lhe apresentar um que vive a duas portas daqui. Talvez ele ainda se faça notar, enquanto o senhor está aqui."

"A senhorita se refere a seu padrasto? Ouvi falar dele."

"O senhor nada pode ter ouvido dele que se aproxime da verdade. Só minha mãe e eu conhecemos a verdade."

Foi tudo muito rápido para ela, que não quis logo falar acerca dele. Ela conseguira proteger dele seu quarto, sua atmosfera. Se eu suspeitasse o quanto isso lhe custara, talvez tivesse evitado esse tema dos velhos que deveriam continuar a viver sempre, justamente por terem atingido idade tão avançada. Eu tinha vindo cego, por assim dizer, do *Lear* à sua casa; e, grato por havermos tido, juntos, uma experiência maravilhosa, eu tinha de falar daquilo. Eu estava em dívida para com Lear, pois ele havia me impelido para junto dela. Sem ele, com certeza, teria demorado ainda mais, e agora eu estava lá sentado, dele impregnado; como poderia deixar de homenageá-lo? Eu sabia o quanto significava para ela justamente Shakespeare, e estava convencido de que não havia outro tema de conversa do qual ela mais gostasse. Não tive oportunidade de interrogá-la sobre suas visitas à Inglaterra, e ela não se lembrou que eu lá havia passado parte da infância. O convite, quando ela o fizera, fora para que eu lhe contasse acerca disso. Mas eu a atingi em seu ponto mais vulnerável: a vida com esse padrasto era um tormento para ambas, sua mãe e ela. Ele tinha quase noventa anos, e agora vinha eu e dizia que, quando se é tão idoso assim, o melhor é que se continue a viver.

Eu a atingi muito fundo em minha primeira visita; por um triz teria sido a última. Ela se acalmou, pois estivera visivelmente assustada, e julgou que tinha de se justificar, relatando-me — foi-lhe bastante penoso — como se arranjara em casa, naquele inferno.

O apartamento em que Veza morava com sua mãe consistia em três peças grandes enfileiradas, cujas janelas davam para a Ferdinandstrasse. Ficava no mezanino, portanto a pouca altura, e era fácil fazer-se notar da rua. A porta de entrada conduzia a um corredor ao longo das peças dispostas à esquerda; à direita ficavam a cozinha e os demais aposentos de serviço. Atrás da cozinha havia um pequeno e escuro quarto de empregada, tão escondido que passava despercebido.

Das três peças à esquerda, a primeira era o quarto dos pais. O padrasto de Veza, o velho descarnado perto dos noventa anos, ficava na cama ou sentava-se de roupão diante da lareira, no canto. A peça seguinte, a sala de jantar, em geral só era usada quando havia hóspedes. A terceira era o quarto de Veza, que ela havia decorado a seu gosto, nas cores que apreciava, com livros e quadros, leve e austero ao mesmo tempo, onde se sentia um alívio ao entrar, e que se deixava a contragosto; um quarto tão diferente do resto da moradia que parecia que se estava sonhando ao se atravessar o umbral — austero para um lugar florido, que só poucos tinham o privilégio de ultrapassar.

A moradora desse quarto exercia sobre os outros um domínio que parecia incrível. Não era o domínio do terror; tudo se passava em silêncio, bastava que ela erguesse as sobrancelhas para afastar um intruso da soleira. O inimigo capital era seu padrasto, Mento Altaras. Em outros tempos, que não cheguei a presenciar, quando a luta ainda se travava abertamente, os limites não haviam sido demarcados e ainda era incerto se a paz jamais seria concluída, o padrasto costumava abrir a porta de repente e ameaçar com sua bengala, batendo-a contra a soleira. Aquele homem esguio, seco, em seu roupão, ficava ali parado; sua cabeça estreita, sinistra, emaciada, se parecia com a de Dante, cujo nome ele jamais ouvira. Quando interrompia as batidas, ele proferia horríveis ameaças e imprecações em espanhol, parado na soleira e alternando as batidas com as pragas, até que fosse atendido o seu desejo, que em geral se referia a assado e vinho.

Ainda adolescente, a enteada tentava defender-se trancando por dentro ambas as portas de seu quarto — uma dava para a sala de jantar, outra para o corredor. Depois, ficando maior e mais atraente, as chaves costumavam desaparecer, e quando o serralheiro trazia outras, estas também desapareciam. A mãe costumava sair, a empregada nem sempre estava em casa; o velho, quando cobiçava alguma coisa, tinha força por três, apesar de sua idade, e teria subjugado sua mulher, sua enteada e sua empregada, todas juntas. Havia motivos para o temor. Mãe e filha não suportavam a ideia de uma separação definitiva. Para poder ficar na moradia de sua mãe, Veza inventou uma tática para dominar o velho. Isso exigia juízo, força e persistência inauditos para uma menina de dezoito anos. Consistia em recusar tudo ao velho quando ele abandonava seu quarto. Podia bater, vociferar, amaldiçoar, ameaçar; era tudo inútil. O assado e o vinho eram-lhe negados, até que ele de novo estivesse sentado em seu quarto. Então, o que ele pedia era-lhe entregue de imediato. O método era o de Pavlov, inventado pela enteada, que de Pavlov nada sabia. Levou vários meses até que ele se conformasse com seu destino. Verificou que recebia bifes cada vez mais sumarentos, vinhos cada vez mais velhos, quando desistia de seus assaltos. Se era tomado pela raiva e tornava a aparecer na soleira proibida, vociferando e amaldiçoando, era castigado e, até à noite, nada recebia de comer e de beber.

Ele passara a maior parte de sua vida em Sarajevo. Lá, em

criança, vendia, na rua, espigas de milho quentes. Comentava-se esse seu início. Sucedera ainda em meados do século XIX e se tornara a parte mais importante de sua lenda, pois era onde ela começava. Não se sabe o que aconteceu depois, segue-se um vazio imenso; antes que se retirasse de seus negócios, ao envelhecer, ele se tornara um dos homens mais ricos de Sarajevo e da Bósnia. Possuía inúmeras casas (quarenta e sete era o número que citavam com mais frequência) e grandes propriedades florestais. Seus filhos, que assumiram a direção dos negócios, viviam em grande estilo e não admira que quisessem afastar o velho de Sarajevo. Ele insistia em que se levasse uma vida frugal e retraída, sem ostentar riquezas. Era afamado por sua avareza e sua severidade; recusava-se a contribuir com donativos beneficentes, o que era considerado uma infâmia inaudita. Nas grandes reuniões sociais promovidas por seus filhos, ele surgia de repente, sem fazer-se anunciar e, com sua bengala, expulsava da casa os convidados. Conseguiram que o viúvo, que tinha mais de setenta anos, se casasse em Viena. Uma viúva muito bela, Rachel Calderon, bem mais jovem do que ele, foi a isca à qual não conseguiu resistir. Seus filhos suspiravam aliviados, assim que ele foi para Viena. O mais velho adquiriu — o que então era bastante invulgar — um avião particular, o que muito aumentou seu prestígio na cidade natal. De tempos em tempos vinha a Viena e trazia dinheiro para seu pai, grossos maços de cédulas, que era como este o exigia.

Durante os primeiros anos o velho ainda costumava sair, não permitindo que ninguém o acompanhasse. Ele vestia um sobretudo surrado, folgado demais, e por baixo calças puídas, levando na mão esquerda um chapéu esfrangalhado — parecia ter sido catado na lata do lixo; ele o guardava num lugar secreto, e se recusava a mandar limpá-lo. Não se sabia para quê ele o levava, pois nunca o punha na cabeça.

Certo dia a empregada chegou em casa tremendo e disse que acabara de ver o patrão numa esquina do centro da cidade, com o chapéu aberto à sua frente, e um transeunte jogara nele uma moeda. Logo que ele chegou em casa foi interrogado; ficou tão furioso que todos temeram que ele matasse sua mulher com a pesada bengala, da qual nunca se separava. Ela era uma mulher meiga, de bom coração, que não se metia em seu caminho, mas dessa vez tomou-lhe o chapéu e o jogou fora. Sem o chapéu ele parou de mendigar. Mas continuou a vestir o sobretudo surrado e a calça puída, sempre que saía. A empregada, encarregada de vigiá-lo, certo dia o seguiu todo o caminho até Naschmarkt. Ela o temia tanto que ali o perdeu de vista. Ele voltou trazendo peras num saco de papel e as exibiu, triunfante, à sua mulher e à sua enteada: ele as recebera de graça, de uma mulher do mercado. Realmente conseguia parecer tão esfaimado e tão arruinado que as empedernidas vendedoras do mercado se condoíam dele e lhe davam frutas que nem sequer estavam estragadas.

Em casa ele tinha outras preocupações, como esconder os grossos maços de cédulas; e isso em seu quarto, onde sempre estivessem ao seu alcance. Os colchões de ambas as camas estavam recheados de dinheiro. Entre o tapete e o assoalho havia se formado um segundo tapete de cédulas de dinheiro; entre seus muitos pares de sapatos havia só um par que ele podia calçar, todos os outros estavam atulhados de dinheiro. Em sua cômoda havia seguramente uma dúzia de meias, nas quais ninguém podia tocar e cujo conteúdo ele conferia com frequência. Só dois pares estavam reservados para o seu uso, e ele os alternava. Sua mulher recebia uma importância semanal para as despesas da casa, rigorosamente contada à sua frente, conforme acordo feito com um de seus filhos. Tentou espoliá-la de parte da mesma, mas isso se refletiu na quantidade de vinho e de assado que ele recebia, e de que consumia quantidades enormes. Então ele deixou estar.

O velho comia tanto que se temia por sua saúde. Não se atinha às refeições normais. Logo de manhã, pedia assado e vinho. Já na merenda das dez, muito antes do almoço, repetia a dose. Nada mais queria. Quando sua mulher tentou satisfazer seu apetite com o acompanhamento de arroz e legumes, ele, com desprezo, mandou a comida de volta e, quando ela tentou de novo, ele, raivoso, jogou a comida no tapete, comendo só a carne de um bocado, exigindo mais, dizendo que havia sido pouca. Era difícil atender à sua fome arrasadora, que se concentrava nessa única matéria sangrenta. Sua mulher chamou um médico, um homem calmo e experiente, ele próprio oriundo de Sarajevo e que estava informado sobre o velho, entendia sua língua, na qual podia conversar com ele fluentemente. Contudo, não lhe foi possível examiná-lo, pois ele alegou que estava bem de saúde — magro sempre fora —, seu próprio remédio era carne assada e vinho, e se não lhe dessem o quanto queria, sairia à rua para *mendigar*. Ele havia notado que nada exasperava mais sua família do que seu gosto pela mendicância. Levaram tão a sério a ameaça quanto ele próprio; ele respondeu com uma terrível imprecação à advertência do médico de que não viveria mais de dois anos, se continuasse a comer assim. Disse que queria carne, nada mais, nunca comera outra coisa; que não seria agora, com oitenta anos, que passaria a comer pasto como um boi, pronto, *ya basta!*

Após dois anos, em lugar dele morreu o médico. Ele sempre se alegrava quando morria alguém, mas dessa vez a alegria o manteve acordado durante algumas noites, nas quais ele festejou comendo assados e bebendo vinho. O médico seguinte que foi experimentado, um homem robusto que ainda não tinha cinquenta anos, ele próprio adepto da carne, teve menos sorte ainda. O velho deu-lhe as costas, não disse uma palavra, e o despediu sem praguejar. Morreu como seu predecessor, mas dessa vez levou mais tempo. O velho não tomou conhecimento de sua morte. A sobrevivência se tornara sua segunda natureza. A carne assada e o vinho lhe bastavam para sua alimentação e ele não precisava de outros médicos para vítimas. Houve ainda outra experiência, quando sua mulher adoeceu e queixou-se a *seu* médico de seus pesares. Que ela dormia pouco, o velho acordava no meio da noite e exigia sua forragem. Desde que ele saía menos, isso se agravara ainda mais. O médico, bastante arrojado, talvez não soubesse do destino de seus predecessores; insistiu em examinar o velho, que estava na cama ao lado, sem se preocupar com sua mulher, devorando um bife sangrento. Tirou-lhe o prato e lhe disse rudemente: O que era isto que ele tinha no olho? Sua vida corria perigo! Se ele sabia que estava ficando cego? Ele assustou-se, pela primeira vez, mas só mais tarde soube-se qual foi o motivo de seu susto.

Nada se alterou na forma como o velho se alimentava, mas ele desistiu completamente de seus passeios. Às vezes trancava--se por uma hora ou duas em seu quarto, o que antes nunca fizera. Quando batiam à porta, não respondia, mas ouvia-se que remexia na lareira e, como era conhecida sua inclinação pelo fogo, pensava-se que ele estivesse sentado diante dele, e se manifestaria quando lhe apetecesse sua alimentação habitual. Era o que sempre acontecia. Mas certa vez a enteada, acostu-mada ao jogo de esconder com suas próprias chaves, apoderou--se da chave da porta entre o quarto e a sala de jantar e a abriu de supetão quando o ouviu remexendo na lareira. Encontrou-o segurando um maço de dinheiro, que ele jogou no fogo diante de seus olhos. Alguns maços estavam a seu lado, no chão; outros o fogo já havia transformado em cinzas. "Deixa-me", disse ele, "não tenho tempo. Ainda não estou pronto", e indicou os maços incólumes que estavam no chão. Ele queimava as notas a fim de não deixá-las para outros; mas havia tantas que o quarto ainda transbordava de dinheiro.

Foi o primeiro sinal de fraqueza, o velho Altaras queiman-do seu dinheiro. Esse terceiro médico — que nem sequer fora chamado para ele, ao qual recebera com indiferença, como se nada tivesse a ver com ele, e a quem quisera demonstrar sua indiferença pela mulher e seus males fazendo sua refeição usual — durante a consulta — o havia impressionado com sua rudeza, e o assustara. Talvez agora chegasse a duvidar de que tudo con-tinuaria assim indefinidamente; de qualquer forma a ameaça aos seus olhos o confundira. Sempre que era possível, contemplava o dinheiro e o fogo, e nada lhe causava maior prazer do que ver um consumindo-se no outro.

Desde que se descobriu o que fazia, ele não mais teve o cui-dado de trancar a porta e, com frequência, entregava-se abertamente à sua atividade. Teria sido necessária a força de vários homens para impedi-lo. A mulher, desamparada, não sabia o que fazer; pensou por algum tempo. Acabou escrevendo ao filho mais velho dele, em Sarajevo, que, apesar de toda a sua magnanimidade, ficou indignado com essa propositada destruição de dinheiro. Veio imediatamente a Viena, e repreendeu o velho duramente. Nem mãe, nem filha jamais souberam como ele o ameaçou. Deve ter sido algo que o velho temia mais do que os raros prognósticos de um médico — talvez que ele seria interditado e internado num sanatório, onde não mais haveria carne e vinho nas quantidades de costume —, em todo o caso, aquilo surtira efeito. Ele ficou com o dinheiro que sobrou nos esconderijos, não queimou mais nada, e teve de tolerar que entrassem no seu quarto para vigiá-lo.

A preservação de sua própria atmosfera ante as batidas de bengala, das ameaças e das imprecações desse velho sinistro, que Veza conseguiu com a idade de dezoito anos, deixou sua marca nela. Só raramente acontecia que ele aparecesse à soleira do quarto de Veza. De semanas em semanas ainda sucedia que ele abrisse a porta de seu quarto de supetão e, alto e magro, mas sempre a certa distância, ficasse parado diante das visitas de Veza, que ficavam antes admiradas do que assustadas. Embora ele segurasse sua bengala, não a usava para bater no chão, não ameaçava nem amaldiçoava; só vinha pedir ajuda. Agora era o medo que o impelia para junto da porta proibida. Ele dizia: "Roubaram-me o dinheiro. Está queimando". Como ninguém conseguia aturá-lo, ele em geral ficava só, e os acessos de medo que o invadiam quase sempre tinham a ver com o dinheiro. Desde que ele próprio não mais podia queimá-lo, o dinheiro era roubado; as chamas se espalhavam por seu quarto, para se apoderarem daquilo que agora já não lhes era sacrificado.

Ele nunca aparecia quando Veza estava só, mas sim quando ouvia vozes em seu quarto. Ainda ouvia bem e não lhe escapava quando ela recebia visitas: o som da campainha, os passos e as vozes animadas no corredor e, depois, no quarto dela, a conversa numa língua que ele não entendia — e como ele nada via do que se passava, invadia-o o medo de que estivessem preparando um assalto secreto ao seu dinheiro. Foi assim que eu o vi, duas ou três vezes, durante os primeiros tempos de minhas visitas. Fiquei impressionado pela sua semelhança com Dante. Era como se o poeta italiano se levantasse do túmulo. Nós estávamos exatamente falando sobre a *Divina comédia* quando, subitamente, a porta abriu-se, e ele estava ali, como se drapejado de lençóis brancos, levantando sua bengala, não se defendendo, mas lamentando: *"Mi arrobaron las paras* — Eles furtaram meu dinheiro!"*. Não, jamais Dante. Uma figura do inferno.

A EXPLOSÃO

Em 24 de julho de 1925, um dia antes de meu vigésimo aniversário, veio a explosão. Desde então nunca mais falei daquilo, e me é penoso contar o que aconteceu.

Eu havia planejado, com Hans Asriel, uma excursão a pé pelas montanhas Karwendel. Pretendíamos levar uma vida muito frugal, dormindo em cabanas. A despesa não seria grande. Hans, que trabalhava com *Herr* Brosig, um fabricante de artigos de couro, havia poupado a quantia exata necessária de seu minguado salário. Ele era muito meticuloso; tinha de ser, pois vivia com sua mãe e seus dois irmãos nas condições mais precárias.

Ele calculara todas as despesas da viagem; a excursão duraria menos de uma semana. Depois talvez eu me demorasse mais uma semana nalgum lugar, pois queria aproveitar o tempo também para o trabalho, isto é, pretendia começar a escrever meu livro sobre as massas. Para isso, eu preferiria ficar num ou noutro lugar da montanha, completamente só. Mas acerca disso não me expressei com muita clareza, para não magoar Hans. Muito mais minuciosos fomos ao preparar a nossa caminhada pelo Karwendel. Hans, extremamente metódico, inclinava-se por sobre os mapas e calculava cada trecho do caminho, cada pico da montanha. Passamos as primeiras semanas de julho discutindo nosso projeto. Em casa, durante as refeições, eu relatava o que fazíamos. Minha mãe me escutava com atenção, mas não dizia nem que sim, nem que não e, como os detalhes se acumulavam e eu ficava mencionando os mais diversos acidentes geográficos do Karwendel, parecia inconcebível que ela fizesse qualquer objeção; pensei até mesmo que, na imaginação, ela participava do passeio. Nosso alvo seria Pertisau, no lago Achen. Ela chegou a mencionar a possibilidade de ela própria passar alguns dias de férias em Pertisau, onde nos aguardaria. Mas seu projeto não era sério e logo foi abandonado, enquanto Hans e eu continuávamos a discutir os detalhes do nosso. Na manhã de 24 de julho minha mãe de repente declarou que eu deveria renunciar àquilo, a excursão seria impossível; ela não tinha dinheiro para gastar com luxo. Que eu me desse por satisfeito em poder estudar. Perguntou se eu não me envergonhava em fazer tais exigências, quando outros nem mesmo sabiam de que haveriam de viver.

Foi um golpe duro, por ser tão repentino, após semanas de tolerância benevolente, até mesmo interessada, para com nosso projeto. Depois de sofrer durante quase um ano a pressão e os atritos na moradia comum, eu sentia a necessidade de sair e ser livre. Nos últimos tempos a pressão se tornara cada vez mais intolerável e, após cada altercação penosa, eu me refugiava no pensamento da excursão. As rochas nuas, de calcário, das quais eu tanto ouvira falar, apareciam-me à luz mais radiosa; e agora, durante o desjejum, atingiu-me a inexorável lâmina da guilhotina, cortando-me a respiração e a esperança.

Tive vontade de golpear as paredes com as mãos, mas me dominei o suficiente para evitar uma explosão física diante de meus irmãos. Tudo o que chegou a acontecer aconteceu no papel, mas não em frases sensatas e compreensíveis, como de outras vezes; e tampouco usei os cadernos que costumava usar, mas sim um grande bloco de papel quase sem uso, e escrevi em letras enormes, enchendo uma folha após a outra: "Dinheiro, dinheiro, sempre o dinheiro"; na linha seguinte escrevi a mesma coisa, e na outra também, até que a folha estava cheia, então eu a arranquei, e com "Dinheiro, dinheiro, sempre o dinheiro" comecei a folha seguinte. Eu escrevia em letras tão grandes como nunca escrevera antes, e assim cada folha logo estava cheia; as folhas arrancadas se espalhavam pela grande mesa da sala de jantar, eram sempre mais e mais, depois caíam no chão. O tapete sob a mesa grande estava coalhado delas, eu não podia parar de escrever; o bloco tinha cem folhas, cada uma delas ia sendo preenchida. Meus irmãos notaram que estava ocorrendo algo incomum, pois eu pronunciava o que escrevia, não demasiado alto, mas perfeitamente audível, e por toda a casa soava nítido "Dinheiro, dinheiro, sempre o dinheiro". Eles se aproximaram de mim com cuidado, apanharam as folhas do chão e leram, em voz alta, o que nelas estava escrito: "Dinheiro, dinheiro, sempre o dinheiro". Então Nissim, o irmão do meio, se precipitou à cozinha e disse à mãe: "Elias ficou louco. Venha já!"

Ela não veio, e mandou seu recado por ele: "Diga-lhe que pare imediatamente. O papel de cartas é muito caro!". Mas não lhe dei ouvidos, e continuei preenchendo as folhas, com uma pressa furiosa. Talvez eu realmente *estivesse* louco naquela hora mas, qualquer que seja o nome que se dê àquilo, a palavra na qual para mim se concentrava toda opressão e todas as más intenções se tornara prepotente e me dominava de todo. Eu não atentava a nada, nem às exclamações de escárnio de meus irmãos — que o menor, Georg, acompanhava com relutância, muito assustado — nem à minha mãe, que finalmente se dignou a vir, ou porque se zangou com o desperdício de papel, ou porque já não estava segura de que se tratava de uma "comédia", como ela dissera de início. Não lhe dei atenção quando veio, tampouco aos meus irmãos; eu não teria dado atenção a quem quer que fosse, estava possuído por aquela única palavra, que eu considerava como a essência de toda a desumanidade. Eu escrevia, e a força da palavra que me impelia não cessava. Meu ódio não se voltava contra minha mãe, mas só contra essa palavra, e, enquanto tinha papel, nada havia que o arrefecesse. O que mais a impressionou foi a velocidade vertiginosa com que eu desempenhava esse ato. Embora fosse minha mão que percorria as folhas de papel, fiquei sem fôlego, como se eu próprio corresse; jamais eu havia feito alguma coisa com tanta velocidade. "Era como um trem expresso", diria ela mais tarde, "tão pesado e tão carregado." Nas folhas de papel estava aquela palavra que ela não podia deixar de usar sempre, sabendo o quanto me atormentava; lá estava ela repetida milhares de vezes, num esbanjamento louco, contrário ao seu caráter, evocada e revogada, como se assim pudesse ser gasta, como se assim se pudesse chegar ao seu fim. Não é impossível que ela temesse pelo destino de ambos, o meu e o desse substantivo que eu esbanjava a mãos cheias.

Não percebi quando ela saiu da sala, e não percebi quando ela voltou. Enquanto não se esgotasse o papel, eu nada teria percebido. De repente estava na sala o dr. Laub, nosso médico de família, o velho conselheiro. Minha mãe estava parada atrás dele, meio encoberta; eu sabia que era ela, mas não via seus olhos. Ela se escondia atrás dele, e então eu sabia que havia pouco tinham batido na porta com força. "O que tem o nene-zinho?", disse ele em sua linguagem arrastada. Sua lentidão, as pausas depois de cada frase, o tom enfático de cada uma de suas palavras, a indizível futilidade de suas pomposas declarações, a referência a sua última visita — naquela vez se tratava de icte-rícia, o que será desta vez? — tudo junto produziu seu efeito, e recuperei os sentidos. Embora eu ainda tivesse algumas folhas, parei imediatamente de escrever.

"O que é que estamos escrevendo com tanto afinco?", dis-se o dr. Laub, levando uma eternidade até completar a frase. Caí do trem expresso, no qual eu até agora estivera correndo sobre as folhas de papel, e lhe entreguei, numa velocidade mais parecida à dele, a última folha. Ele a leu solenemente. Pro-nunciou-a, àquela palavra, assim como eu a havia proferido ao escrever, mas em sua boca o som não era de ódio, e sim de cautela, como se devêssemos pensar dez vezes antes de deixar que uma palavra tão preciosa saísse de nossa boca. Ele ciciava, o que dava a impressão de poupança e, embora eu dissesse isso a mim mesmo, permaneci calmo, e me admiro que minha ira não tivesse sido atiçada de novo. Ele leu em voz alta *tudo* o que

142

estava escrito na última folha e, como estava preenchida em mais da metade, e ele nunca se apressava, isso levou um bom tempo. Não perdeu nenhum "dinheiro", nem mesmo um único, e quando terminou interpretei mal um gesto dele, pensei que queria outra folha para prosseguir com a leitura dos dinheiros. Mas, quando lhe entreguei uma outra folha, ele a recusou, e disse: "Bem, chegou a hora". Então ele pigarreou, pôs sua mão em meu ombro, e perguntou, como se lhe escorresse mel da boca: "E agora você me conte: para que estamos precisando de dinheiro?". Não sei se foi por habilidade ou por ignorância, mas ele conseguiu que eu falasse. Contei-lhe, cronologicamente, toda a história do Karwendel, como em casa haviam me escutado durante semanas, sem fazer a menor objeção, haviam até mesmo, por assim dizer, corroborado no planejamento, e agora, de repente, recusavam-me tudo. Entrementes nada acontecera que alterasse a situação, era pura arbitrariedade, como quase tudo o que acontecia conosco. Eu queria sair de casa, queria ir até o fim do mundo, onde não mais ouvisse aquela palavra maldita.

"Ah", disse ele, apontando com o braço para os papéis que coalhavam o chão. "É por isso que a escrevemos tantas vezes, para que saibamos o que não queremos mais ouvir. Mas, antes de irmos ao fim do mundo, é preferível fazermos uma excursão pelas montanhas Karwendel. Isto nos fará bem." Com essa perspectiva meu coração descongelou; ele o dizia com tanta segurança, como se *ele* dispusesse do dinheiro para a viagem, como se estivesse sob *sua* guarda. Minha atitude mudou, comecei a depositar confiança nele, e hoje eu talvez pensasse nele com gratidão se ele, em seguida, não tivesse estragado tudo com sua imperdoável sabedoria. "Atrás disso há outra coisa", declarou. "Não se trata do dinheiro. Trata-se do Édipo. Um caso nítido. Isso nada tem a ver com o dinheiro." Ele passou a mão em minha cabeça e me deixou. A porta para o vestíbulo ficou aberta. Ouvi a pergunta ansiosa de minha mãe, e o seu veredicto: "Deixe que ele viaje. Melhor seria que fosse amanhã mesmo. Faz bem ao seu Édipo".

Assim a coisa ficou decidida. Os médicos, para minha mãe, eram a autoridade suprema. Quando se tratava dela mesma, gostava de obter a opinião de vários médicos. Assim, de todos os pareceres, ela podia escolher o que lhe conviesse, sem atribuir a si própria a rejeição dos demais. Para nós, os filhos, *um* médico e *uma* opinião tinham de bastar; esta era respeitada. A viagem agora era assunto resolvido, já não havia qualquer oposição. Eu podia excursionar com Hans pelas montanhas, por duas semanas. Fiquei em casa ainda dois dias. Não houve novas acusações. Consideravam-me ameaçado; minha mente era instável. As folhas foram apanhadas do chão, dobradas e guardadas. Já que fora desperdiçado tanto papel, ao menos deviam ser preservadas como um indício da minha perturbação mental.

Não me senti menos deprimido durante os últimos dias em casa, mas agora havia a perspectiva de que em breve eu estaria longe. Consegui me calar, o que absolutamente não era meu hábito, e ela também conseguiu.

A JUSTIFICAÇÃO

No dia 26 Hans e eu viajamos a Scharnitz. Lá começou nossa caminhada pela montanha Karwendel. A montanha de calcário, alcantilada e despida, causou-me forte impressão, o que, em minhas condições, me fez bem. Embora eu ainda não conhecesse a gravidade de meu estado, era como se deixasse tudo para trás, tudo o que era supérfluo, especialmente minha família, para começar com coisa alguma a não ser rochas nuas, a não ser uma mochila que pouco continha, mais do que o suficiente para duas semanas. Talvez tivesse sido melhor ainda sem mochila. Em todo o caso, ela continha algumas coisas importantes: dois cadernos e um livro, que eu pretendia usar na terceira semana de férias. Minha intenção era deter-me, então, num lugar que me aprouvesse, para iniciar meu trabalho na "obra", como eu pretensiosamente chamava aquilo a que me propunha escrever. Um dos cadernos serviria para comentários e críticas sobre o livro que eu levava, e que tratava das massas. Ele serviria de base ao meu trabalho, delimitando aquilo que já circulava sobre o assunto. Eu sabia, após folheá-lo rapidamente, que era pouco satisfatório, e tinha tomado a decisão de afastar das massas todas as "garatujas", como eu dizia, para tê-las à minha frente como uma montanha pura, incólume, que eu seria o primeiro a escalar, sem ideias preconcebidas. No segundo caderno eu pretendia livrar-me da opressão que em casa se acumulara sobre mim, e registrar, também, aquilo que a nova paisagem, e as pessoas que a habitam, me significariam.

Foi bom para essas "magnas" intenções que, durante a caminhada, ficassem relegadas a segundo plano. As ferramentas para a sua realização estavam na parte inferior da mochila, eu nunca retirava nem os cadernos, nem o livro, e nem sequer informei Hans da sua existência. Em vez disso absorvi as montanhas a plenos pulmões, como se pudessem ser respiradas. Embora escalássemos alguns cumes, dessa vez não me importavam os panoramas, mas sim a infinita aridez que deixávamos para trás, e que se estendia à nossa frente. Era tudo pedra, nada mais do que pedra; até mesmo o céu, como digressão, não me parecia inteiramente confiável, e quando topávamos com algum córrego, em segredo desagradava-me que Hans se precipitasse sobre a água, em vez de passar por ela sem tocá-la.

Ele não podia saber em que estado iniciei essa excursão. Nada sabia das dificuldades que eu enfrentava em casa. Eu era orgulhoso demais para lhe revelar qualquer coisa e, mesmo que o fizesse, ele dificilmente me entenderia. O prestígio de minha mãe era muito grande junto aos Asriel, tinham-na em conta de mulher sensata e original, com suas próprias opiniões e ideias, que iam além do que se esperaria de sua origem burguesa. Alice Asriel não tinha ideia do efeito que sobre minha mãe exercera Arosa, onde tudo o que fazia parte de sua origem fora despertado para a vida. Ela via minha mãe como fora antigamente, a jovem viúva orgulhosa e voluntariosa de nossa primeira época em Viena. Considerava-a rica, como ela própria já havia sido, o que não lhe invejava, porque nada sentia da mesquinhez que era associada ao estado de minha mãe. Talvez minha mãe também ocultasse diante dela o quanto havia se transformado, pois como poderia falar de riqueza diante de uma amiga de infância que agora vivia em condições precárias, sem lhe oferecer ajuda? Assim o dinheiro, que entre mim e ela se tornara o tema principal, o eterno motivo de desavenças e discórdias, em suas conversas com Alice era tabu, e Hans pensava ter razões para me invejar por minhas condições domésticas "sadias".

Falávamos sobre todas as outras coisas, sem parar; era quase impossível ficar calado na companhia de Hans. A compulsão que ele tinha de medir forças comigo fazia com que interrompesse toda frase que eu começava, a completasse e lhe juntasse frases suplementares que pareciam não ter fim. Para dizer mais do que eu, ele falava rápido e privava-se do tempo para meditar sobre alguma coisa. Eu lhe era grato pela excursão, que ele havia proposto, havia preparado, e jogava com ele um jogo estranho: desde que deixasse as montanhas verbalmente intocadas, eu estava pronto a conversar com ele sobre tudo o mais. Hans notou que, quando falava nos picos e nas possibilidades de escalá-los, eu desviava a conversa para os livros, e pensou que conversas sobre as montanhas me eram enfadonhas. Como pouco havia para ver, além das rochas nuas, sempre iguais, as longas digressões acerca disso teriam realmente sido infrutíferas. Assim suas palavras logo se desviaram das montanhas, às quais eu me impusera a tarefa de manter intactas. Não que eu, na época, tivesse escolhido isso como minha tarefa; apenas tentei dar uma descrição resumida do que ocorria dentro de mim. Eu tinha de acumular informações inúteis porque me havia proposto uma tarefa, justamente a "obra", que ficaria infrutífera por muito tempo. Não era a exploração de uma mina; nada devia ser levado de lá. Tinha de ser preservado o caráter geral ameaçador das montanhas, que permaneceria intacto, sem que por isso se tornassem maçantes ou odiosas para mim. Eu as percorreria a torto e a direito, de uma ponta à outra, as tocaria em muitos pontos, mas sempre sabendo que ainda não as conhecia.

146

Assim as indiscutidas montanhas Karwendel, nas quais penetrei logo após meu vigésimo aniversário, marcaram o início daquele período que seria o mais longo e, por seu conteúdo, o mais importante de minha vida.

É espantoso que durante cinco ou seis dias eu estivesse a todo o momento junto com uma pessoa que falava sem cessar, à qual eu respondia, com quem eu conversava — não creio que houvesse entre nós um instante de silêncio — sem que viesse à tona o espaço dentro do qual nos movíamos e sem que eu tocasse naquilo que, no decorrer do último ano, se tornara uma dolorosa opressão para mim. A conversa sobre livros fluía solta e insignificante de nossos lábios e, embora eu *acreditasse* no que dizia, e Hans, até onde encontrasse forças dentro dele, também o acreditasse, tudo não passava de uma permuta de tagarelice. Tanto faria que fossem outros os livros, e não aqueles de que falávamos no momento. Ele tinha satisfação em conseguir me acompanhar, ou até mesmo se antecipar, e eu em nada dizer daquilo que realmente me preocupava. Eu não poderia repetir uma frase, uma sílaba sequer daquela garrulice; eram os verdadeiros mananciais daquela excursão sobre o calcário. No calcário se infiltraram, e desapareceram para sempre.

Parece, contudo, que as palavras não podem ser assim tratadas impunemente, pois quando chegamos a Pertisau, junto ao lago Achen, ocorreu, inesperadamente, a catástrofe. Hans estendeu-se ao sol, na margem do lago, e eu, em vez de fazer o mesmo, passeei de um lado para outro. Ele pusera as mãos debaixo da cabeça e ficara de olhos fechados. Fazia calor, o sol estava alto. Pensei que ele tivesse adormecido. Assim não lhe dei maior atenção e andei pela margem do lago, não longe de Hans. A areia branca sob as solas de meus pesados sapatos montanheses, perguntei-me se isso não o teria acordado e o observei. Vi que ele estava de olhos bem abertos e, transido, acompanhava meus movimentos com um ódio tão forte que eu podia senti-lo. Eu não o havia julgado capaz de emoções fortes e era precisamente disso que sentia tanta falta nele. Fiquei assombrado com esse ódio, sem considerar que ele se dirigia contra mim, ou que poderia ter consequências. Fiquei parado na cerca junto ao lago, de modo a poder observá-lo: ele continuou calado e me fitava imóvel, e aos poucos compreendi que ele não podia falar de tanto ódio. Seu silêncio, para mim, era tão novo quanto o sentimento que parecia determiná-lo. Nada fiz contra aquilo, respeitei-o, todas as palavras entre nós estavam invalidadas pelo seu infinito número. Essa situação deve ter durado um bom tempo. Ele estava como que paralisado, mas não seu olhar, cujo efeito se intensificara de tal modo que me lembrei da palavra "assassinato". Andei alguns passos em direção à minha mochila, que estava no chão, ao lado da sua, ergui-a e me afastei antes de afivelá-la. Ele viu que as mochilas agora estavam separadas, libertou-se de sua rigidez, levantou-se e apanhou a sua. Ficou parado na estrada, como se fosse um punhal desembainhado; então, saiu a passos largos. Logo estava descendo o caminho para Jenbach, sem dignar-se a olhar para mim.

Ele andava ligeiro. Eu hesitei até que ele desapareceu de minha vista; então apressei o passo pelo mesmo caminho que ele havia tomado. Em Jenbach eu pretendia tomar o trem para Innsbruck. Logo notei o quanto eu estava aliviado por estar só, completamente só. Entre nós não havia sido pronunciada uma só palavra — uma simples palavra poderia conduzir a outras, mas então seriam logo centenas de milhares de palavras, e só ao imaginá-lo senti uma ânsia de vômito. Portanto ele havia *silenciado*, cortando tudo ao meio. Não tentei descobrir o motivo de seu silêncio. Tampouco me preocupei por ele, pois se afastara com decisão, sem anunciar as razões de seu ato, como costumava fazer, nos mínimos detalhes.

Ao andar apalpei a mochila que levava nas costas; senti que continha o livro e os cadernos. Eu não os havia mostrado a ele, nem mesmo mencionara que os trouxera. Ele sabia que, após a excursão, eu pretendia instalar-me em algum lugar para trabalhar — como eu dissera. Não havíamos discutido se ele, nessa semana, ficaria no mesmo lugar que eu. Talvez ele esperasse, de mim, um convite expresso para ficarmos juntos na segunda semana. Não o fiz. Pertisau terminou a excursão. A montanha Karwendel ficara para trás; o caminho que descia para Jenbach, no vale do Inn, era curto. Lá estava a estação; lá passaria o trem para Innsbruck e, em direção oposta, o trem que o levaria a Viena.

Foi o que aconteceu. Quando atravessei os trilhos em Jenbach eu o vi. Estava parado não longe de mim, esperando na plataforma onde estava anunciado o trem para Viena. Ele me pareceu um pouco indeciso, nem um pouco rígido; a mochila lhe pendia frouxa dos ombros magros, e o bordão montanhês, parecia-me, tinha perdido a ponta. Ele não tentou aproximar--se de minha plataforma. Talvez estivesse me seguindo, mas de modo a ficar oculto por alguns vagões. Sentado em meu trem segui, sem qualquer remorso, em direção a Innsbruck, tendo escapado no último momento do perigo de uma reconciliação. Tudo o que senti por ele foi uma espécie de gratidão por não ter ele estado em *minha* plataforma, onde um confronto dificilmente seria evitado. Só muito mais tarde compreendi que seu verdadeiro infortúnio era que ele próprio criava as distâncias que o separavam dos próximos. Era um construtor de distâncias, este era seu talento, e as construía tão bem que ficava impossível, tanto para os outros como para ele, ultrapassá-las.

Em Innsbruck tomei um trem para Kematen, que ficava na entrada do vale do Sellrain. Lá passei a noite, e no dia seguinte desci para o vale, com a intenção de alugar um quarto em Gries, onde iniciaria a semana de solidão com meus cadernos.

O tempo estava chuvoso, quase tempestuoso, quando parti. Eu andava através de nuvens, a chuva me fustigava o rosto. Era a primeira vez que eu excursionava só, e o início não foi auspicioso. Eu logo estava encharcado, a roupa se grudava em meu corpo. Eu caminhava ligeiro para fugir da tempestade, e logo fiquei sem fôlego. Durante a semana anterior, com sol brilhante, tudo fora fácil demais. Pareceu-me justo que eu tivesse de pagar um preço pela minha solidão. A chuva me escorria pelo rosto, eu bebia as gotas. Só enxergava a poucos passos à minha frente. Às vezes, em alguma casa de camponeses junto ao caminho, eu podia perceber uma tabuleta com uma frase zelosa, que me saudava na tempestade. Tanta devoção convidativa quase parece um escárnio quando se está encharcado até os ossos, e eu me guardava de bater à porta de alguma dessas casas asseadas, enfeitadas com letreiros. Não demorou muito, talvez duas horas, até que alcancei a parte plana do patamar superior do vale. Em Gries, a localidade principal, logo encontrei um quarto na casa de um camponês que era, ao mesmo tempo, o alfaiate do lugar. Fui amavelmente recebido, minhas coisas secaram. À tarde a chuva parou, anunciaram bom tempo para o dia seguinte, e eu pude começar meus preparativos.

Informei a meus hospedeiros que, durante os dez dias que pretendia ficar, eu teria de estudar, dedicando as manhãs ao meu trabalho. Deram-me uma mesinha de dobrar, que eu podia armar no minúsculo jardim junto à casa. Eu me levantava muito cedo e, logo após o café da manhã, sentava-me ao ar livre, munido de lápis, os dois cadernos e o tal livro. Quando comecei, fazia um tempo maravilhoso, fresco e radiante. Não me admirei que meus hospedeiros sacudissem a cabeça, mas sim de mim mesmo, por conseguir abrir, naquele lugar, o livro que me repugnava desde a primeira palavra, e que ainda hoje, passados cinquenta e cinco anos, não me repugna menos: a *Psicologia das massas e análise do ego*, de Freud.

Nele encontrei, primeiro, o que em Freud é típico; citações de autores que se ocuparam da mesma matéria, principalmente Le Bon. Fiquei irritado pela forma como o assunto foi encaminhado. Quase todos esses autores haviam se fechado às massas: estas lhes eram estranhas, ou eles pareciam temê-las. E quando resolveram investigá-las, seu gesto foi: fiquem a dez passos de distância de mim! As massas, para eles, tinham algo de leproso, eram uma espécie de doença, da qual se procurava e descrevia os sintomas. Para eles era decisivo que, quando confrontados com as massas, não perdessem a cabeça, não se deixassem seduzir por elas, não se perdessem nelas. Le Bon, o único que tentou fazer uma descrição detalhada, tinha diante dos olhos os antigos movimentos operários, e provavelmente também a Comuna de Paris. Ele foi influenciado por Taine cuja história da Revolução Francesa o encantou, especialmente a história dos massacres de setembro de 1792. Freud estava sob a impressão repulsiva de outra espécie de massa. Presenciara, em Viena, o entusiasmo pela guerra, como homem maduro de sessenta anos. É compreensível que ele se defendesse contra essa espécie de massa, que eu também conhecera em criança. Mas Freud não dispunha de nenhuma ferramenta útil para seu empreendimento. Durante toda a sua vida estudara os processos nas pessoas, individualmente. Como médico, via pacientes que, durante um longo tratamento, sempre tornavam a aparecer. Sua vida se desenrolava em seu consultório e em sua sala de estudos. Ele participava tão pouco da vida do soldado quanto da vida da igreja. Esses dois fenômenos, exército e igreja, não coincidiam com os conceitos que ele até então havia desenvolvido e aplicado. Freud era sério e consciencioso demais para ignorar seu significado e, nesse estudo tardio, ele tenta compreendê-los. Contudo, faltando-lhe a experiência pessoal, ele procura valer-se da descrição de Le Bon, alimentada por manifestações de massa muito diferentes.

O resultado, mesmo para um leitor inexperiente de vinte anos, parecia pouco satisfatório e incongruente. Embora eu não tivesse qualquer experiência teórica, conhecia a massa por *dentro*. Em Frankfurt eu sucumbira a ela pela primeira vez, sem oferecer resistência. Desde então sempre estive ciente do quanto se *gosta* de sucumbir à massa. Era isso, precisamente, o que me causara tanto espanto. Eu via a massa ao meu redor, mas também via a massa dentro de mim, e uma delimitação explicativa não satisfaria a minha curiosidade. No ensaio de Freud faltava-me, sobretudo, o *reconhecimento* do fenômeno. Este pareceu-me não menos elementar do que a libido e a fome. Eu não pretendia livrar-me do fenômeno, atribuindo-o a uma constelação especial da libido. Pelo contrário, tratava-se de enfocá-lo intensamente, como algo que sempre existiu mas que, agora, existia mais do que antes; uma realidade que devia ser investigada desde o fundo, isto é, que primeiro devia ser experimentada para depois ser descrita e cuja descrição, sem a experiência, seria virtualmente enganosa.

Eu nada ainda havia encontrado, tudo o que aconteceu foi que eu tinha tomado uma decisão. Mas, atrás desse propósito, estava a vontade de dedicar-lhe uma vida inteira, tantos anos e decênios quantos fossem necessários para completar a tarefa. Para demonstrar que o fenômeno era fundamental e iniludível, falei, naquele tempo, de um instinto de massa, que considerei no mesmo nível de importância ao do instinto sexual. Minhas primeiras anotações sobre as investigações de Freud foram tateantes e desajeitadas. Não demonstravam muito mais do que a minha insatisfação com aquilo que eu lia, minha resistência a isso tudo, minha determinação de não me deixar persuadir ou até mesmo lograr. Pois o que eu mais temia era o *desapareci-mento* de coisas, de cuja existência eu não podia duvidar porque eu mesmo as experimentara. As conversas caseiras haviam me demonstrado o quanto se pode ser cego quando se quer ser cego. Comecei a compreender que, com os livros, não havia diferença a esse respeito, que é necessário estar alerta; que é perigoso adiar a crítica para mais tarde, por indolência, acei-tando primeiro aquilo que nos é apresentado.

Assim, durante as dez manhãs em Sellrain, aprendi a ser um leitor alerta. Naquele tempo, de 1º a 10 de agosto de 1925, estabeleci o verdadeiro início de minha vida espiritual indepen-dente. Minha rejeição a Freud veio no começo de meu trabalho no livro que só viria a entregar ao público trinta e cinco anos depois, em 1960.

Naqueles dias conquistei também a minha independência como pessoa. Os dias eram longos e eu estava só. Depois de cinco horas de trabalho durante a manhã, vinha o solilóquio durante o resto do dia. Este ocorria nas excursões de todas as tardes. Eu explorava o vale, subia até Praxmar, e mais além até a altura dos desfiladeiros que davam para os vales vizinhos. Estive duas ou três vezes no alto do Rosskogel, o morro que fica junto a Gries. Eu me sentia feliz pelo esforço, e também por alcançar as metas que eu havia estabelecido, pois essas metas, ao contrário daquela grande, que eu havia fixado num futuro longínquo, *eram* alcançáveis. Eu falava sozinho grande parte do tempo, talvez para articular aquele caos de ódio, rancor e opressão que se havia acumulado em mim durante o último ano, reduzi-lo a palavras, desmembrá-lo, expulsá-lo de mim. Eu o confiava ao ar que me rodeava, onde havia tanto espaço e, também, a claridade e a direção do vento. Dava-me prazer que palavras maldosas fossem levadas pelo vento e sumissem. Não era ridículo, porque elas não chegavam aos ouvidos de ninguém. Mas eu me preocupava em não ser arbitrário; nada eu liberava de mim que não ansiasse por tomar sua forma, após longa opressão. Eu retrucava, com toda a veracidade, a acusações que me haviam ofendido ou amedrontado, sem consideração a algum ouvinte que eu teria de poupar. Libertei todas as respostas que se haviam formado dentro de mim; eram violentas, eram novas e não se atinham a fórmulas feitas.

Meu principal interlocutor em todos esses protestos era aquela que se tornara meu inimigo irreconciliável, que tinha o propósito de arrancar de meu reino terrestre tudo aquilo que ela mesma havia plantado. Assim me pareceu; e foi bom que assim me parecesse pois, se não fosse isso, de onde teria eu tirado a força para me defender e não ser subjugado? Não fui justo; aliás, como poderia eu ser justo? Nesta luta de vida ou morte, não vi aquilo de que eu viria a ser o culpado; não vi que havia muitos anos eu vinha cultivando inimizades, através da aspereza e do rigor cruel de minhas convicções. Não era o tempo da justiça, era o tempo da liberdade. Ali, ninguém podia torcer minhas palavras e cortar-me a respiração.

Ao anoitecer, eu me sentava à taberna e anotava muitas dessas coisas no segundo caderno, aquele destinado às explicações pessoais.

Encontrei esse caderno e o reli. Assustei-me, ao lê-lo após cinquenta e quatro anos. Quanta selvageria, quanto ardor! Encontrei cada uma das frases com que eu fora ameaçado ou ofendido. Nenhuma fora esquecida, nenhuma fora omitida; estavam registradas as coisas mais embaraçosas de que eu fora acusado injustamente. Mas encontrei, também, a réplica a cada uma delas, cuja paixão ultrapassava todos os limites e revelava forças homicidas das quais não me dera conta. Se ficasse só nisso, se eu não tivesse começado, desde então, a tatear ao meu redor em busca de conhecimentos que pudessem servir a essa paixão, o fim teria sido grave e violento e eu não estaria aqui para justificar aqueles dez dias de ódio imenso.

À noite reunia-se na taberna muita gente, camponeses e seus amigos; bebiam e cantavam, mas eu conseguia ficar fora do jogo. Sentava-me com um copo de vinho à minha frente, calava-me e escrevia, eu, um estudante magro, de óculos, pouco simpático, que tinha tudo para fazer os outros esquecerem seu aspecto pouco atraente, fazendo-lhes perguntas e brincando. Mas eu estava ocupado com minhas justificações e, embora estivesse atento a tudo o que se passava ao meu redor, não os deixava perceberem, parecendo tão vivamente absorvido naquilo que escrevia que, finalmente, ninguém mais me prestava atenção. Como tinha à minha frente o moscatel, ninguém ficava melindrado com minha presença. Eu sentia que não devia participar de nenhuma conversa. Isso teria estragado meus solilóquios e debilitado minhas justificações. Para esses homens completamente estranhos, eu não podia ser eu mesmo. O ódio, de que eu estava possuído, teria-lhes parecido um disparate; e eu, absolutamente, não estava disposto a assumir qualquer papel.

Apesar dessas circunstâncias invulgares, fiz algumas amizades. Às seis horas da manhã apareciam sob minha janela algumas crianças. Eram três meninos, o menor com cinco, o maior com oito anos. No primeiro dia eles haviam me visto sentado à minha pequena mesa escrevendo, e isso lhes pareceu tão estranho que me observavam por algum tempo. Finalmente todos, em uníssono, perguntaram meu nome. Gostei tanto deles que lhes disse meu nome de batismo, mas este lhes pareceu inusitado demais. Repetiram-nos duvidando, e sacudiram a cabeça. Com esse nome eu lhes era mais estranho do que antes. Mas o mais velho teve uma ideia salvadora, e declarou aos outros: "É nome de cachorrinho!". A partir desse momento gostaram de mim como se eu fosse um cachorrinho. De manhã eles eram o meu despertador, e me acordavam chamando-me

154

pelo nome. Quando eu me refugiava junto a Freud e ao caderno, eles ficavam por muito tempo enfileirados, mudos, sem me perturbarem. Depois ficavam enfadados e saíam a trote, à procura de cachorrinhos mais divertidos.

À tarde, quando eu partia para meus empreendimentos, eles estavam a postos e me acompanhavam num trecho do caminho. Eu lhes perguntava os nomes de animais e plantas em seu dialeto, ou acerca de seus pais e parentes. Eles sabiam que não podiam afastar-se muito da aldeia e, de repente, ficavam parados, como se estivessem combinados. O que mais gostavam era de que eu lhes acenasse. Uma vez, quando o esqueci, no dia seguinte me repreenderam. Foram eles a minha companhia durante esses dias aparentemente mudos. Em meu estado de exaltação, alimentado por ameaças, maldições e promessas de justificação, nenhuma criatura poderia cativar-me mais do que essas crianças e quando, de manhã, estavam enfileiradas ao lado de minha mesa — não perto demais, para não perturbarem — e observavam como eu escrevia, eu tinha a sensação de que eram uma espécie de merecida bênção.

III. A ESCOLA DO OUVIR —
VIENA 1926-1928

O ASILO

Em meados de agosto voltei a Viena. Não tenho qualquer lembrança do reencontro com minha mãe. A liberdade, que conquistei através do "acerto de contas" nas montanhas, teve um efeito arrasador em mim. Passei a procurar, sem timidez ou sentimento de culpa, a única pessoa que me atraía, a única com quem eu podia falar como queria. Quando eu visitava Veza e conversávamos sobre livros e quadros que apreciávamos, eu nunca esquecia com quanta força e determinação ela conquistara sua liberdade: o quarto, no qual tudo era como ela queria que fosse, no qual ela podia se ocupar das coisas que lhe convinham.

A luta que ela travara fora mais dura do que a minha: o ancião, sempre presente, mesmo que já não se fizesse notar por seus assaltos, era inimigo de todos. Só se importava consigo mesmo. Para não sermos sitiados por ele, tínhamos de sitiá-lo primeiro, sempre o observando. Essas ações eram menos coerentes com a natureza de Veza do que as lutas com minha mãe o eram com meu caráter. As minhas lutas, ao menos, eram lutas genuínas, entre adversários que compreendiam perfeitamente do que se acusavam.

E agora, o asilo que Veza criara para si tornou-se, também, o meu asilo. Eu sempre podia ir lá; minhas visitas nunca eram importunas, sempre eram bem-vindas, sem que constituíssem uma obrigação. Sempre conversávamos sobre alguma coisa que nos excitava. Eu chegava imbuído de alguma coisa, e saía não menos imbuído. Tudo que me preocupava em duas horas estava transformado, como num processo de alquimia: parecia mais puro e mais nítido, mas não menos urgente. Continuaria a me preocupar também nos dias seguintes, mas de uma maneira surpreendentemente nova, até que eu tivesse tantas novas perguntas que estas servissem de motivo para a próxima visita.

Agora conversávamos também sobre tudo aquilo que fora omitido durante minha primeira visita, em maio, por causa de meu impetuoso arrazoado em prol de uma vida interminável para o Rei Lear. Não que eu me queixasse da situação que reinava em minha casa. Eu era orgulhoso demais para contar a Veza a verdade acerca disso. Além do mais, eu me agarrava à imagem que as pessoas tinham de minha mãe, como se essa imagem tivesse a força de retransformá-la naquilo que ela fora. Tinha apenas quarenta anos, ainda era considerada bela; sua erudição se tornara uma lenda entre os que sobre ela estavam informados. Não creio que naquela época ela ainda lesse muita coisa nova mas, como ela nada esquecia, tudo o que havia lido antigamente estava sempre a seu dispor. E, afora as coisas que conhecera por meu intermédio, nas conversas com os outros sempre impressionava por sua distinção e sensatez. Só a mim ela deixava perceber o quanto sua antiga mentalidade se extinguira. Quando a coisa entre nós ficava muito séria, ela afirmava que *eu* a destruíra.

Durante os primeiros meses de minhas visitas a Veza, talvez durante meio ano, eu não mencionei nenhuma dessas coisas. Veza não se importava que eu silenciasse sobre minha mãe. Ela a colocava muito acima de si própria, e só comecei a suspeitar das faculdades que Veza lhe atribuía quando, certa vez, me perguntou, quase acanhada, por que seria que minha mãe nada havia publicado. Tinha a convicção firme de que ela escrevia livros e, quando eu o neguei (embora sua opinião me lisonjeasse), não se deixou convencer e encontrou uma explicação para o segredo que cercava tal trabalho. "Ela nos considera tagarelas. E tem razão. Nós admiramos os grandes livros, e só ficamos falando acerca deles. Ela os *escreve*, e nos despreza tanto que não os menciona a ninguém. Algum dia ficaremos sabendo sob que pseudônimo ela os publica. Então nos envergonharemos por jamais o termos percebido." Eu insisti que isso era impossível, pois teria notado se ela escrevesse. "Ela só o faz quando está só. Nas épocas do sanatório, quando se afasta de vocês. Ela não fica doente de verdade, só quer paz para poder escrever. Você algum dia ficará estarrecido, ao ler os livros de sua mãe!"

Apanhei-me alimentando o desejo de que realmente fosse assim, mas tinha plena certeza de que era impossível. Veza infundia a todas as pessoas a fé nelas mesmas. Conseguiu encher--me de esperança, embora só pela metade, por alguém em quem eu tinha perdido toda a fé. Ela nunca soube o quanto essa fenda, que ela produziu, facilitou a minha deserção. Minha mãe não perdia qualquer oportunidade de me lançar no rosto a minha ingratidão; pintava em cores sombrias seu próprio futuro: não poderia contar com seu filho mais velho, que destruíra a si mesmo, ou ao menos reduzira suas possibilidades de forma tão deplorável que, para ela, tal filho já não existia. Despertava agora em mim a ilusão dos livros que ela escrevia em segredo; quem sabe havia verdade nisso, e assim ela teria um consolo.

O mais importante é que nessas visitas tudo era diferente daquilo que eu conhecera antes. O passado mais recente se dissolvia; eu não tinha história. Noções falsas que se haviam fixado se corrigiam, porém sem luta. Eu não me sentia obrigado a me agarrar a alguma coisa só porque a mesma estava sob ataque.

Veza recitava de cor muitas poesias, sem que com isso se tornasse importuna. Tínhamos uma poesia em comum: "Prometeu", de Goethe. Ela quis ouvi-la de mim, eu a li em voz alta. Ela não me acompanhou recitando-a comigo, o que lhe teria sido fácil; realmente quis ouvi-la. E depois, quando ela disse: "A poesia nada perdeu com a sua leitura", meu contentamento foi enorme. Só então percebi que Veza tinha em mente um poema mais extenso, para o qual quis preparar meu espírito: "The Raven", de Edgar Allan Poe. Por este ela estava obcecada. O poema é muito longo, ela o havia aprendido de cor há bastante tempo, mas recitou-o do começo ao fim. Minha estranheza com essa obsessão não a confundiu (em outras ocasiões ela era extremamente sensível a tudo o que se passava com os outros). Senti que não devia interrompê-la e, quando tive ânsias de exclamar "Chega!", receei que ela nunca mais me convidaria se eu cedesse a esse impulso. Assim escutei "The Raven" até o fim, e eu próprio fiquei cativado. O corvo me penetrou nos nervos e comecei a me mover no ritmo do poema. Quando ela terminou e eu continuei no mesmo ritmo, ela disse alegre: "Agora você também foi agarrado. Foi o que aconteceu comigo na primeira vez. Sempre devemos pronunciar os poemas em voz alta, e não apenas lê-los em silêncio".

Logo a conversa recaiu, naturalmente, em Karl Kraus. Ela me perguntou por que eu a evitava durante as conferências. Achava que sabia o motivo e que, se estivesse certa, teria de respeitá-lo. É que eu ficava tão comovida, disse ela, que não queria falar com ninguém. Queria levar tudo comigo intacto, sem quaisquer comentários. Disse que também gostava de ir só, mas depois preferia trocar impressões, em vez de ficar em silêncio. Que não se podia concordar com tudo o que lá diziam. Sentia o maior respeito por Karl Kraus, mas não permitia que ele determinasse o que se podia ou o que não se podia ler. Ela me mostrou as *Situações francesas*, de Heine. Perguntou-me se o conhecia. Disse que era um dos livros mais divertidos e mais sensatos. Que ela o lera havia três anos, após uma viagem a Paris, e agora o estava lendo pela segunda vez.

Recusei-me a tomar o livro na mão. A ninguém Karl Kraus ridicularizara mais do que a Heine. Não acreditei nela, pensei que quisesse fazer uma brincadeira comigo, e até mesmo a brincadeira me assustou. Mas ela insistiu em me demonstrar a sua independência. Segurou o título debaixo de meu nariz, leu-o em voz alta, folheou o livro à minha frente, e disse: "Você está vendo?". "Mas você não leu isto! Já é bastante desagradável que você o tenha em casa!" "Tenho toda a obra de Heine, veja!" Ela abriu a porta de um dos armários, que continha seus livros prediletos, "são os livros sem os quais eu não gostaria de viver", disse ela; e lá estavam, embora não acima de todos, as obras completas de Heine. Depois desse golpe, que me desferiu com prazer, ela me mostrou aquilo que eu esperava encontrar: Goethe, Shakespeare, Molière; *Don Juan* de Byron, *Les Misé-*

rables de Victor Hugo, *Tom Jones*, *Feira das vaidades*, *Ana Karenina*, *Madame Bovary*, *O idiota*, *Os irmãos Karamazov*, e uma das leituras que ela mais adorava, os *Diários* de Hebbel. Isso não foi tudo, foi só o que ela escolheu, o mais importante. Os romances significavam muito para ela; os que ela me mostrou haviam sido lidos e relidos muitas vezes, e, com estes, também ela me mostrou sua independência de Karl Kraus. "Ele não se interessa por romances. Também não se interessa por pinturas. Ele não se interessa por nada que possa diminuir a sua ira. Isto é magnífico. Mas não se pode imitar. A ira tem que estar *dentro* da gente, não se pode tomá-la por empréstimo."

Essas palavras tinham um tom perfeitamente natural mas, mesmo assim, para mim foi um choque. Imaginei Veza à minha frente, na primeira fila do auditório de Karl Kraus, reluzente e cheia de expectativa. E, no entanto, pouco antes ela talvez tivesse lido Heine, tivesse lido *Situações francesas*. Como ousava aproximar-se dele assim? Cada uma de suas frases era um desafio e, quem não o aceitasse, nada tinha a fazer ali. Havia um ano e meio eu assistia a cada uma de suas conferências, e estava delas imbuído como de uma Bíblia. Eu não duvidada de nenhuma de suas palavras. Jamais, sob quaisquer circunstâncias, teria agido contra ele. Era ele a minha convicção. Era ele a minha força. Sem pensar nele, eu não teria suportado as idiotas artes culinárias do laboratório por um dia sequer. Quando ele lia trechos dos *Últimos dias da humanidade*, para mim povoava Viena. Eu só ouvia a sua voz. Poderia haver outras? Só nele encontrávamos a justiça — não, não encontrávamos a justiça, ele *era* a justiça. Bastaria que ele franzisse a testa para que eu rompesse com meu melhor amigo. Um gesto seu, e eu me jogaria na fogueira.

Foi o que eu disse a ela, tinha que dizê-lo, e disse mais ainda, disse tudo. Fui tomado por um tremendo despudor, que me obrigou a pôr para fora meus mais secretos sentimentos servis. Ela escutou sem me interromper, escutou-me até o fim. Eu me tornava cada vez mais veemente; ela, muito séria, de repente segurou uma Bíblia na mão — não sei onde a apanhou — e disse: *"Esta* é a minha Bíblia!".

Senti que ela queria se justificar. Não que fosse contra a incondicionalidade com que eu me professava por meu Deus. Mas, embora ela realmente não fosse religiosa, tomava mais a sério do que eu a palavra "Deus", e não admitia que nenhum ser humano se arrogasse o direito de tornar-se Deus. A Bíblia era o livro que ela lia com mais frequência. Gostava das histórias, dos salmos, dos provérbios, dos profetas. Acima de tudo, gostava do "Cântico dos cânticos". Conhecia bem a Bíblia, mas nunca a citava. Com ela não importunava ninguém; mas, no fundo, media por ela a literatura, e também media o comportamento das pessoas pelas exigências da Bíblia.

É um quadro desbotado o que estou pintando de Veza, ao mencionar o conteúdo intelectual de sua vida. Os títulos de livros famosos, quando enfileirados, soam como conceitos. Deveria se tomar *uma* só figura, e descrevê-la assim como surge aos poucos de seus lábios, para dar uma ideia da vida florescente e que tal figura existe dentro de Veza. Nenhuma delas se formou de repente, formou-se de muitas palestras. Só após várias visitas tinha-se a sensação de que realmente se conhecia uma figura à qual Veza se referia; já não se aguardavam surpresas, suas reações estavam definidas, podia-se confiar nelas. E o mistério da figura se dissolvia completamente no de Veza.

Desde meu décimo ano de vida eu tinha a impressão de consistir em muitas figuras. Mas era um sentimento vago; eu não poderia dizer qual delas falava de dentro de mim, e porque uma substituía a outra. Era um rio de muitas formas que, com toda a determinação das novas exigências e convicções, jamais secava. Eu tinha o desejo e a capacidade de me deixar inteiramente entregue a esse rio; mas não o *via*. Em Veza, conheci uma pessoa que, para sua própria multiplicidade, encontrara e se entranhara de figuras da grande literatura. Ela as implantara em si; as figuras prosperaram dentro dela. E agora Veza as tinha à sua disposição sempre que as queria. O que mais me admirava era a clareza e a definição, o fato de que nada se misturasse com o acidental, com aquilo que não era pertinente de fato. Havia uma consciência, como se aquelas figuras tivessem sido tiradas de uma superior tábua da lei. Lá estavam inscritas todas elas, as figuras puras, cada uma delas nitidamente delimitada, saltando aos olhos, não menos vivas do que nós próprios, determinadas apenas por sua veracidade, e que nenhuma condenação extinguiria.

Era um espetáculo excitante observar Veza quando ela se movia devagar por entre suas figuras. Eram o seu apoio contra Karl Kraus. Ele jamais teria conseguido tocar nelas; era a liberdade de Veza. *Ela* jamais foi escrava de Karl Kraus. Foi sua generosidade que me deixou aproximar-me quando a procurei agrilhoado. Mas havia uma coisa que se sentia muito mais vivamente do que sua riqueza contida: o seu mistério.

O mistério de Veza estava em seu sorriso. Veza tinha noção disso e o evocava; mas, depois de evocado, ela não podia extingui-lo: permanecia, e era então como se fosse seu verdadeiro semblante, cuja beleza enganava enquanto não surgia o sorriso. Às vezes ela cerrava os olhos ao sorrir; os cílios negros roçavam suas faces. Então era como se Veza se contemplasse por dentro, tendo por luz seu sorriso. A maneira como se parecia a si mesma era seu segredo; embora silenciasse, não nos sentíamos excluídos dela. Seu sorriso, um arco resplandecente, se estendia dela até o observador. Nada é mais irresistível do que a tentação de invadir o espaço interno de uma pessoa. Quando se trata de alguém que sabe muito bem formular suas palavras, seu silêncio aumenta a tentação ao máximo. Então se ousa buscar suas palavras e se espera encontrá-las atrás daquele sorriso, onde aguardam o visitante.

As barreiras de Veza não podiam ser superadas, pois estavam impregnadas de tristeza. Sua tristeza se nutria constantemente; ela era sensível a toda dor, se fosse a dor de outrem. Ela sofria as humilhações dos outros como se as tivesse experimentado pessoalmente. E não ficava só na compaixão, mas cumulava tal pessoa de elogios e presentes.

Veza ainda sofria sob tal dor, quando o ofendido já havia muito tempo se acalmara. Sua tristeza era profunda: continha e conservava tudo o que era injusto. Seu orgulho era enorme, e seria fácil ofendê-la. Mas ela concedia a todos a mesma suscetibilidade e, em sua imaginação, estava cercada de pessoas sensíveis que necessitavam de sua proteção, e as quais ela jamais esquecia.

A POMBA DA PAZ

É espantoso o que dez dias de liberdade podem fazer por alguém. Aqueles dias, de 1º a 10 de agosto de 1925, quando estive completamente só, quando demarquei minha linha divisória com Freud, mas também me justifiquei das acusações de minha mãe — sem que ela o soubesse, com o que obtive uma satisfação mais severa, mais dura, mais válida do que se outro, além de mim, dela participasse —, quando primeiro falei ao vento, durante o dia, aquilo que eu à noite escreveria, esse curto prazo de liberdade, do qual me nutri pelo resto da vida, ficou-me presente para sempre. Eu sempre me referia a ele, seja lá o que acontecesse.

Então, enquanto eu escrevia minhas acusações, em palavras tão violentas que hoje me assustam, aparecia-me — sem propósito, segundo eu pensava — um semblante cujo sorriso me fizera falta, que agora não sorria, mas falava grave e resolutamente de uma guerra que havia empreendido. O semblante era de Veza. Falava da *sua* liberdade. Aquele ancião magro, que eu então só conhecia através de terríveis palavras acerca dele — palavras que eram tanto mais horríveis por não serem esperadas da boca de Veza — o ancião magro havia *perdido* a guerra contra ela. Por mais que eu tentasse expurgar a estranha imagem do velho, as palavras continuavam vindo da boca de Veza, dando-me forças para meu próprio empreendimento. Na luta pela liberdade, naqueles dez dias, ela tomou parte através de sua própria luta. Se, após minha volta, me senti atraído por ela, se iniciei com ela uma conversa inesgotável, sempre tornando a visitá-la, se essa conversa tomou o lugar de outra mais antiga, que degenerara numa luta pelo poder, e agora estava aniquilada, — isso não poderia surpreender a ninguém; só deixou consternada a única pessoa que saiu perdendo: minha mãe.

Em setembro ela estava de volta, numa atmosfera diferente. Ainda ficamos juntos, na Radetzkystrasse, por dois meses. A fogueira que nos havia aquecido estava extinta. Meu ataque, em julho, a havia assustado. O veredicto do médico então fora contra ela. Ela não me agrediu, nada me prescreveu. Eu não a criticava, porque podia falar com Veza. Eu não mantinha segredo das visitas que fazia e falava com toda a franqueza das preferências literárias de Veza, embora omitindo alguns detalhes. Talvez eu fosse franco demais ao elogiar a erudição, o bom gosto, a opinião de Veza. Tudo foi aceito, por enquanto, sem qualquer reação direta. Minha mãe, entretanto, mostrava- -se muito aborrecida pelos distúrbios durante as refeições. Quando Johnnie Ring, movido pela necessidade, saía de seu quartinho e se esgueirava por trás da cadeira de minha mãe, ela torcia a cara cheia de repugnância, e não retribuía sua saudação. Na volta ele começava a gaguejar, tão desagradável era-lhe o silêncio; as gentilezas ficavam-lhe atravessadas na garganta. Ela continuava calada, até que ele fechasse atrás de si a porta de seu quartinho.

Mas então ela começava a desfiar acusações contra Viena, esse poço de pecados, onde nada dava certo. Durante a manhã as pessoas ficavam na cama, ou eram estetas que só tagarela- vam sobre livros. À plena luz do dia elas se perfilavam diante de quadros nos museus, vagabundos sem-vergonha. Tudo dava no mesmo, ninguém queria trabalhar e depois ainda ficavam surpresos com o desemprego, quando não havia homens que queriam enfrentar a vida. E se fosse apenas um poço de pecados não, Viena também se tornara uma cidade provinciana. Em todo o mundo ninguém mais dava atenção ao que acontecia em Viena, e era suficiente mencionar esse nome para que as pessoas torcessem a cara com desprezo. Até mesmo Karl Kraus (com quem, em outras ocasiões, ela nada queria ter a ver) era citado como testemunha da mediocridade de Viena. Este sabia de que estava falando, este conhecia sua gente, que continuava acorrendo a ele para rir de seus próprios pecados. Antigamente, na época áurea do Burgtheater, tudo era diferente, Viena ainda era uma cidade que contava. Talvez o *kaiser* tivesse mesmo a ver com isso, por mais que falassem dele, era um homem que tinha o senso do dever. Com sua idade avançada, dia após dia ele se dedicava aos papéis de Estado. Mas agora? Conhecia-se uma única pessoa que não pensasse, em primeiro lugar, em se divertir? Numa cidade como esta, quem poderia educar os jovens, transformando-os em homens? Não havia qualquer esperança. Em Paris, sim, em Paris seria diferente!

Tive a sensação de que esse súbito ódio de Viena valia para determinada pessoa, cujo nome ela não mencionava. Tive minhas suspeitas, embora ela tivesse o cuidado de poupar a mim próprio de quaisquer acusações. O fato de que ela, pela primeira vez, incluía as visitas aos museus no rol de pecados, fazendo objeções à contemplação dos quadros, pareceu-me suspeito. Não havia quem mencionasse Veza sem compará-la a algum quadro, e como eram evocados os quadros mais diversos, estes já constituíam um pequeno museu. De repente, num de seus furiosos ataques a Viena, haveria de surgir o nome de Veza. O que eu faria? Na primeira ofensa a *esta* pessoa, eu deixaria a casa para sempre.

Mas, antes que chegássemos a esse ponto, minha mãe retirou-se, no começo do inverno, para Menton, na Riviera, de onde me escrevia cartas suplicantes. Nelas relatava seu abandono entre as pessoas, que no hotel não gostavam dela, que desconfiavam dela. As mulheres temiam seus olhares, especialmente quando estavam com seus maridos no salão de jantar. Com isso ela me impressionou, pois nesses relatos havia algo de seu antigo vigor. A isso ela juntava detalhes minuciosos de toda a espécie de males físicos. Embora eu, desde Arosa, conhecesse a natureza muitas vezes fictícia desses relatos, não deixava de levá-los a sério. Suas cartas sempre acabavam no ponto culminante, para onde tudo conduzia, suas explosões de ódio, de tal cegueira e ferocidade, que comecei a temer pela vida de Veza.

Agora, nas cartas, minha mãe mencionava o nome de Veza abertamente. Atribuía-lhe os motivos mais mesquinhos e, incontida, dizia dela as coisas mais abomináveis. Que ela descobrira meu lado fraco, o amor pelos livros, e o aproveitava descaradamente, não falando comigo de outra coisa; que era uma mulher sem nada para fazer, e podia permitir-se uma vida de esteta. Se isso lhe causava asco, era problema dela, mas era um crime que envolvesse nisso um jovem que estava se preparando para a luta pela vida. Que ela o fazia por mera vaidade, escrevia minha mãe, apenas para capturar em sua rede uma nova vítima, pois o que poderia significar para uma mulher, com sua experiência, um ser jovem e ridículo como eu? Eu teria um despertar amargo, quando Veza decidisse que chegara a vez do homem seguinte. Escrevia minha mãe que, com minha inocência e ingenuidade, sempre pensava em mim com grande preocupação. Que estava decidida a me salvar. Sair, sair de Viena! Nesse poço de pecados, de Johnnies e de Vezas — não era por acaso que eles eram primos —, nada tínhamos a fazer.

Minha mãe, nas cartas, dizia ainda que tencionava mudar-se para Paris com meus irmãos. Lá eles frequentariam a escola e, mais tarde, a faculdade. Era claro que ela e eu não poderíamos continuar vivendo juntos. Com vinte e um anos eu teria de seguir meu próprio caminho. Mas havia muitas cidades, na Alemanha por exemplo, onde o ar não estava poluído por estetas, e eu poderia continuar meus estudos. Já não temia que eu desistisse da química, depois de tê-la suportado por dois anos. O que ela temia era Viena, onde eu me arruinaria. Que eu não pensasse que Veza era a única; em Viena havia milhares iguais a ela, mulheres inescrupulosas, sensuais, que, para satisfazer sua vaidade, não se acanhavam em separar mães e filhos, jogando estes ao ferro velho, logo que estavam fartas deles. Dizia que conhecia inúmeros casos como este. Nunca me falara deles para não me desiludir das mulheres, mas agora era tempo que eu soubesse como andavam as coisas pelo mundo — bem diferentes do que constava nos livros.

Enquanto minha mãe ficou em Menton, até meados de março, respondi suas cartas. Eu sabia que lá ela estava só, e preocupei-me com suas queixas de que era olhada com desconfiança por todos os lados. As ofensas a Veza, que ocupavam metade de suas cartas, atingiram-me muito. Temia que elas pudessem intensificar-se ao ponto de provocar uma agressão física, e empreendi a tentativa pouco auspiciosa de fazê-la mudar de opinião. Relatei-lhe outras coisas que aconteciam em Viena, das discussões que eu tinha com minha vizinha no laboratório, uma imigrante russa que eu via com agrado; de um anão que havia surgido e, à sua maneira ruidosa e decidida, dominado todo o laboratório; de cada uma das conferências de Karl Kraus — pois agora ela o havia reconhecido oficialmente como desdenhador de Viena e já não podia virar o nariz quando se falava nele. Em cada uma de minhas cartas eu deixava bem claro que estava decidido a ficar em Viena. Refutei suas agressões a Veza e tratei de não levá-las muito a sério. Algumas vezes, não com muita frequência, lhe escrevi com indignação, confessando-me profundamente ofendido, o que, aliás, era um fato o tempo todo. Então ela ficava mais razoável e sofreava seu ódio, às vezes por uma semana. Após duas cartas tudo recomeçava, e eu voltava à mesma situação de antes.

O estado de minha mãe me deixava apreensivo, mas muito mais apreensivo eu estava por Veza. Conhecia sua sensibilidade; ela se sentia culpada por tudo o que acontecia ao seu redor, e por muitas outras coisas mais. Se tivesse a menor ideia daquilo que minha mãe pensava e escrevia a seu respeito, ela se afastaria de mim, e deixaria de me receber sob qualquer circunstância. Enquanto ela não sabia uma palavra daquilo, tudo ia bem: Todas as semanas uma carta de Menton me perturbava: fiz arranjos para não visitá-la em tais dias, para que ela não percebesse a minha perturbação.

Havíamos desocupado nossa moradia no começo do ano; meus dois irmãos ficaram com uma família e eu aluguei um quarto. Em março, minha mãe viajou a Paris, onde moravam parentes e muitos conhecidos seus. Tomou providências para efetuar a mudança no verão seguinte. Anunciou sua vinda a Viena para fim de maio. Pretendia ficar um mês, para ver como andavam as coisas. Após meio ano, já era tempo de novamente *conversarmos*.

Assustei-me quando soube de sua vinda iminente. Agora o caso se tornava sério, eu tinha de proteger Veza de minha mãe a qualquer preço, elas não poderiam se encontrar de modo algum. Veza também não poderia saber do ódio que minha mãe lhe tinha, pois ficaria perturbada, e todo o nosso relacionamento se alteraria. Minha atitude perante minha mãe só poderia ser decidida quando ela viesse. Ela queria hospedar-se numa pensão atrás da Ópera, portanto não em Leopoldstadt, e assim um encontro casual entre as duas não era provável. Eu ainda tinha tempo para preparar o espírito de Veza. Eu não lhe contaria mais do que fosse absolutamente necessário, apenas o suficiente para que ela atendesse ao meu desejo e evitasse minha mãe, nada mais.

Assim confessei a Veza que minha mãe gostaria que eu saísse de Viena. Haviam-na convencido que para mim seria melhor frequentar uma das grandes universidades da Alemanha, estudando com um químico afamado em todo o mundo, e com o qual eu tentaria meu doutorado. Em Viena atualmente não haveria um homem de tão altas qualificações. Minha posterior carreira de químico dependeria em grande parte desse doutorado. Ela achava que mais tarde eu poderia voltar a Viena, nada havia sido resolvido quanto ao futuro. Contudo, minha mãe teria notado, naturalmente, que havia algo me retendo em Viena. Eu lhe escrevera que não queria sair de Viena, em caso algum. Ela vinha, agora, decidida a fazer uma última tentativa, e faria de tudo para me convencer. Ela não o conseguiria, a química me era de todo indiferente, eu não pretendia exercer essa profissão. Veza sabia melhor do que ninguém o que eu queria ser, e o que eu seria em quaisquer circunstâncias.

Então, por que estaria eu tão alarmado? perguntou ela. Se eu não quisesse sair, ninguém poderia me obrigar.

"Não é isto", disse eu, "você não conhece bastante a minha mãe. Quando ela quer alguma coisa, usa de todos os meios para consegui-lo. Ela visitará *você*, e falará sobre isso com *você*. Ela a convencerá que é melhor para mim que eu saia de Viena. Ela levará você ao ponto de me aconselhar a partir. Isto eu nunca poderia perdoar a você. Ela nos separará. Tenho o maior receio de que ela fale com você."

"Nunca. Nunca. Nunca. Ela não o conseguirá!"

"Mas o medo não me larga, e não terei um minuto de sossego enquanto ela estiver aqui. Já agora eu fico trêmulo, só ao pensar em sua vinda. Você própria tem na mais alta conta seus dotes intelectuais, sua força de vontade. Você não tem ideia do que ela é capaz de preparar. Eu também não, são coisas que ela decide na hora e, de repente, estamos convencidos de que ela tem toda a razão, e lhe prometemos tudo, e o que — o que então será de nós?"

"Eu não a receberei. Prometo. Juro. Então nada poderá acontecer. Assim você se acalmará?"

"Sim, sim, então sim, mas só assim."

Pedi a Veza que não atendesse a nenhum telefonema de minha mãe, não abrisse nenhuma carta sua, que a evitasse, com esperteza e discrição. Além disso, minha mãe moraria no Primeiro Distrito, não seria difícil evitar um encontro. Mas se, contra toda a expectativa, recebesse uma carta de minha mãe, deveria entregá-la a mim, fechada. Fiquei esperançoso quando percebi que Veza logo acreditou em mim. Não só me entregaria uma carta de minha mãe fechada, como também não a leria depois de mim, se eu assim o desejasse, e jamais a responderia.

Minha mãe chegou, e já em nossa primeira conversa percebi que ela também empenhava-se em evitar um confronto com Veza: queria conservar absolutamente intacto o quadro repugnante que havia feito de sua "inimiga". Sentia que tal quadro se dissolveria sem deixar traços, se ela chegasse a ver Veza em carne e osso, uma vez que fosse. Deduzira de minhas cartas, as quais relera todas em Paris, uma após a outra, que em caso algum eu sairia logo de Viena. Pensou que eu dava importância maior ainda a Karl Kraus do que a Veza. Em Menton, onde se sentira excluída por não ter conhecidos, ela achara natural que eu me encontrasse com Veza todos os dias. Em Paris, onde tinha parentes e muitos conhecidos, ela já não tinha tanta certeza disso. Sua desconfiança se ramificara, ficara mais sutil, lia nas

169

cartas muitas coisas que antes não havia notado. Eu lhe havia escrito sobre minha vizinha no laboratório, a qual me fazia lembrar Dostoiévski. Era um verdadeiro deleite falar com ela acerca do escritor; por esse motivo eu até mesmo gostava de ir ao laboratório. Agora chamou a atenção de minha mãe a expressão "verdadeiro deleite" que, em Menton, quando recebeu a carta, nem sequer havia notado. Lembrou-se que eu passava o dia todo no laboratório. Durante aqueles longos e aborrecidos procedimentos que faziam parte da análise quantitativa, o tempo para conversar era interminável.

"Você costuma se encontrar com Eva", perguntou ela então, "aquela sua russa do laboratório?"

"Claro que sim, quase sempre almoçamos juntos. Você sabe, quando por acaso estamos conversando sobre Ivan Karamazov, que ela odeia, não podemos parar sem mais nem menos. Então vamos almoçar juntos na taberna Regina e continuamos a conversar. Depois voltamos ao Instituto pela Wahringerstrasse, sem pararmos de falar por um momento, e logo estamos de novo diante de nossos tubos de ensaio. E então, de que você acha que conversamos?"

"Sobre Ivan Karamazov! Pode-se imaginar! Ela naturalmente é toda a favor de Aliocha. Eu estou começando a entender Ivan, há alguns anos o considero o mais interessante dos irmãos."

Ela ficou tão contente com a existência dessa colega, que começou a participar de uma conversa sobre personagens literários como nos velhos tempos. Lembrou-se de minha icterícia na Radetzkystrasse, havia mais de um ano. Era a única coisa de que eu gostava de me lembrar; fiquei de cama durante algumas semanas e li todo Dostoiévski, todos aqueles volumes vermelhos, do começo ao fim. "Então você até mesmo deve ser grato à sua icterícia", disse ela, "pois sem ela você agora não poderia fazer boa figura diante de sua Eva." O vocábulo "sua" me deu uma pontada, como se minha mãe me pusesse a moça nos braços com suas próprias mãos. Eu realmente gostava dela, o que provocara um conflito em mim. Mas isso eu deixei passar,

170

num momento de astúcia, pois senti com quanta atenção ela me observava. Cheguei mesmo a dizer:

"Sim, é verdade. É uma conversa maravilhosa. Ela *vive* Dostoiévski, e toma tudo muito a sério. Em todo o laboratório não há mais ninguém com quem ela possa falar acerca dele."

Logo que entre nós tornou a existir a literatura, voltei a gostar de minha mãe. Contudo, não se podia ignorar qual era a sua intenção ao dar esse rumo à conversa. Havia algo que ela queria descobrir, queria saber qual a importância de minha atraente colega, em comparação com outra mulher. Significava ela algo para mim? Voltou a Dostoiévski, para indagar se Eva, minha colega, tinha algo em comum com os personagens femininos de Dostoiévski. Isso já soava como o prenúncio de novos aborrecimentos, mas pude tranquilizá-la, pois o que ocorria era exatamente o oposto. Eva era uma pessoa excepcionalmente sensata, seu verdadeiro talento era a matemática; conhecia mais de físico-química do que qualquer de seus colegas masculinos. Tinha uma vida sentimental muito rica — o que se opunha à sua inclinação intelectual — mas seus sentimentos *mantinham* sua direção. Qualquer reversão para o contrário, em que minha mãe tinha pensado ao fazer a pergunta, parecia-lhe estranha.

"Você tem tanta certeza assim?", disse minha mãe, "podemos nos enganar terrivelmente. Antigamente você teria imaginado que algum dia me odiasse?"

Não fiz caso dessa sua primeira observação agressiva desde que chegara a Viena, e preferi ater-me ao tema efetivo de nossa conversa.

"É claro que tenho certeza", disse eu, "dia após dia passo muitas horas com ela. E isto há quase um ano. Você pensa que existe qualquer coisa sobre o que ainda não tivéssemos falado?"

"Pensei que fosse só Dostoiévski."

"Em geral sim, é de que mais gostamos de falar. Você pode imaginar melhor maneira de conhecer uma pessoa do que conversando com ela sobre *tudo* o que acontece em Dostoiévski?"

Ambos nos agarramos a essa pomba de paz. Eva Reichmann teria ficado surpresa se soubesse qual o papel que minha mãe lhe reservava. Não teria sido de seu agrado servir assim de tema de conversa quando, o que realmente queríamos, era evitar o outro tópico. Eu, porém, nada disse sobre Eva que não correspondesse à minha opinião e, através de minhas palavras, ela se tornou cada vez mais cara para mim. Embora minha mãe não falasse nela com tanta insistência, não senti qualquer aversão por Eva. Era, verdadeiramente, a nossa pomba da paz. Depois da ausência de minha mãe durante meio ano, e após a nossa aventurosa troca de correspondência, eu contava com um embate violento. Sentia-se nitidamente que ambos *descarregávamos* nossa aversão e nosso receio.

"Revenous à nos moutons", disse minha mãe de repente. Era uma expressão à qual se afeiçoara, e que durante os últimos anos de nossa luta não usara sequer *uma vez*. "Deve saber o que pretendo fazer." A mudança para Paris estava marcada para o verão. Seria, para ela, um período fatigante. Para poder suportá-lo, ela queria antes submeter-se a um tratamento, e isso em Bad Gleichenburg, como no ano passado, pois lhe fizera bem. Perguntou-me se eu, durante esse tempo, tomaria conta de meus irmãos. Eles precisariam de férias de verdade, pois logo depois teriam de enfrentar as dificuldades, acostumarem--se às suas novas escolas na França, e isso em classes bastante avançadas, já não muito distantes do *bachot*, a graduação no liceu francês. Minha mãe sugeriu que viajássemos juntos, os três, para Salzkammergut, o que a tranquilizaria muito, e eu prestaria a ela e a meus irmãos um verdadeiro favor.

Percebi qual era a sua intenção e concordei, sem vacilar. Disse que nada me daria maior prazer. Depois, eu talvez não visse meus irmãos por um ano. Eu próprio, afinal, também gostaria de passar as férias em algum lugar. Encontraríamos um sítio aprazível para nós. Ela pasmou. Senti a pergunta que pairava em seus lábios. Ela não a pronunciou. Eu quase o teria feito por ela. Chegamos a uma espécie de acordo. Ela disse: "Você por acaso tem outros planos para o verão?". Eu disse: "Que outros planos teria eu para o verão?".

Ela poderia ter dado fim à nossa conversa, o que teria sido

bom para ambas as partes. Minha única preocupação, que pesava toneladas, era que ela pudesse ofender e ameaçar Veza. E até agora esta não fora mencionada sequer uma *única* vez. Mas, o que aconteceria em nossas próximas conversas, durante as quatro semanas, ou mais, que ela passaria em Viena? Era um tempo longo. Eu queria me precaver, para que nada depois viesse me surpreender. Eu me sentiria bem depois que não houvesse mais dúvidas. Estava, ainda, sob a agradável impressão de nossa conversa sobre minha colega. Estaria eu com o diabo no corpo, ou era mesmo o receio quanto a Veza? Eu disse: "Você sabe, Eva, minha colega, me perguntou se no verão eu iria às montanhas. Não lhe dei uma resposta definitiva. Você faria objeções a que ela fosse para a mesma região? Não para o mesmo lugar, é claro, mas a uma distância de talvez uma hora. Então poderíamos empreender excursões juntos. Ela certamente teria boa influência sobre os meninos. Eu só a veria de vez em quando, talvez uma ou duas vezes por semana, e o resto do tempo dedicaria inteiramente aos meninos".

Essa proposta a entusiasmou. "Por que não a verá com mais frequência? Então você tinha, mesmo, planos para o verão. Fico muito contente por você ter me contado. As duas coisas se conciliam maravilhosamente. Ela com certeza é uma pessoa distinta. Não se pode censurá-la por ter perguntado primeiro. Isso antigamente seria inimaginável. Mas hoje as mulheres são assim mesmo."

"Não, não", disse eu. "Você está tirando conclusões erradas. Na realidade nada existe entre nós."

"O que não é, ainda pode acontecer", disse ela. Ela não estava sendo muito discreta, jamais eu a vira assim. O que não faria ela para me afastar de Veza? Mas eu, com a ideia súbita que tive, encontrei a única possibilidade de proteger Veza. Eu precisava falar de outras mulheres. Dessa vez, quem me ajudou foi uma colega que, por acaso, trabalhava ao meu lado, no laboratório. Eu realmente gostava dela e foi indecoroso de minha parte alimentar em minha mãe a ideia de que Eva era minha namorada, ou poderia vir a sê-lo. Mesmo que eu depois pusesse

Eva a par da situação e ela, prestativa e compreensiva como era, concordasse com meu procedimento — a coisa não deixou de ser embaraçosa. Mas já estava feito, e isso me deu a ideia de que tinha de ser feita outra coisa: eu precisava *inventar* mulheres, entretendo minha mãe com histórias sobre as mesmas. Ela nunca mais deveria receber informações sobre minhas relações com Veza. Minha mãe estaria longe, em Paris; Veza estaria em Viena, e eu teria salvo Veza de todas as coisas horríveis que minha mãe lhe poderia infringir.

FRAU WEINREB E O CARRASCO

Frau Weinreb, da qual aluguei, na Haidgasse, um belo e espaçoso quarto, era a viúva de um jornalista que morrera em idade muito avançada. Bem mais jovem do que ele, ela lhe sobrevivia havia muito tempo. Seus retratos estavam distribuídos por toda a moradia, um senhor com ar patriarcal e de simpática barba. A mulher, com um moreno rosto canino, sempre falava com devoção de seu marido, como se este, mesmo falecido, lhe fosse imensamente superior, tanto intelectual como moralmente, e transferia uma pequena parte dessa devoção aos estudantes. Cada um deles poderia ser um futuro *Herr* dr. Weinreb; era como ela sempre chamava seu marido, de *Herr* e doutor. Nas fotografias de grupo com seus colegas, diante das quais eu tive de ficar perfilado por algum tempo, ele se destacava não só por sua barba, mas também por sua posição central. Ela raramente dizia "meu marido"; mesmo passados tantos anos de sua morte, continuava empolgada pela honra desse casamento e, se alguma vez a expressão escapava de sua boca, ela se interrompia assustada, como se tivesse pronunciado uma blasfêmia, hesitava um pouco e, então, acrescentava, como que extasiada, o nome com o título, "*Herr* dr. Weinreb". Ela deve tê-lo chamado assim por muito tempo, antes de se casarem, e talvez continuasse depois de casados.

Fui informado desse quarto por um casal amigo, cujo filho o ocupara durante um ano. Aquilo acabara mal, depois contarei por quê. O jovem acanhado, conhecido por sua meiguice, se deparara com uma situação penosa, tendo até mesmo sido levado às barras do tribunal. Eu fora prevenido, não contra a viúva, mas contra duas outras moradoras. Esperava encontrar uma espécie de antro do vício. Mas queria morar nessa zona, nem perto demais nem longe demais de Veza; e assim a Haidgasse, que era uma lateral da Taborstrasse, me convinha — não era um satélite da Praterstrasse, cujos arredores então dominavam minha vida, mas ficava próxima. Quando vim ver o quarto, fiquei surpreso com a limpeza e a ordem da moradia, que não poderia ser mais burguesa. Em toda parte o retrato do venerando ancião e, diante de cada um deles, a panegírica viúva. Também o quarto que eu habitaria não estava livre dele; suas paredes, contudo, o ostentavam com menos frequência, três ou quatro vezes ao todo. *Frau* Weinreb disse que preferia um inquilino estudante. Meu predecessor fora funcionário de banco e, embora ganhasse seu próprio dinheiro e fosse independente de sua mãe, ganhava pouco e não se poderia esperar muito de quem não estudava. *Frau* Weinreb acautelou-se, entretanto, de dizer mais sobre ele, apenas o mencionou porque fora o último a ocupar o quarto, que desde então ficara vazio, mas ela não tomou partido nem a favor nem contra ele. Sua governanta, que fora a autora do processo contra o jovem, estava ao lado, na cozinha. Todas as portas estavam abertas, e *Frau* Weinreb nada dizia sem logo se interromper, espiando temerosa em direção à cozinha.

Muito em breve, ainda durante essa visita inicial, senti que ela estava sob uma opressão, da qual nada a podia libertar. Como cada segunda frase, às vezes cada frase, se referia a seu falecido marido, pensei que essa opressão se relacionasse com sua viuvez. Quem sabe se ela não tratara o velho tão bem quanto ele o teria desejado? Isso, contudo, não me parecia muito provável, pois nenhum outro homem desempenhara qualquer papel em sua vida, eu estava certo disso. Mas ela sempre estava atenta a uma voz, de cujas ordens dependia, e não era a voz do morto.

175

A governanta, que morava com ela, havia me aberto a porta da casa, me entregara à sua ama, e logo desaparecera na cozinha. Era uma mulher robusta, sólida, de meia-idade: parecia-se com a imagem que eu, na época, fazia de um carrasco. Tinha as maçãs do rosto muito salientes e um semblante irado, que parecia ainda mais perigoso porque sorria. Eu não teria ficado assombrado se ela me recebesse com bofetadas. Em vez disso ela assumiu uma expressão felina, mas que correspondia ao seu tamanho, e por isso era pavorosa. Foi contra ela que me haviam prevenido.

Quando *Frau* dr. Weinreb, num movimento amplo, me abriu a porta do quarto que estava por alugar — ela sempre andava como se estivesse prestes a cair para a frente — entrando logo depois de mim, ela se assegurou de que a porta atrás dela ficasse bem aberta, e disse "Já vou, já vou!". Isso me pareceu absurdo, pois soava como se fosse uma criada respondendo à sua senhora: "Já estou indo". Logo começou a apregoar as vantagens do quarto, mas principalmente os retratos de seu falecido marido. Ela não dizia uma frase sem que ficasse esperando por uma confirmação ou um encorajamento.

Primeiro pensei que ela esperava essa reação de mim, mas logo percebi que desejava uma confirmação de alguém que estava lá fora, e como eu não havia visto ninguém mais dentro de casa, a transferi àquela pessoa suspeita que me havia recebido, a qual, contra a minha vontade, eu não consegui tirar da cabeça, durante toda a inspeção. Mas ela ficou na cozinha, sem interferir nas deliberações.

Perguntei-me quem seria a terceira pessoa que moraria lá e que, aliás, fora o pivô da ação judicial de meu antecessor. Mas ela não apareceu. Talvez já não morasse lá. Talvez a tivessem afastado justamente por causa do escândalo que surgira em torno dela, o que tornara difícil alugar de novo o quarto. Eu muito ouvira falar, embora sem nenhuma clareza, de sua beleza rústica, de suas enormes tranças louras — seu cabelo, quando desfeito, chegaria quase até os pés —, de suas artes de sedução. Eu me lembrava bem de seu nome, do qual gostava, pois apreciava nomes boêmios, especialmente o dela, Ruzena. Eu esperava que *ela* me abrisse a porta mas, em vez dela, quem estivera à minha frente fora sua tia, o Carrasco, e a bofetada que eu esperara desta teria sido bem merecida, por causa de minha curiosidade por Ruzena. A recepção inamistosa talvez fosse uma advertência. O caso tinha sido publicado nos jornais e seria admissível que aparecesse gente para inspecionar, não o quarto, mas sim Ruzena.

Contudo, para mim estava bem que não houvesse sinal de Ruzena, pois eu podia alugar o quarto, que me agradava, sem temer complicações. *Frau* Weinreb concordou que eu me mudasse logo, parecia aliviada que eu não pedisse prazo para pensar, e ainda disse: "O senhor se sentirá bem na atmosfera dele, era um cavalheiro educado". Eu sabia a quem ela se referia, sem que precisasse pronunciar seu nome. Ela me conduziu à porta, avisando em direção à cozinha: "O jovem cavalheiro voltará logo, só vai apanhar sua bagagem". Apareceu a governanta, cujo nome esqueci, já que desde o começo a apelidei de "Carrasco", e disse, sempre sorrindo: "Ele nada tem a temer, em nossa casa ninguém o morde". Estava parada no vão da porta da cozinha, que, grande e volumosa como era, ela ocupava todo, apoiando-se, ainda, para trás, com os braços nos batentes, como se tencionasse saltar em cima da gente. Não lhe dei mais atenção, e fui apanhar minhas coisas.

Durante os primeiros dias que passei no novo quarto, havia muito silêncio na moradia. Eu saía de manhã cedo, para o Laboratório de Química; ao meio-dia eu ficava próximo à Universidade, pois costumava almoçar na taberna Regina. À tarde, quando se encerravam os trabalhos no laboratório, Veza me apanhava. Íamos passear juntos, ou a sua casa. Só muito tarde, pelas onze horas, eu chegava em casa, na Haidgasse. Sempre encontrava minha cama preparada, sem que soubesse quem o fazia para mim. Não meditei acerca disso, achei natural que a governanta tivesse esse cuidado. Durante a noite eu não ouvia qualquer ruído. *Frau* Weinreb, que vivia e dormia no quarto ao lado, movia-se em silêncio usando chinelos de feltro, com os quais ela deslizava de um retrato a outro, segundo eu supunha, fazendo suas preces.

No fim da semana, certa tarde, cheguei cedo em casa; fora convidado ao teatro e queria trocar de roupa. Senti que havia alguém em meu quarto. Entrei e fiquei paralisado. Diante de minha cama, profundamente inclinada, estava uma camponesa, os sensuais braços brancos afundados em meu colchão de penas, que ela afofava. Aparentemente ela não ouviu minha chegada, pois se inclinou ainda mais, voltando-me um traseiro simplesmente enorme, e batia e tornava a bater a cama com força, quase como se quisesse surrá-la. Seus cabelos de um dourado luminoso estavam dispostos em grossas tranças, atadas no alto da cabeça, que nessa posição inclinada chegava a tocar em minha alta cama de penas. O que havia de rústico nela era a saia plissada, que chegava até o chão. Não pude deixar de notar a saia, pois estava diante do meu nariz. Ela bateu o colchão mais algumas vezes, como se não tivesse ideia de que eu estava parado atrás dela. Como não vi seu rosto, não ousei falar primeiro e pigarreei, embaraçado. Ela decidiu ouvir-me, ergueu-se e se voltou com rapidez, num movimento amplo, bamboleante, quase me roçando. Ficamos bem próximos, talvez ainda houvesse espaço entre nós para uma folha de papel, não mais. Ela era mais alta do que eu e muito bonita, como uma madona setentrional. Mantinha os braços como se, em vez da cama, ela em seguida abraçaria a mim, mas deixou-os cair lentamente e enrubesceu. Senti que ela era capaz de enrubescer quando quisesse. Exalava um odor de levedo. Senti fortemente sua beleza e, se ela estivesse nua, como seus braços, eu, tão próximo dela, teria perdido a cabeça, como qualquer outro. Mas permaneci imóvel e nada disse. Então ela finalmente abriu sua boca, muito pequena, e disse com voz pipilante: "Eu sou a Ruzena, senhor". Esse nome, que eu tinha presente já havia algum tempo, produziu seu efeito, e também o Senhor não foi em vão, pois, pelo costume vienense, apenas me caberia o tratamento de Jovem Senhor. O tratamento que ela usou fazia de mim um homem experiente, ao qual uma mulher obedece sem resistir. Mas a voz pipilante punha a perder todo o efeito de sua aparência e de sua devoção. Era como se um minúsculo pintinho tentasse falar e tudo o que existira antes, os robustos braços brancos que prepararam minha cama, as luminosas tranças de seus cabelos, o alto monte de seu traseiro, que tinha algo de misterioso, embora não fosse para mim uma tentação, tudo se dissolveu naqueles sons miseráveis. Até mesmo seu nome, que me enchera de expectativa, já não existia, poderia ser qualquer outro. O encanto de Ruzena estava totalmente destruído, seria um homem lamentável aquele que ela conseguisse seduzir com uma voz como esta.

Tudo isso passou pela minha cabeça antes que eu retribuísse sua saudação, o que fiz de maneira tão fria e indiferente que ela, agora pipilando com mais rapidez, se desculpou por estar em meu quarto. Ela não queria me perturbar, só preparava minha cama como fazia todas as noites, sem pensar que eu voltaria para casa tão cedo. Fiquei cada vez mais desdenhoso, só dizia "Sim, está bem". E enquanto ela se afastava, com bastante agilidade para seu peso, lembrei-me de novo de toda a história, conforme eu a lera no jornal, além do que me contaram.

Aquele jovem (meu antecessor) certa noite veio do banco para casa e a encontrou diante de sua cama. Então ela o envolveu numa conversa, e o seduziu na hora. Ele, muito tímido e inexperiente, jamais tivera uma amiga, o que era um caso raro em Viena. A tia percebeu sua ingenuidade e o acusou, na justiça, de quebrar sua promessa de casamento. Ele negou tudo e, dada a espécie de homem que era, a corte teria acreditado em sua inocência; mas Ruzena estava grávida, e ele foi condenado a lhe pagar uma indenização. Sua ingenuidade fez dele o alvo da zombaria geral; todos o consideravam inocente e, justamente por isso, o caso provocou sensação. Era cômico que logo um homem como ele fosse acusado e condenado por sedução e quebra de promessa de casamento.

Ruzena fez mais duas ou três tentativas com a arrumação vespertina da cama. Mas sabia que tudo era inútil. Sua tia havia muito descobrira que eu tinha uma amiga, a qual às vezes vinha me apanhar ao anoitecer. E quando a tia viu que era sempre a mesma, perdeu a esperança nas arrumações da cama por Ruzena. As poucas tentativas que se seguiram não foram mais do que uma rotina. Eu logo esqueci tudo aquilo e, só algumas semanas depois, quando uma ocorrência na moradia me deu um grande susto, tornei a meditar sobre Ruzena.

Certa tarde — eu chegara em casa mais cedo — ouvi fortes ruídos que vinham da cozinha. Pareciam golpes desferidos sobre a carne, um piar e guinchar, súplicas e rogos, um zunido sibilante, e paf! paf! paf! entremeados por uma voz grave e muito severa, cujas palavras só entendi quando reconheci seu dono. Assemelhava-se a uma voz de homem, mas era a da tia: "Tome! Tome! Mais uma! Mais! Mais!". Os pios e guinchos ficavam cada vez mais altos. Aquilo não cessava, antes aumentava; também as ameaças da voz grave cresciam e se aceleravam. Pensei que aquilo terminaria logo e, de início, fiquei muito quieto; mas não parava, antes aumentava. Precipitei-me à cozinha. Lá estava Ruzena ajoelhada diante da mesa, de torso nu; a seu lado, sua tia com o chicote na mão, o qual acabara de levantar e baixou com um paf! nas costas de Ruzena.

Na posição em que estavam, quem entrasse logo as veria inteiramente, sem perder um detalhe: os seios e as costas de Ruzena, a expressão zangada na hedionda face do Carrasco, o chicote sibilante. Mas a impressão já não era tão horrível como quando eu ouvia o som do meu quarto, pois agora, quando não só ouvia, mas também via, não *acreditei* naquilo. Era como se fosse uma cena de teatro, mas muito mais próxima, e tão bem encenada que não se perdia qualquer detalhe. Eu sabia também que aquilo logo cessaria, pois consegui fazer notar minha presença, apesar do barulho. A tia, em vez de deixar cair o chicote, ainda o manteve levantado alguns momentos, mas Ruzena se enganou e pôs-se a piar, como se o chicote a tivesse atingido de novo. Sua tia gritou: "Você não tem vergonha! Nua!". Depois voltou-se de frente para mim: "Uma menina má. Não obedece à sua tia. Precisa ser castigada".

Ruzena parara de piar, quando lhe ordenaram que tivesse vergonha apertou ambas as mãos sobre os seios, que com esse movimento intumesceram e ficaram ainda mais visíveis. Depois se arrastou com a maior lentidão possível para trás da mesa, um verdadeiro monstro rastejante, que não perdia em volume para sua tia, que estava plantada à minha frente. Esta continuou com a repreensão infantil, que supunha servir de explicação para a cena. "Deve obedecer, menina. Deve aprender que, afora sua tia, não tem ninguém no mundo. Menina má. Sem sua tia está perdida. Mas sua tia está vigilante! Sua tia cuida de você!" Isso não foi dito ligeiro, mas sim de forma lenta e ponderada, e após cada frase o prestimoso chicote estremecia. Mas ela não tornou a bater; as costas da menina culpada, agachada do outro lado da mesa, agora estavam fora de seu alcance. A nudez da moça era ainda mais perceptível em seu esconderijo e, embora ela certamente tivesse uma feminilidade excitante, o palavreado infantil aplicado a essa criatura exuberante a reduziu a uma idiota. Sua resignação, que fazia parte da cena, e talvez fosse o mais importante a ser mostrado, me repugnou não menos do que o comportamento de carrasco da tia. Saí da cozinha como se tivesse *acreditado* na cena: a menina desobediente havia recebido seu castigo. Quando, sem deixar perceber meu embaraço, sumi da cozinha e voltei a meu quarto, para aquelas duas, quem ficara reduzido a um idiota fora *eu*. Isso me salvou de seus novos atentados.

Agora eu tinha sossego, e não tornei a ver as duas juntas, nem Ruzena sozinha. Às vezes eu ouvia a tia falando com *Frau* Weinreb, no quarto ao lado. Não havia pancadas, mas admirei--me muito que ela falasse no mesmo tom, como se estivesse falando com uma criança. Mas o tom era antes tranquilizante que ameaçador. Era notório que *Frau* Weinreb fazia alguma coisa que não deveria fazer, mas não pude imaginar o que seria e, por enquanto, deixei passar. Não me era agradável ouvir a voz do Carrasco separado de mim apenas por uma parede; e eu sempre estava preparado para uma explosão dolorosa. No entanto, ninguém piava nem guinchava, só se ouvia como que asseverações. *Frau* Weinreb tinha uma voz grave e profunda, que eu teria gostado de ouvir por mais algum tempo, e quase lamentei que ela se calasse.

Certa noite acordei e percebi alguém em meu quarto. *Frau*

Weinreb, de roupão, estava diante do retrato de seu marido. Retirou-o com cuidado da parede, que examinou como se procurasse alguma coisa. Eu a vi com toda a nitidez: o quarto estava iluminado pelas lâmpadas da rua, as cortinas não estavam fechadas. Ela aproximou bem o nariz da parede, que farejou, enquanto segurava cautelosamente o retrato com ambas as mãos. Depois farejou, com a mesma lentidão, o reverso do retrato. O quarto estava tão silencioso, que se ouvia o farejar. Seu rosto, que eu agora não via, pois ela se virara de costas, pareceu-me igual ao de um cão. Com um movimento rápido ela recolocou o retrato em seu lugar e dirigiu-se à outra parede, para o próximo quadro. Este era muito maior, tinha uma moldura pesada; perguntei-me se ela teria forças para segurá-lo sozinha. Mas não saltei da cama para ajudá-la. Pensei que estivesse sonâmbula e não quis assustá-la. Retirou também esse quadro, segurou-o com firmeza, só que não era fácil farejar a parede, ouvi que ela ofegava, suspirando um pouco. Então ela tropeçou, parecia que deixaria cair o retrato, mas conseguiu apoiá-lo no chão com o dorso para a frente, sem soltá-lo de todo. Ela se ergueu e, enquanto as pontas dos dedos ainda tocavam a orla superior da moldura, continuou a farejar a parede no lugar onde estivera o quadro. Quando terminou, agachou-se e se ocupou do reverso do retrato. Pensei que estivesse farejando de novo, pois o ruído era o mesmo que eu já me acostumara a ouvir durante esse pouco tempo. Mas então vi, estupefato, que ela lambia o dorso do retrato. Fazia-o diligentemente, com a língua bem estendida, como a de um cão. Ela se transformara em cão, e parecia satisfeita assim. Demorou bastante tempo até que terminasse; o quadro era grande. Levantou-se, com algum esforço ergueu o quadro e, sem tentar ver-lhe a frente ou tocá-la, o pendurou num prego, e silenciosamente se esgueirou para o próximo. Em meu quarto havia quatro retratos de *Herr* dr. Weinreb; ela não esqueceu nenhum deles, cuidou de todos. Os dois últimos felizmente eram do tamanho do primeiro, e assim ela pôde desempenhar sua tarefa em pé e, como já não estava agachada, não chegou a lamber, contentando-se com farejar.

182

Depois saiu de meu quarto. Pensei no grande número de retratos de seu falecido marido, e que esse procedimento poderia ocupá-la durante a metade da noite. Perguntei-me se ela não teria estado outras vezes em meu quarto com a mesma finalidade, sem que eu a percebesse por causa de meu sono pesado. Decidi que me acostumaria a um sono mais leve, para que isso não tornasse a acontecer; queria estar acordado quando ela entrasse no quarto.

BACKENROTH

Chegado o terceiro semestre, transferi-me do velho instituto "enfumaçado", no começo da Wahringerstrasse, para o novo Instituto Químico na esquina da Boltzmanngasse. Após a análise qualitativa dos primeiros dois semestres, vinha agora a quantitativa, sob a orientação do professor Hermann Frei. Era um homem baixo, franzino, que tinha um grande senso de ordem, sem com isso atormentar os outros, sendo portanto altamente qualificado para a análise quantitativa. Seus movimentos eram cuidadosos, quase delicados; gostava de demonstrar como alguma tarefa podia ser executada de maneira especialmente correta e, como nessas análises se tratava de quantidades mínimas de matéria, parecia que ele quase não tinha peso. Sua gratidão pelo bem que lhe faziam ultrapassava as medidas normais. Não era de seu feitio impressionar os estudantes com frases científicas, seu forte era o lado prático, os procedimentos concretos da análise, em que ele era habilidoso, seguro e rápido. Com toda a sua delicadeza, havia nele uma certa determinação.

Entre suas manifestações, as que mais impressionavam eram as de reconhecimento, que se repetiam com bastante frequência. Ele fora assistente do professor Lieben, que o havia estimulado, e ao qual ele às vezes se referia, mas sempre com estas palavras cerimoniosas e enfáticas: "Conforme costumava dizer meu muito venerado mestre, o professor dr. Adolf Lieben...". Esse químico deixou um nome respeitado. Foi criada uma fundação que leva seu nome, e que se dedica à promoção da ciência e de seus peritos. Lieben, pela boca do professor Frei, tornou-se um mito, apenas pela maneira como este pronunciava seu nome, e sem que dissesse muito a seu respeito. Mas havia um personagem do passado que significava ainda muito mais para ele, embora falasse nele com menos frequência, e sem jamais lhe mencionar o nome. Era determinada frase, sempre igual, com que se referia a ele; e era tal o fervor que tomava seu pequeno e delicado corpo que causava admiração, embora em todo o Instituto Químico não houvesse ninguém que compartilhasse a sua fé.

"Quando meu *kaiser* vier, eu me arrastarei de joelhos até Schonburn!" Ele era o único que esperava e desejava o retorno do imperador, e quando se considera que dez anos antes o velho imperador ainda vivia, poderá causar surpresa que ninguém, literalmente ninguém, sequer entendesse tal desejo. A todos, tanto a seus assistentes como a seus alunos, esse artigo de fé parecia um sinal de loucura, e talvez por isso ele o externasse com tanta veemência e decisão. Apesar de sua lealdade, o professor Frei não se entregava a qualquer ilusão: em seu ardente desejo pela volta do *kaiser*, ele estava inteiramente só. Eu me perguntava a quem ele teria em mente, quando dizia "meu *kaiser*": ao jovem Carlos, de quem ninguém fazia uma ideia nítida, ou ao redivivo imperador Francisco José.

Talvez fosse por causa de seu muito venerado mestre, o professor dr. Adolf Lieben, descendente de uma respeitada família de banqueiros judaicos, que o professor Frei não demonstrava a menor animosidade contra os judeus. Ele procurava ser justo, e tratava a cada estudante de acordo com seu mérito. Por esse senso de justiça, também, jamais pronunciava os nomes de judeus da Galícia polonesa de forma diferente dos demais nomes, enquanto que um ou outro de seus assistentes achava tais nomes irresistivelmente cômicos. Quando o professor não estava presente, podia acontecer que um desses nomes fosse alongado, e prazerosamente degustado. Havia um estudante que se chamava Josias Kohlberg, um rapaz divertido, esperto, que não perdia o bom humor por nenhum prolongamento interrogativo de seu nome. Executava suas tarefas com rapidez e esmero, não se insinuava a quem quer que fosse, não rastejava diante de ninguém e não sentia a menor vontade de se relacionar com qualquer dos assistentes, a não ser de forma estritamente profissional. Alter Horowitz, que trabalhava a seu lado, era seu melancólico oposto, de voz abafada e de movimentos lerdos. Enquanto Kohlberg sempre fazia lembrar um jogador de futebol, imaginava-se Alter Horowitz inclinado sobre um livro, embora eu jamais o tivesse visto com um livro senão os que necessitava para seus estudos de química.

Os dois se complementavam e eram inseparáveis, como um par de gêmeos, e poder-se-ia pensar que eles não necessitavam de ninguém mais. Mas era um engano, pois bem próximo a eles trabalhava um terceiro, também oriundo de sua Galícia natal: Backenroth. Eu jamais soube seu prenome, ou então o esqueci. Era a única pessoa *bonita* em nossa sala de aula; alto e esbelto, com olhos claros de um brilho profundo e cabelos avermelhados. Ele raramente falava com alguém, pois mal conhecia o alemão, e quase não encarava as pessoas. Todavia, quando isso acontecia, pensava-se no jovem Jesus, como às vezes é representado em quadros. Eu nada sabia dele, e ficava constrangido em sua presença. Sua voz me era familiar, pois com seus dois patrícios ele falava em iídiche ou em polonês e, quando eu percebia que ele dizia alguma coisa, involuntariamente me aproximava para ouvir sua voz, sem o entender. Ela era suave e estranha, e sumamente meiga, tanto que eu me perguntava se não se trataria dos sons ciciantes da língua polonesa o que dava a ilusão de tanta ternura. Mas quando ele falava iídiche, o som não era diferente, e eu concluía que essa língua também era terna, e não ficava sabendo mais do que antes.

Notei que Horowitz e Kohlberg falavam com ele de uma maneira diferente da que falavam entre si. Horowitz então não se entregava à sua melancolia, parecendo mais objetivo do que de costume. Kohlberg dava um pouco a impressão de estar parado diante de Backenroth em posição de sentido, com a bola de futebol na mão. Era claro que ambos o tinham em alta conta, mas nunca ousei perguntar por que o tratavam com tanto respeito e tanta cautela. Ele era mais alto do que eles, mas também mais inocente e mais sensível, era como se eles tivessem de iniciá-lo em certas situações da vida e de protegê-lo das mesmas. Mas Backenroth nunca perdia a luminosidade que dele emanava. Um colega, meu amigo, a quem falei acerca disso, procurou furtar-se a essa impressão, que também sentia, tentando zombar, e achou que não era nada mais do que a cor dos cabelos, que não chegava a ser vermelha nem loura, mas um tom intermediário que brilhava como raios solares. Aliás, também os assistentes eram tímidos com Backenroth. Suas relações com ele em geral se desenrolavam através de Horowitz ou Kohlberg, devido às suas dificuldades linguísticas, e era estranho que seu nome, na boca dos assistentes, tivesse um som diferente, comedido, quase receoso, enquanto que sobre "Horowitz" e "Kohlberg" eles se estendiam com certa ironia.

Era iniludível que ambos, especialmente Kohlberg, procuravam resguardar Backenroth de ofensas, das quais *eles* sabiam se defender, às quais *eles* estavam acostumados. Eu me perguntava se isso realmente era necessário. Ele me parecia protegido por ignorar a língua, como também por algo que me acanho um pouco de chamar de brilho, pois naquele tempo eu não tinha qualquer presunção de sublimidade, quer mundana, quer religiosa, tendendo a criticá-la e ridicularizá-la. Mas eu nunca entrava no laboratório sem me certificar de que Backenroth estava em seu lugar, de avental branco, ocupado com suas retortas e seus bicos de gás, que pouco condiziam com ele. Durante sua atividade no laboratório, ele quase parecia estar fantasiado; uma fantasia que não me convencia, e eu aguardava o momento em que ele a descartasse, revelando sua verdadeira imagem. Mas eu não tinha uma ideia nítida dessa imagem verdadeira, só tendo uma certeza, a de que ele não se coadunava com esse atarefado ambiente de química, onde cozia, destilava e pesava. Ele era um cristal, mas não dos duros e insensíveis. Era um cristal sensível que ninguém podia tomar na mão.

Quando eu olhava para o seu lugar e ele estava lá, ficava tranquilo, mas só por algum tempo. Já no dia seguinte eu voltava intranquilo temendo que ele estivesse ausente. Minha vizinha, Eva Reichmann, aquela russa de Kiev com a qual eu conversava sobre todas as coisas, era a única a quem podia transmitir meu receio acerca de Backenroth. Brinquei um pouco com esses temores, não os levei totalmente a sério e ela, que era de uma seriedade alucinante — tudo o que dizia respeito a seres humanos era-lhe sagrado —, censurou-me, dizendo: "Você fala como se ele fosse doente. Mas ele não é doente. Apenas é belo. Por que será que você fica tão impressionado com a beleza masculina?". "Masculina? Masculina? Ele tem a beleza de um santo. Não sei o que ele procura aqui. O que tem um santo a procurar num laboratório de química? Ele sumirá de repente."

Ponderamos longamente como ele desapareceria. Se desfaria numa bruma avermelhada e subiria ao sol, de onde provinha? Ou desistiria da química, transferindo-se para outra faculdade? Qual? Eva Reichmann teria preferido que ele fosse um novo Pitágoras. A combinação da geometria com os astros e a música das esferas parecia-lhe ser a certa para ele. Ela conhecia de cor muitos poemas russos, que gostava de recitar para mim, sem traduzi-los. Era excelente estudante, e a físico-química era mais fácil para ela do que para qualquer um de seus colegas masculinos. "É a parte mais fácil", costumava ela dizer sobre a matemática, "logo que entra a matemática, é tudo uma brincadeira."

Eva era grande e exuberante; sua pele era mais tentadora do que a de qualquer fruta. Quando, com uma facilidade fascinante, pronunciava fórmulas matemáticas, como se fizessem parte da conversação — não com ar solene, como se fossem poemas —, eu sentia vontade de lhe acariciar as faces, sem sequer ousar pensar em seus seios, que palpitavam tempestuosamente durante nossos embates verbais. Talvez estivéssemos apaixonados um pelo outro, mas, como tudo se desenrolava como num romance de Dostoiévski, e não em nosso mundo, jamais o confessamos. Só agora, passados cinquenta anos, reconheço, tanto nela como em mim, todos os sinais da paixão. As nossas frases se emaranhavam como cabelos, os abraços de nossas palavras duravam horas e horas; os enfadonhos procedimentos químicos nos davam tempo para isso, e assim como os apaixonados privam de seu peso específico aqueles que lhes estão próximos, enredando-os em suas conversas amorosas, abusando deles para intensificar sua própria excitação, assim nossas imagens giravam em torno de Backenroth. Continuamente falávamos, apreensivos, do perigo de o *perdermos*, e nisso se esvaecia o perigo que ele realmente corria.

Perguntei a Eva Reichmann se não queria falar com ele. Ela sacudiu a cabeça com decisão, e disse: "Em que língua?".

Sua educação fora russa. Tinha doze anos quando a família, uma das mais abastadas de Kiev, deixou a cidade. Em Czernowitz, para onde se mudou, frequentou uma escola alemã, mas Eva continuava falando alemão com o tom suave de uma russa. Sua família perdera a maior parte da fortuna, embora não toda, mas ela nunca falava com rancor da revolução russa. Costumava dizer com a mais profunda convicção: "Ninguém precisa ser tão rico assim". Embora se falasse de alguns aproveitadores da inflação da Áustria daquele tempo, sentia-se o quanto ela então pensava também na antiga fortuna de sua família. Em casa ela nunca falara iídiche. Eu tinha a impressão de que essa língua era tão estranha a ela quanto a mim. Ela não a considerava como algo especial, nem com a ternura que se tem por uma língua que está prestes a desaparecer. Seu destino era a grande literatura russa, da qual estava completamente impregnada; pensava e sentia como os personagens dos romances russos e, embora dificilmente se encontrasse uma pessoa de sentimentos mais naturais e espontâneos, tudo tomava as formas que lhe eram familiares dos livros russos. Ela se opôs, com obstinação, à minha ideia de tentar o polonês com Backenroth (eu era de opinião que um russo, com um pouco de boa vontade, poderia entender o polonês), seja porque realmente não conhecia essa língua, seja porque tivesse absorvido, com o leite materno, Dostoiévski e seus preconceitos contra tudo quanto era polonês. Eva rebatia a minha insistência, nesse sentido, com minhas próprias armas: "Você quer que eu arranhe polonês com ele? Os poloneses dão muito valor à sua língua. Não conheço sua literatura. Mas eles têm a sua. Os russos também". Esta última frase foi curta, visto que Eva era fundamentalmente contrária a todo chauvinismo; por isso ela não disse nada mais que "Os russos também".

Eva evitava conversar com Backenroth, porque não tinham uma língua em comum. Com o "alto" conceito que também ela tinha dele, era-lhe um pouco incômodo ouvi-lo conversar com Kohlberg ou Horowitz. Ela desprezava Kohlberg, porque parecia um jogador de futebol e estava sempre assobiando uma melodia. Achava Horowitz insípido porque se parecia "com um judeu qualquer". Ela levava a sério aqueles judeus que, graças à respectiva literatura, haviam assimilado completamente uma língua, sem se tornarem nacionalistas furiosos. Como ela consequentemente rejeitava todo preconceito de nacionalidade, só lhe restavam aqueles contra os judeus que, no caminho dessa mentalidade livre, ficaram atolados. Ela não tinha certeza, de forma alguma, de que Backenroth tivesse chegado até lá. "Talvez ele seja apenas um jovem *rebbe** chassídico", disse-me ela certa vez, para minha perplexidade, "mas um daqueles que ainda não o sabem." Ficou evidente que ela não era amiga dos chassidim. "São fanáticos", disse ela. "São devotados à sua fé milagrosa; bebem, e ficam saltando por aí. Eles ainda não têm matemática no corpo." Ela não considerou que a matemática era a *sua* fé milagrosa. Mas ela alimentava a conversa sobre Backenroth. Era a conversa amorosa que nos *permitíamos*. Pois eu pertencia a outra mulher, que Eva via quando a mesma vinha me apanhar no laboratório. Eva Reichmann era orgulhosa demais para ceder a uma afeição por alguém que demonstrava estar comprometido. Enquanto conversávamos sobre Backenroth, nos-

---

* Rebbe: título respeitoso usado para com o líder de um grupo judeu kassidim (o mesmo que *chassidim*). Significa, também, professor numa escola judaica. (N. E.)

sa afeição permanecia indefinida, e o receio de que ele de repente pudesse sumir tornou-se o receio da extinção de nossos sentimentos um pelo outro.

Certa manhã Backenroth não estava lá; não havia ninguém em seu lugar. Pensei que ele estivesse atrasado, e nada disse. Logo percebi que Eva estava ficando inquieta, evitando meu olhar. "Os três não vieram", disse finalmente, "deve ter acontecido alguma coisa." Também os lugares de Kohlberg e Horowitz estavam desocupados, o que me passara despercebido; ela não o via tão isolado quanto eu; sempre o via junto com os outros dois, os únicos que conversavam com ele. Isso a tranquilizava um pouco; ela não queria admitir inteiramente o isolamento de Backenroth, que eu temia.

"Estão juntos em alguma cerimônia religiosa", disse eu. Agora eu procurava ver um sinal favorável na ausência de todos os três, e não apenas dele. Mas ela estava sobressaltada justamente por causa disso. "É mais um sinal", disse ela. "Alguma coisa lhe aconteceu, e os outros dois estão com ele." "Você pensa que ele está doente", disse eu um tanto aborrecido, "mas isso não seria motivo para que ambos se ausentassem." "Está bem", ela procurou me acalmar. "Se ele estiver doente, um dos dois cuidará dele, e o outro virá ao laboratório." "Não", disse eu, "aqueles dois não se separam. Você já viu um deles fazer alguma coisa sem o outro?" "Deve ser por isso que eles moram juntos. Você já esteve em seu quarto?" "Não, mas sei que eles têm um quarto em comum. Backenroth mora bem perto deles, três casas adiante." "Quanta coisa você já descobriu! Você é investigador?" "Certa vez caminhei atrás deles, quando foram do laboratório para casa. Kohlberg e Horowitz o acompanharam até a sua casa. Lá se despediram dele cerimoniosamente, como se fosse um estranho, e voltaram alguns passos até onde moravam. Não me perceberam." "Por que você fez isso?" "Eu queria saber se ele mora só. Talvez, pensei, ele finalmente ficasse só, então de repente eu estaria a seu lado, como que por acaso, e o saudaria. Eu fingiria surpresa, ele realmente ficaria surpreendido, e assim certamente começaríamos a conversar."

190

"Mas em que língua?" "Isto não é difícil. Posso entender-me com pessoas que não conhecem uma palavra de alemão. Eu o aprendi com meu avô." Ela riu: "Você fala com as mãos. Isto não é bonito. Não é do seu feitio". "Em outras ocasiões eu não o faço. Mas assim teríamos quebrado o gelo. Você sabe há quanto tempo eu desejo conversar com ele!" "Talvez eu devesse tê-lo tentado em russo. Eu não sabia que você fazia tanta questão."

Assim continuávamos a falar, dele e de nada mais; e os lugares do outro lado da sala continuavam vazios. Passou-se a manhã, e tentamos esquecê-lo. Mudei de assunto, falamos de um livro que eu começara a ler no dia anterior, os contos de Poe. Ela não os conhecia e eu lhe narrei um deles, que me infligira verdadeiro susto, "O coração denunciador". Mas, enquanto eu procurava me livrar do susto, contando a história para ela, sentia, com cada olhar para o lugar vazio, o quanto meu receio aumentava, até que *Fräulein* Reichmann de repente disse: "Estou me sentindo mal, de tanto medo".

Nesse momento apareceu na sala o professor Frei, com seu séquito (em geral eram duas, desta vez foram quatro pessoas que se perfilaram atrás dele). Fez um sinal impreciso para que nos aproximássemos, esperou um pouco, até que quase todos estivéssemos parados à sua frente, e disse: "Aconteceu um caso triste. Tenho de lhes dizer. *Herr* Backenroth envenenou-se esta noite com cianureto". Ele ficou parado mais alguns momentos. Depois sacudiu a cabeça e disse: "Parece que ele era muito solitário. Nenhum dos senhores o percebeu?". Não houve resposta. A notícia era horrível demais; não havia na sala quem não se sentisse culpado e, no entanto, ninguém lhe fizera coisa alguma. Era isto; ninguém tentara fazer alguma coisa.

Tão logo o professor deixou a sala com seu séquito, *Fräulein* Reichmann não conseguiu se dominar, e soluçou tão pungentemente como se tivesse perdido um irmão. Ela não tinha irmão, e agora ele ficara sendo seu irmão. Eu sabia que agora também havia acontecido algo entre nós mas, em comparação com a morte do jovem de vinte e um anos, isso pouco significava. Eu também sabia, tão bem quanto ela que, em nossas conversas, havíamos abusado da solidão daquele jovem ser. Mês após mês ele estivera entre nós dois; sua beleza nos estimulara; ele fora o nosso segredo, que guardávamos de nós próprios, mas também dele. Ambos não havíamos falado com ele, nem ela, nem eu, e quantas evasivas havíamos inventado para mutuamente justificarmos esse silêncio! Nossa amizade se destroçou em nosso sentimento de culpa. Eu nunca me perdoei, e tampouco a ela. Quando, hoje, a lembrança me traz o som das frases de *Fräulein* Reichmann, cujo tom estranho me enfeitiçara, sou tomado pelo rancor, e sei que perdi a única oportunidade de salvar *Herr* Backenroth: em vez de brincar com ela, eu devia tê-la persuadido a amá-lo.

OS RIVAIS

Havia outra pessoa no laboratório que quase nunca falava. Mas que em seu caso não se tratava do desconhecimento da língua. Ele era da zona rural, creio que de uma aldeia na Alta Áustria, e parecia acanhado e esfomeado. A roupa pobre que ele usava, sempre a mesma, era muito folgada, talvez ele a tivesse recebido de alguém que a descartara. Mas talvez, também, ele tivesse emagrecido muito desde que viera à cidade, pois certamente não tinha o que comer. Seus cabelos não brilhavam, eram de um vermelho pálido, desbotado, que combinava com seu rosto lívido e doentio. Seu nome era Hund [cão], mas um estranho cão que jamais abria a boca, nem mesmo para retribuir o "Bom-dia". Quando chegava a tomar conhecimento da saudação, era só para fazer um leve movimento com a cabeça, de mau humor, em geral olhando para o outro lado. Jamais pedia ajuda, nunca tomava algo emprestado e não solicitava informações. Ele logo vai desmoronar, pensava eu ao olhar em sua direção. Não era jeitoso, e ficava ocupado longo tempo com suas análises; mas seus movimentos eram tão comedidos e exíguos que não se notava o quanto ele se esfalfava. Ele nunca fazia nada com negligência; concentrava-se e tão logo começava alguma coisa, logo a terminava. Certa vez encontrou em seu lugar um pão com manteiga, ainda embrulhado, que alguém pusera lá sem ser notado. Desconfiei de *Fräulein* Reichmann, que tinha bom coração. Ele abriu o pacote, viu o que continha, novamente embrulhou o pão, e o levou de um para o outro, perguntando com hostilidade: "Isto é seu?" e se dirigia ao próximo. Não excluiu ninguém, foi a única vez que falou com todos os colegas, mas não fez mais do que repetir essas três palavras. Ninguém admitiu a propriedade do pacote. Quando chegou ao último e recebeu o derradeiro não, ele ergueu o pacotinho para o alto e exclamou em tom ameaçador: "Alguém tem fome? Isto vai para a cesta de lixo!". Ninguém respondeu, para não ser identificado como o autor daquele ato malogrado, e Hund arremessou o pacotinho — de repente pareceu que tinha força em excesso — ao cesto de papéis, e quando ouviu algumas vozes que ousaram dizer "que lástima", ele sibilou: "Vocês podem apanhá-lo!". Ninguém o julgara capaz de ser tão atrevido, nem de ter tanta decisão. Hund ganhou respeito, e a caridade não fora em vão.

Alguns dias depois ele entrou na sala com um pacotinho, que pôs a seu lado, no lugar daquele pão com manteiga. Por algum tempo ele o deixou embrulhado, e se entregou a um de seus longos e inúteis procedimentos. Não fui o único a perguntar-me o que conteria aquele pacote. Logo descartei a suposição de que ele próprio arranjara um pão com manteiga e agora queria exibi-lo, pois o pacote parecia conter um objeto anguloso. Então ele o tomou nas mãos e se aproximou de mim; sacudiu-o diante dos meus olhos e disse: "Fotografias! Veja!". Era como uma ordem, o que achei bom. Foi para todos inesperado que ele quisesse nos mostrar alguma coisa. Assim como todos, antes, haviam notado que ele nada fazia que se referisse a outros, logo perceberam que ele fazia uma oferta. Achegaram-se ao meu lugar e formaram um semicírculo ao redor dele. Hund esperou com calma, como se estivesse acostumado àquilo, até que todos se reunissem. Abriu o pacotinho e nos exibiu uma fotografia após a outra: excelentes tomadas de toda as espécie de coisas — aves, paisagens, árvores, pessoas, objetos.

Ele se transformou, de um pobre-diabo esfomeado, num fotógrafo obcecado que gastava todo o seu dinheiro com sua paixão, e *por isso* andava tão malvestido, *por isso* passava fome. Ouviram-se exclamações de louvor, a que ele reagiu com mais fotografias, ele tinha dúzias delas, essa primeira vez deviam ser cinquenta ou sessenta, e elas nos surpreenderam pelos seus contrastes; havia umas poucas da mesma espécie, e de repente, sem que esperássemos, outras diferentes. Ele agora os dominava, à sua maneira, e quando uma colega disse com convicção: "Mas, *Herr* Hund, o senhor é um artista!", ele sorriu e não protestou. Podia-se ver como o "artista" lhe descia pela garganta; nenhum alimento, nenhuma bebida, lhe teriam sido tão preciosos. Todos ficamos sentidos quando a exibição terminou. A mesma colega disse: "Como o senhor encontra seus temas, *Herr* Hund?". Sua pergunta foi sincera, tão sincera quanto fora sua surpresa, e ele respondeu com dignidade, mas de forma breve: "É a prática!", ao que um amante de expressões idiomáticas se saiu com "A prática faz o mestre". Mas ninguém riu.

Hund, portanto, era um mestre, e fazia todos os sacrifícios pela sua arte. A comida não tinha importância para ele, enquanto podia fotografar, e também o estudo parecia dar-lhe pouco prazer. Passaram-se um ou dois meses até que ele veio com novo pacotinho. Os colegas logo se reuniram, manifestaram sua admiração. A variedade novamente era tão grande como da primeira vez, e em pouco tempo era assunto decidido que Hund só vinha ao laboratório para, de tempos em tempos, surpreender a seu público com novas fotografias.

Pouco tempo depois dessa segunda exibição de Hund, um novato no laboratório atraiu nossa atenção: Franz Sieghart, um anão. Ele era bem-proporcionado, de estatura pequena, mas delicada. Armava seus aparelhos no chão, e não no tampo da mesa, que era alta demais para ele. Com seus dedinhos jeitosos, concluía sua tarefa antes dos outros, e, enquanto cozia e destilava a nossos pés, falava conosco incessantemente, incansavelmente, com sua voz insinuante, um pouco áspera, procurando nos convencer de que já havia passado por todas as experiências dos "grandes", e mais algumas outras. Ele nos anunciou a visita de seu irmão, que seria mais alto do que qualquer um de nós, um metro e oitenta e nove, capitão do exército federal. Disse que os dois eram parecidos a ponto de serem confundidos, que não se conseguia distingui-los. Quando vinha o irmão de uniforme, não se sabia quem era o químico e quem era o oficial. Acreditávamos em muita coisa que Sieghart dizia, ele parecia saber de tudo; sua conversa tinha um poder de persuasão que lhe invejávamos, mas houve dúvidas quanto à existência de seu irmão.

"Ainda se ele tivesse um metro e sessenta e cinco", disse *Fräulein* Reichmann, "mas um metro e oitenta e nove! Isto eu não acredito. E por que ele nos visitaria fardado?" Após poucas horas no laboratório, lidando no chão, Sieghart conseguira impor-se a nós, e não levou muito tempo para impressionar os assistentes com os resultados de suas análises. Precisou de menos tempo do que esse trabalho enfadonho em geral exigia; sua rapidez estava de acordo com a habilidade de seus dedos. Mas ele cometera um erro ao anunciar prematuramente a visita do irmão. Ficamos aguardando, mas a visita não acontecia. Embora ninguém fosse tão indiscreto a ponto de fazer perguntas, ele parecia adivinhar os pensamentos de seus vizinhos, pois de tempos em tempos ele próprio dizia alguma coisa que se referia a seu irmão. "Esta semana ele não pode vir. O serviço deles é rigoroso. Vocês não sabem que vida boa vocês levam! Ele já se arrependeu muitas vezes de ter entrado para o exército. Mas isto ele não diz. Bem, o que mais ele poderia fazer, com todo o seu tamanho!" De variadas maneiras vinham à tona as dificuldades que seu irmão tinha por causa da altura. Aliás, Franz Sieghart sentia pena dele, mas o respeitava e encontrava palavras de reconhecimento por ter ele chegado ao posto de capitão, uma pessoa tão jovem.

O assunto, finalmente, tornou-se enfadonho, e deixamos de prestar-lhe atenção. Logo que ele falava no irmão, fechavam-se os ouvidos. Sieghart, acostumado a ter seu auditório, sentia a seu redor uma parede impenetrável, e rapidamente mudava o tema de sua grandeza. Não havia só irmão, havia também as donzelas. Todas as que Sieghart conhecia eram, quando não de tamanho gigantesco como seu irmão, pelo menos de tamanho normal. Mas aqui se tratava mais de variação e de quantidade do que de tamanho. Não que ele fosse indelicado e revelasse detalhes íntimos de seu aspecto, era um perfeito cavalheiro, protetor de cada uma de suas donzelas. Não as mencionava pelo nome mas, para que se pudesse distingui-las, e para que se soubesse de qual delas estava falando, ele as numerava, antepondo seu número às informações. "Minha amiga número três me rejeitou, ela hoje tem que fazer serão no escritório. Mas eu me consolo, e levo a número quatro ao cinema."

Ele teria fotografias de todas elas. Fotografava cada uma. Era do que suas donzelas mais gostavam: que ele as fotografasse. Em cada encontro, era a primeira pergunta que faziam. "Você hoje tira algumas fotografias minhas?" "Tenha paciência, tenha paciência", costumava ele responder. "Cada coisa a seu tempo. Cada uma terá sua vez." Elas tinham grande entusiasmo, principalmente, por nus artísticos, ele disse. Só fotografias decentes. Mas estas ele só poderia mostrar tapando o rosto das modelos. Ele jamais seria indiscreto. Qualquer dia ele nos mostraria algumas delas. Traria um monte de fotografias. Só nus artísticos de suas donzelas. Mas ele não tinha pressa. Teríamos que ter um pouco de paciência. Depois que ele começasse com aquilo, ele disse, as pessoas passariam a importuná-lo: "Sieghart, você tem novos nus artísticos?". Mas ele não podia pensar só naquilo, tinha outras coisas na cabeça além de suas donzelas. E nós teríamos de aprender a refrear a nossa impaciência. Quando chegasse a hora, ele pediria às colegas que se afastassem, pois aquilo não era para olhos castos. Era estritamente para homens. Mas, por favor, que não o entendessem mal: ele só fazia fotografias decentes.

Sieghart sabia aguçar a curiosidade na sala. Ele trouxe ao laboratório uma caixa de sapatos bem amarrada, e primeiro a trancou em seu armário. Depois, insatisfeito com essa solução, retirou-a; novamente a pôs lá dentro, meditou, e disse: "Assim é melhor". Retirou-a mais uma vez e declarou: "Preciso tomar cuidado com isto. Seria melhor que eu nada tivesse dito a vocês. Está cheia de nus artísticos. Suponho que entre vocês não há nenhum ladrão". Ele sempre encontrava novos motivos para manusear a caixa diante de nossos olhos. "Que ninguém a abra às minhas costas. Sei como está amarrada. Conheço perfeitamente todos os laços. Se houver a menor tentativa de abri-la, torno a levar a caixa para casa, e será o fim da exibição. Vocês todos entenderam?" Isso soava como uma ameaça, e realmente o era, pois agora todos acreditavam no conteúdo da caixa. *Fräulein* Reichmann, que era pudica, por muito tempo pôde ficar repetindo: "O senhor sabe, *Herr* Sieghart, sua caixa de sapatos não interessa a ninguém!". "Ora, ora!", respondeu Sieghart, e piscou para todos os seres masculinos que estavam na sala. Alguns retribuíram a piscadela, e todos sabiam porque desejavam conhecer o conteúdo da caixa.

Sieghart nos manteve em suspenso por muitas semanas. Ele ouvira falar do fotógrafo mestre que havia entre nós, Hund, e quis que lhe descrevêssemos os seus temas em todas as minúcias. Então ele franzia o nariz, e declarava: "Fora de moda! Tudo isto está fora de moda! Antigamente havia também fotógrafos como este. Por favor, eu também sou pela natureza. Mas isto qualquer um faz. É só sair ao ar livre, e clique clique clique, logo se tem uma dúzia de fotografias. É o que eu chamo de fora de moda. É muito fácil! As minhas donzelas, estas eu tenho de procurar. Primeiro, é necessário que sejam encontradas. Depois eu tenho de lhes fazer a corte. No verão, quando se vai aos banhos, isto não é difícil. Mas, no inverno, uma donzela dessas primeiro tem de ser aquecida. Do contrário ela simplesmente diz não, e nada se consegue. Vocês veem, eu tenho experiência, a mim elas nada recusam. Por mim, todas se deixam fotografar. Agora vocês talvez pensem que isto é porque sou pequeno, que elas me tratam como uma criança. Nada disso! Vocês estão completamente errados. Eu logo as deixo perceber qual é o meu jogo. Para elas eu sou homem, tanto quanto este ou aquele. Primeiro elas têm a glória de estarem diante da câmera — eu queria que vocês vissem *aquele* orgulho! — e depois ainda recebem um retrato! *Uma* cópia, não mais do que isto, de cada pose, desde que tenha saído bem. Esta cópia é gratuita. Mas eu tenho que levar em conta o problema dos custos. Quando uma delas quer várias cópias, então tem de pagar por elas. Isto acontece, são para seus amigos, o que me dá uma boa renda, pois eu sempre digo, dinheiro não é de se desprezar".

Assim se explicou o grande número de amigas de Sieghart. A "amizade" consistia em que ele era o fotógrafo pessoal, mas ele cuidava para que esse ponto permanecesse obscuro, e tinha uma resposta original para o caso: "Por favor, não existe vi-v'alma que consiga de mim maiores detalhes. Há uma coisa que se chama discrição. Para mim a discrição é um ponto de honra. Minhas amigas sabem disso. Elas me conhecem tão bem quan-to eu a elas!".

Certa manhã apareceu na porta um gigante fardado e per-guntou por Franz Sieghart. Na expectativa das fotografias das donzelas, havíamos esquecido completamente o irmão, e fica-mos espantados com a altura do capitão, que em cima termina-va numa cabeça bem pequena, levando na frente — como uma máscara — o rosto de Franz Sieghart, pelo qual ele perguntava. Alguém lhe indicou o lugar do pequeno, que estava ajoelhado no chão, cuidadosamente pondo um bico de Bunsen, com a chama reduzida, sob um balão de álcool. Quando este reconhe-ceu as pernas de seu irmão fardado, levantou-se de um salto e cacarejou: "Salve. Seja bem-vindo entre nós. A Química, sala de análise quantitativa, o saúda. Permita-me que o apresente a meus colegas. Primeiro as damas, ora, não se acanhe, elas sa-bem tudo a seu respeito!". O capitão havia enrubescido. "Acon-tece que ele é tímido", explicou o anão. "Caçar modelos para nus artísticos não seria tarefa para ele!"

Com essa alusão ele acabou de intimidar seu irmão. Este estava tentando inclinar-se diante de uma dama, quando o anão trouxe as fotografias artísticas à baila, o que o fez interromper sua mesura, empertigando-se com o rosto vermelho como um pimentão. O anão jamais ficaria tão vermelho assim, agora os rostos de ambos estavam nitidamente diferentes. "Não tenha medo", disse o pequeno, "eu o pouparei. Ele é de uma cortesia que vocês não podem imaginar. Tudo tem que andar na linha, como numa parada. Esta é a dama grega, e esta é a russa. Aqui, para variar, uma vienense, *Fräulein* Frolich (alegre). Ela faz jus ao seu nome, está sempre rindo, mesmo quando ninguém lhe faz cócegas. A dama russa não gosta dessas brincadeiras. Ninguém se atreve a lhe acariciar as coxas, nem mesmo eu, embora tenha a altura apropriada." *Fräulein* Reichmann fez uma careta, e se virou para o outro lado. O capitão, com um leve encolher de ombros, expressou seu desgosto pelo atrevimento do irmão, que já havia notado que o comedimento de *Fräulein* Reichmann agradara ao capitão: "É uma dama distinta. Muito culta, de excelente família. Com ela você não arranja nada. O que é que você pensa? Todo mundo gostaria de tirar uma casquinha. É preciso se conter. Por favor, domine-se. Você, como oficial, está acostumado a fazer isso".

Depois chegou a *nossa* vez. A seu irmão ele trazia pelas rédeas, sem afrouxá-las por muito tempo. Cada um de nós foi apresentado ao oficial; para todos ele encontrava uma fórmula satírica apropriada. Evidentemente ele nos havia observado com atenção e, embora fizesse a apresentação de forma mordaz, e não como um colega, tudo se seguia com tanta rapidez, um golpe após o outro, que não se podia parar de rir. Ficava-se em atraso com as gargalhadas, pois enquanto ainda se ria de um caso, ele já havia passado por mais dois colegas. Achamos que fosse boa sorte que Hund não estivesse no laboratório naquele dia. Desde o começo ele observara Sieghart com olhares inequivocamente hostis, antes ainda que este falasse dos nus artísticos. Era como se Hund, a partir do momento em que vira o anão, suspeitasse qual o infortúnio que a atividade incessante deste lhe traria. Contudo, Sieghart jamais dirigira a palavra diretamente a ele embora tivesse se informado sobre a natureza de suas fotografias, sem fazer segredo de seu desprezo pelas mesmas. Agora, porém, Sieghart teria de apresentar Hund pelo nome e dizer alguma coisa a seu respeito, pois seu irmão era levado a todos, até mesmo a Wundel, nosso bobo da corte, que levava uma existência um tanto subterrânea. Seria inevitável, portanto, que Sieghart dissesse alguma coisa sobre Hund, o que, dada a notória sensibilidade de Hund, teria acabado mal.

Toda a apresentação, aliás, não durou muito tempo, parecia que Sieghart nos tinha no bolso, tanto a nós como a seu irmão, de onde retirava um após o outro. Depois que cada um tinha recebido sua parte, Sieghart o deixava de lado. Seu irmão, contudo, foi de mal a pior. Sozinho teve que suportar mais ironia do que nós todos juntos. Comecei a entender por que ele estava de farda. Cansado do despotismo e da eterna zombaria do anão, ele se refugiara no exército, onde ao menos se esperava pelas ordens, sem precisar temer as ideias imprevisíveis do pequeno. Perguntei-me por que ele nos teria procurado, pois deveria saber o que o esperaria de parte de seu irmão. Tive a resposta logo depois que o oficial se despediu.

"Eu disse a ele que viesse dar uma olhadela na química, se tivesse sensatez para isto, pois aqui as coisas não se passam com tanto rigor como no exército; aqui ainda se pode conversar durante o trabalho. Mas ele sempre acha que durante o trabalho deve haver silêncio. Que cada um cale sua boca, assim como os recrutas. Vocês não fazem ideia de quantas vezes tentei convencê-lo para que viesse! Você é covarde, sim, é isto, covarde! eu sempre dizia a ele. Você não conhece a verdadeira vida. No exército, vocês estão sob a lei de proteção aos monumentos. Lá nada lhes pode acontecer. A guerra terminou. Nunca mais haverá novas guerras. Então, para que se precisa de um exército? Precisa-se dele para os covardes, para os que têm medo da vida. Com um metro e oitenta e nove de tamanho, você tem medo da química! Enrubesce na frente de qualquer figura feminina! Temos cinco damas em nossa sala, e ele enrubesceu cinco vezes. Assim eu não pararia mais de enrubescer, com meus oito casos, é quanto são, exatamente. Ontem, aliás, falei a ele de nossas damas. Especialmente da distinta dama russa. Seria ótima para você, disse eu, ela não olha para a direita, não olha para a esquerda, mas por *educação*, não por covardia!

Pois bem, ele teve receio por muito tempo, mas acabou vindo, e agora vocês o viram, aquele compridão, um metro e oitenta e nove, a gente quase se *envergonha* com um irmão tão comprido. E como ele tem medo! Tem medo de mim! Quando éramos crianças eu o fazia chorar, tanto era o medo que ele tinha de mim. Agora ele não o deixa perceber. Mas continua me temendo. Algum de vocês deve ter notado: ele me *teme*! Que poltrão! *Herr* Capitão tem medo! Dá vontade de rir! Eu não tenho medo. Ele poderia aprender muita coisa comigo."

As fanfarronices de Sieghart às vezes eram irritantes por causa de seu alto volume, mas não prejudicavam seu trabalho. Suas análises eram feitas com jeito e presteza. Ele tinha simpatia por Wundel, o trapaceiro, que parecia um bobo da corte e se esgueirava com cuidado pela sala, sempre sorrindo, levando o pequeno frasco com a substância na mão fechada, e escondendo a mão no bolso direito do avental. Ele se movia silenciosamente de um ao outro em zigue-zague, não na ordem que seria de se esperar; e, de súbito, estava ele à nossa frente, encarando-nos com ar súplice. Dizia: "Caro colega, você conhece isto? Tem cheiro de mato". Ele segurava o frasquinho aberto debaixo de nosso nariz, aspirávamos o cheiro, olhávamos a substância, e dizíamos: "Sim, naturalmente, já trabalhei com isto", ou então: "Não, esta eu não conheço". No primeiro caso Wundel queria saber como o havíamos feito, pedia o caderno com as pesagens e os cálculos, que lhe cedíamos por pouco tempo. Então, em segredo, copiava os resultados, e se entregava ao trabalho com a confiança de quem conhece os resultados de antemão.

Todos sabiam que ele trapaceava, mas ninguém o denunciava. Arranjava as coisas de modo que ninguém soubesse tudo acerca dele. Quando seus aparelhos estavam montados e o líquido em seus balões borbulhava, quando ele, de lábios apertados, pesava seu frasco, supunha-se que estivesse executando sua tarefa, apenas conferindo os resultados com os números coletados. Se soubéssemos que todo o seu processo de trabalho era fingido do começo ao fim, que ele nada mais fazia do que *aparentar* que estava trabalhando, com certeza teríamos relutado em apoiá-lo tão consistentemente. Ele nunca se dirigia ao mesmo colega duas vezes; seus zigue-zagues eram devidos ao fato de que ele evitava aqueles que já lhe haviam sido úteis. Embora, de tempos em tempos, o víssemos andando furtivamente de um lado para outro, nem sempre tínhamos certeza sobre o resultado de suas discretas investigações. Seu talento era a habilidade com que ele se fazia subestimar. Uma esperteza tão sistemática era a última coisa que se esperaria daquele pastelão sorridente. Pois era com isso, exatamente, que se parecia a máscara que ele usava. Seus olhos estavam sempre dirigidos para o chão, como os de um apanhador de cogumelos, combinando tão mal com seu sorriso quanto com sua voz aguda e arrastada.

Como ele tinha de proceder em silêncio, nunca se dirigia a Sieghart, que só sabia falar em voz alta, mas não pôde evitar que este logo o reconhecesse como apanhador de cogumelos. "Nós nos conhecemos, caro colega!", assaltou-o Sieghart sonoramente — Wundel encolheu-se assustado — "e você sabe de onde? Foi há muito tempo atrás! E agora adivinhe de onde nos conhecemos! Não se lembra? Eu me lembro de tudo. Não esqueço coisa alguma." Wundel fazia movimentos desajeitados, como se quisesse sair da sala a nado, mas isso de nada lhe valeu, Sieghart o segurava por um dos botões inferiores de seu avental, tornando a perguntar algumas vezes. "Então, ainda não se lembra? Ora, da colheita de cogumelos, de onde mais seria! Eu sempre o vejo na floresta, procurando cogumelos. Mas você está sempre olhando para o chão, não olha nada mais, além de cogumelos. Pois bem, é por isso que você está sempre com seu cesto cheio de cogumelos. Mas eu também, eu também, por estar tão próximo ao chão. Não sei mesmo quem é que tem mais cogumelos em seu cesto, você ou eu. Mas eu olho também para as pessoas, sou um sujeito curioso; é por causa das fotografias. Agora, o que você diria, se eu lhe mostrasse uma fotografia em que o flagrei justamente ao colher cogumelos?" Wundel não gostava de ouvir a palavra "flagrar"; a conversa afável do anão era para ele um tormento. Daí em diante fez o que pôde para evitá-lo, mediante o arranjo adequado de seus zigue-zagues. Mas nem sempre o conseguia. Sieghart ficara obstinado por ele. Quando marcava alguém através de uma inspiração especial, nunca mais o largava, e Wundel, que realmente era um perito em cogumelos, foi uma de suas vítimas prediletas.

Mas isso era apenas uma escaramuça. Wundel efetivamente lhe era simpático, talvez Sieghart sentisse sua esperteza, pois quando se referiam a ele com desdém como o "bobo da corte", declarava com decisão: "Aquele? Aquele não é nenhum bobo da corte. Ele sabe o que quer. Ele não dorme no ponto". Mas havia alguém na sala que Sieghart não perdia de vista, que ele queria liquidar, só porque tinha fama de fotógrafo.

Aquela promissora caixa de sapatos agora já estava havia muito tempo em seu armário. Contudo, de vez em quando ele a tirava de lá, a virava e revirava, começando, às vezes, a desamarrá-la — havia muitos nós. Mas assim que os colegas o percebiam e davam um passo ou dois em direção à caixa, ele se detinha, como se tivesse uma súbita inspiração, e dizia: "Não, hoje não quero. Vocês ainda não o merecem. Só quando vocês o merecerem de verdade". Ele não informava em que consistia tal mérito. Esperava por alguma coisa, ninguém sabia o que era, e se contentava em desfazer um ou outro nó da caixa, para que os tolos da sala ficassem com água na boca. Ele logo tornava a atar os nós e a guardar a caixa, sem deixar-se perturbar por frases como: "Deixem para lá. Aquela caixa não contém coisa alguma!".

Então, certo dia, Hund tornou a aparecer com um pacote, desta vez bastante volumoso, e o jogou a seu lado sobre a mesa. Isso não era de seu feitio. Aprendera-o com Sieghart, que impressionava a muita gente; seus modos jactanciosos atraíam seguidores. Hund esperou um pouco, não tanto quanto das vezes anteriores, e depois disse, mais alto do que de costume: "Tenho fotografias! Alguém quer vê-las?". "Ora, se quero vê-las!", cacarejou o pequeno. Foi o primeiro a correr para junto de Hund, perfilando-se a seu lado. "Eu estou esperando!", disse ele, provocando, enquanto os outros, muito mais vagarosos, se agrupavam em torno de Hund. Desta vez vieram todos que puderam interromper seu trabalho. "Conquistei o melhor lugar", disse o pequeno, querendo parecer alegre, mas o som era hostil, e hostil foi também a réplica que Hund lhe deu: "Fique bem na frente, pois do contrário, com sua estatura, você não enxergará coisa alguma!".

"O que conta não é a estatura, mas sim as imagens. Estou curioso. Logo depois eu abrirei minha caixa grande. Está cheia de nus artísticos de jovens donzelas. Espero que você não tenha acabado se especializando, também, em nus artísticos, caro colega; isso seria uma lástima — ou continuamos fiéis à natureza? Um gatinho à janela ou um choupo prateado ao vento? Uma paisagem nevada nas montanhas durante o último inverno? Eu prefiro uma linda igrejinha de aldeia, com o campo santo ao seu redor, e algumas cruzes piedosas. Pois bem, os mortos também querem ser lembrados. Ou você tem um galo sobre um monte de estrume, e com isto não quero dizer que é tudo estrume o que você quer nos mostrar, caro colega. Por favor, não me entenda mal, estou falando de um galo de verdade, e de estrume de verdade!"

"Se você agora não se retirar daqui, não mostrarei coisa alguma", disse Hund. "Retire-se da minha mesa, ou eu nada mostrarei." "Ele não mostra coisa alguma, e como vamos nos consolar! Bem, então não há outro remédio" — gritou o anão — "a não ser confortá-los com os nus artísticos de minhas jovens donzelas! Venham à minha mesa, senhores, lá temos alguma coisa que vale a pena ver, não é como aqui!"

Sieghart segurou dois colegas pelo braço e os levou consigo, piscando insistentemente. Os outros seguiram. Agora, finalmente, veríamos aquilo que aguardávamos havia tanto tempo. Quem se interessaria em ver os tentilhões machos em luta de Hund? Apenas um ficou parado junto a Hund, e houve outro que, a meio caminho, virou-se indeciso.

"Vocês podem ir!" disse Hund, "agora nada mostrarei. Hoje eu teria algo especial, mas vocês podem ir olhar as sujeiras dele!"

Ele empurrou com o cotovelo o único que lhe permanecera fiel — talvez de compaixão — e não descansou até que ficou completamente só em seu lugar. Também não fez qualquer tentativa de perturbar a exibição de Sieghart. Ficou parado, carrancudo e silencioso, diante de seu pacote, sobre o qual havia posto sua mão direita, como se tivesse de protegê-lo de uma agressão audaciosa.

Sieghart, entrementes, desamarrava seu embrulho. Era veloz como o raio; logo a caixa estava aberta. Ele tirou dela toda uma pilha de fotografias, que espalhou sobre a mesa, como se fosse coisa sem importância.

"Por favor, sirvam-se, senhores, há donzelas para todos os gostos, cada um pode escolher as suas. Há várias para cada um. Nada de falsa modéstia! Todos podem compor seu próprio harém. Mas, o que é isto? Ninguém ousa pôr as mãos em sua própria felicidade? Terei eu de conduzir suas mãos? Tanta covardia, meus senhores? Eu não o teria acreditado. Agora imaginem, tudo isto eu tive à minha frente *in natura*! Então eu tive de meter mãos à obra e bater as chapas, sim, se eu não tivesse me decidido com rapidez, batendo as chapas, vocês podem fazer ideia — pela segunda vez as jovens não teriam tirado a roupa, o que teriam elas pensado de mim! E agora, o que pensarão as jovens de vocês, se não as agarrarem logo!"

Ele tomou a mão do estudante que estava mais próximo e a estendeu sobre o monte de retratos, ao mesmo tempo executando com ela um movimento trêmulo, como se ela recuasse diante daquele esplendor em que queria se meter. O pequeno lhe pôs na mão uma dúzia ou mais de retratos, e chamou: "O próximo, por favor!". Os outros, agora, já se aproximavam por si, e dentro de pouco tempo todos contemplavam embasbacados as moças despidas, que se ofereciam aos nossos olhares sem que fossem sedutoras, maliciosas ou brejeiras. Todos os presentes acharam aquilo um pouco arriscado. O que aconteceria se surgisse na sala um assistente, ou até mesmo o professor com seu séquito? Mas não se pode dizer que os retratos fossem indecentes, do contrário muitos não teriam ousado tomá-los nas mãos diante dos outros. Foi um tanto desagradável, apenas, que as estudantes femininas tivessem sido excluídas, e todos se sentiam culpados diante de *Fräulein* Reichmann, cujo lugar não ficava longe dali — ela olhava à sua frente, para o vazio, fingindo que não ouvia coisa alguma.

Hund, entretanto, havia sido completamente esquecido. Ninguém se deu conta, sequer, de que ele ainda estava na sala. De repente ele chegou no meio dos estudantes e das fotografias, cuspiu e gritou: "Prostitutas, só prostitutas!". Então desapareceu. Mas a atmosfera já não era a mesma. Sieghart sentiu-se ofendido por suas amigas. "Minhas amigas não merecem isso", disse ele, e rapidamente recolheu os retratos. "Se eu soubesse disso, nada teria trazido. Elas não podem saber disso, pois do contrário tudo terminará entre nós. Preciso pedir aos colegas a máxima discrição. Nenhuma palavrinha deverá sair desta sala. Um pedido de desculpas não seria suficiente, e mesmo que todos juntos nos apresentássemos às damas, e ficássemos repetindo em coro o nosso pedido de desculpas, isto de nada adiantaria. Só resta o silêncio. Posso contar com sua discrição, não posso, caros colegas? Aqui nada foi exibido, e determinada palavra ofensiva não foi pronunciada. Também eu me calarei. Não contarei nem mesmo ao meu irmão grande."

UM MÓRMON RUIVO

Passei o verão de 1926 com meus irmãos em Santa Agatha, uma aldeia entre Goisern e o Lago Hallstatter. Lá havia uma velha e bonita hospedaria, a antiga tenda de ferreiro, com uma espaçosa taberna. Não teria sido adequada para rapazes adolescentes. Mas logo ao lado havia uma casa muito menor, mais nova, a Pensão Ferraria Agatha, dirigida por uma velha senhora. Os quartos eram pequenos e modestos, assim como a sala de jantar, onde não havia mais de três ou quatro mesas. Numa delas sentávamos com a proprietária, uma senhora forte, mais severa no aspecto do que quando falava pois, mais tarde, viu-se que ela não tinha preconceitos contra casais solteiros.

Além de nós, havia um casal de hóspedes: um diretor de

teatro de meia-idade, moreno de cabeleira espessa, um pouco desgastado, sempre gracejando, e sua amiga esbelta, em plena mocidade, bem mais alta do que ele, de cabelo louro-cinzento, bastante atraente, e muito impressionada com sua conversa interminável. Ele, sem cessar, dava explicações sobre todas as coisas; nada havia que ele não soubesse melhor. Gostava de conversar comigo, pois eu lhe respondia à altura. Ele escutava o que eu dizia, e até mesmo parecia levar-me a sério. Mas logo ele próprio se soltava, descartava tudo quanto eu havia dito, troçava, gracejava, escarnecia, ralhava, desempenhando vários papéis, como se estivesse no palco — e nunca terminava sem encarar Affi, sua amiga, de forma dominadora. A ela parecia natural que ele tivesse a última palavra; mas não a mim. Enquanto ela nunca tentava dizer alguma coisa, eu o tentei algumas vezes. Assim que ele havia me jogado em terra, eu inesperadamente me levantava de um salto e refutava quanto ele havia dito, o que provocava a *sua* réplica mordaz. Mas *Herr* Brettschneider não era maldoso; apenas fazia parte de sua tranquila posse de Affi que ela não ouvisse outro ser masculino falando por muito tempo, nem mesmo um adolescente. *Frau* Banz, a proprietária, escutava em silêncio; não tomava partido e não deixava perceber, nem mesmo com o mais leve tremor do rosto, a quem dava razão. No entanto se via que ela acompanhava todas as nuanças da conversa.

Herr Brettschneider e Affi ocupavam um quartinho ao lado do meu; a parede era fina, eu ouvia tudo o que se passava ao lado: assobios, brincadeiras, risinhos e, com frequência, grunhidos de satisfação. Só não havia, nunca, o silêncio. Talvez *Herr* Brettschneider silenciasse durante o sono mas, se era esse o caso, eu jamais o percebia, pois então eu próprio estava dormindo.

Não é de admirar que nossos pensamentos girassem em torno daquele casal tão desigual, pois eram os únicos hóspedes, além de nós. Mas havia outra coisa que, naquelas semanas, me ocupava mais: as andorinhas. Havia inúmeras; faziam seus ninhos na magnífica ferraria antiga. Quando eu, sentado à mesa de madeira do jardim, escrevia em meus cadernos, elas voavam acima de mim, bem próximas. Eu as observava durante horas e horas.

Estava enfeitiçado por elas. Às vezes, quando meus irmãos queriam fazer um passeio, eu dizia: "Vão indo, eu vou depois; só quero terminar de escrever uma coisa". Mas eu pouco escrevia, quase só observava as andorinhas; não queria me separar delas.

Durante dois dias houve em Santa Agatha a quermesse; é o acontecimento que conservei com mais brilho na memória. As barracas foram armadas em torno da enorme tília, na praça defronte à velha ferraria, mas se estendiam até em frente à casa em que morávamos. Bem abaixo de minha janela um jovem havia armado uma mesa, sobre a qual empilhara uma grande quantidade de camisas para homem. O vendedor misturava as camisas com um movimento rápido e impetuoso, erguia para o alto uma ou outra, em geral duas ou três juntas, e as jogava sobre o monte. Ao mesmo tempo gritava:

> *Hoje não faço a menor distinção,*
> *Se tenho dinheiro no bolso ou não!*

Isso ele proclamava com convicção, com um gesto nervoso, como se as camisas lhe fossem indiferentes, como se estivesse jogando tudo fora. As camponesas vinham à sua tenda para apanhar algo daquilo que era jogado fora. Algumas delas examinavam uma camisa, desconfiadas, como se entendessem daquilo. Ele a arrancava de suas mãos e novamente a jogava à sua frente, como se fosse dá-la de presente, e nenhuma das que tiveram uma camisa na mão deixou de levá-la, era como se ficasse grudada em suas mãos. Quando pagavam, parecia que ele não via o dinheiro, também este ele jogava fora, para dentro de uma grande caixa, que ia se enchendo rapidamente, e as pilhas de camisas diminuindo incessantemente. Eu o observava de minha janela, logo acima dele. Nunca vira alguém agir com tanta rapidez, e sempre tornava a ouvir seu refrão:

> *Hoje não faço a menor distinção,*
> *Se tenho dinheiro no bolso ou não!*

Percebi que a aparente leviandade, contida em suas palavras, se transmitia às camponesas, que lhe entregavam seu dinheiro como se nada significasse — e de repente não restou uma única camisa, sua banca ficou limpa. Ele ergueu o braço direito e exclamou "Esperem! Um momento!" e desapareceu com a caixa de papelão, cheia de dinheiro, na esquina. De onde eu estava, não pude ver aonde ele ia, pensei que tudo tivesse terminado e saí da janela, mas não cheguei a alcançar a porta de meu quartinho, e já tornei a ouvir o refrão "Hoje não faço a menor distinção etc.". Sobre a mesa havia novas pilhas de camisa, que ele erguia fazendo caretas e jogava de volta com desprezo. De todos os lados se aproximavam as camponesas, e caíam no laço dele.

A quermesse não era grande. Ao caminhar por entre as barracas eu sempre tornava a me aproximar dele. Ninguém sabia vender tão bem. Ele percebeu a minha presença, já me havia notado na janela e, num daqueles raros momentos em que ficou só, perguntou-me se eu era estudante. Isso não me surpreendeu, pois ele parecia ser estudante. Sacou sua caderneta de matrícula da Universidade de Viena, pondo-a diante dos meus olhos. Era estudante de direito cursando o quarto semestre, e ganhava seu sustento nas feiras anuais. "Você vê como é fácil", disse ele, "eu poderia vender qualquer coisa. Mas camisas é o melhor. Essas mulheres estúpidas pensam que estão recebendo um presente." Ele desprezava suas vítimas. Após uma semana, disse ele, o pano já estava rasgado, uma camisa dessas podia ser usada quatro ou cinco vezes, mas depois... mas não se importava, quando elas descobrissem, ele já estaria longe. "E no próximo ano?", perguntei. "Próximo ano! Próximo ano!" A pergunta o deixou espantado. "No próximo ano eu terei batido as botas. Se no próximo ano eu ainda não tiver batido as botas, estarei noutro lugar. Você pensa que voltarei para cá? De jeito nenhum. Você voltará para cá no próximo ano? Você também não voltará, de jeito nenhum. Você, porque o lugar o aborrece; eu, por causa das camisas." Pensei nas andorinhas, e que eu voltaria por causa delas, mas isso eu não lhe disse, e ele acabou ficando com a razão.

Na quermesse havia muitas outras coisas para se ver, mas a única pessoa com quem fiz amizade foi um homem de cabelo vermelho e perna de pau, que estava sentado nos degraus diante da velha hospedaria, com uma muleta a seu lado, a perna de pau estendida à sua frente. Perguntei-me o que ele estaria fazendo lá, não me teria ocorrido que ele esmolava. Mas não percebi que de vez em quando lhe davam uma moeda, e ele, sem se comprometer, dizia "Deus lhe pague!". Tive vontade de lhe perguntar de onde vinha, pois ele parecia estranho com seu enorme bigode vermelho, mais vermelho, talvez, do que o cabelo de sua cabeça, mas ele dizia "Deus lhe pague" como os naturais do lugar. Senti-me embaraçado em fazer perguntas a ele, um mendigo, fiz de conta que não o tinha notado. Nada lhe dei, com a intenção de compensá-lo mais tarde. Certamente não houve ar de condescendência em minha pergunta sobre sua origem, mas ele não mencionou nenhum lugar, nenhum país, dizendo apenas, para minha grande surpresa: "Eu sou mórmon".

Eu não sabia que havia mórmons na Europa. Mas talvez ele tivesse estado na América, onde vivera entre mórmons. "O senhor viveu muito tempo na América?" "Nunca estive lá!" Ele sabia que sua resposta me surpreenderia, e esperou um pouco antes de me explicar que havia mórmons também na Europa, e até mesmo na Áustria, e que não eram poucos. Faziam suas reuniões e se comunicavam uns com os outros. Ele poderia mostrar-me o jornal que publicavam. Tive a sensação de que o estava perturbando em seu trabalho, pois ele tinha de atentar para as pessoas que entravam e saíam da hospedaria, e assim o deixei, dizendo que voltaria mais tarde. Mas então ele sumiu, e não entendi como não o vira se afastar. Era impossível que ele passasse despercebido, com sua perna de pau, sua muleta e seus cabelos cor de fogo.

Entrei na taberna, que estava apinhada, e lá, no grande salão, vi-o de repente, entre muitas outras pessoas, sentado a uma mesa grande, tendo à sua frente um cálice de vinho da cor de seus cabelos. Parecia estar só; ninguém falava com ele, ou talvez ele não falasse com ninguém. Era estranho que se misturasse, como qualquer outro, com os hóspedes do local, na frente dos quais havia pouco estivera mendigando. Não parecia se importar com isso. Estava sentado calmo e ereto; talvez houvesse um pouco mais de lugares vazios a seu lado do que ao lado dos outros. Ele se destacava de todos com seu cabelo e seu bigode cor de fogo. Seria o único em sua mesa a chamar minha atenção, mesmo que eu não tivesse falado com ele antes. Parecia briguento, mas ninguém brigava com ele. Logo que me viu, acenou alegre, e me convidou para sentar à sua mesa. Teve que mover sua cadeira só um pouco, para me dar lugar. Havia até mesmo uma cadeira desocupada próximo dali, de alguém que se levantava e fora embora. Afinal estávamos sentados bem juntos, como velhos camaradas, e ele insistiu em me pagar um cálice de vinho.

Ele tinha a sensação, disse, entrando logo no assunto, de que eu me interessava pelos mórmons. Todo mundo era contra os mórmons. Ninguém queria saber dele, só por causa disso. Todos pensavam que ele tivesse muitas mulheres. Era só o que as pessoas sabiam sobre os mórmons, quando chegavam a saber alguma coisa. Era uma tolice tão grande, ele não tinha mulher alguma, a que tivera o abandonara, e por isso ele se juntara aos mórmons. Eram gente boa, todos trabalhavam; nenhum deles vadiava, nenhum deles bebia álcool, não era como aqui, apontou zangado para o meu cálice — o dele já estava vazio, ou ele o esquecera — e, com um movimento do braço, abarcou todos os cálices do salão. Ele gostava de falar nisso; sempre tornava a repetir: os mórmons eram gente boa. Mas as pessoas ficavam aborrecidas com isso; mal ele começava a falar, já diziam "Cale a boca!" ou então "Vá para a América com seus mórmons!". Ele já havia sido expulso de tabernas, só porque falara sobre os mórmons. Todos tinham algo contra ele, só por causa disso. Ele nada queria das pessoas, nunca aceitava coisa alguma de ninguém quando estava lá dentro; só na rua. Isso não era da conta de ninguém. Será que lhes doía? Mas eles não suportavam que se encontrasse algo de bom nos mórmons. Para eles, eram como pagãos ou hereges, e até mesmo já lhe haviam perguntado se todas as pessoas de cabelo vermelho eram mórmons. Até mesmo sua mulher sempre lhe dizia: "Não chegue perto de mim com seus cabelos vermelhos. Você está bêbado. Você fede". Naquele tempo ele ainda bebia muito, e então podia acontecer que ficasse com ódio da mulher, e lhe desse alguns golpes com a muleta. Por isso ela o abandonara. A culpa fora do álcool. E alguém então lhe dissera: os mórmons curam a gente do vício de beber, nenhum deles bebe, nem mesmo um só. Então ele os procurara, e era verdade, eles o haviam curado; agora ele não tocava numa gota de álcool. Novamente fitou, furioso, o meu cálice, que não ousei esvaziar.

Senti a hostilidade dos outros, sentados à mesma mesa. Ele nunca fitava os copos deles, mas suas palavras eram cada vez mais audíveis. Seu sermão contra o álcool se tornou mais alto e mais violento. Esvaziara seu cálice havia muito tempo, e nada mais pediu. Não ousei oferecer-lhe outro cálice de vinho. Saí por um instante, e pedi à copeira que lhe servisse novo cálice, mas não logo, só depois que eu estivesse novamente sentado por algum tempo. Senti a pergunta em seus lábios, mas me adiantei e paguei de imediato. Então, de repente, havia um cálice cheio à sua frente, ele disse "Deus lhe pague", e o esvaziou de um trago. À saúde devia-se beber, isso sim, até mesmo os mórmons o faziam. Ninguém poderia imaginar como era boa aquela gente. Cada um deles dava alguma coisa; eles ainda tinham compaixão por um pobre-diabo, uma mesa toda pedia mais um copo para um pobre-diabo, e todos ficavam bebendo à sua saúde até que estivessem embriagados, mas de *compaixão*, o que era outra coisa, de *compaixão* podia-se beber. Por que eu não brindava com ele? Havia pedido um cálice de vinho, de compaixão, e agora alguém havia-lhe oferecido outro cálice, de compaixão, então podíamos beber tranquilamente. Com os mórmons também era assim, eles eram severos, e se aquela gente severa o permitia, não se podia reclamar contra isso.

Mas ninguém fez menção de reclamar; já que ele bebia, a hostilidade contra ele cessou. Os olhares dos homens que estavam à mesa — entre eles alguns rapagões robustos, dispostos a lhe darem uma surra — se tornaram mais amistosos e mais inofensivos. Levantaram brindes com ele à América. Ele disse que eu vinha de lá, viera visitá-lo, que eu dissesse alguma coisa para que percebessem como eu conhecia bem a língua. Eu, muito encabulado, articulei algumas frases em inglês; eles brindaram comigo, talvez para verificar se eu realmente bebia, pois, pela minha ligação com ele, não tiveram dúvida de que eu era um emissário dos mórmons.

A ESCOLA DO OUVIR

Quando voltei para Viena, continuei morando na residência de *Frau* Weinreb, em Haidgasse. Contra a minha vontade, sem conseguir evitá-lo, escutava os sons maléficos do "Carrasco", que vinham da cozinha. Desde a visita noturna de *Frau* Weinreb, eu tinha o sono mais leve, contando com novos acontecimentos da mesma espécie. Era, em especial, a relação febril com os retratos de seu marido, pendurados por toda a parte; o que me tirava o sossego. Eram tantos, pouco se distinguindo um do outro, a não ser pelo tamanho e a moldura; mas cada um deles era relevante, cada um deles produzia seu efeito. Havia uma rotina, durante a qual *Frau* Weinreb lhes prestava sua homenagem, mas como eu, durante o dia, não estava em casa, não pude determinar quando era. Eu tinha a sensação de que ela diariamente ia ao meu quarto; como poderia ela negligenciar os retratos que lá havia?

Naquela noite em que veio, estava numa espécie de transe. Como seria durante o dia, quando o Carrasco não estava dormindo, mas seguia e controlava tudo o que *Frau* Weinreb fazia? Talvez ela estivesse sempre no mesmo estado, quem sabe provocado pela contemplação dos retratos, que a todo o momento estavam diante de seus olhos, em todas as paredes. Um par de olhos substituía outro; eram sempre os mesmos olhos, sempre dirigidos a ela. Em todos os retratos *Herr* Weinreb era velho; aparentemente não havia fotografias dele quando jovem. Ela não o teria conhecido sem barba; e se, na sua morte, tivessem sido encontrados retratos de sua juventude, estes teriam sido descartados como sendo de um estranho. Estaremos enganados se dissermos que ele tinha o semblante severo. Tinha um olhar bondoso, suave, sempre igual. Também quando retratado com um grupo de colegas, não tinha aspecto ameaçador, mas sim tranquilizador, um pacificador, um mediador, um árbitro. Tanto mais incompreensível pareceu-me a inquietação de *Frau* Weinreb. O que seria que a impelia incessantemente de um retrato ao outro? Qual seria a palavra de ordem que ele lhe deixara, que a mantinha firme sobre suas pernas, e que, como numa hipnose "múltipla", se renovava diante de cada um de seus pares de olhos?

Um dia, ao encontrá-la no vestíbulo, troquei com ela algumas palavras, e tive que me conter para não perguntar como passava *Herr* Weinreb. Mas ela sempre reiterava o quanto ele havia sido bom, amável e distinto, que homem culto havia sido *Herr* dr. Weinreb. Certa vez eu disse, compungido: "É uma lástima que ele já não esteja vivo há tanto tempo", ao que ela objurgou, assustada: "Ainda não faz muito tempo". "Quanto tempo faz?", perguntei, procurando parecer tão amistoso quanto ele, mas não obtive sucesso sem a barba. "Isto eu não posso dizer", disse ela, "não o sei", e desapareceu rapidamente em seu quarto. Eu ficava intranquilo, como ela, assim que entrava na casa, mas não o demonstrava, e tratava de ignorar os retratos pelos quais tinha aversão. As molduras estavam sempre espanadas, e os vidros lavados. Eu olhava para eles como se consistissem só na moldura e na chapa de vidro. Lembro-me que eu previa uma catástrofe, a destruição dos retratos, como horrível solução.

Uma vez sonhei que o Carrasco estava em meu quarto, a cozinheira, tia de Ruzena, que aliás nunca entrara em meu quarto, e que, com dentes arreganhados, com um enorme palito de fósforos aceso na mão, ia de um retrato de *Herr* Weinreb ao outro, e punha fogo neles com toda a calma. Enquanto isso ela mantinha os braços, a mão e o palito sempre à mesma altura, e deslizava mais do que caminhava. Não vi seus pés, ocultos debaixo da longa saia, que ia até o chão. Os retratos ardiam

logo, mas com muita calma, como velas. O espaço transformou-
-se numa igreja, mas eu sabia que lá estava minha cama, e que
eu estava deitado nela. Acordei sobressaltado com o sacrilégio
de estar deitado numa cama dentro de uma igreja.

Contei esse sonho a Veza, que levava os sonhos a sério, sem
debilitá-los com as explicações correntes. Não lhe escapara o
quanto me era lúgubre o culto aos retratos, de *Frau* Weinreb.
"Talvez", disse ela, "seja o Carrasco quem exige esta devoção.
Ela sabe de tudo e, com o auxílio desses retratos, mantém a
patroa sob seu domínio. É a igreja de Satanás, e você mora e
dorme lá dentro, e nunca mais terá sossego enquanto ficar lá."
Senti que ela havia traduzido meu sonho, com poucas palavras,
na linguagem que nos era familiar, sem confundir suas cone-
xões mais sutis.

Eu sabia que tinha que sair de lá, daquele quarto, daquela casa, daquela rua, daquele bairro. Mas ficava a apenas dez
minutos da Ferdinandstrasse, onde morava Veza, e este fora o
verdadeiro motivo pelo qual alugara aquele quarto. Eu podia
aparecer inesperadamente na rua, diante do quarto de Veza,
fazendo-lhe sinal com um assobio; e assim, intranquilo como
estava, eu podia exercer sobre ela uma espécie de controle.
Assim eu sabia não apenas se estava em casa ou tinha saído, se
estava só ou tinha visita — como também se estava lendo ou
estudando. A qualquer hora em que me comprouvesse aparecer,
Veza me convidava a entrar. Ela nunca me deu a impressão de
que eu a perturbava; talvez, realmente, não a perturbasse, mas
não deixava de ser uma coação — para ela, porque nunca podia
ter a certeza de que eu apareceria ou não; para mim, porque eu
me sentia atraído também por motivos menos dignos, isto é,
para saber exatamente o que ela estava fazendo.

Eu me sentia atraído em qualquer caso, pois não havia momentos mais belos do que aqueles que eu passava com ela, para
admirá-la, e para lhe dizer, em meio a essa admiração, o que eu
havia pensado ou havia feito. Ela me escutava, nada lhe escapava, ela guardava todas as palavras, mas reservava sua opinião,
não se deixando confundir. Aquilo que ela achava sensato fica-

va gravado, pois tornava a surgir durante a conversa. Não era ocioso que nos ocupássemos de assuntos intelectuais, tampouco era arrogante, mas sim perfeitamente natural. Havia os pensamentos de outros, que nos respondiam como um eco e que nos fortaleciam. Ela os conhecia, abria os *Diários* de Hebbel e mostrava aquilo que acabáramos de dizer, e a gente não se sentia envergonhado, pois não o conhecia. Suas citações nunca nos tolhiam, só eram usadas quando seu efeito era animador. Ela também tinha suas próprias ideias, inspiradas pelas muitas coisas que lhe eram familiares. Foi ela que, naquela época, introduziu Lichtenberg em minha vida. A outras coisas eu me opunha, e logo percebi que Veza tinha uma espécie de chauvinismo por tudo quanto era feminino. Ela era conquistada sem resistência pelos glorificadores de mulheres, e idolatrava Peter Altenberg, a quem havia visto muitas vezes — já em menina ela o encontrara algumas vezes no Parque da Cidade — assim como ele próprio havia idolatrado as mulheres e as meninas. Eu achava isso ridículo, e não tinha papas na língua. Era bom que houvesse algumas coisas que me ajudassem a delimitar meu território do dela, pois do contrário eu aos poucos teria capitulado diante de sua erudição. Eu opunha, ao seu Altenberg, os meus suíços: *A aranha negra*, de Gotthelf, e *Os três penteeiros justos*, de Keller.

Tínhamos algumas importantes duplas antagônicas: ela gostava de Flaubert, eu de Stendhal. Quando queria brigar comigo, porque se aborrecera com minha desconfiança ou com meus imensos ciúmes (que ela apreciava em pequenas doses), ela me vinha com Tolstói. Anna Karienina era seu personagem feminino favorito, e tão logo se tratava dela, Veza podia ficar tão zangada a ponto de declarar guerra a Gogol, o *meu* grande escritor russo. Ela exigia uma reparação para Anna Karienina, a qual eu achava maçante, pois nada tinha em comum com Veza. E como eu não cedia — nestas coisas eu era inabalável como um mártir, e antes deixaria que me fizessem em pedaços do que sacrificar-me a uma deusa falsa —, ela não hesitava em usar seus instrumentos de tortura, e se lançava contra Gogol,

216

em vez de se lançar contra mim. Ela conhecia seus pontos fracos, e logo investia contra *Taras Bulba*, o cossaco, que tanto lhe lembrava Walter Scott.

Eu tinha o cuidado de não defender Taras Bulba, mas quando tentava desviar a conversa para as coisas grandes, imensas, para *O capote*, ou para *Almas mortas*, ela, com hipocrisia, lamentava que tão pouco restasse da segunda parte desse romance. Talvez essa parte melhorasse após os primeiros capítulos. E, aliás, o que pensava eu dos anos russos de Gogol após seu regresso à pátria, quando ele, assustado com o impacto que produzira, procurou provar, a todo custo, o quanto era piedoso e o quanto era devotado ao governo, escrevendo os deploráveis *Trechos escolhidos de uma correspondência com amigos*, jogando no fogo sua verdadeira obra?

Veza disse que, em toda a história da literatura universal, nada conhecia de mais horrendo do que os últimos anos de Gogol; no entanto ele tinha apenas quarenta e três anos quando morreu. Podia-se ter respeito por tal demonstração de covardia — mesmo que fosse o medo do fogo do inferno? E, comparado com isso, o que achava eu do desenvolvimento posterior de Tolstói, que alcançou o dobro de idade e que também, após a conclusão de *Anna Karienina*, da qual eu não entendia absolutamente nada, realizara diversas coisas que mesmo eu, um encarniçado inimigo das mulheres, teria que respeitar? Mas que, acima de tudo, disse Veza, ele demonstrara até as últimas horas de sua vida uma tenacidade, uma coragem, até mesmo uma magnanimidade sem igual, aquilo que os ingleses chamam de "spirit". Ela disse que não podia levar a sério uma pessoa que punha Gogol acima de Tolstói.

Fiquei aniquilado mas, mesmo aniquilado, não cedi. Perguntei a Veza o que *acontecera* a Tolstói, o conde, com toda a sua coragem? Alguma vez ele foi para a prisão, ou moveram-lhe um processo? Teve que abandonar sua casa senhorial? Morreu no exílio?

O que lhe aconteceu foi a *mulher*, disse ela, e ele *abandonou* sua "casa senhorial", e morreu no exílio.

Fiz, ainda, uma tentativa de reabilitar Gogol. Disse que ele ousara ir mais longe. Que, naquelas suas obras que contavam, ele era mais corajoso do que qualquer outro. Como ele não se dera conta de sua coragem, de repente se viu confrontado com ela, e teve um susto mortal a respeito de si próprio. Ele se viu como aquilo que havia atacado, e os fanáticos que o rodearam, após seu regresso, o ameaçaram com as penas do inferno, por ter criado todos aqueles personagens. Através de seu terrível fim, ficara provada a força, e também a inovação representada por seus personagens. Veza podia zombar dele, eu disse, mas então estaria zombando da fé de Gogol. E, o que ela tanto venerava no velho Tolstói, a não ser sua fé?

Veza não podia suportar que eu mencionasse no mesmo fôlego o horrível fanatismo dos bispos ortodoxos que influíram sobre Gogol, e a fé de Tolstói autoadquirida, constantemente submetida a um exame de consciência. Ela disse que se tratava de coisas completamente incomensuráveis. Nossa amarga e prolongada contenda acabava numa espécie de acordo, que correspondia ao tema literário em discussão, e era também uma obra literária, mas admirada por ambos: as anotações de Gorki sobre o velho Tolstói, que eu lhe dera para ler. Era o melhor de tudo quanto ele escrevera, anotações avulsas que deixara de lado por muito tempo, até que ele as publicou, sem destruí-las através de uma falsa unificação exterior.

Essa descrição do velho Tolstói deixou Veza muito comovida. Ela disse que era o mais belo presente que eu já lhe dera. Quando nossa conversa chegava até *este ponto*, ambos sabíamos que o pior havia passado. Veza, então, disse uma coisa que me partiu o coração: "É o que eu mais desejo na vida: que você um dia escreva assim".

Essa não era uma meta que pudéssemos estabelecer para nós próprios. Não só porque fosse inatingível. Há muitas coisas que são inatingíveis, e podemos tentar navegar em sua direção. Mas a grandeza dessas anotações de Gorki era determinada por seu objeto, mais do que pelo escritor. Haveria hoje, no mundo, um Tolstói? E se houvesse saberíamos que era ele? E

218

mesmo que nos desenvolvêssemos a ponto de merecê-lo, nós o encontraríamos? Era um desejo temerário, e talvez Veza não devesse tê-lo externado. Embora eu nunca pudesse pensar nessa sua frase sem sentir a mesma dor aguda que então senti, creio que está certo falar no inatingível. Depois disso nunca mais nos será fácil dar algo por garantido, e o inatingível continuará sendo inatingível.

Era surpreendente, em nossas conversas, que não nos influenciássemos mutuamente. Veza ficava com aquilo que ela mesma tinha adquirido. Certas coisas que eu lhe apresentava impressionavam: mas só se apropriava delas quando as encontrava dentro de si. Havia lutas, mas nunca havia um vencedor. As lutas se estendiam por meses e, como se viu mais tarde, por anos; mas nunca se chegava a uma capitulação. *Esperava-se* a tomada de posição do outro, mas sem jamais antecipá-la. Se aquilo a ser dito fosse pronunciado pela parte errada, seria cortado pela raiz. Veza se esforçava para evitar precisamente isso, através de sua cautela secreta, um carinhoso interesse, mas não maternal, pois éramos iguais. Apesar da veemência de suas palavras, ela nunca agia com superioridade. Ela também jamais teria sido submissa; e nunca se perdoaria se, para manter a paz, ou por fraqueza, ocultasse sua opinião. Talvez "luta" seja o termo errado para nossas disputas. Entrava em jogo o pleno conhecimento do outro, e não apenas uma avaliação da presença de espírito e da força. Era-lhe impossível ofender-me com más intenções. Eu não queria ofendê-la por nada no mundo. No entanto existia uma compulsão para a veracidade intelectual, não menor do que aquela que eu conhecera em minha primeira juventude.

Também aqui não pude me libertar do legado de intolerância que eu recebera. Mas aprendi a tratar intimamente com uma pessoa *racional*, quando importa não só que ouçamos cada palavra, mas também que procuremos compreendê-la, e demonstremos essa compreensão com respostas precisas e sem distorções. O respeito pelas pessoas começa por não ignorarmos suas palavras. Eu diria que esse foi o aprendizado *silencioso* daquele tempo, embora ele se desenrolasse com muitas palavras, pois o outro, o aprendizado oposto, que comecei ao mesmo tempo, era vociferante e estrondoso.

Aprendi com Karl Kraus que se pode fazer tudo com as palavras dos outros. Ele utilizava aquilo que lia de uma maneira arrebatadora. Era mestre em acusar as pessoas com suas próprias palavras. Isso não significava que ele as poupava da acusação em *suas* palavras explícitas. Usava ambas, e esmagava a cada um. Apreciava-se o espetáculo, porque se reconhecia a lei que ditava essas palavras; e também porque se estava na companhia de muitas outras pessoas, e sentia-se a monstruosa ressonância que se chama massa, dentro da qual você não é mais ferido pelos seus próprios limites. Não se queria perder nenhum desses acontecimentos, não se deixava escapar nenhum deles. Ia-se a essas conferências, mesmo que se estivesse doente e com febre alta. Com isso a gente se entregava também à tendência para a intolerância, que era naturalmente poderosa, e que agora aumentava de forma, por assim dizer, legítima, e quase inimaginável.

Muito mais importante era que, ao mesmo tempo, se aprendia a *ouvir*. Todas as coisas ditas, em toda a parte, a qualquer tempo, por quem quer que fosse, prestavam-se à audição, uma dimensão do mundo da qual até então eu nunca suspeitara. E como se tratava da ligação entre a linguagem e as pessoas, em todas as suas variações, talvez fosse esta a mais importante dimensão, ou em todo o caso a mais rica. Essa forma de ouvir não era possível sem a renúncia aos próprios sentimentos. Depois de se ter posto em andamento aquilo que havia para ouvir, recuava-se e passava-se apenas a absorver, sem se deixar perturbar por qualquer opinião, qualquer indignação, qualquer encanto. O importante era a forma pura, inadulterada, e que nenhuma dessas máscaras acústicas (como as designei mais tarde) se misturasse com outra. Por muito tempo não se tinha noção da quantidade de provisões que se juntava. Sentia-se apenas uma avidez por estilos de linguagem, que se desejava puros e nitidamente delimitados, que se podia tomar na mão como um objeto, que de repente nos ocorriam sem que reconhecêssemos sua relação com outra coisa, de modo que tínhamos de articulá-los em voz alta; não sem nos admirarmos de seu polimento perfeito, e da cegueira segura com que excluíam tudo o mais que havia para dizer no mundo, quase tudo, tudo; pois a eles mesmos restava uma única propriedade: que eles sempre tinham de se repetir.

Creio que senti, em Santa Agatha, no verão de 1926, pela primeira vez, a necessidade de tais máscaras, com sua autossuficiência, por assim dizer, independentes das que eu costumava ouvir do livro de Karl Kraus, *Os últimos dias da humanidade*, e que eu agora já sabia de cor. Senti essa necessidade quando observei, durante horas, as andorinhas com seus movimentos rápidos e leves, e ouvi os ruídos que faziam. Esses ruídos, apesar de sempre repetidos, não me cansavam; tampouco os maravilhosos movimentos de seu voo. Talvez eu depois as tivesse esquecido, mas então veio a quermesse com o vendedor de camisas debaixo de minha janela, e seu pregão sempre igual: "Hoje não faço a menor distinção, se tenho dinheiro no bolso ou não!". Já em criança eu gostava de ouvir os pregoeiros, desejava que eles ficassem nas proximidades e não continuassem seu caminho tão cedo. O vendedor de camisas ficou dois dias no mesmo lugar, irremovível, debaixo de minha janela. Mas quando eu, precisamente por causa desse ruído, me retirava para a mesa de madeira no pequeno jardim, onde costumava escrever, tornava a encontrar as andorinhas, que não se deixavam perturbar, absolutamente, pelo alvoroço da feira; executavam os mesmos voos, emitiam os mesmos sons. *Uma* repetição era como a outra; tudo eram repetições. Os sons, dos quais a gente não se livrava, consistiam na repetição. Embora fosse uma máscara *falsa* a que o vendedor de camisas punha em seu rosto, e em nossa conversa se revelasse um estudante de direito que sabia perfeitamente o que queria e dizia, o seu uso constante dessa máscara, junto com os sons imutáveis mas naturais das andorinhas, produziram em mim tal efeito que a busca de estilos de linguagem, depois, em Viena, me conduziu a incansáveis rondas noturnas pelas ruas e cafés do bairro de Leopoldstadt.

No fim do ano esse território ficou exíguo demais para mim. Comecei a desejar ruas mais compridas, caminhos mais longos, outras pessoas. Viena era uma cidade muito grande, mas o caminho da Haidgasse à Ferdinandstrasse era curto; a Praterstrasse, onde eu morara alguns meses com meu irmão, parecia exaurida. Os meus caminhos haviam se tornado rotina. Na Haidgasse eu esperava, noite após noite, uma catástrofe. Talvez fosse também por isso que eu, com frequência, tivesse maus pensamentos, e corresse até a janela de Veza na Ferdinandstrasse. Só a luz de seu quarto podia me acalmar. Se ele estava escuro, por ela ter saído, eu ficava amuado, embora ela tivesse me avisado com antecedência. Parecia que algo em mim esperava que ela sempre tivesse de estar presente, não importando seus compromissos.

Pouco a pouco me convenci de que a possibilidade de controlá-la a pequena distância, a tentação de ceder a todas as motivações dessa espécie, faziam com que minha desconfiança aumentasse, tornando-se um perigo para nós. Era necessário criar uma distância entre nós. Eu tinha de sair da Haidgasse; o melhor seria que Viena inteira nos separasse, para que, ao procurar ou deixar Veza, eu tivesse a oportunidade de conhecer todas as vielas, portões, janelas, todos os lugares da cidade, de ouvir todas as suas vozes sem me assustar com nenhuma delas, de me entregar a elas, de incorporá-las a mim, sempre permanecendo receptivo, entretanto, para as novas. Eu queria encontrar e criar para mim um alojamento, no outro extremo da cidade, e lá Veza me visitaria, ao menos de vez em quando, livre da tirania do malvado ancião, agora domado, ao qual ela sempre tinha de estar de ouvido atento; pois quem poderia saber se ele de repente não se separaria de sua lareira, saindo de seu inferno, para invadir o território sagrado?

AS MULHERES INVENTADAS

Durante as férias da Páscoa de 1927 viajei a Paris para ver minha mãe e meus irmãos. Fazia quase um ano que estavam instalados lá, não se tendo arranjado nada mal. Meus irmãos se adaptaram bem às suas novas escolas, não tendo quaisquer dificuldades com a língua, que haviam aprendido — muito mais jovens — durante dois anos numa pensão para meninos em Lausanne. Sentiam-se bem ali, e especialmente Georg, o menor, que agora chamavam de Georges, desenvolvia-se da forma como eu o teria desejado para mim. Era um jovem alto, de olhos negros, desembaraçado, que se distinguia especialmente nas aulas de filosofia. Sua tendência para as distinções lógicas me surpreendeu (certamente não poderia ser atribuída à minha influência), e lhe conferia, aos dezesseis anos, uma certa independência, de que ele dava provas nas longas cartas que me escrevia, e também nas conversas durante minha visita. Ele era sutil e esperto; em sua escola presumia-se que se dedicaria inteiramente à filosofia. A língua francesa lhe era tão fluente como para mim a alemã, e no entanto não foi nenhuma dessas a nossa primeira língua. Contudo, falávamos alemão entre nós. Também ele era leitor assíduo da *Tocha* que eu sempre tinha de lhe enviar de Viena. Uma de suas qualidades respeitáveis era que, sempre que dominava uma língua — com o correr do tempo aprendeu um bom número —, ele não a falava diferente dos naturais do lugar; em geral melhor.

Com toda a perspicácia e clareza de sua mente, era uma pessoa meiga, incansável em seus cuidados pela mãe. Substituía a mim naquilo que eu deixara de representar, e evitava todo e qualquer conflito com ela. Ele estava cônscio da profundidade com que eu a atingira. Em sua maturidade emocional, que ultrapassava em muito a sua idade, ele entendia o que havia acontecido entre nós, sempre o tendo diante de seus olhos. Ele ouvia com paciência as severas acusações que ela fazia contra mim, sem retrucar, mas também sem concordar com ela, a ponto de trancar todos os caminhos para a reconciliação. Era como se ele estivesse assumindo todo o meu antigo amor por ela, enriquecendo-o e refinando-o com a ternura que me faltava. Era sorte para a família que eu estivesse segregado, e era sorte para mim. Mas, para tornar perfeita essa segregação tanto para ela como para mim, eu tinha de retirar de seu coração o mais profundo dos espinhos; e esse espinho tinha nome.

Antes de eles se mudarem para Paris, eu tinha entendido que havia um único meio de minorar a dor de minha mãe e, o que me importava ainda mais, de proteger Veza de seu ódio: a invenção de mulheres. Eu comecei com isso em minhas cartas, e logo me diverti com as histórias, tão variadas. Tinham de ser *várias* mulheres. Qualquer uma que eu tomasse demasiado a sério, qualquer uma que se afirmasse, teria alarmado e despertado o ódio de minha mãe. Ela recearia a influência dessa mulher sobre mim, e faria dela uma figura satânica que lhe tiraria o sono. Assim aconselhava-se, em todo o caso, a variedade. Após ter acumulado alguma experiência, cheguei à solução mais feliz: tinham que ser *duas* mulheres muito diferentes, entre as quais eu estaria indeciso; uma delas não moraria em Viena, e a outra também não moraria nas proximidades, para que os estudos não sofressem pressão. Além disso, nenhuma delas poderia alcançar a vitória sobre a outra, o que lhe daria, novamente, uma preponderância perigosa; eu ficaria à sua mercê, conforme minha mãe havia escrito. Eu não tinha escrúpulos em inventar essas histórias; não as considerava mentiras no sentido comum do termo. Ulisses, que sempre continuou sendo meu paradigma, ajudou-me a vencer os aspectos embaraçosos da situação. Aquilo que era bem inventado era uma história, não uma mentira; e o motivo do empreendimento era bom, até mesmo caritativo, o que logo ficou demonstrado na prática.

O mais difícil, naquilo tudo, era que eu tinha de informar Veza. Sem que ela o soubesse, sem a sua concordância, eu não poderia inventar essas histórias, nem continuar a urdi-las. E assim foi inevitável que eu aos poucos, em pequenas doses, com a maior diplomacia possível, lhe dissesse a verdade sobre a profunda animosidade de minha mãe. Por sorte, Veza havia lido suficientes bons romances para compreender o que tinha acontecido. Como eu já tinha iniciado meu empreendimento antes que Veza o soubesse, já não havia condições para que ela o evitasse. Ela temia que minha mãe soubesse da verdade através de terceiros: isso provocaria um agravamento da situação. Objetei que seria bom *ganharmos tempo*. Dentro de alguns anos, quando minha mãe tivesse se acostumado à minha vida independente, quando houvesse até mesmo um livro meu que ela pudesse respeitar com convicção, então sofreria menos ao tomar conhecimento dos fatos. Consegui convencer Veza, e ela sentia também, embora eu não o dissesse, o quanto eu temia que minha mãe perpetrasse contra ela um ato de ciúme.

Entretanto, eu não havia levado em consideração um aspecto: o efeito animador de minhas histórias, sequer muito imaginativas, sobre a fantasia de minha mãe. Quando cheguei em Paris para a Páscoa, havia, de acordo com minhas cartas, uma "Maria" em Salzburgo, e "Erika", uma violinista, que morava em Rodaun, enquanto eu quase não via mais Veza, e já não gostava dela. Eu ainda estava no vestíbulo da moradia em Paris, nada ainda haviam-me mostrado, apenas tendo-me saudado rapidamente, quando minha mãe perguntou por Erika. E só quando por um instante ficamos a sós, sem os irmãos, ela disse: "Ainda não contei nada disso aos rapazes; mas, como vai Maria? Você vem diretamente de Viena ou interrompeu a viagem em Salzburgo?". Ela não achava certo que meus irmãos soubessem desses meus dois amores, poderia corrompê-los. Ela lhes contara acerca de Erika, esperava que eu não me importasse, pois assim o espectro de Veza estaria excomungado para todos os da família, e podia-se pensar em mim, que estava em Viena, sem demasiados cuidados.

Portanto era essa a situação, e eu tinha de satisfazer a curiosidade de minha mãe, que fazia inúmeras perguntas. Ela queria saber tudo, mas suas perguntas variavam conforme a presença, ou não, de meus irmãos. Dava-lhe um prazer infinito que Maria, a de Salzburgo, fosse um segredo entre nós dois. Ela aconselhou-me, também, a não mencioná-la diante dos parentes, isso poderia prejudicar minha reputação. Pois havia nisso um certo ar de devassidão, e ela própria tinha de admitir que não me julgara capaz de tanta sabedoria numa questão da vida prática. Mas, provavelmente, isso simplesmente acontecera, e ela não deveria elogiar-me por algo que era mera obra do acaso.

Alguns dias depois, quando fiz meu primeiro grande passeio com Georg — queria mostrar-me coisas que estava certo de que eu não vira apesar de minhas estadas anteriores em Paris —, ele me disse, após termos conversado sobre outros assuntos "reais", isto é, intelectuais, que nossa mãe estava passando muito melhor. O fato de que o caso com Veza havia terminado produzira um verdadeiro milagre. Depois ele me encarou muito sério e hesitou, como se receasse dizer alguma coisa. Insisti, embora suspeitasse o que iria ouvir. "Não precisa perguntar o que *eu* penso acerca disso", disse ele. "Espero que você não continue a brincar com as pessoas, como o fez com Veza." Ele novamente hesitou. "Você ao menos sabe como ela está passando? Não receia que ela possa fazer alguma coisa contra si mesma?"

Eu sempre gostara muito dele, agora o amava mais ainda. Resolvi que ele seria o primeiro a quem eu contaria a verdade. Ainda era cedo demais. Era mau, era sufocante para mim, deixá-lo na opinião de que o destino de uma pessoa, que me era tão próxima, significava menos para mim do que para ele, que mal a conhecia. Eu não havia ponderado esse aspecto dessa tola mentira, e foi bom que agora tivesse de enfrentá-lo.

Georg sempre pensava nisso quando estávamos sós. Ele estava convencido de que uma pessoa que é abandonada de forma tão vil está em perigo e necessita de assistência especial. A dedicação e a compreensão que ele demonstrava por nossa mãe, em Paris, ele também tinha, em pensamento, por Veza, em Viena. Procurava imbuir-me de carinho por ela, sem mencioná-la, ou mesmo sem me dar conselhos. No Louvre, onde estivemos juntos algumas vezes, ele ficava parado diante do quadro *Santa Ana* de Leonardo da Vinci, olhava por muito tempo para santa Ana, e depois para mim. O sorriso da santa lembrava-lhe o de

226

Veza. Georg recordava-se muito bem dela, pois a tinha visto, embora não houvessem trocado duas palavras. Ele me perguntou, como se agora falássemos sobre pintores e nada mais, se eu gostava de Leonardo da Vinci. Algumas pessoas achavam que o sorriso nos rostos de Leonardo era adocicado; mas Georg não. Tudo dependia, disse eu, de se conhecer pessoas capazes de tal sorriso, sem que sua vida fosse determinada por razões adocicadas. Ele concordou comigo. Senti que ele queria saber minha verdadeira opinião sobre Veza, diante de quem, segundo pensava, eu me comportara tão mal; mas também lhe importava que fôssemos justos com ela, pois em casa ouvira as coisas mais abomináveis a respeito de Veza, e havia se calado, embora sua opinião fosse outra.

Chegamos à *Balsa da Medusa*, de Géricault, que nos fascinou. Admirei-me de que ele, com seus dezesseis anos, não conseguisse separar-se daquele quadro. "Você sabe por que essas cabeças são tão *verdadeiras*?", disse ele e então me contou que Géricault havia pintado as cabeças de corpos executados, exercitando-se assim para pintar as figuras em sua *Balsa*. "Eu não poderia ter feito isto", disse-lhe; para mim era novidade. "É por isso que você não estudou medicina. Você não seria capaz de uma autópsia." Então eu soube que ele não desistira da ideia de ser médico, e me senti muito feliz. Ele não ficaria com a filosofia, que agora estava em primeiro plano. Sua compaixão, sua compreensão da dor, sua capacidade de suportar a visão da morte sem sucumbir a ela, sua paciência, mas também seu senso de justiça, que concedia a cada um o respeito que lhe cabia — tudo isso me parecia indicar que ele nascera para exercer a profissão de médico. E ele teria sucesso naquilo em que eu falhara, apesar de meu alto apreço por essa atividade.

Rivalizávamos em minuciosidades, e era um pouco cômico que ambos nos detivéssemos diante de quadros que nos eram indiferentes, enquanto outros nos atraíam mais; alguns porque os conhecíamos bem, e tínhamos especial predileção por eles. Georg teve a gentileza de me perguntar se eu achava oportuna uma visita às antiguidades da Babilônia, aludindo à minha paixão por Gilgamesh. Também isso ele não tinha esquecido; nada ele esquecera. O cais da Radetzkystrasse não apagara nele as coisas mais antigas. Como eu desisti dos babilônios, que Georg achava enfadonhos, ele, em compensação, me conduziu aos *Quatro aleijados*, um pequeno Brueghel, muito bonito. "Para que você torne a nos visitar", disse ele. "Você pensa que eu não sei por que não quer sair de Viena? São os Brueghels, e Karl Kraus, e..." O último motivo, que antigamente ele teria mencionado, desta vez não lhe saiu da boca.

Estávamos mais próximos um do outro do que nunca. Sua preocupação pela pessoa que me era a mais importante, e contra a qual eu havia pecado, trouxe-me alívio. Eu bem sabia que eu era inocente, pois não poderia ter sido de outra forma; contudo sentia-me culpado. E só quando eu ficava a sós com minha mãe e percebia como ela desabrochava sob suas perguntas acerca de "Maria", que eu lhe respondia em detalhes, eu me sentia livre de culpa. Ela só se interessava por Maria, e não pela violinista, que já dava concertos e chamava a atenção dos críticos. Ela lastimava que Maria tivesse de morar tão distante de mim, em Salzburgo, e no entanto era precisamente esse distanciamento o que lhe fazia bem. Estava impressionada com a beleza de Maria, e me considerava feliz, não se admirando que Maria gostasse de mim, embora eu, comparado com meu irmão mais jovem, o belo, de fato não fosse atraente. "Acontece que você é escritor", disse ela de repente, justamente quando eu estava continuando a urdir essa história para ela. "Você sabe inventar as coisas. Você não é enfadonho, como tanta gente jovem. Numa cidade como Salzburgo as pessoas são receptivas aos escritores. Ela não vê em você um químico. Esta é a sua sorte."

Fiquei em Paris durante três semanas, no apartamento da rua Copernic; e não se passava um dia sem que minha mãe arrancasse de mim alguma novidade sobre Maria. Tinha um jeito de perguntar ao qual eu não conseguia resistir. Eu não ocultava certos aspectos negativos, como, por exemplo, a horrível avareza da mãe de Maria, sob a qual esta sofria. "Isto acontece nas melhores famílias", recebi por resposta, "lembre-

-se do padrasto de Veza!" — Só isso já denotava uma mudança em sua atitude. Ela, portanto, deve ter se lembrado, às vezes, da terrível pressão sob a qual Veza vivia em casa. Na despedida, meia hora antes de chamarmos o táxi que me conduziria à estação, ela teve um sentimento de magnanimidade e falou como teria falado antigamente: "Não seja duro com ela, meu filho!" — ela se referia a Veza. "Agora ela está abatida e prostrada. Não lhe conte tudo. Ela não precisa saber como são belas suas duas amadas. Não esqueça que ela agora tem que continuar a viver sozinha. É difícil, para uma mulher, conservar sua autoestima após uma derrota como esta. O mais difícil de tudo, para ela, é viver só. Ela não lhe fez nenhum mal, você é que escapou de sua rede. Ela não achará outro como você, que fique preso em sua rede, pois ninguém é tão inocente como você foi. Eu os eduquei puros, e ela logo o percebeu. É um ponto a favor dela ter sido você, meu filho, em quem ela lançou seu olhar. Visite-a de vez em quando, não com muita frequência, pois do contrário você alimentará a sua dor. Diga-lhe que você não pôde ir mais vezes porque os estudos lhe exigem mais do que antes — você está se preparando para a vida, as coisas estão ficando sérias e você não pode desperdiçar seu tempo."

Continuei remoendo essa conversa quando a deixei. Fiquei contente que o Burgtheater ainda não estivesse completamente extinto dentro dela. Mas fiquei mais contente ainda que seu ódio tivesse se transformado em compaixão. Ela estava tão convencida de minha história ao ponto de não ter receio de dar a preferência a uma das duas mulheres. Não estava sequer decidido de qual das duas *eu* gostava mais, mas minha mãe era sempre a favor de Maria. Sempre era melhor, disse ela, pensar em alguém que estivesse longe. Quando estávamos muito próximos, nos feríamos mutuamente pelo atrito, tudo ficava insípido, e também o violino de Erika dava um tom falso ao relacionamento. Amava-se, afinal, a uma pessoa, e não ao seu instrumento, pois do contrário poderíamos nos contentar com seus concertos. Mas que eu não pensasse que ela queria conhecer Maria. Ela achava possível que eu ficasse ligado a Maria até a conclusão de meus estudos, portanto mais dois anos, justamente porque Maria estava em Salzburgo, e eu em Viena. Não que não tivesse curiosidade em conhecê-la, certo; mas eu era exagerado, e talvez ela nem sequer achasse Maria tão bonita quanto eu achava. Contudo, conhecer minha mãe poderia dar a Maria uma preponderância que não era conveniente. Minha mãe disse que eu não me amarrasse, que todos os caminhos da vida me estavam abertos, hoje em dia só um tolo se amarraria aos vinte e dois anos.

A VISTA DE STEINHOF

Em Kolmar fiquei parado diante do altar de Grünewald durante todo um dia. Eu não sabia quando eu viera, não sabia quando iria embora. Quando o museu cerrou as portas, desejei tornar-me invisível, para que pudesse ficar ali durante a noite. Contemplei o corpo de Cristo sem lástima; a horrível condição desse corpo pareceu-me verdadeira, e essa verdade me deixou cônscio daquilo que me confundira nas crucificações: sua beleza, sua transfiguração. A transfiguração pertencia a um coro de anjos, não à cruz. Aquilo a que na vida real teríamos dado as costas, horrorizados, na pintura ainda era concebível: uma lembrança das coisas pavorosas que os homens se fazem uns aos outros. Naquele tempo, na primavera de 1927, a guerra e a morte pelo gás ainda estavam suficientemente próximas para dar mais credibilidade ao quadro. Talvez a tarefa mais imprescindível da arte tenha caído no esquecimento com demasiada frequência: não a purificação, não o consolo, não a disposição de tudo como se terminasse bem, pois não termina bem. A peste e a ulceração, o sofrimento e o pavor — e, para a peste que foi superada, inventamos um horror ainda pior. O que podem ainda significar as ilusões consoladoras diante dessa verdade, que é sempre a mesma, e que deve permanecer visível? Todo o horror que está por vir está aqui antecipado. O dedo de João, monstruoso, indica: é isto que é, é isto que tornará a ser. E o que significa o cordeiro nessa paisagem? O homem que está apodrecendo na cruz, é ele o cordeiro? Ele cresceu, e se tornou homem, para ser pregado à cruz e ser chamado de cordeiro?

Quando estive lá, havia diante de Grünewald um pintor, que o copiava. Não parecia deprimido nem embaraçado, e ponderava por muito tempo cada uma de suas pinceladas. Desejei que ele se fosse; não havia mais ninguém, e pensei que ele começaria a conversar comigo: mas não começou conversa alguma, ele próprio queria sossego. A única coisa estranha nele era que não prestava atenção na gente. Procurei ignorar seu trabalho de cópia. Fiquei parado de forma a não poder vê-la. Mas era impossível não pensar nela. Também me senti embaraçado por me demorar tanto tempo. Fiquei lá parado, mais ou menos como ele, que também não ia embora; mas ele estava de pincel na mão e se esforçava por alguma coisa. Era um homem robusto, de meia-idade; seu rosto era inexpressivo, sem marcas de dor. Era quase inacreditável que esse rosto estivesse ao lado daquele da tela, que estivesse lá ao mesmo tempo, na mesma sala, ocupado, em sua arte, com a imensidão, que jamais perdia de vista.

Fiquei tão envergonhado na frente do copista que, de vez em quando, eu desaparecia nos fundos da sala, como se quisesse examinar outras partes do altar. Eu queria escapar da cópia da crucificação e também dela mesma, mas o pintor devia pensar que era por deferência a ele. Talvez ele se transformasse quando ficava só, talvez fizesse caretas para suportar esse confronto. Ele parecia aliviado quando eu ressurgia dos fundos; pareceu-me que ele sorria. Eu o observava enquanto ele me observava. Será surpreendente que no copista se perceba uma pessoa real? Precisa-se dessa pessoa porque ela não está pregada na cruz. Enquanto ela estiver ocupada copiando, nada lhe pode acontecer. Este foi o pensamento que mais me impressionou. Diante daquilo que se via, só havia proteção desde que nunca se desviasse o olhar. A salvação consistia em *jamais* virar a cabeça. Não é uma salvação covarde. Não é falsificação. Seria, então, o copista a perfeição dentro da salvação? Não; pois, assim como deve ser, ele *decompõe*. Ele se salva nas partes, cuja ligação com o todo ficou adiada. Enquanto ele as pinta, elas não fazem parte do todo. Tornarão a fazer parte. Mas há ocasiões em que ele sequer pode ver o todo, porque está mergulhado no detalhe, cuja perfeição é o que conta. O copista é uma aparência. Ele não é como o dedo de João. Seu dedo não indica, mas se move e executa. Sua despreocupação está, principalmente, na forma como ele *vê*, isto é, sem ser transformado. Se aquilo o transformasse, ele não poderia terminar a cópia.

Só esqueci o copista após alguns anos, quando consegui encontrar as grandes fotogravuras, que pendurei em meu quarto. Quando regressei de Kolmar, tive que procurar, primeiro, o quarto onde ficariam as fotogravuras. Logo o encontrei, já na primeira tentativa, e sem poder julgar para o que ele realmente me serviria.

Eu queria árvores, muitas árvores, e as mais antigas que eu conhecia, nos arredores de Viena, encontravam-se no zoológico de Lainz. O primeiro anúncio com que topei referia-se à proximidade do zoológico. Viajei até Hacking, a estação final do trem urbano, cruzei o miserável córrego que se chamava de rio Viena, e de cujo perigoso passado se contam as histórias mais incríveis, subi a encosta, cruzei a Erzbischofgasse (que dali segue ao longo de um muro até Ober-St. Veit, e pela qual sempre tive uma inclinação), e entrei na Hagenberggasse. Logo à direita, subindo a encosta, era a segunda casa, onde ficava o quarto anunciado.

A dona da casa me conduziu ao terceiro andar, que consistia só nesse quarto, e abriu a janela. Ao primeiro olhar para fora, minha resolução estava tomada: ali eu queria morar, ali eu moraria por muito tempo. A vista se estendia por cima de um campo de jogos vazio e a Erzbischofgasse para as árvores, muitas árvores grandes, supus que pertencessem ao jardim do arcebispado. Por cima delas, contudo, eu vi do outro lado do vale do rio Viena, numa colina, a cidade dos loucos, Steinhof: era circundada por um longo muro, dentro do qual antigamente teria havido lugar para uma cidade. Steinhof tinha sua própria catedral. O fulgor da cúpula da igreja de Otto Wagner alcançava até onde eu estava. A cidade consistia em muitos pavilhões, que de longe pareciam vilas. Desde que eu viera a Viena, ouvira falar muito de Steinhof, nessa cidade dos loucos, onde viviam seis mil pessoas. Realmente não ficava muito próxima, mas parecia bastante nítida, procurei imaginar que eu podia olhar pelas janelas para dentro dos salões.

A dona da casa, que certamente interpretou mal meu olhar pela janela — devia ter uns sessenta anos, sua saia ia até o chão —, fez-me um pequeno discurso sobre a juventude de hoje e as batatas, que já haviam dobrado de preço. Escutei-a até o fim, sem interrompê-la; talvez eu sentisse que no futuro não ouviria seus discursos com muita frequência mas, para evitar quaisquer equívocos, declarei logo, assim que ela terminou, que eu exigia o direito de receber as visitas de minha amiga. Ela logo a chamou de "*Fräulein* noiva", e insistiu em que só poderia haver *uma Fräulein* noiva. Eu lhe disse que também traria meus livros, que eram muitos. Isso pareceu ser de seu agrado, com um *Herr* estudante deveria ser assim. Em compensação houve algum problema com meus quadros, que eu queria pendurar nas paredes, pois não queria me separar das reproduções da Capela Sistina, que me acompanhavam desde a Vila Yalta, em Zurique. "Precisam ser presos com percevejos?", ela perguntou, mas acabou cedendo; eu logo aceitara o preço do aluguel, que não era alto, e com os livros eu conquistara sua confiança. Ela não gostava de mudar de inquilinos, e quem trazia muitos livros pretendia ficar.

Portanto vim com os quadros da Sistina, mas nunca esqueci meu verdadeiro propósito, de procurar as fotogravuras do altar de Isenheim, e pregá-las nas paredes em todos os detalhes que eu pudesse conseguir. Levou muito tempo até que encontrei o que procurava. Nesse quarto vivi seis anos e, tão logo me vi cercado das reproduções de Grünewald, escrevi o *Auto de fé*.

Eu não via com frequência a dona da casa, que morava no térreo com o marido e filhos adultos: uma vez por mês, quando eu lhe entregava o aluguel, e logo depois, quando ela levava o recibo ao meu quarto. Acontecia, contudo, que alguém me procurasse quando eu tinha saído; então ela, na volta, me interceptava na porta da casa, e eu recebia um relatório detalhado do aspecto, dos modos, e do desejo do visitante. Ela desconfiava de todos os que vinham, e quando era alguém da vizinhança, que eu tivesse conhecido por acaso, e que queria algo para ler, ela me advertia com insistência contra as pessoas com más intenções, que só vinham espiar o que havia para roubar. Seja qual fosse o recado que a dona da casa tinha para me dar, terminava sempre com o discurso sobre a juventude de hoje.

Na parte mais baixa, no porão da casa, morava a viúva de um guarda florestal, uma espécie de zeladora, que passara a maior parte de sua vida no meio do jardim zoológico, com seu marido. Tinha por tarefa arrumar minha cama e limpar meu quarto. Eu a via nos dias em que não ia ao laboratório e ficava em casa durante a manhã; ela me falava do tempo em que morara no zoológico de Lainz. *Frau* Schicho era idosa, amável, de cabelo encanecido, muito gorda, de rosto vermelho, que começava a suar ao menor esforço. Quando eu estava presente durante a arrumação, o que não era muito frequente, o quarto logo se enchia de um cheiro forte, embora a porta e as janelas estivessem abertas e houvesse uma corrente de ar. Não era um cheiro penetrante ou repugnante; era mais como manteiga que já não estava muito fresca, mas também que não estava rançosa. Eu teria saído, apenas para fugir daquele cheiro, mas *Frau* Schicho tinha um jeito de contar casos, ao qual eu não podia resistir. Não era da floresta e da casa do guarda que ela falava, a não ser que eu fizesse perguntas sobre javalis e mochos, às quais ela respondia de boa vontade, mas sem animação. Seu pensamento girava, antes, em torno de hóspedes ilustres que haviam visitado o zoológico no séquito do *kaiser*. Ela falava com orgulho, mas não de forma solene, do Dia dos Três Imperadores, quando o da Rússia e o da Alemanha, ao lado do imperador Francisco José, empertigados em suas montarias, se detiveram à frente da casa do guarda florestal, e ela lhes serviu uma bebida de boas-vindas. Ela ainda via os três à sua frente, como se continuassem presentes, descrevia seus penachos, seus uniformes, seus rostos; ela ainda sabia em que cavalos estavam montados, e quais as palavras com que agradeceram a bebida. O tom não era servil; era, antes, como se tudo ainda estivesse presente. E quando estendia seus braços para cima para me mostrar como oferecera a cada um dos imperadores sua bebida de boas-vindas, era como se ela ficasse um pouco surpresa porque ninguém fazia menção de lhe tomar o cálice. Tudo havia desaparecido. Onde estavam os imperadores? Como era possível que nada daquilo tivesse sobrado? Embora ela nunca o expressasse, nem denotasse qualquer pesar, eu sentia que aquilo para ela era um enigma, tanto quanto para mim, e que por causa desse enigma ela relatava o passado com tanto vigor e tanta clareza.

Eu não tomava o café da manhã em meu quarto, onde não guardava sequer frutas ou pão. Eu sempre desejara um lugar que estivesse livre da comida, que não fosse perturbado por qualquer coisa que eu considerasse trivial ou importuna. A isso eu chamava, jocosamente, de minha "pureza doméstica", e Veza, quando me visitava, o entendia, e nunca tentou, à moda das mulheres, montar ali uma economia doméstica. Ela interpretava meu desejo de manter meu quarto livre dessas coisas à sua maneira original e lisonjeira: seria o meu respeito pelos profetas e pelas sibilas, que continuavam pregados à parede, e talvez meu respeito por Michelangelo que podia trabalhar infinitamente sem pensar em comida.

Isso não significa, porém, que eu me privasse de alguma coisa, muito menos que passasse fome. A cinco minutos, descendo a colina pela Auhofstrasse, havia uma leiteria onde vendiam iogurte, pão e manteiga, que se podia consumir em paz, sentado à única mesinha, na única cadeira da loja. Lá eu fazia meu desjejum, antes de seguir para o laboratório. Nos dias em que eu ficava em casa, visitava a leiteria também mais tarde, durante o dia. Naquele tempo eu gostava de viver de iogurte, pão e manteiga, pois tudo o que eu conseguia poupar era gasto em livros.

Frau Fontana, que dirigia essa filial da leiteria, nada tinha em comum com *Frau* Schicho. Sua voz era tão aguda quanto seu nariz, que ela metia em tudo. Durante a minha refeição eu ficava conhecendo detalhes sobre cada um dos fregueses que saía da loja, e sobre cada um daqueles que presumivelmente apareciam. Esgotado esse assunto, o que levava bastante tempo, chegava a vez de *Frau* Fontana falar de seu casamento, que aparentemente andara mal desde o começo. Seu primeiro marido fora aprisionado pelos russos e enviado à Sibéria, onde passou alguns anos e depois sucumbiu a uma doença. Um amigo dele voltou de lá mais tarde, com suas últimas saudações, sua aliança e uma fotografia de um grupo no qual se via o falecido, seu amigo, e outros prisioneiros. Uma foto preciosa da qual seu proprietário jamais se separava, embora gostasse de mostrá-la. Todos haviam deixado crescer a barba, e nenhum deles era reconhecível. O proprietário costumava apontar para uma das barbas, a segunda da direita na primeira fila, e dizia: "Este fui eu! Não está me reconhecendo? Que tempos, aqueles!". Depois ele assumia um ar solene e indicava outra barba, a segunda da esquerda na primeira fila, e declarava: "E este foi meu amigo e antecessor; o senhor poderá chamá-lo de primeiro *Herr* Fontana, embora, é claro, seu nome fosse outro. É melhor que o senhor pergunte à minha esposa. Ela poderá exaltar-lhe as qualidades".

Frau Fontana não tinha qualidades a exaltar de seu segundo marido. Ela levantava-se muito cedo, para abrir o negócio; ele dormia toda a manhã, pois à noite chegava tarde de seu bar predileto na cidade, pelo último trem, da uma hora, e às vezes mais tarde ainda, a pé, quando sua mulher já estava dormindo havia muito tempo, e ele não a via. Durante a tarde, enquanto ela estava ocupada na filial, ele se levantava e voltava à cidade, para junto de seus parceiros.

Ela facilmente começava a resmungar, e ele a evitava o quanto podia. Mas, no começo da tarde, antes de viajar à cidade, ele às vezes a substituía na leiteria. Foi assim que cheguei a conhecê-lo, e ele me contou da Sibéria. Após uns dois anos, a tensão entre os dois ficou tão grande que ela o expulsou de casa. Disse-lhe que aquilo nem sequer era um matrimônio, que eles nada tinham a ver um com o outro. Que ele usava a casa dela só para dormir. Já nem falava mais com ela. Sempre que ela estava acordada, ele dormia; e assim que ela adormecia, ele acordava.

Finalmente ele foi embora e ela, na manhã seguinte, o participou a mim, satisfeita e amargurada ao mesmo tempo. Ele quase nada trouxera, pois nada tinha; mas o pouco que tinha tornou a levar consigo, até mesmo alguns pregos enferrujados. "Imagine o senhor, levou os pregos enferrujados; não me deixou um sequer." Era como se ela quisesse ter ficado com um dos pregos enferrujados — de lembrança? para aborrecê-lo? — e ele não lhe cedera um sequer. Ainda se fossem novos; mas não eram, eram pregos velhos e enferrujados.

Herr Fontana era muito baixo, e andava com o corpo dobrado e inclinado para a frente, como se sofresse de uma grave hérnia. Era completamente calvo, de aparência macilenta e esgotada. Seus olhos pareciam prestes a lacrimejar, mas não lacrimejavam. Quando ele estava na loja, costumava aparecer ali a suntuosa e opulenta condessa que morava nas proximidades com sua família, uma mulher alta e forte, uma amazona acostumada a caçar — embora eu jamais a tivesse visto a cavalo, ou caçando. Tinha uma voz forte, e comprava como se a leiteria existisse só para ela. Mas o que ela comprava não era muito, pois jamais trazia consigo o dinheiro suficiente. Às vezes chegava com seus três filhos pequenos, o que logo nos fazia pensar em seu enorme peito. Os olhos de *Herr* Fontana saltavam das órbitas cansadas. Ele servia à condessa com boa vontade, sem qualquer hostilidade, ao passo que costumava zangar-se com todos os outros que apareciam quando ele estava atendendo. Ela mal saíra pela porta quando ele se virava para mim e dizia entusiasmado, agora com os olhos lacrimejando de verdade: "Que égua danada! Que égua danada!".

Suponho que ele só vinha à loja a esta hora para vê-la — do contrário ele talvez tivesse dormido mais — e ela, como se houvesse combinação, vinha sempre à mesma hora, e deixava-se servir por ele. Às vezes ficava amontoado, à frente da condessa, sobre o balcão da leitaria, tudo o que ela havia pedido; depois ela — muito ruim em cálculo — começava a fazer as contas. *Herr* Fontana, que gostava de retê-la para poder contemplá-la por mais tempo, ajudava na soma. Sempre faltava dinheiro; apesar de a condessa lhe agradar, ele não oferecia crédito. Assim, um após outro, os artigos pedidos desapareciam do balcão. Ela nunca se constrangia com esse procedimento, não era vergonha que não soubesse calcular pois, em compensação, entendia de cavalos. Assim ela devolvia um artigo após o outro, sem jamais demonstrar qualquer desgosto. *Herr* Fontana tomava a liberdade de abrir-lhe a mão com uma pressão suave; num relance percebia quanto dinheiro ela trazia. Era ele que de repente punha fim à devolução das mercadorias, e dizia: "Agora está certo. Para isto seu dinheiro chega!".

Quando ele foi embora, a condessa sentiu sua falta, pois agora era *Frau* Fontana quem a servia, e esta mostrava menos compreensão pela sua incapacidade de fazer contas, suspeitando de intenções menos honestas. Também *Frau* Fontana tinha algo a dizer quando a dama com seus filhos saía da loja: "Esta jamais frequentou uma escola. Não sabe fazer contas, e escrever também não sabe. Imagine uma pessoa como esta dirigindo o meu negócio!". A condessa, que não era insensível a essa hostilidade, disse a *mim*, lá fora: "É uma lástima que aquele homem fino tenha ido embora! Ele, sim, *era* uma pessoa fina!". Não havia dúvida de que ela não ouvira falar nos pregos enferrujados.

Eu também sentia falta de *Herr* Fontana, especialmente das conversas sobre a Sibéria. Ele, na realidade, ainda vivia lá. Seus companheiros de bar gostavam de ouvir os seus relatos sobre a Sibéria. *Precisava* ir ao bar todos os dias, ele me disse. Todos lá esperavam por ele, queriam que continuasse a narrar. Ainda havia muita coisa para contar; ele não terminaria tão cedo. Poderia escrever um livro sobre a Sibéria, ele disse. Mas achava mais fácil fazer um relato oral. Sua mulher logo adormecera, na primeira vez em que ele começara a lhe falar sobre a Sibéria. Para ela só uma coisa importava: a aliança. Seu amigo, o primeiro marido dela, pedira: pelo amor de Deus, devolva-lhe a aliança, do contrário ela não terá um minuto de sossego! Para ela, é um objeto de valor. Bem que ele poderia ter ficado com a aliança, ele disse. Mas aquilo que prometera a um amigo que estava morto ele cumpria. Mesmo que se tratasse de um milhão em dinheiro, ele o teria devolvido por uma recompensa. E o que lhe trouxera toda a sua lealdade? Agora ele tinha de se haver com uma vendedora de leite, em vez de uma condessa.

Um ano depois que ele foi embora, a Sibéria ainda era tema de conversas em nossa vizinhança.

ENTRE MÁSCARAS MORTUÁRIAS

O que me atraía em Ibby Gordon era sua presença de espírito e sua alegria; a moça tinha um lampejo de inspiração após outro. Nunca ouvi dela uma frase que se esperasse ouvir; era sempre alguma coisa diferente. Ela era húngara, e nos surpreendia também nisso; todo erro que cometesse se tornava uma fonte de inspiração. Ela nos tornava conscientes de certas palavras. Quando uma palavra alemã lhe agradava especialmente, ela a suprimia, só a deixando aparecer em neologismos, que lembravam seu desaparecimento. Depois disso, nos referíamos à palavra perdida de maneira sempre diferente. Ela não falava rápido; nada do que dizia se perdia, cada sílaba tinha seu peso. Nenhuma palavra se deixava pressionar ou empurrar pela próxima. Mas como ela *pensava* rápido, muita coisa dentro dela esperava por sua vez e se refletia em seu próprio prazer, antes de se tornar visível. Muitas alegrias, todas novas, se enfileiravam uma após a outra, e o interminável contentamento, que daí resultava, não dava lugar a sobressaltos, tristeza, desgosto ou receio. Quando se estava junto dela, não se pensava que houvesse tristeza em nenhum lugar do mundo, pois toda tristeza em que ela pusesse os olhos, ou que fosse levada ao seu conhecimento, se transformava em algo que perdia seu peso e criava asas. Como ela jamais tinha queixas daquilo que acontecia a si própria, não se podia censurá-la por se divertir com os terrores dos outros.

Ibby Gordon tinha o aspecto de uma figura de Maillol, de uma camponesa clássica; seu rosto parecia uma fruta, que logo começaria a luzir de tão madura. Ela se nutria de tudo o que via de incongruente e de grotesco. Poder-se-ia achar que era impiedosa, mas ela também o era em relação a si própria. Fica-va-se admirado que sua zombaria espirituosa e divertida lhe assentasse tão bem. Ibby, que espelhava saúde e felicidade, com frequência não tinha o que comer, mas acerca disso ela não per-dia uma palavra, a não ser que fosse para contar uma história: como ela parecia bem alimentada aos olhos masculinos, que não se cansavam de contemplar a suntuosidade de seus ombros.

Tudo quanto dizia respeito à origem, à boa ordem, à roti-na da vida diária, tinha se esvaecido dela sem deixar traços. Aquilo que ela contava de seu passado era tão insignificante como se nunca tivesse existido. O nome do lugar de onde ela provinha — Marmaros Sziget na Hungria oriental, aos pés dos Cárpatos — ficou-me na memória por lembrar o mármore em que Maillol a esculpira. Seu nome Ibolya, violeta em húngaro, parecia ridículo, mas por sorte nunca se pensava nele, já que todos a chamavam pelo diminutivo Ibby. Seu nome de família, Feldmesser, me agradava mais, mas ela sentia vergonha dele, o que talvez tivesse a ver com sua família, da qual eu nada sabia. Como escritora adotara o nome Gordon, ao qual era apegada; parecia ser a única coisa que lhe importava.

Em Budapeste ela conhecera Friedrich Karinthy, um satíri-co húngaro, afamado em seu país; eu nada havia lido dele; o que ela contava acerca de seus escritos lembrava Swift. Ela tornou--se sua amante. Escrevia poemas de que ele gostava; diziam que ele fora conquistado tanto por seus poemas quanto por sua beleza. A mulher dele, Aranka, uma pessoa impetuosa, morena, um belo tipo cigano, como dizia Ibby, jogou-se, de ciúmes, do terceiro andar à rua. Embora gravemente ferida, por milagre não morreu. Karinthy ficou tão impressionado com esse ato de desespero que decidiu separar-se de Ibby na mesma hora; e, para salvar a vida de sua mulher, ele *baniu* Ibby de Budapeste e da Hungria.

Um amigo dele a conduziu através da fronteira para Viena, onde ela chegou sem bagagem, apenas com uma escova de dentes, que gostava de exibir. Foi uma fase amarga, mas da qual ela falava sem se queixar. Tinha tão pouca compaixão de Aranka quanto de si própria; tudo o que sentia era o ridículo da situação. O afamado escritor havia incumbido um amigo de confiança de escoltá-la a Viena. O amigo teria de tomar cuidado para que ela não atravessasse sorrateiramente a fronteira e voltasse à Hungria. Alugou um quarto para ela na Strozzigasse; todos os dias ela devia se apresentar a ele num café. Então ele ia ao telefone e chamava Karinthy em Budapeste: "Ibby está em Viena. Ibby não desapareceu". Depois ela recebia algo de comer. Pagavam seu aluguel, e nada mais. Temiam que pudesse comprar uma passagem para Budapeste. Quando ela não aparecia, o amigo a procurava na Strozzigasse para se certificar de sua presença; mas nesse caso ela não recebia nada para comer. Foi assim que ela parou à minha frente, a primeira vez que a vi: a deusa Pomona, com uma escova de dentes na mão em lugar da maçã.

Isso durou algumas semanas, e nesse tempo Ibby se viu em meio a um círculo da *jeunesse dorée* de Viena, objeto de uma disputa entre dois irmãos. Naquele círculo todos os homens andavam atrás dela; e, como eram muitos e todos a cortejavam ao mesmo tempo, ela, usando da maior esperteza, conseguiu repelir seus ataques, jogando-os uns contra os outros. Principalmente os irmãos lhe amarguravam a vida, pois ambos tinham intenções sérias. Ela ficou em Viena quase um ano. Eu a via muitas vezes; nos encontrávamos no café, onde ela, à sua maneira calma e imparcial, fria e radiante, e irresistivelmente cômica, me contava tudo o que acontecia ao seu redor. Eu *tinha* de ouvi-la, mas ela também tinha de falar sobre aquilo. Ela me era grata porque eu não procurava me aproveitar dela. Estando comigo ela descansava, como dizia, de sua beleza inocente. Sentia que eu percebia essa beleza como ela própria, como um fardo, contra cujos efeitos se estava indefeso.

Um dos dois irmãos dirigia uma grande livraria, que assumira após a morte do pai. O outro, considerado o mais sensato e mais inteligente, havia estudado uma série de coisas; gostava de mudar, e na ocasião se dedicava à filosofia. Rudolf, o livreiro, era uma pessoa insignificante, magra e simples, que procurava impressionar esmerando-se na roupa e no penteado dos poucos cabelos que lhe restavam. Era tão submisso aos encantos de Ibby quanto seu irmão. Mas, com suas maneiras secas e sua falta de imaginação, era-lhe bem mais difícil despertar o interesse da moça, do que a seu irmão, que gostava de prestar atenção ao que as pessoas diziam e depois, gaguejando um pouco, as aconselhava com persistência. Rudolf, ele próprio necessitando de conselhos e jamais os dando, tinha que se valer de seus livros, especialmente os livros de arte, que lhe eram acessíveis em sua livraria, para surpreender Ibby e distraí-la. Certa vez ele lhe trouxe *O semblante eterno*, uma coleção de máscaras mortuárias, recentemente publicada. Eu cheguei quando Ibby começava a folhear o livro, que, após poucas páginas, cativou-nos. Aconteceu o que até então era inimaginável entre nós: emudecemos. Sentamo-nos lado a lado. Rudolf, não suportando o entendimento desse silêncio, desapareceu, deixando-nos o livro.

Eu nunca havia visto máscaras mortuárias, para mim eram algo inteiramente novo. Senti que estava próximo daquele momento, do qual pouco sabia.

Não dei muita atenção ao título do livro, *O semblante eterno*. A diversidade dos homens sempre me fascinara; mas eu nunca esperara que essa diversidade se intensificasse até o momento da morte. Admirei-me, também, de que tanta coisa pudesse ser preservada. Desde pequeno eu sofrera com o desaparecimento dos mortos. A preservação do nome, da obra, não me era suficiente. Importava-me também a natureza física, cada traço e cada estremecimento de seu rosto. Quando ouvia a voz de alguém que me ficou na lembrança para sempre, eu procurava em vão o seu rosto; aparecia-me em sonho, quando eu não o desejava ver, mas não se deixava evocar por um ato da vontade. Se alguma vez eu o via — o que era muito raro — o rosto se tornara outro, sujeito à sua própria lei da decomposição. E agora eu via aqueles com cujas ideias e obras eu vivia, que eu amava por seus atos, que eu odiava por suas más ações; eles ficavam

242

imutáveis à minha frente, com os olhos cerrados — como se ainda pudessem abri-los, como se nada de irreparável tivesse acontecido. Teriam ainda controle de si mesmos? Poderiam ainda ouvir o que se dizia só para eles? Eu cambaleava de um rosto para outro, como se tivesse de capturar e prender cada um em separado. Não me dava conta de que agora estavam todos juntos nesse livro. Eu receava que eles se escapulissem em todas as direções, cada um numa diferente. Sem atentar para o nome, reconheci apenas poucos deles. Sem o nome estavam condenados ao desamparo. Mas, logo que se ligava um rosto a um nome, o rosto ficava salvo da ruína. Continuei a folhear, e então, inopinadamente, voltei atrás, e lá estavam ainda, cada um deles; nenhum se escapulira, nenhum tinha ressentimento do lugar que ocupava na sequência da apresentação. O acaso segundo o qual esse livro fora organizado não os desmerecia.

O último momento antes da ruína: era como se alguém tivesse aceito, de uma vez por todas, o que pudesse acontecer, dando seu consentimento para essa última representação. Esse *consentimento*, entretanto, não vale para todas as máscaras: existem aquelas que nos ferem, máscaras reveladoras. Seu sentido está numa verdade horrível, que elas desvendam, isto é, o fator dominante no qual essa vida, em particular, desembocaria: a carga que pesava sobre Walter Scott, a aguda demência do velho Swift, a doença devastadora de Géricault. Poderia-se procurar em todas as máscaras apenas o horrível, o horror da morte. Seriam, então, máscaras do assassínio. Mas seria uma falsificação: existe, ainda, algo nelas que ultrapassa o assassinato.

É a suspensão do alento, mas como se o respirar ficasse conservado. A respiração é o que o homem possui de mais precioso, e que fica mais precioso, ainda, no fim. E esse derradeiro alento é conservado na máscara, como uma imagem.

Mas como pode a respiração transformar-se em imagem? A máscara que eu queria ver, que eu procurava e sempre tornava a encontrar, era a de Pascal.

Nessa máscara, a dor alcançava sua perfeição; ali, encontrava seu sentido havia muito procurado. A dor, quando permanece como ideia, não é capaz de mais do que isso. Se existe uma morte além do lamento, então é aqui que a defrontamos. É uma proximidade com a morte, conquistada a passos indizivelmente pequenos, minúsculos, impelidos pelo desejo de se transpor o umbral, para atrás dele alcançarmos o desconhecido. Pode--se ler muito sobre crentes e mártires que, pela vida no além, querem ser libertados desta. Mas, aqui, temos diante de nós a imagem de alguém no momento em que o consegue, e alguém que também sabia se flagelar mas que, infinitamente mais do que flagelar-se, meditou. Assim, tudo o que ele fez contra sua vida refletiu-se em seu pensamento. Pode-se chamar de eterno o *seu* semblante, pois expressa-se na eternidade que procurava. Ele *repousa* em sua dor, a qual não quer abandonar. Ele quer tanta dor quanto a eternidade possa absorver. Quando ele tiver atingido a plena medida do que lhe é permitido, ele a oferecerá à eternidade e entrará nela.

O 15 DE JULHO

Poucos meses depois que me mudei para o novo quarto, aconteceu algo que teve a maior influência sobre minha vida futura. Foi um daqueles acontecimentos públicos, não muito frequentes, que tanto arrebatam toda uma cidade, a ponto de depois nunca mais ser a mesma.

Na manhã de 15 de julho de 1927 eu não estava no Instituto de Química da Währingerstrasse, como de costume; encontrava-me em casa. Li o jornal da manhã no café de Ober-St. Veit. Ainda sinto a indignação de que fui acometido quando tomei na mão o *Reichspost*; lá estava a manchete em letras garrafais: "Uma sentença justa". Em Burgenland houvera um tiroteio; operários haviam sido mortos. A corte inocentara os assassinos. Essa absolvição foi designada, aliás, propalada, como "sentença justa" no órgão do partido do governo. Foi esse escárnio a todo sentimento de justiça, mais do que a própria absolvição, o que provocou uma enorme agitação entre os trabalhadores de Viena.

Os trabalhadores marcharam em formação cerrada, de todos os distritos de Viena, para o Palácio da Justiça, cujo mero nome para eles representava a injustiça. Foi uma reação totalmente espontânea; senti em mim próprio essa espontaneidade. Apressei-me em ir à cidade, em minha bicicleta, e me juntei a um dos cortejos.

O operariado, que costumava ser disciplinado, que tinha confiança em seus líderes social-democratas, e convencido de que a municipalidade de Viena era por eles administrada de forma exemplar, nesse dia agiu *sem* seus líderes. Quando os trabalhadores quiseram atear fogo ao Palácio da Justiça, o prefeito Seitz, no alto de um carro de bombeiros, com a mão direita erguida, tentou impedir. Seu gesto foi inútil: o Palácio da Justiça *ardeu em chamas*. A polícia recebeu ordem de atirar. Houve noventa mortos.

Isso foi há cinquenta e três anos, e ainda hoje sinto nos ossos a excitação daquele dia. Foi o mais próximo de uma revolução que experimentei pessoalmente. Desde então sei perfeitamente, sem precisar ter lido uma linha a respeito, como ocorreu o assalto à Bastilha. Tornei-me parte da massa, dissolvi-me completamente nela, sem sentir a mais leve resistência àquilo que ela empreendia. Admiro-me que, naquelas condições, eu tivesse a capacidade de apreender todas as cenas individuais concretas que se desenrolavam diante dos meus olhos. Quero mencionar uma delas.

Numa rua lateral, não longe do Palácio da Justiça em chamas, logo ao lado, destacando-se nitidamente da massa, estava um homem de braços erguidos, que juntava as mãos por cima da cabeça, em desespero, e bradava em tom lamentoso, uma vez após a outra: "Os arquivos estão queimando! Todos os arquivos!". "Antes os arquivos do que as pessoas!", disse-lhe eu, mas isso não o interessou, só tinha os arquivos na cabeça. Ocorreu-me que ele próprio talvez tivesse a ver com aqueles autos, fosse funcionário do arquivo, pois estava inconsolável e, apesar daquela situação, eu o achei um tanto cômico. Mas também fiquei irritado. "Acabaram de matar gente a tiros!", disse eu zangado, "e o senhor fica aí falando dos arquivos!" Ele olhou para mim como se eu não estivesse presente, e repetiu aflito:

"Os arquivos estão queimando! Todos os arquivos!" — embora ele estivesse ao lado da multidão, a situação não deixava de ser perigosa para ele; seus lamentos poderiam não ser ignorados, pois eu, afinal, também os ouvia.

Nos dias, semanas de profundo abatimento que se seguiram, quando não se podia pensar em outra coisa e os acontecimentos, dos quais se fora testemunha, sempre tornavam a se desenrolar à nossa frente — perseguindo-nos, noite após noite, até cairmos no sono —, havia ainda *uma* relação legítima com a literatura. Era Karl Kraus. Minha idolatria por ele naquele tempo atingiu seu ponto máximo. Desta vez meu sentimento foi de gratidão por um ato público bem marcante; não sei dizer se houve outra ocasião em que me sentisse tão grato a alguém. Sob o impacto do massacre daquele dia, ele mandara afixar cartazes por toda Viena, nos quais exigia a "renúncia" do chefe da Polícia, Johann Schober, responsável pela ordem de atirar, e pelas noventa mortes. Kraus estava sozinho nisso; foi o único personagem público que fez alguma coisa. As demais celebridades, das quais nunca houve falta em Viena, não quiseram se expor; ou talvez não quisessem tornar-se ridículas. Só Karl Kraus teve a coragem de manifestar sua indignação. Seus cartazes eram a única coisa que mantinha a gente em pé naqueles dias. Eu ia de um cartaz ao outro, ficava parado diante de cada um, e parecia-me que toda a justiça do mundo tinha penetrado nas letras do nome de Karl Kraus.

Já faz algum tempo que escrevi esse relato sobre o 15 de Julho e suas consequências. Aqui o reproduzi literalmente; talvez seja precisamente por sua brevidade que ele dê uma ideia da importância do acontecimento.

Desde então tenho tentado, por várias vezes, aproximar-me daquele dia, que talvez, desde a morte de meu pai, tenha sido o mais decisivo de minha vida. Preciso dizer "aproximar-me", pois alcançá-lo é muito difícil: é um dia extenso, que se estende pela grande cidade, um dia de movimento, também para mim, pois andei de bicicleta por toda Viena. Minhas sensações, naquele dia, estavam todas enfeixadas *num sentido*. É o dia mais *nítido* de que tenho lembrança; mas só é nítido porque, enquanto ele transcorria, não pude desviar dele os meus sentidos.

Não sei *quem* fez do Palácio da Justiça o alvo para os enormes préstitos que se formaram em todas as partes da cidade. Poder-se-ia imaginar que a escolha foi espontânea, embora isso possa não ser verdade. Alguém deve ter dito sem pensar: "ao Palácio da Justiça". Mas não é importante saber quem foi, pois as palavras penetraram em todos aqueles que as ouviram; foram aceitas sem hesitação, dúvida ou reflexão, sem postergação ou demora, e conduziram a todos na mesma direção.

Poderia ser que a substância do 15 de Julho tivesse penetrado inteiramente em *Massa e poder*. Se foi assim, então seria impossível uma regressão completa ao acontecimento original, aos elementos sensoriais daquele dia.

Houve o longo caminho, de bicicleta, até a cidade. Não posso lembrar-me do trajeto. Não sei onde topei com pessoas pela primeira vez. Eu não me *vejo* bem naquele dia, mas ainda *sinto* a excitação, os avanços, a fluência do movimento. Tudo é dominado pela palavra "fogo", depois pelo próprio fogo.

Um latejar dentro da cabeça. Talvez por acaso, não vi pessoalmente qualquer agressão aos policiais. Mas assisti aos tiros desfechados contra a multidão; vi as pessoas caírem. Os tiros eram como chicotadas. Vi as pessoas se dispersando pelas ruas laterais, e logo depois reaparecendo, novamente formando uma massa. Vi pessoas caírem, e mortos deitados no chão, mas eu não estava exatamente ao lado delas. Senti um medo horrível, especialmente desses mortos. Aproximei-me deles, mas *evitei-os* assim que cheguei mais perto. Em minha excitação, parecia-me que seu tamanho *aumentava*. Até que veio a Unidade de Defesa Republicana e os levou. O espaço ao redor deles ficou vazio, como se as pessoas achassem que seriam atingidas por novos tiros se pisassem ali.

Os cavaleiros da Defesa davam uma impressão particularmente horrível, talvez porque eles próprios estivessem com medo.

Um homem à minha frente cuspiu, e apontou com o polegar da mão direita meio para a retaguarda: "Lá penduraram um! Tiraram-lhe a calça!". Diante do que ele cuspia? Diante da vítima? Ou diante do assassinato? Não vi para onde ele apontou. Uma mulher dava gritos estridentes: "Peppi! Peppi!". Estava de olhos fechados e cambaleava. Todos começaram a correr. A mulher caiu. Mas não fora atingida. Ouvi o tropel dos cavalos. Não fui ter com a mulher que estava deitada no chão. Corri com os outros. Senti que eu tinha de correr com eles. Quis refugiar-me na entrada de uma casa, mas não pude separar-me dos que corriam. Um homem muito grande e forte, que corria ao meu lado, batia com os punhos em seu peito, e berrava ao correr: "Aqui, atirem! Aqui! Aqui! Aqui!". De repente desapareceu. Não tinha caído. Onde estava?

Talvez fosse isto o mais tenebroso: viam-se e ouviam-se pessoas em meio a um gesto violento que excluía tudo o mais, e logo essas mesmas pessoas haviam sumido da face da terra. Tudo cedia, e em toda a parte abriam-se buracos invisíveis. Mas a relação de conjunto não se rompia; mesmo quando de repente nos encontrávamos sozinhos em algum lugar, sentíamos que algo nos puxava e arrastava. Isso era porque em toda a parte *ouvíamos* alguma coisa; havia no ar um som rítmico, uma música maligna. Pode-se chamá-lo de música; aquilo nos elevava. Eu não tinha a sensação de estar caminhando com minhas próprias pernas. Era como se estivesse dentro de um vendaval retumbante. Uma cabeça vermelha surgiu à minha frente, em diversos lugares, para cima e para baixo, para cima e para baixo, elevava-se e abaixava-se, como se flutuasse sobre a água. Eu a procurava com os olhos, como se tivesse de obedecer às suas ordens; pensei que fossem cabelos vermelhos, depois reconheci um lenço vermelho, e deixei de procurar.

Não encontrei ninguém que conhecesse; aqueles com quem cheguei a falar eram desconhecidos. Mas falei com poucas pessoas. Ouvi muito; sempre havia no ar algo para ouvir. O mais penetrante era o berreiro, quando a polícia atirava na multidão e pessoas caíam. Então a gritaria era interminável, principalmente a feminina, que se distinguia nitidamente. Pareceu-me que os disparos eram provocados pela gritaria. Mas percebi, também, que não era assim, pois os disparos continuavam, mesmo quando não se ouviam gritos. Ouviam-se tiros em toda a parte, também ao longe, chicotadas sempre repetidas.

A massa era perseverante; dispersada, no mesmo instante tornava a brotar das ruas laterais. O incêndio não deixava as pessoas irem embora. O Palácio da Justiça ardeu durante horas, e o tempo em que ardeu foi, também, o tempo de maior excitação. Era um dia muito quente e, mesmo nos lugares de onde não se via o incêndio, o céu em toda a sua extensão estava vermelho; sentia-se o cheiro de papel queimado, de milhares e milhares de processos.

A Unidade de Defesa, que se via em toda a parte, reconhecível pelas jaquetas e braçadeiras, destacava-se da polícia, pois estava desarmada. Sua armas eram as padiolas, em que levavam os mortos e os feridos. Sua solicitude saltava aos olhos; destacavam-se da fúria dos gritos e das vaias como se não fizessem parte da massa. Apareciam em toda a parte; sua presença com frequência assinalava as vítimas, antes que estas fossem vistas por mais alguém.

Eu próprio não vi quando atearam fogo ao Palácio da Justiça, mas fui informado disso, antes de ver as chamas, pela mudança de tom da massa. Uns gritavam aos outros o que havia acontecido; de início não os entendi. O tom era alegre; não era de avidez, mas de libertação.

O incêndio mantinha a união das pessoas. Sentia-se o fogo, sua presença era irresistível; também onde não era visto, todos o traziam dentro da cabeça, sua atração e a da massa eram uma coisa só. Os tiros da polícia provocavam gritos e vaias, as vaias provocavam novos tiros: mas, onde quer que se estivesse sob o efeito dos tiros, onde quer que a gente aparentemente se refugiasse, a união com os demais, manifesta ou secreta, conforme a localidade, permanecia vigorando. E através de desvios, quando já não era possível de outra forma, era-se atraído para a esfera onde dominava o incêndio.

Aquele dia, marcado pelo sentimento de unidade — uma

única e imensa vaga que se abateu sobre a cidade, e a engolfou: quando a onda refluiu, parecia quase incrível que a cidade ainda estivesse lá —, aquele dia consistiu em inúmeros detalhes, cada um dos quais ficou gravado, nenhum dos quais nos escapou. Cada um deles existe por si mesmo, nitidamente lembrado e reconhecível, e contudo cada um deles forma também parte da imensa vaga, sem a qual tudo parece oco e sem sentido. O que se deve apreender é a vaga, não os detalhes. Tentei-o muitas vezes durante o ano que se seguiu, e também mais tarde, mas nunca o consegui. Eu não poderia consegui-lo, pois não há nada mais misterioso e mais incompreensível do que a massa. Se eu a tivesse entendido inteiramente, não me teria ocupado por mais de trinta anos em decifrá-la, em representá-la e reconstruí-la com a maior perfeição possível, como se faz com tantos outros fenômenos humanos.

Mesmo que eu reunisse todos os detalhes concretos do que aquele dia, para mim, consistiu, juntando-os rigorosamente, sem adorná-los, diminuí-los ou exagerá-los, eu não poderia fazer-lhe justiça, pois aquele dia consistiu em mais do que isso. O estrondo da vaga era ouvido todo o tempo, e trazia esses detalhes à superfície; mas só se a vaga pudesse ser representada por palavras e descrita, poder-se-ia dizer: de fato, nada foi diminuído.

Em vez de me aproximar dos detalhes individuais, eu poderia, contudo, falar das consequências que aquele dia teve sobre meu pensamento posterior. Entre as noções que foram integradas em meu livro sobre a massa, devo àquele dia algumas das mais importantes. Aquilo que procurei em obras de referência, de épocas totalmente diferentes, tudo o que delas retirei, examinei, copiei, li e depois reli, pude comparar com a lembrança desse acontecimento central, que permaneceu viva, apesar de tudo o que aconteceu depois em escala mais ampla, envolvendo mais gente, e de consequências mais graves para o mundo. O isolamento do 15 de Julho, limitado a Viena, deu-lhe, para observação em anos posteriores, quando a excitação e a indignação já não tinham o mesmo ímpeto, um caráter quase mode-

250

lar: um acontecimento circunscrito no espaço e no tempo, que se originou de uma causa incontroversa, e que teve seu decurso claro e iniludível.

Em Viena tive a experiência, de uma vez por todas, daquilo que mais tarde chamei de massa *aberta*, formada através da afluência de gente de todas as partes da cidade, em préstitos longos, resolutos e inflexíveis, cuja direção era determinada pela posição do edifício que tinha o nome de Justiça, mas que, por um erro judiciário, encarnava a injustiça. Vi como a massa tem de se desintegrar, e como ela teme essa desintegração; como ela arrisca tudo, para não se desintegrar; como ela vê a si própria no incêndio que provoca, e como contorna sua desintegração enquanto o fogo arde. Ela impede toda tentativa de extinção do incêndio, pois da duração do fogo depende sua própria duração. As agressões conseguem pô-la em fuga, dispersá-la e expulsá-la mas, embora estejam caídos nas ruas os mortos e os feridos, diante dos olhos de todos, embora ela própria não disponha de armas, ela novamente se reúne, pois o incêndio ainda arde, e sua claridade ilumina o céu sobre as praças e vielas. Vi que a massa pode fugir, sem ser tomada pelo pânico; que a fuga em massa e o pânico são coisas distintas. Enquanto ela, durante a fuga, não se desintegrar em indivíduos que só se preocupam consigo mesmos, com sua própria pessoa, a massa continuará a existir, mesmo na fuga. E, quando ela para, pode voltar-se novamente para o ataque.

Compreendi que a massa não precisa de um *líder* para se formar, não obstante as teorias em voga. Durante todo um dia tive diante dos olhos uma massa que se formara *sem qualquer líder*. Vez por outra, muito raramente, surgia uma pessoa, um orador, que se manifestava no sentido da massa. Seu significado era mínimo, ele permanecia anônimo, e não contribuía com coisa alguma para atiçá-la. Toda narrativa que atribui papel central a tais pessoas falseia os acontecimentos. Se houve algo que se destacasse, que atiçasse a massa, foi o espetáculo do Palácio da Justiça em chamas. Os tiros da polícia não eram chicotadas que dispersavam a massa; eram chicotadas que a uniam.

A visão de pessoas fugindo pelas ruas era uma ilusão pois, mesmo ao correrem, elas percebiam perfeitamente que alguns caíam para não tornarem a se levantar. Essas vítimas atiçavam o ódio da massa, tanto quanto o fogo.

Naquele dia horrível, plenamente iluminado, obtive a verdadeira imagem daquilo que, como massa, preenche o nosso século. Obtive essa imagem a tal ponto que sempre voltei para contemplá-la, tanto por compulsão como por livre vontade. Sempre tornei a estar lá, olhando, e ainda agora sinto como me é difícil deixar de olhar, quando só consegui uma parte mínima daquilo que pretendia: compreender o que é a massa.

AS CARTAS NA ÁRVORE

O ano que se seguiu a esse acontecimento foi totalmente dominado por ele. Meus pensamentos, até o verão de 1928, não se ocupavam de outra coisa. Eu estava decidido, mais do que nunca, a descobrir o que realmente era a massa, que me havia subjugado tanto mental como fisicamente. Aparentemente eu continuava a estudar química, e comecei a trabalhar em minha tese; mas a tarefa que me coube era tão pouco interessante, que não chegava a atingir a parte mais superficial de meu intelecto. Aproveitei todos os momentos livres para o estudo daquilo que realmente me era importante. Eu procurava me aproximar, pelos caminhos mais diversos, e aparentemente muito absurdos, daquilo que eu experimentara como massa. Procurei-os na história, mas na história de *todas* as civilizações. Fiquei cada vez mais fascinado com a história e a filosofia antiga da China. Com os gregos eu começara muito mais cedo, já no tempo da escola em Frankfurt. Aprofundei-me nos historiadores antigos, especialmente Tucídides. Era natural que eu estudasse as revoluções, a inglesa, a francesa, a russa. Mas também comecei a compreender o significado das massas nas religiões; foi nesse tempo que teve início meu anseio de conhecer todas as religiões, o qual desde então nunca mais me abandonou. Li

Darwin na esperança de nele encontrar algo sobre a formação de massas entre os animais, e consultei livros sobre sociedades de insetos. Devo ter dormido pouco, pois passei noites inteiras lendo. Anotei algumas coisas, tentei escrever alguns ensaios. Eram trabalhos preliminares, ainda tateantes, para o livro sobre a massa, mas que quase nada significavam, pois os conhecimentos que os sustentavam eram escassos demais.

Na realidade, era o começo de uma nova expansão em muitas direções ao mesmo tempo e o que havia de bom nisso é que não estabeleci quaisquer limites para mim mesmo. Embora eu perseguisse determinado alvo, queria encontrar testemunhos da presença e do efeito da massa em todas as esferas da vida. Mas, como isso merecera pouca atenção, tais documentos eram escassos; o resultado efetivo foi que com isso fiquei sabendo de todas as coisas possíveis, e que nada tinham a ver com a massa. Nomes chineses e, logo depois, também japoneses, se tornaram familiares para mim; comecei a mover-me livremente entre eles, como no tempo da escola movia-me entre os gregos. Entre as traduções de chineses clássicos, dei com Tchuang-tse, que se tornou, para mim, o mais familiar de todos os filósofos; sob a impressão de suas palavras, comecei então a escrever um ensaio sobre o taoísmo. Para justificar-me, perante mim mesmo, pelo fato de me desviar tanto de meu tema principal, tentei convencer-me de que eu nunca entenderia as massas se não soubesse o que é o *isolamento* extremo. O verdadeiro motivo de minha fascinação por esse rumo tão original da filosofia chinesa, entretanto, foi a importância que nela têm as *metamorfoses*, sem que eu o admitisse. Foi um bom instinto, segundo o vejo hoje, que me impeliu para as metamorfoses; a ocupação com elas me preservou de me entregar ao mundo dos conceitos, a cuja margem sempre fiquei.

É estranho com quanta habilidade, não posso dizê-lo de outra maneira, me afastei da filosofia abstrata. Não encontrei na filosofia nenhum traço da massa, um fenômeno tão concreto quanto eficaz. Só muito mais tarde entendi os disfarces da massa, e a forma como aparecem em muitos filósofos.

Não creio que, de tudo quanto soube de maneira tão impetuosa e turbulenta, alguma coisa tenha ficado na superfície; tudo lançou raízes e se propagou pelas regiões vizinhas. As ligações entre coisas que estavam muito afastadas umas das outras se estabeleceram subterraneamente. Por muito tempo me ficaram encobertas, o que teve seu lado bom, pois anos mais tarde afloraram com maior força e segurança. Não sou de opinião que haja perigo em se fazer planos demasiado abrangentes. A vida, de qualquer forma, traz consigo as limitações e, mesmo que uma limitação não possa ser evitada de todo, pode-se, ao menos, detê-la e reagir, estendendo-se até onde for possível.

O desespero imediatamente após o 15 de Julho, marcado por uma espécie de paralisia pelo terror — que às vezes me acometia em meio ao trabalho, deixando-me impossibilitado de continuá-lo —, perdurou por seis ou sete semanas, até o começo de setembro. O cartaz de Karl Kraus, que foi afixado naquela época, teve o efeito de uma catarse e me libertou da paralisia. Mas meu ouvido continuou sensível à voz da massa. Aquele dia fora dominado por ruídos estrondosos. Eram gritos mortíferos, revidados com tiros, que recrudesciam quando os atingidos caíam ao solo. Em algumas ruelas os gritos desapareciam; em outras cresciam. Eram mais persistentes nas proximidades do incêndio.

Algum tempo depois os gritos foram para a vizinhança da Hagenberggasse. A quinze minutos, no máximo, de meu quarto, do outro lado do vale, em Hütteldorf, ficava o Estádio Rapid, onde se disputavam partidas de futebol. Nos domingos e feriados dirigiam-se para lá grandes multidões, que não queriam perder um jogo da célebre equipe Rapid. Eu dera pouca atenção a isso, já que o futebol não me interessava. Mas, num domingo, após o 15 de Julho, num dia quente como aquele, eu esperava visita e tinha as janelas abertas, quando ouvi, de repente, o rumor da massa. Pensei que fosse a gritaria do 15 de Julho, eu estava tão imbuído dos acontecimentos daquele dia terrível que, por um instante, fiquei confuso, e procurei ver o incêndio que o iluminara. Mas não havia incêndio, a cúpula

dourada da igreja de Steinhof brilhava ao sol. Recobrei o bom-
-senso e refleti: aquilo tinha de vir da praça de esportes. Para
confirmá-lo, logo se repetiu o alarido; escutei, muito concentrado: não eram vaias e choros, mas a ovação de uma massa.

Eu já morava lá havia três meses, e nunca atentara para aquilo. Aqueles sons vigorosos e estranhos devem ter se propagado
até o meu quarto muitas vezes antes, mas eu estivera surdo para
eles. Só o 15 de Julho me abrira os ouvidos. Não me movi do
lugar; e escutei durante todo o jogo. Os gritos triunfais eram
devidos a um gol, e vinham do lado vitorioso. Percebia-se também um grito de desapontamento, cujo som era diferente. Eu, de
minha janela, nada podia ver; árvores e casas obstruíam a visão.
Era longe demais, mas eu ouvia a massa, só ela, como se tudo se
passasse bem próximo. Eu não podia saber de qual dos dois lados
vinham os gritos. Eu não sabia que times eram, não atentei para
os nomes, e não fiz nenhum esforço para conhecê-los. Esquivei-
-me de ler nos jornais acerca do jogo, e durante a semana não
participei de qualquer conversa a respeito do mesmo.

Mas durante os seis anos em que morei naquele quarto, não
perdi uma ocasião de ouvir aquele bramidos. Eu via o afluxo de
gente lá embaixo, na estação do trem urbano. Quando, a essa
hora do dia, a multidão era mais densa do que de costume, eu
sabia que estava programado um jogo, e ocupava o lugar à janela de meu quarto. É-me difícil descrever a tensão com que
seguia, de longe, a partida invisível. Eu não tomava partido, pois
não conhecia os dois lados. Eram duas massas, era só o que eu
sabia; ambas igualmente excitáveis e falando a mesma língua.
Naquele tempo, desprendido do lugar de origem do som, sem ser
distraído por inúmeras circunstâncias e detalhes, adquiri uma
sensibilidade para aquilo que, mais tarde, entendi e tentei descrever como uma massa dupla. Às vezes, quando alguma coisa
me absorvia profundamente, eu me sentava, durante o jogo, à
mesa no centro de meu quarto, e escrevia. Mas, o que quer que
escrevesse, nenhum som do Estádio Rapid me escapava. Nunca
acostumei-me àquilo; cada ruído da massa produzia em mim o seu
efeito. Lendo manuscritos daquela época, que guardei, penso

255

que ainda hoje posso discernir cada lugar onde ouvia cada ruído, como se estivesse assinalado por uma anotação secreta.

É certo que aquele local manteve desperto o interesse em meu verdadeiro projeto, mesmo enquanto eu me dedicava a outras coisas. Era um estímulo forte que eu assim recebia, em intervalos não muito longos. De meu isolamento na parte extrema da cidade, que eu procurara por bons motivos e ao qual devo o pouco que consegui produzir em meus anos vienenses, eu sempre ficava em comunicação, mesmo que não o quisesse, com aquele fenômeno: o mais urgente, menos claro, e mais misterioso de todos. A qualquer tempo, independentemente de minha escolha, ele se manifestava e me reconduzia ao meu projeto, que eu talvez tivesse preterido em favor de tarefas mais cômodas.

A partir do outono tornei a frequentar diariamente o Laboratório de Química, para trabalhar em minha tese, na qual eu não tinha o menor interesse. Pensava nisso como uma ocupação secundária, à qual eu só me submetia porque a tinha começado. Uma lei fundamental de minha natureza, a qual eu não sabia explicar, era que tudo aquilo que eu começasse teria de ser terminado. Não quis interromper nem mesmo o estudo da química, que naquele tempo pretendia desprezar, já que eu tinha chegado até aquele ponto. Influiu na minha atitude um respeito secreto que eu nunca teria confessado: o conhecimento dos venenos. Desde a morte de Backenroth isso não me saía da cabeça; eu nunca entrava no laboratório sem me lembrar o quanto seria fácil, para qualquer um de nós, conseguir cianureto.

Havia colegas, no laboratório, que, embora não abertamente, mas inequivocamente, defendiam a opinião de que as guerras eram inevitáveis. Esse conceito não se restringia, de forma alguma, àqueles que já simpatizavam com os nacional-socialistas. Havia muitos desses simpatizantes, mas nenhum dos que eu conhecia mais de perto, no laboratório, demonstrava qualquer agressividade ou inimizade contra mim. Em nosso ambiente diário de trabalho, eles quase nunca manifestavam suas convicções. Eu, pessoalmente, no máximo chegava a sentir uma certa reserva, que às vezes se transformava em cordialidade, quando percebiam minha aversão à mentalidade pecuniária. Entre os estudantes havia tipos rústicos, extremamente econômicos, que de outra forma nem sequer poderiam cursar a universidade e que ficavam fora de si de felicidade quando alguém lhes cedia um objeto ou outro, sem esperar pagamento. Eu me divertia com a expressão aturdida de um rapaz do campo, que mal me conhecia e, apesar de todas as aparências, via em mim um caráter, bem camuflado, de negociante de gado.

Mas conheci, também, estudantes de cuja franqueza e inocência até hoje me lembro com assombro. Numa conferência encontrei um rapaz que me chamou a atenção por seu olhar luminoso, pela maneira enérgica e, ao mesmo tempo, cuidadosa, com que se movia no meio da multidão. Iniciamos uma conversa, e depois tornamos a nos encontrar algumas vezes. Era filho de um juiz, e, contrariamente a seu pai, como me disse, confiava em Hitler. Ele tinha suas próprias razões para essa fé, que defendia com toda a franqueza, ou — eu quase teria dito — com encantamento. Ele disse que nunca mais deveria haver guerra, a guerra era o pior que podia acontecer à humanidade, e o único homem capaz de preservar o mundo da guerra era Hitler. Quando eu falava de minha convicção contrária, ele insistia em que ouvira Hitler discursar, e *o próprio Hitler o havia dito*. Esse seria o motivo por que era a favor dele, disse e ninguém jamais o dissuadira disso. Fiquei tão pasmo que o procurei mais algumas vezes, e conversamos sobre o mesmo assunto. Ele repetiu as mesmas frases, ou outras ainda mais bonitas sobre a paz. Ainda o vejo à minha frente, com seu rosto de apóstolo inflamado pela paz, e desejo que essa sua fé não lhe tenha custado a vida.

Eu vivia tão *à margem* da química que não posso pensar naquele tempo sem que me ocorram rostos e conversas que com ela nada têm a ver. Talvez um dos motivos para o meu comparecimento pontual ao laboratório, para a frequência regular das respectivas aulas, fosse o encontro com tantas pessoas jovens, que eu não precisava procurar deliberadamente, que simplesmente estavam lá. Assim fiquei conhecendo todos os modos de pensar daquele tempo de modo natural, ao acaso, sem fazer alarde em torno disso. Ninguém, de modo geral, pensava realmente em guerra; ou, quando muito, pensava naquela que havia passado. Fico horrorizado quando me lembro como então, em 1928, todos se sentiam distantes de qualquer nova guerra. O fato de que ela pudesse voltar tão repentinamente, como *fé*, tem relação com a natureza da massa; e certamente não foi um instinto falso que me impeliu a descobrir as artimanhas dessa natureza. Naquele tempo não me dei conta do quanto eu próprio aprendi no laboratório durante conversas aparentemente disparatadas ou triviais. Entrei em contato com defensores de todas as convicções que nessa época prevaleciam no mundo, e se eu já fosse receptivo para todas as coisas concretas, como erroneamente imaginava, poderia ter obtido toda uma série de conhecimentos importantes através daquelas conversas supostamente vãs. Mas meu respeito pelos livros ainda era grande demais, e eu acabara de planejar a jornada para o verdadeiro livro: cada ser humano, encadernado em si próprio.

O caminho para a casa de Veza agora era longo, desde que passei a morar na Hagenberggasse; toda a cidade de Viena, em sua maior extensão, ficava entre nós. Aos domingos ela vinha me visitar às primeiras horas da tarde, e íamos ao jardim zoológico de Lainz. O tom de nossas conversas não mudou; eu continuava a lhe entregar todos os meus novos poemas, que ela guardava com cuidado numa bolsinha de palha. Durante a semana ela me escrevia lindas cartas sobre eles, que eu guardava com não menos cuidado. Havia uma atmosfera pura entre nós, e chegamos a desenvolver um verdadeiro culto pelas árvores do parque. Havia exemplares magníficos, que escolhíamos com ar de peritos, e a cujos pés descansávamos.

Uma dessas árvores desempenhou um papel invulgar. Eu ficara conhecendo as máscaras mortuárias através de Ibby Gordon, a mais alegre de todas as pessoas. Essas máscaras me entretiveram tanto que presenteei Veza com um exemplar do livro. Foi uma grave falta de tato, que eu não havia previsto. Tudo o que dizia respeito à morte fazia parte do mundo de Veza. Quando eu lhe trouxe o livro, do qual lhe havia falado, ela fez cara feia e, zangada, o jogou no chão. Eu o apanhei, ela o jogou de novo, recusando-se a abri-lo. Ela disse que aquilo não lhe pertencia, mas àquela outra mulher, que se arvorava a escritora, e que sempre sorria. Fora através dessa mulher que eu chegara a essas máscaras. Ela realmente disse "sorria". Veza não conhecia Ibby, mas eu lhe falara de sua disposição alegre; e como era de alegria que Veza mais tinha carência, pensou que era só por este motivo, por causa da alegria, que eu considerava a outra como escritora, não suportando que, além do mais, Ibby ainda viesse importuná-la com as máscaras mortuárias.

Tornei a levar o livro; ela ameaçou jogá-lo pela janela, o que de fato teria feito. Gostei de seus ciúmes, que eu nunca presenciara antes. Contei-lhe tudo, usando de toda a franqueza; ela sabia e acreditou que nada mais me ligava a Ibby, afora nossas conversas. Mas fazia parte dessas conversas que Ibby me declamasse suas poesias em húngaro. Um dia procurei Veza cheio de entusiasmo e me expandi sobre as belezas da língua húngara, de cujo som eu antigamente não gostava. Eu lhe disse que, sem dúvida, era uma das línguas mais bonitas, e depois também lhe descrevi as traduções dos poemas, que Ibby tentava fazer em seu alemão cômico. Eu havia posto em ordem aquele alemão impossível, cheio de erros, e Ibby depois anotara as versões corrigidas. Disse-lhe que os poemas de Ibby eram muito engraçados; não eram fogosos e frenéticos como os meus, mas sempre calmos e espirituosos, compostos segundo determinado papel, sempre cambiante, que a autora assumia. Veza me ouviu com toda a atenção e, embora eu deixasse bem claro que eu não podia considerar aquelas composições como poesia, pelo menos ao que correspondia à minha convicção da época, podia-se perceber o quanto eu gostava de ouvi-las e corrigi-las.

Isso se passou assim por algum tempo, até que veio a explosão por causa das máscaras mortuárias, e não me é fácil contar o que sucedeu depois. Eu deveria mencionar que Veza, certa vez, veio à Hagenberggasse e subiu ao meu quarto — eu não estava em casa. Apossou-se de todas as cartas que me escrevera; sabia onde eu as guardava, e com elas se dirigiu ao jardim zoológico de Lainz. Teve de andar um bom trecho até encontrar uma falha no muro, que lhe permitisse atravessá-lo. Depois procurou uma árvore que se bifurcasse à altura de seus olhos, e que tivesse uma cavidade, na qual meteu o grande pacote com suas cartas. Voltou então à Hagenberggasse. Eu já estava em casa. Percebi que ela estava nervosa, e logo consegui que falasse: suas cartas haviam desaparecido, ela admitiu que as levara. Disse que as jogara fora no bosque. Fiquei em pânico, assediei-a para que me mostrasse o lugar. Com certeza ninguém ainda estivera lá. O zoológico naquele dia estava fechado; certamente poderíamos encontrar as cartas e salvá-las. Meu pânico lhe fez bem, era óbvio que as cartas me importavam muito; assim ela abrandou-se e, diante de minha ânsia, levou-me por todo o longo caminho de volta ao jardim zoológico. Escalamos o muro. Ela encontrou a árvore, atentara bem para a mesma; disse-me que eu apalpasse a bifurcação, o que fiz. Meus dedos esbarraram no papel. Sabendo que se tratava de suas cartas, tirei-as de lá, abracei-as e as beijei. Dancei com elas ao longo do muro, e todo o caminho de volta à Hagenberggasse. A própria Veza me acompanhava, porém negligenciada: toda minha atenção estava dedicada às cartas recuperadas. Eu segurava o pacote nos braços como a uma criança; subi aos saltos a escada para o meu quarto e depositei o pacote na gaveta, onde era seu lugar. Todo esse procedimento deixou Veza muito comovida, seus ciúmes se diluíram. Ela acreditou no quanto eu a amava.

É possível que, depois disso, eu visse Ibby com menos frequência, mas nos víamos; e, quando nos encontrávamos no café, eu indagava acerca de seus novos poemas. Ela gostava de recitá-los. Eu sempre queria ouvi-los primeiro em húngaro, e depois, quando eu estava encantado com o seu som, nos esforçávamos juntos para traduzi-los. Um deles se chamava "Suicida sobre a ponte"; outros chamavam-se: "O chefe dos canibais adoece", "Berço de bambu", "Pamela", "O refugiado na praça Ring", "Funcionário municipal", "*Déjà-vu*", "Moça com espelho" . Com o tempo Ibby juntou um pequeno acervo de versões em alemão, mas, enquanto ficou em Viena, nada aconteceu com ele; éramos os únicos a desfrutá-los. Se eu não tivesse ouvido os poemas primeiro numa língua da qual não entendia uma palavra, talvez nada significassem para mim. Mas o que me agradava neles era sua leveza, a falta de qualquer pretensão mais alta ou mais profunda, a parolice com expressões sutis, sempre inesperadas, coisas que eu antigamente jamais teria associado com a poesia. Eu tinha receio de lhe mostrar qualquer dos meus versos. Pelo tom de nossas conversas engenhosas e coloridas, ela concluiu que meus poemas tratavam de coisas inauditas, das quais ela não era inteiramente digna. Pensava que por mera deferência eu a poupava daquilo. Eu não queria envergonhá-la, pensava ela, e me era grata, e me divertia com as histórias de todos aqueles homens tolos que a cortejavam e a assediavam inutilmente.

Isso durou até a primavera do novo ano. Aí ela se cansou. Entre os dois irmãos, principalmente, eclodira uma luta por causa dela que assumira proporções graves. Isso lhe era penoso, a aborrecia, e certo dia ela desapareceu de Viena. Por quase dois meses não tive notícias dela. Então, quando eu já não mais esperava, veio uma carta de Berlim. Ela estava bem, as traduções de seus poemas lhe haviam trazido sorte. Não sei de quem foram as cartas de recomendação que ela levou para Berlim, ela nunca me disse uma palavra acerca disso, nem mesmo mais tarde. Mas de repente ela se viu no meio de gente interessante; conhecia Brecht e Döblin, Benn e George Grosz. Seus poemas foram aceitos pelo *Querschnitt* e pelo *Die Literarische Welt*, e em breve seriam publicados. Ela tornou a me escrever, insistindo em que eu também fosse a Berlim, ao menos durante as férias de verão. Eu teria tempo de julho a outubro, três meses inteiros. Um de seus amigos, um editor, gostaria que eu fosse trabalhar com ele, precisava de alguém que o ajudasse a compilar o material para um livro. Eu me relacionaria facilmente com aquela gente de lá.

Tinha tanta coisa para me contar que mesmo três meses não seriam suficientes.

As cartas se tornaram mais frequentes e mais insistentes quando o verão se aproximou. Ibby perguntava se era necessário que eu sempre viajasse às montanhas. Eu já devia conhecê--las; e havia coisa mais enfadonha do que montanhas? As montanhas tinham a terrível peculiaridade de jamais se alterarem, ela dizia, e portanto não me fugiriam. Mas era altamente questionável se Berlim ficaria por muito tempo tão interessante quanto era agora. E o que faria ela, quando não tivesse mais poemas? Ninguém os traduzia tão bem quanto eu; aquilo sequer era trabalho, apenas ficávamos juntos e conversávamos, e de repente os poemas estavam prontos. Perguntou se eu realmente teria a coragem de deixá-la morrer de fome, agora, quando finalmente tinha a possibilidade de viver de sua poesia.

É provável que ela realmente pensasse na tradução de seus poemas, mas creio que o que mais lhe importava eram as nossas palestras, quando podia contar-me tudo, zombar à vontade, sem se indispor com seus amigos de lá. Como conseguiria ela calar-se, quando tinha uma infinidade de coisas para contar? Certa vez ela me escreveu que, se eu não fosse logo, em breve leria nos jornais a horrível notícia da explosão de uma poetisa silenciosa, em Berlim.

Suas cartas eram estruturadas de maneira a tornar óbvio que ela ocultava alguma coisa: aquilo que ela não podia escrever, me contaria pessoalmente em Berlim. Lá haveria coisas excitantes e estranhas, ninguém acreditaria, se não visse com seus próprios olhos.

Minha curiosidade aumentava a cada uma de suas cartas. Nelas, Ibby nunca mencionava alguém que não fosse célebre por um motivo ou outro. Dos escritores de quem ela falava, eu quase nada havia lido, mas sabia quem eram todos eles. Para mim, mais importante do que os escritores era George Grosz. A ideia de que eu o veria foi para mim determinante.

Em 15 de julho de 1928, logo no fim do semestre, viajei a Berlim para passar o verão.

IV. A AGLOMERAÇÃO DE NOMES — BERLIM 1928

OS IRMÃOS

Wieland Herzfelde ocupava uma mansarda em Kurfürsten-damm 76. O prédio ficava no meio do movimento, mas lá do alto tudo parecia calmo, pouco se pensava no barulho. Ele passava o verão, com sua família, fora da cidade, em Nikolassee. Alugou parte de sua residência na cidade, e a outra parte pôs à minha disposição, para meu trabalho. Recebi uma pequena alcova, ao lado de uma sala de trabalho com uma bela mesa redonda. Lá estava amontoado tudo o que eu precisava para o trabalho. Ali ninguém me perturbaria, o que era muito do meu agrado. Eu não precisava ir à editora, que era apertada e ruidosa. Herzfelde vinha da editora à minha sala por algumas horas, e discutíamos o seu projeto. Tratava-se de uma biografia de Upton Sinclair, que naquele tempo estava completando cinquenta anos de idade. A Editora Malik era conhecida por publicar os desenhos de George Grosz. Mas interessava-se, também, pela nova literatura russa, aliás, não só a nova. Ao lado de uma edição das obras completas de Gorki, Malik fizera também uma de Tolstói; além disso, eram publicados, sobretudo, autores que só se tornaram conhecidos após a revolução. Destes, o mais importante, para mim, era Isaak Babel, que eu admirava não menos do que George Grosz.

A Editora Malik tinha não só um bom conceito, como também a sorte de ser bem-sucedida comercialmente, devido ao seu principal autor, Upton Sinclair. Desde suas revelações sobre os matadouros de Chicago, ele se tornara um dos autores mais lidos das Américas. Era um escritor inventivo, sempre se esforçando por encontrar novos abusos a serem por ele expos-tos à execração pública. Não havia falta deles. Ele trabalhava muito e era corajoso; todos os anos produzia um novo livro, cada vez mais volumoso. Falava-se de Sinclair com respeito, especialmente na Europa. Naquele tempo, perto de completar cinquenta anos, seus livros já eram tantos que tal volume teria sido suficiente para encher toda uma vida de qualquer escritor. Ficou comprovado, também, que as denúncias de seu livro sobre Chicago resultaram na extinção de certos abusos nos matadouros. Não menos importante para sua reputação foi o fato de que a moderna literatura americana, que conquistaria o mundo, ainda estava em formação. A fama de Upton Sinclair era uma fama "material", ligada à materialidade americana, e não deixa de ser significativo que justamente ele, que atacava praticamente tudo, o verdadeiro *muckraker* da América, foi quem mais divulgou o interesse por seu país, quem mais contribuiu para a moda "América", que na época grassava em Berlim, e à qual se entregavam tanto Brecht como George Grosz. Dos Passos, Hemingway, Faulkner, escritores de categoria incomparavelmente mais alta, só mais tarde exerceram sua influência.

Naquele tempo, no verão de 1928, não se podia censurar Wieland Herzfelde por levar a sério Upton Sinclair, querendo, até mesmo, escrever sua biografia. Estando muito ocupado com sua editora, ele precisava de um colaborador nesse trabalho e, por recomendação de Ibby, convidou-me a passar os meses de verão com ele em Berlim.

Portanto, eu estava em Berlim; não andava dez passos sem encontrar alguma celebridade. Wieland conhecia a todas, e me apresentava a elas. Aqui eu era uma nulidade, do que estava perfeitamente cônscio; aos vinte e três anos eu não consistia em nada mais do que esperança. Mas era surpreendente a forma como me tratavam: não com desdém, mas sim com curiosidade e, especialmente, jamais com reprovação. Eu próprio, depois de quatro anos sob a influência de Karl Kraus, estava imbuído de seus desprezos e suas condenações, nada admitindo que fosse motivado por egoísmo, cobiça ou leviandade. Todos os objetos de reprovação estavam prescritos por Karl Kraus. Você não podia nem mesmo olhá-los; Karl Kraus já tinha cuidado disso por você e tomado a decisão. A vida intelectual que levávamos em Viena era *esterilizada*, uma forma especial de higiene, que proibia toda mistura. Logo que alguma coisa se tornava universal, logo que aparecia nos jornais, já estava interditada e intocável.

De repente, encontrei o contrário disso em Berlim, onde os contatos de toda a espécie, constantes, eram parte do verdadeiro conteúdo da vida. Essa espécie de curiosidade deve ter se harmonizado comigo, embora eu não me desse conta, pois a satisfazia com toda a ingenuidade e inocência. E assim como em minha chegada a Viena me meti nas entranhas da tirania onde fui mantido bem afastado de todas as tentações, agora em Berlim fiquei exposto, durante algumas semanas, indefeso, ao antro dos pecados. Contudo, eu não estava só; tinha dois guias. Eles eram tão diferentes entre si que sua ajuda foi dupla: Ibby e Wieland.

Wieland conhecia a todos, já estava em Berlim havia muito tempo. Chegara após a guerra, com dezessete anos, e conquistara a amizade de Else Lasker-Schüler. Através dela, conheceu quase todos os escritores e pintores, especialmente a gente em torno do *Sturm*. Wieland devia a ela mais ainda: o nome da editora que, junto com Grosz e seu irmão, fundou aos vinte e um anos; não é só minha a opinião de que o nome exótico, Malik, foi importante para que a editora se tornasse conhecida. Para surpresa de todos, Wieland revelou-se bom comerciante. Sua habilidade contrastava tanto com seu vigor juvenil que parecia até incrível. Não era realmente um aventureiro, mas muitos foram conquistados pelo espírito de aventura que lhe era atribuído. Aproximava-se rapidamente das pessoas, como uma criança, mas não lhes ficava submisso, e se libertava com a maior facilidade. Nunca se tinha a impressão de que ele pertencia totalmente a alguém. A qualquer momento, segundo parecia, ele poderia sumir. Consideravam-no desligado, e perguntava-se de onde provinha sua força. Pois ele sempre estava alerta, ágil e ativo, jamais sobrecarregado de conhecimentos supérfluos, adverso à educação tradicional, informado pelo "faro" e não por diligente leitura abstrata. Mas quando se tratava de produzir alguma coisa, era admirável sua precisão, sua obstinação, igual à de um velho. Ambas as suas atitudes, a juvenil e a de um velho, andavam lado a lado, manifestando-se alternadamente, de acordo com as conveniências.

Havia uma pessoa que era mais do que um parente. Ligava--os um cordão umbilical, talvez não muito secreto, mas que nos passava despercebido por muito tempo. Os dois eram tão diferentes como se proviessem de planetas separados. Tratava-se de John Heartfield, seu irmão, cinco anos mais velho. Wieland costumava ser terno e bondoso. Poder-se-ia pensar que fosse sentimental, mas isso só ocorria de tempos em tempos. Tinha à sua disposição diferentes ritmos, todos os quais lhe eram naturais; e só um deles era lento: o sentimental. Heartfield sempre era rápido. Suas reações eram tão espontâneas que o subjugavam. Era magro e muito pequeno, e quando lhe ocorria uma ideia, dava um pulo para cima. Suas palavras saíam com ímpeto, como se nos atacasse com seu pulo, e depois zumbia ao redor da gente como um marimbondo zangado. Tive essa experiência, pela primeira vez, no meio do Kurfürstendamm: eu andava despreocupado entre ele e Wieland, e tentei explicar a este alguma coisa sobre cupins, respondendo à sua pergunta: "Eles são totalmente cegos", disse eu, "e só se movem em galerias subterrâneas" — quando ele deu um salto, ao meu lado, e sibilou para mim, como se fosse eu o culpado pela cegueira dos cupins, ou talvez como se eu os tivesse acusado por causa de sua cegueira: "Você, cupim! Você mesmo é um cupim!" e desde então nunca mais me chamou de outra forma, a não ser de "cupim". Aquela vez eu tive um susto; pensei que o tivesse ofendido, sem saber por que, pois não fora a ele que eu chamara de cupim. Levei algum tempo até compreender que ele reagia assim a tudo o que lhe era novo. Era sua forma de aprender, só o sabia fazer agressivamente, e acho admissível que este seja o segredo de seus truques. Ele reunia, ele confrontava as coisas, primeiro pulando sobre elas, e a tensão desses pulos está preservada em suas colagens.

John, parece-me, era o mais imprudente de todos os homens. Ele tinha apenas momentos espontâneos e impetuosos. Só pensava quando estava ocupado com uma colagem. Por não estar sempre ponderando alguma coisa, como as outras pessoas, permanecia vigoroso e colérico. Embora reagisse com uma espécie de ira, não era uma ira interesseira. Ele só aprendia com aquilo que sentia como agressão e, para aprender algo novo, tinha de considerá-lo como uma agressão. Outros deixam que as novidades deslizem por eles, ou as engolem como melado. John tinha de sacudi-las com raiva, para poder segurá-las sem debilitar-se.

Só aos poucos me dei conta do quanto esses dois irmãos eram indispensáveis um ao outro. Wieland jamais criticava qualquer coisa em John. Não desculpava seu comportamento insólito, nem tentava explicá-lo. Para ele era natural, e só quando me falou de sua infância compreendi o que unia os dois irmãos. Eram quatro órfãos, dois irmãos e duas irmãs, e foram recolhidos por pais adotivos, em Aigen, perto de Salzburgo. Wieland teve sorte com seus pais adotivos; Helmut, o mais velho (assim se chamava John antes de adotar o nome inglês), teve problemas. Eles sempre estavam conscientes de que não tinham pais verdadeiros e se tornaram muito unidos. A verdadeira força de Wieland era sua ligação com esse irmão. Mudaram-se para Berlim juntos. Helmut, em protesto contra a guerra, requereu a mudança oficial de seu nome para John Heartfield. Foi um ato de coragem, pois ocorreu ainda durante a guerra. George Grosz, que conheceram naquele tempo, tornou-se amigo íntimo de ambos. Quando foi fundada a Editora Malik, era natural que John Heartfield projetasse as capas para os livros. Eles tinham suas famílias, viviam separados, não se importunavam, nem se constrangiam mutuamente; mas ambos estavam lá ao mesmo tempo, juntos na vida turbulenta, incrivelmente ativa de Berlim.

BRECHT

A primeira coisa que me chamou a atenção em Brecht foi o disfarce. Levaram-me, para o almoço, ao Schlichter, o restaurante frequentado pelas rodas intelectuais de Berlim. Eram especialmente numerosos os atores; mostraram-me um ou outro, eu os reconhecia na hora: eram parte da imagem que se tinha das coisas públicas através das revistas ilustradas. Deve-se admitir, contudo, que pouco havia de teatral em sua aparência, na forma como se saudavam, faziam seus pedidos aos garçons, engoliam sua comida e pagavam. Era uma imagem colorida, mas sem o brilho do palco. O único, entre todos, que chamou minha atenção, e isso por causa de seu disfarce proletário, foi Brecht. Era muito magro, tinha um rosto faminto que, por causa do boné, parecia um pouco torto. Suas palavras eram rudes e intermitentes. Sob seu olhar a gente se sentia como um objeto que ele, o dono da casa de penhores, com seus olhos negros e penetrantes, julgasse como não tendo nenhum valor. Falava pouco, nada se ficava sabendo sobre o resultado dessa avaliação. Parecia incrível que tivesse apenas trinta anos, não dava a impressão de ter envelhecido cedo, mas sim de sempre ter sido velho.

Naquelas semanas não me largou a imagem de um velho dono de casa de penhores. Perseguia-me, só porque parecia tão absurda. Era alimentada pelo fato de que Brecht nada valorizava mais do que a utilidade, deixando perceber, de todas as maneiras, o quanto ele desprezava as convicções "sublimes". Referia-se à utilidade prática, sólida, e nisso ele tinha algo de anglo-saxão, em sua variação americana. O culto dos costumes americanos naquele tempo tinha lançado raízes, especialmente entre os artistas de esquerda. Berlim imitava Nova York com seus anúncios luminosos e seus automóveis. Brecht demonstrava mais carinho por seu carro do que por qualquer outra coisa. Os livros de Upton Sinclair, que revelavam abusos, tinham um duplo efeito. As pessoas compartilhavam a convicção que condenava esses abusos; mas, ao mesmo tempo, o substrato de vida americano que os produzia era assimilado como um alimento para os desejos de que o mesmo se estendesse e se expandisse. Acontece que naquele tempo Chaplin estava em Hollywood, e podia-se aplaudir de sã consciência o seu sucesso, mesmo naquela atmosfera.

Fazia parte das contradições, na aparência de Brecht, que seu aspecto fosse um tanto ascético. A fome podia também tomar a forma de jejum, como se ele se abstivesse propositalmente de coisas que fossem objeto de sua cobiça. Ele não era epicurista; não encontrava satisfação no momento, e no momento não se expandia. O que ele tomava para si (e tomava da direita, da esquerda, de frente ou de trás, tudo o que lhe pudesse ser útil) tinha de utilizar instantaneamente; era a sua matéria-prima, com a qual produzia sem cessar. Era um daqueles homens que estão sempre fabricando alguma coisa, e era isso o que ele realmente procurava.

Minhas conversas, com as quais eu irritava Brecht, em especial minha opinião de que só se devia escrever de acordo com nossos ideais, jamais por dinheiro, devem realmente ter parecido ridículas na Berlim daquele tempo. Ele sabia exatamente o que queria, e estava tão fixado em seu objetivo que pouco lhe importava ganhar dinheiro com aquilo. Pelo contrário, após algum tempo de dificuldades materiais, o fato de ganhar dinheiro era considerado um marco de sucesso. Ele sabia dar valor ao dinheiro e só o que importava era *quem* o recebia, e não de onde vinha. Ele tinha certeza de que nada o afastaria de seu objetivo. Qualquer um que o ajudasse estava do seu lado. Berlim fervilhava de mecenas; faziam parte do cenário. Brecht os usava, sem sucumbir a eles.

As coisas com as quais eu o importunava pesavam menos do que uma pluma contra isso. Eu raramente ficava só com ele. Havia sempre a presença de Ibby, cujo humor ele, tipicamente, tomava por cinismo. Brecht percebeu que ela me tratava com respeito, nunca tomando partido dele; ele ficava tentado a me apavorar, ou a me cobrir de escárnio, quando ela, em sua presença, me pedia alguma informação. Podia acontecer que, em algum assunto sem importância, ele cometesse um engano; ela, então, não se deixava influenciar por ele. Aceitava a minha explicação, encerrando definitivamente o tema, sem pestanejar, mas também sem ridicularizar Brecht. O fato de que ela não zombava dele em sua presença deve tê-lo convencido de que sua companhia não era indiferente a Ibby. Ela sucumbira, à sua maneira, à atmosfera de vanguarda que havia ao seu redor.

Brecht não fazia muito caso das pessoas, mas aceitava-as; respeitava aquelas que lhe eram constantemente úteis, e pelas demais tinha consideração apenas na medida em que corroboravam sua visão do mundo, um tanto monótona. Foi essa visão que determinou, cada vez mais, a natureza de seus dramas, enquanto que, em suas poesias, ele começou com mais vivacidade do que qualquer outro de seu tempo; mais tarde, com a ajuda dos chineses — mas isso não cabe aqui — encontrou o caminho para uma espécie de sabedoria.

Soará surpreendente se eu disser o quanto devo a Brecht, apesar de toda a minha hostilidade contra ele. Naquele tempo em que, quase diariamente, havia pequenos atritos entre nós, eu lia seu *Manual de devoção*. Esses poemas me arrebataram, absorvi-os de um trago, sem pensar no autor. Havia coisas que me penetraram até os ossos, como a "Lenda do soldado morto", ou "Contra a sedução", e também outras: "Recordações de Marie A.", "Do pobre B. B.". Muita coisa daquilo, aliás quase todo o livro, me atingiu. Tudo o que eu próprio havia escrito se desfez em cinza e pó. Seria exagero se eu dissesse que passei a sentir vergonha daquilo; simplesmente deixou de existir, nada mais restou, nem mesmo a vergonha.

Havia três anos meu ego se alimentava dos versos que eu escrevia. Eu não os mostrara a ninguém, além de Veza, mas a ela mostrara quase tudo. Eu levara a sério as palavras com que ela me incentivava, confiava em sua opinião. Fiquei tão entusiasmado com alguns dos meus poemas, que me senti do tamanho do mundo. Eu havia escrito muitas outras coisas, não só poesia; mas, para mim, o que contava era a poesia — além da intenção de escrever um livro sobre a massa. Mas isso não passava de um plano, poderia levar anos; por enquanto nada havia além de algumas anotações e trabalhos preliminares, coisas que eu havia aprendido em vista do meu objetivo. Mas o que eu aprendera não era obra minha; esta ainda precisava ser criada. Obra minha, a meu ver, eram as muitas peças isoladas, poemas curtos e longos, e agora tudo isso fora arrasado de um só golpe. Não lamentei a perda do material, varri-o fora sem pena; era somente lixo e pó.

Não gabei o homem que escrevera os verdadeiros poemas, pois tudo nele me repugnava, desde sua compulsão ao disfarce até sua voz áspera. Mas eu admirava, eu amava seus poemas.

Minha antipatia por ele, pessoalmente, era tão grande que não lhe disse uma palavra acerca dos poemas quando o encontrei. O seu aspecto e, mais ainda, o jeito como ele falava, deixavam-me furioso. Não deixei que ele o percebesse, assim como não o deixei perceber meu entusiasmo pelo *Manual de devoção*. Toda vez que ele se saía com uma frase cheia de cinismo, eu respondia com uma frase severa, cheia de moral. Certa vez eu disse — deve ter soado cômico na Berlim daquele tempo — que um poeta devia *isolar-se*, para realizar alguma coisa. Que ele precisava de períodos dentro do mundo, e períodos *fora* dele, ambos contrastando fortemente entre si. Brecht disse que seu telefone sempre estava em cima de sua mesa, e que ele só podia escrever quando o mesmo chamava com frequência. À sua frente, na parede, havia um grande mapa-múndi, que ele contemplava, para nunca ficar fora do mundo. Não cedi e, aniquilado como eu estava pelo reconhecimento da fútil mediocridade de meus versos, insisti em dar conselhos ao homem à minha frente, que escrevia os melhores poemas. A moral era uma coisa, e a matéria era outra, e quando ele, a quem só importava a matéria, estava presente, para mim nada contava, a não ser a moral. Critiquei os cartazes de propaganda, de que Berlim estava infestada. A ele não incomodavam; pelo contrário, os anúncios tinham seu lado bom. Ele escrevera um poema sobre os automóveis Steyr, e em paga recebera um automóvel. Isso soava, para mim, como se viesse da boca do diabo. Com essa confissão, que ele fazia como se estivesse se vangloriando, conseguiu que eu me calasse. Assim que o deixamos, Ibby disse: "Ele gosta de andar de carro", como se fosse algo sem importância. Para mim — nervoso como estava — ele parecia um assassino. Eu tinha na cabeça a "Lenda do soldado morto", e ele participava de um concurso dos automóveis Steyr! "Ele agora também elogia seu automóvel", disse Ibby, "fala dele como de uma amante. Por que não haveria ele de elogiá-lo *antes*, a fim de ganhá-lo?"

Brecht gostava de Ibby; dava valor ao seu jeito jocoso, pouco sentimental, que tanto contrastava com seu radiante aspecto de camponesa. Além disso, ela não o importunava com quaisquer exigências, não concorria com quem quer que fosse. Surgira em Berlim como Pomona, e poderia sumir a qualquer momento. Meu caso era outro, eu vinha de Viena com um espírito arrogante, devotado ao rigor e à pureza de Karl Kraus, mais dedicado, ainda, a ele, após seu cartaz sobre o 15 de Julho do ano anterior. Além disso, eu não guardava para mim seu brilho exuberante, mas *tinha* de externá-lo. Fazia apenas dois ou três anos que eu escapulira das conversas domésticas sobre dinheiro, e o tempo de seu efeito ainda estava longe de se esgotar: eu não encontrava Brecht uma vez sem expressar meu desdém pelo dinheiro. Eu *tinha* de erguer minha bandeira, e defender minhas cores: não se devia escrever para os jornais, não se devia escrever por dinheiro; devia-se entregar de corpo e alma a cada palavra que se escrevesse. Isso irritava Brecht, por mais de um motivo; eu nada tinha publicado, ele jamais ouvira falar de mim; atrás de minhas palavras, para ele, que tanto valorizava as realidades concretas, não havia coisa alguma. Como jamais alguém me oferecesse alguma coisa, eu nada havia recusado. Como nenhum jornal pedira minha colaboração, eu não resistira a nenhum deles. "Eu só escrevo por dinheiro", disse ele áspero e hostil. "Escrevi um poema sobre os automóveis Steyr, e por ele recebi um carro Steyr." Lá vinha ele de novo com aquilo, acontecia com frequência. Tinha orgulho desse carro Steyr, que ele desmantelou. Após um acidente que teve com o mesmo, conseguiu, através de um truque de propaganda, obter outro novo.

Mas minha situação era mais complicada do que se poderia pensar pelo que acabo de relatar. O homem que era minha fé e minha convicção, que eu venerava mais do que qualquer outra pessoa do mundo, sem cuja ira e fervor eu não quereria viver, e de quem eu jamais ousara me aproximar (só uma única vez: após o 15 de Julho, eu dirigira a ele uma prece, não um pedido, mas uma prece de agradecimento, e nem sequer supus que ele pudesse tê-la ouvido) — Karl Kraus — estava em Berlim naquele tempo, e mantinha laços de amizade com Brecht, a quem encontrava com frequência. Através de Brecht eu o conheci, algumas semanas antes da estreia da *Ópera dos três vinténs*. Não estive a sós com ele, mas sempre na companhia de Brecht, e de outros que estavam interessados nessa representação. Não lhe dirigi a palavra, tive receio de mostrar-lhe o quanto significava para mim. Desde a primavera de 1924, quando cheguei a Viena, assisti a cada uma de suas conferências. Ele, contudo, não sabia disso. E mesmo que Brecht, que certamente sabia o que se passava em minha mente, lhe tivesse dito um gracejo acerca disso (o que não era provável), Kraus nada deixou perceber. Ele não dera atenção àquela exaltada carta de agradecimentos por seu cartaz após o 15 de Julho; deve ter recebido inúmeras cartas parecidas, tendo-as jogado fora.

Eu realmente preferia que ele nada soubesse a meu respeito. Sentado ao lado de Ibby, na roda, mantinha-me calado. Eu estava esmagado pela ideia de estar sentado à mesa de um deus. Sentia-me inseguro, como se fosse um intruso. Ele era bem diferente daquele que eu conhecia das conferências. Não lançava relâmpagos, não condenava ninguém. De todos os que faziam parte do grupo, umas dez ou doze pessoas, ele era o mais amável. Tratava a cada um como se fosse um ser invulgar, com um ar solícito, como se quisesse assegurá-lo de sua proteção especial. Sentia-se que ninguém escapava à sua atenção, e assim ele nada perdia da onisciência que lhe era atribuída. Mas ele deliberadamente ficava à retaguarda dos demais, pacífico, igual a todos, atento à sua sensibilidade. Sabia sorrir com tanta naturalidade que me pareceu estar fingindo. Eu o ouvira desempenhando inúmeros papéis, e portanto eu sabia o quanto lhe era fácil assumir disfarces. Mas este que eu presenciava agora, o único que eu jamais teria esperado, era persistente, e ele o manteve por mais de uma hora. Eu esperava dele prodígios e só via gentilezas. Tratava a cada um dos convivas com delicadeza; mas Brecht, o jovem gênio, era por ele tratado com amor, como se fosse seu filho — seu filho *eleito*.

A conversa girava em torno da *Ópera dos três vinténs*, que ainda não se chamava assim; seu nome foi debatido nesse círculo. Houve muitas sugestões; Brecht as ouvia com calma, como se a peça não fosse dele, e não se percebia, durante essa conversa, que ele se reservava o direito da decisão final. As propostas eram tantas que já não posso me lembrar quem as fez e quais foram. Karl Kraus propôs um nome, que defendeu sem despotismo; apenas o lançou no debate de forma interrogativa, como se tivesse dúvidas. Este foi logo alijado por outro melhor, mas que também não se impôs. Não sei de quem veio o título definitivo. Foi o próprio Brecht quem o apresentou, mas talvez ele o tivesse recebido de outro, que não estava presente, e quisesse ouvir a opinião dos demais. Ele era admirável em seu trabalho, livre de limitações e de demarcações de propriedade.

ECCE HOMO

"Agora vamos visitar Grosz", disse Wieland. Não acreditei de todo que se pudesse procurá-lo sem mais nem menos. Wieland queria apanhar alguma coisa de que necessitava na editora, mas também queria me impressionar, pois ele logo percebera que em Berlim havia *uma* figura a quem eu ansiava por conhecer. Wieland tinha prazer em me mostrar tudo o que Berlim podia oferecer. Minha inexperiência não lhe era antipática. Recordava-lhe a sua própria, quando chegara ali pela primeira vez. Ele não era dominador como Brecht, que sempre estava cercado de adeptos. Brecht queria que as pessoas pensassem que ele era escolado, como quem começou cedo. Queria sempre parecer mais velho do que era, jamais parecer jovem. A inocência lhe era desprezível, odiava a inocência, que equiparava à estupidez. Não queria ser vítima de ninguém, e continuava a exibir sua precocidade mesmo quando já não havia mais nada a provar, como um colegial que fuma seu primeiro cigarro, tendo reunidos ao seu redor outros, aos quais quer encorajar. Wieland, entretanto, estava enamorado da inocência de sua infância, e a via como um idílio. Ele conseguiria afirmar-se dentro do cinismo que imperava em Berlim. Não era indefeso, de forma alguma, pois dispunha de toda a garra necessária, e provou sua capacidade na chamada luta pela vida, para a qual se precisa de dureza e, acima de tudo, de indiferença. Mas ele só conseguiu afirmar-se mantendo a imagem do órfão inocente que havia sido. Ele podia falar disso como se continuasse sendo. Durante o trabalho, às vezes nos entregávamos a esse tipo de conversa e, por mais agitada que fosse a vida de uma pessoa em Berlim, quando estávamos sentados à mesa redonda naquele quarto de sua mansarda, com frequência nos afastávamos de Upton Sinclair, o objeto desse trabalho, e nos voltávamos para o jovem Wieland. O Wieland de então não tinha mais de trinta e dois anos, mas parecia um grande salto chegar até o Wieland de quinze anos antes.

Ele me mostrava tudo, principalmente as pessoas, que havia para ver em Berlim, como se fosse ele mesmo quem estivesse em Berlim pela primeira vez. E se alegrava com meu espanto, sem observá-lo detidamente, pois não se tratava tanto de mim quanto dele próprio, quando teve a minha idade. Fazia-me bem que ele jamais me humilhasse: em toda a parte ele me apresentava como "amigo e colaborador". No entanto, nos conhecíamos apenas havia poucos dias e, quanto ao trabalho, eu nada ainda havia feito. Não exigiu de mim qualquer prova de capacidade; não quis ler nenhum de meus escritos, o que talvez lhe fosse maçante (é estranho, quando se pensa que ele, o editor que melhor conheci, com quem tive a maior intimidade, nunca publicou nenhuma de minhas obras, nem mesmo mais tarde). Para ele era suficiente que conversássemos. Algumas coisas ele soubera por Ibby, outras eu mesmo lhe contei, mas o mais importante, para ele, era que, em sua Berlim, pudesse me falar de sua inocência, de seu amor pela sua juventude, e que eu o ouvisse. Assim eu o conquistei apenas escutando, e não posso nem mesmo dizer que o fiz por esperteza, pois gostava de escutar, sempre gostei de ouvir quando as pessoas falavam de si mesmas e este meu pendor, passivo e aparentemente sereno, é tão profundo que retrata minha face mais íntima. Quando eu deixar de escutar o que alguém me conta de si mesmo, então estarei morto.

Por que esperava eu tanto de Grosz? O que significava ele para mim? Desde Frankfurt, quando vi expostos livros seus na Livraria da Juventude, portanto, seis anos antes, eu admirava esses desenhos e os carregava em minha mente. Seis anos são um longo tempo quando se é jovem. Aqueles desenhos me conquistaram à primeira vista. Representavam exatamente aquilo que eu sentia, as coisas que eu via ao meu redor durante a inflação, após a visita de *Herr* Hungerbach, após os ouvidos moucos de minha mãe, que se recusava a perceber o que acontecia ao nosso redor. Gostei da força e da irreverência que se via nos desenhos, cruéis e terríveis. Como aquilo era o extremo, eu o tomei como Verdade. Para mim a Verdade não era aquela que intermediava, que atenuava, que explicava. Eu sabia que existiam figuras como aquelas, sabia-o desde minha infância em Manchester, quando constituí o ogro como meu inimigo, o que ficou sendo para sempre. Quando, algum tempo depois de ver os desenhos de Grosz, ouvi Karl Kraus em Viena, o efeito foi o mesmo. Só que, sendo uma pessoa verbal, comecei a imitar Karl Kraus. Dele eu podia aprender, acima de tudo, a ouvir, mas também, até certo grau (e não sem alguma relutância), a retórica da acusação. Jamais imitei George Grosz, o desenho sempre me foi denegado. Embora eu procurasse e encontrasse na vida real as suas figuras, sempre persistiu a distância de um meio diferente. Seu talento para mim era inalcançável: ele falava outra língua e, embora eu a entendesse, nunca seria capaz de dominá-la para meu próprio uso. Isso significa que ele nunca se tornou meu paradigma, era objeto da maior admiração, mas não um paradigma.

Quando, pela primeira vez, entrei em sua casa, Wieland, como de costume, me apresentou como "amigo e colaborador". Isso fez com que não me sentisse pequeno *demais*. Não me ocorreu que Grosz conhecia bem todos os amigos de Wieland, e por isso deveria saber que eu não estava entre eles. De repente eu estava lá; nunca se ouvira falar de mim. Ibby anunciara minha próxima vinda de Viena, e era só. Logo superei toda falta de segurança, pois ele começou a mostrar a nós trabalhos seus. Eu estava próximo a coisas que haviam sido recentemente criadas. Grosz estava acostumado a mostrar seus desenhos a Wieland, que os havia publicado e tornado conhecidos. Ambos os haviam selecionado juntos, e Wieland encontrara títulos para os desenhos. Também agora, como de costume, eram sugeridos títulos. Wieland gostava de dizer pomposamente alguns, com rapidez. Não discutiam em torno disso; Grosz costumava aceitar os títulos de Wieland. Haviam-lhe dado sorte.

Grosz usava um terno de casimira xadrez; era robusto e queimado de sol, ao contrário de Wieland, e fumava seu cachimbo. Parecia um jovem comandante de navio, não inglês, pois falava muito; parecia antes americano. Como ele era extremamente franco e cordial, seu traje não me deu a impressão de um disfarce. Diante dele me senti à vontade e descontraído, e me entusiasmei com tudo o que ele mostrou. Isso lhe deu prazer, como se meu entusiasmo contasse e, às vezes, ele acenava com a cabeça para Wieland, quando eu fazia um comentário sobre algum desenho. Senti que eu acertava na mosca e, enquanto diante de Brecht eu não podia abrir a boca sem provocar seu escárnio, em Grosz só despertei interesse e satisfação. Ele me perguntou se eu conhecia a coleção *Ecce Homo*. Respondi que não, sua venda estava proibida. Ele se dirigiu a um baú, levantou a tampa e apanhou uma pasta, que me entregou como se não fosse nada de especial. Pensei que era para que eu a olhasse e a abri, mas ele logo esclareceu: que eu a olhasse em casa, era um presente seu. "Não é qualquer um que recebe um presente destes", disse Wieland, conhecendo os modos impulsivos de seu amigo. Mas não foi necessário que o dissesse, jamais me escapou um ato de magnanimidade de uma pessoa, e este me subjugou.

Pus a pasta sobre a mesa, para não fazer com ela movimentos ridículos, de felicidade, e ainda não havia terminado de agradecer, quando apareceu um visitante: era a última pessoa que eu agora desejava encontrar, que eu teria esperado. Era Brecht. Entrou com todos os sinais de respeito, um pouco inclinado; trouxe um presente para Grosz, um lápis, dos mais comuns, que pôs sobre a mesa de desenho, com ênfase e cerimônia. Grosz aceitou essa singela homenagem e a transformou em algo maior. Ele disse: "Este lápis me fazia falta. Será muito útil". Senti-me perturbado pela visita, mas me fez bem conhecer outro lado de Brecht. Era assim que ele agia, quando queria demonstrar seu respeito, e a discrição e a economia do gesto aumentavam seu efeito. Perguntei-me o que Grosz pensaria dele, se o apreciaria. Brecht não se demorou e, quando havia saído, Grosz disse a Wieland, casualmente, como se aquilo não se destinasse aos meus ouvidos: "Não tem tempo, o europeu aflito". O tom não era hostil, nem inamistoso, talvez duvidoso, como se tivesse diversas opiniões acerca de Brecht, as quais se contradiziam.

Nossos caminhos se separaram quando deixamos Grosz. Wieland foi à editora, eu me dirigi à mansarda, à minha mesa redonda, onde me aguardava o trabalho nos documentos da biografia de Upton Sinclair. Comparada com suas revelações de escândalos e de sujeiras, a própria vida de Upton Sinclair parecia monótona. Isso não tinha a ver com as *circunstâncias* de sua vida, pois ele tivera muitas dificuldades, mas sim com a retidão de suas opiniões. Era puritano convicto, e, embora eu também o fosse, e por isso tivesse que sentir com ele uma certa afinidade, embora eu aprovasse de todo o coração seus ataques a terríveis situações, à humilhação e à injustiça, faltava aos seus ataques aquele brilho satírico. Não admira, portanto, que eu não me pusesse logo a trabalhar, mas primeiro abrisse a pasta *Ecce Homo*: lá encontrei tudo aquilo que faltava em Upton Sinclair.

A pasta fora interditada como obscena. Não se pode negar que algumas coisas que continha realmente pudessem parecer obscenas. Eu absorvi tudo aquilo, numa estranha mistura de horror e aprovação. Eram criaturas horrendas da vida noturna de Berlim, mas estavam entre os desenhos, pensei eu, porque eram consideradas horrendas. Considerei a repugnância com que eu as olhava como a repugnância do artista. Eu pouco sabia acerca daquilo, pois estava lá apenas havia uma semana. Uma de minhas primeiras visitas fora a Grosz. Conheci Brecht no Restaurante Schlichter, através de Ibby, que o considerava, por ser poeta, como o mais interessante que ela poderia me oferecer em Berlim. Voltamos lá diariamente; ele gostava de se encontrar com Ibby, mas ela sempre me arrastava consigo, e talvez também fosse este um dos motivos que o levaram a fazer de mim o alvo de suas ironias. Wieland era um homem generoso; Grosz para mim era muito mais importante do que Brecht, e foi assim que, creio que no sexto dia após a minha chegada, aconteceu aquela visita.

Eu trouxera para casa a coleção *Ecce Homo*; ela se interpôs entre mim e Berlim, e desde então tingiu quase tudo, especialmente tudo aquilo que eu via à noite. Do contrário, essas coisas possivelmente teriam levado mais tempo para penetrarem em mim. Meu interesse na liberdade sexual continuava pouco intenso. Agora, essas imagens, insolitamente duras e impiedosas, me jogaram no mundo da sexualidade, que tomei por verdadeiro; eu nunca teria pensado em pô-lo em dúvida e, assim como só se veem algumas paisagens pelos olhos de determinados pintores, vi Berlim pelos olhos de George Grosz.

Minha primeira contemplação me deixou assustado e arrebatado ao mesmo tempo, tanto que não consegui me separar das aquarelas coloridas que eu encontrara em folhas soltas dentro da pasta. Quando Ibby veio, ela as viu espalhadas sobre a mesa. Nunca ela me vira com coisas daquele gênero, pareceu-lhe cômico: "Você se tornou um berlinense com muita rapidez", disse ela, "em Viena você estava louco por máscaras mortuárias, e agora...", ela estendeu os braços sobre as folhas, como se eu as tivesse reunido sobre a mesa com premeditação e com alguma intenção. "Você sabe", disse ela, "Grosz gosta disso. Quando está embriagado, fala de 'presuntos'. Refere-se às mulheres, e olha para a gente daquele jeito. Eu faço de conta que não o entendo. Mas ele canta um hino de louvor ao 'presunto'." Fiquei indignado. "Isto não é verdade! Ele detesta estas coisas. É por isso que seu trabalho é tão bom. Não pense que, se não fosse assim, eu olharia para isto." *"Você* não gosta disto", disse ela, "eu sei, eu sei. Por isso posso dizer-lhe tudo. Mas ele gosta! Espere até vê-lo embriagado, e ele começar a falar de 'presunto'."

Era característico de Ibby que ela pudesse dizer tais coisas. Ela usava a palavra "presunto" nesse contexto, e não podia haver equívoco sobre o que ela queria dizer: Grosz, embriagado, tentara aproximar-se dela, e entoara um canto em louvor a seu físico, o que talvez teria ofendido outras mulheres de sua espécie, ou, no mínimo, as teria aborrecido. A palavra se referia a ela, e só o que ela queria era fazer-me um relato nu e cru.

Fora por isso que ela quisera que eu viesse a Berlim, para me contar tudo. Ela era perseguida pelos homens; onde quer que aparecesse, era requestada. Três, quatro homens tentavam ao mesmo tempo, acreditando que algum deles o conseguiria. Como nenhum o conseguia, as pessoas começaram a achá-la enigmática. Surgiram as hipóteses mais absurdas: ela sequer era mulher, apenas parecia ser; alguma coisa nela era diferente, talvez tivesse a vagina obstruída. Um dos mais desconfiados, chamado Borchardt, pertencente ao círculo de Brecht, declarou que ela era espiã. "De onde ela veio? Surgiu de repente. Quem é ela? Acompanha tudo, ouve tudo." Isso a fez rir, ela conservou seu bom humor. Ela achava aquilo ridículo mas, enquanto estava só em Berlim, não podia dizê-lo a ninguém, pois aquelas pessoas, para as quais tudo era permitido, encaravam com a maior seriedade a atividade sexual, e teriam se ressentido profundamente com o escárnio de Ibby, que era só o que ela possuía. Ela não podia viver sem o escárnio; tinha de manifestá-lo com humor e com locuções surpreendentes. Era uma necessidade *sua*, um impulso *seu*, e por isso ela não descansara até que conseguira atrair-me para Berlim.

Tínhamos em comum um interesse insaciável por *toda* espécie de pessoas. Nela esse interesse era tingido de humor, e eu gostava quando me regalava com seus relatos. Eu, contudo, não achava realmente cômica a espécie humana. A diversidade das pessoas me perturbava. Elas se agitavam de todas as maneiras, para se fazerem entender umas às outras. Mas não se entendiam. Era cada um por si, e embora, apesar de todas as ilusões, cada ser permanecesse só, ele continuava a se agitar incansavelmente. Eu ouvia todos aqueles equívocos gritantes que Ibby me relatava. Eu mesmo tive de enfrentar muitos deles, mas ela trouxe para o meu mundo um testemunho especial daqueles que eu, como homem, não podia experimentar. Bela e cortejada como ela era, só recebia propostas as mais absurdas; era como se ela própria não estivesse no mundo, mas apenas uma estátua dela, aparentemente viva, à qual se dirigiam as propostas. Suas respostas, entretanto, nem sequer eram ouvidas, não alcançavam os ouvidos dos proponentes, os quais só tratavam de dizer o que lhes aprazia e, se possível, de obter aquilo que cobiçavam. Mas não sabiam por que acabavam não o obtendo, pois eram incapazes de apreender uma resposta. Eles, aliás, dificilmente se interessariam em saber alguma coisa acerca de seus rivais, isso lhes seria estranho e incompreensível, embora o objetivo de todos eles parecesse ser o mesmo. Pois, embora Ibby retivesse, precisas e inalteráveis, suas palavras e seus atos, para *entendê-las* cada um teria de abstrair a si próprio, e isso ninguém queria.

ISAAK BABEL

Em minhas recordações do tempo de Berlim, um grande espaço é ocupado por Isaak Babel. Ele não pode ter estado lá por muito tempo, mas tenho a impressão de que nos encontramos diariamente por várias semanas, durante horas e horas, ainda que não trocássemos muitas palavras. Eu era tão afeiçoado a ele, mais do que a qualquer outra das inúmeras pessoas que lá conheci, que ele se expandiu em minha memória. E gostaria de lhe dedicar cada um dos noventa dias que passei em Berlim.

Ele vinha de Paris, onde sua mulher, uma pintora, estudara com André Lhote. Morara em diversos lugares da França. A literatura francesa era sua terra prometida; considerava Maupassant como seu verdadeiro mestre. Gorki descobrira Babel, estendendo sobre ele sua mão protetora; seu aconselhamento não poderia ter sido mais inteligente e mais eficaz, levando em conta as possibilidades de Babel, e criticando sem egoísmo, pensando apenas *nele*, e não em si próprio, com seriedade e sem escárnio, sabendo perfeitamente o quanto é fácil destruir um homem mais jovem, mais fraco, desconhecido, antes que este possa saber o que leva dentro de si.

Babel, após longa permanência no exterior, estava em viagem de volta à Rússia, interrompendo-a em Berlim. Creio que chegou em fim de setembro, e ficou, na realidade, não mais de duas semanas. De seus dois livros, que o tornaram famoso, *Cavalaria vermelha* e *Contos de Odessa*, ambos publicados em alemão pela Editora Malik, eu lera o último várias vezes. Eu podia admirá-lo, sem sentir-me distante demais dele. Em criança eu ouvira falar de Odessa, era um nome que vinha da fase inicial de minha vida. Sentia como se fosse meu o mar Negro, embora o tivesse visto apenas durante poucas semanas, em Varna. O colorido, a brutalidade e a força das histórias de Babel sobre Odessa eram alimentados pelas minhas próprias lembranças da infância; sem sabê-lo, eu encontrara a capital natural daquela localidade junto ao Baixo Danúbio, e eu teria achado adequado que Odessa tivesse se desenvolvido na foz do Danúbio. Então a célebre viagem, que encheu os sonhos de minha infância, rio abaixo e rio acima, teria se estendido de Viena a Odessa, e de Odessa a Viena. Ruschuk, já na parte inferior do rio, ocuparia, nesse trecho, o seu lugar certo.

Eu estava curioso por Babel, como se ele proviesse dessa região, a qual eu reconhecia friamente como minha. Para mim, só contavam as cidades que se abriam para o mundo. Odessa era uma cidade dessas. Era assim que Babel considerava Odessa e suas histórias. Na casa de minha infância, todas as janelas davam para Viena. Agora, num lado antes fechado, fora aberta uma janela para Odessa.

Babel era um homem baixo, atarracado, com uma cabeça muito redonda, em que primeiro chamavam a atenção as grossas lentes de seus óculos. Talvez fosse por causa delas que seus olhos, mantidos bem abertos, pareciam tão grandes e atentos. Assim que Babel aparecia, a gente se sentia inspecionado e dizia-se a si mesmo, também em retribuição a toda aquela atenção, que ele parecia forte, de ombros largos, e nem um pouco débil, o que teria antes correspondido à impressão dos óculos.

Eu o vi pela primeira vez no Schwanecke, um restaurante que me parecia luxuoso, talvez porque o frequentássemos à noite, após o teatro, quando estava apinhado de atores famosos. Mal se havia notado um e já passava outro, considerado mais notável ainda. Eram tantos, naquela época do apogeu do teatro, que logo se desistia de observar a todos. Mas também havia escritores, pintores, patrocinadores, críticos e jornalistas conhecidos; e Wieland, com quem eu viera, sempre tinha a gentileza de me explicar quem era aquela gente. Ele os conhecia a todos já havia tanto tempo que não o impressionavam mais; em sua boca os nomes deles não tinham som de presunção, mas antes de dúvida quanto ao seu direito à fama, como se estivessem supervalorizados e, em breve, fossem desaparecer de cena. Ele tinha seus próprios cavalos no páreo, pessoas que ele mesmo havia descoberto, cujos livros publicava e às quais ele procurava dirigir a atenção pública; é natural que ele preferisse falar mais detalhadamente destas. À noite, no Schwanecke, Wieland não se instalava numa mesa separada, com seus leais seguidores, afastado dos demais; preferia partilhar de rodas maiores, onde amigos e inimigos estavam sentados juntos, e onde ele escolhia alguém para a sua ofensiva. Ele defendia sua causa com investidas, não ficava na defensiva, mas geralmente não se demorava, pois logo descobria outro círculo, onde havia alguém que o instigava ao ataque. Logo descobri que ele não era o único a usar esse método agressivo. Havia outros que se afirmavam com reclamações, e até mesmo alguns que vinham para ficar de boca calada em meio a essa turbulência, uma minoria, mas muito visível: rostos mudos, como ilhas em meio à paisagem borbulhante, tartarugas que sabiam beber, e acerca das quais se tinha de interrogar outros, pois eles mesmos nunca reagiam a uma pergunta.

Na noite em que Babel apareceu pela primeira vez no

Schwanecke, um grande grupo estava reunido numa mesa comprida, logo na sala da frente. Eu chegara tarde e, acanhado, ficara na extremidade da mesa, junto à porta, sentado na beira da cadeira, como que pronto para escorregar e sumir. O "mais belo" da roda era Leonhard Frank. Seu rosto marcante, de rugas profundas, dava a impressão de ter passado por todos os altos e baixos da vida, levando com gosto as marcas dessa vida, visíveis para todos. Uma figura esbelta e musculosa, usando um traje elegante, feito sob medida, e como que pronta para o salto; uma palavra, e ele, como uma pantera, teria se precipitado, ao comprido, por cima de toda a mesa, sem que esse empreendimento deixasse o menor vinco ou desarranjo em seu traje. Apesar de suas rugas profundas, ele não dava qualquer impressão de velhice; era um homem na flor da idade. Em sua juventude, dizia-se com respeito, ele havia sido ferreiro (ou, como outros diziam com menos romantismo: serralheiro), o que, com sua força e agilidade, não era de se admirar. Eu o imaginava na bigorna, não nesse traje, que me incomodava; e não se podia negar que ali, no Schwanecke, ele se sentisse infinitamente bem.

Isso valia, também, mas de outra forma, para os escritores russos que estavam à mesa. Naquele tempo eles viajavam com frequência e gostavam de vir a Berlim, onde a turbulência e a vida sem cuidados condizia com seu temperamento. Mantinham boas relações com Herzfelde, seu editor, não o único a aceitar seus livros, porém o mais eficaz. Um autor cuja obra ele publicasse não passava despercebido, isso era impossível, mesmo por causa das capas que seu irmão, John Heartfield, projetava. Lá estava sentada Anja Arkus, da qual se dizia que era uma nova poeta lírica, a mulher mais bela que eu já havia visto, no que dificilmente acreditarão, pois tinha o rosto de um lince. Nunca mais ouvi seu nome, talvez escrevesse sob um pseudônimo, ou então morreu jovem.

Eu deveria falar de outros que faziam parte do grupo, em especial daqueles que hoje estão esquecidos, e cujo rosto sem nome, talvez, só eu ainda tenha na lembrança. Mas não seria

284

este o lugar, porquanto aquela noite ficou marcada por um acontecimento muito especial, diante do qual tudo o mais parece desvanecer-se: foi a noite em que, pela primeira vez, apareceu Babel, um homem que não se distinguia por nada daquilo que pertencia ao Schwanecke: não vinha como ator de si próprio, e embora atraído por Berlim, não era "berlinense" como os outros; era antes "parisiense". A vida das celebridades não o interessava mais do que a dos outros, talvez até mesmo menos. Ele sentiu desconforto naquele círculo de gente ilustre, e tratou de se escapulir. Esse foi o motivo por que ele se voltou para o único dos presentes que era desconhecido, e que não pertencia àquele lugar. Essa pessoa era eu, e a segurança com que Babel o percebeu, à primeira vista, revela sua perspicácia, e a inabalável clareza de sua experiência.

Não me lembro de suas primeiras palavras. Cedi-lhe lugar, ele ficou parado. Aparentemente não estava decidido a ficar. Mas, assim parado, ele parecia inamovível, como se postado diante de uma fenda abismal, que conhecesse e tentasse obstruir. Essa impressão podia-se relacionar com o fato de que ele, com seus ombros largos, obstruía a vista da entrada. Não vi ninguém mais chegando, só vi a ele. Seu rosto expressava aborrecimento, e ele dirigiu algumas palavras aos russos que estavam à mesa. Eu não as entendi, mas inspiraram-me confiança. Eu tinha certeza de que se referiam ao restaurante, que desagradava a mim tanto quanto a ele, mas ele podia dizê-lo. É possível que por causa dele eu tenha ficado consciente de meu desagrado. Pois a escritora com cara de lince não estava longe de mim, e sua beleza compensava tudo o mais. Eu desejava que ele ficasse, e tive esperança que, por causa dela, ele não fosse embora. Por causa dela, quem não ficaria? Ela lhe acenou, fez sinal que lhe arranjaria lugar a seu lado, ele sacudiu a cabeça, e apontou para mim com seu dedo. Com isso ele só podia querer dizer que eu já lhe havia oferecido lugar, uma gentileza que me encantou e confundiu. *Eu* não teria hesitado em me sentar ao lado dela, embora com o maior embaraço. Mas ele não quis me ofender, e recusou o convite. Então insisti que ele se sentasse em meu lugar, e fui à procura de uma cadeira. Não havia nenhuma desocupada; passei por todas as mesas, por alguns instantes vaguei por todo o local e quando, finalmente, voltei de mãos vazias, ele havia sumido. A escritora me informou que ele não queria tirar-me o lugar, e por isso havia ido embora.

Esse seu primeiro ato, que eu provoquei, poderá parecer trivial, mas em mim produziu uma forte impressão. Quando o vi lá parado, à sua maneira sólida, robusta, lembrei-me da *Cavalaria vermelha*, das maravilhosas e horríveis histórias que ele viveu na guerra russo-polonesa, entre os cossacos. Isso condizia, também, com sua aversão pelo local, que pensei perceber em seu rosto. E o mesmo homem que passara por essas coisas duras e cruéis foi quem demonstrou tanta delicadeza e consideração por uma pessoa muito jovem que nem conhecia, e a distinguiu, a partir desse momento, com seu interesse.

Ele era muito curioso; queria ver tudo em Berlim, mas "tudo", para ele, eram as *pessoas*; aliás, pessoas de toda a espécie, não as que frequentavam locais nobres e redutos de artistas. Seu lugar favorito era o Restaurante Aschinger, onde ficávamos parados lado a lado, e tomávamos, muito devagar, uma sopa de ervilhas. Com seus olhos protuberantes atrás das grossas lentes dos óculos, examinava as pessoas ao nosso redor, cada uma, todas, nunca se saciando de observá-las. Aborrecia-se quando seu prato ficava vazio, teria preferido um que fosse inesgotável, pois só o que ele queria era continuar a contemplar aquela gente. Como as pessoas eram sempre outras, havia muito para ver. Jamais conheci outra pessoa que olhasse com tanta intensidade, permanecendo completamente calma, enquanto a expressão de seus olhos mudava constantemente, por causa do jogo dos músculos que os rodeavam. Ao olhar, ele nada rejeitava; tudo lhe era igualmente importante. As coisas mais vulgares, assim como as mais especiais, eram significativas para ele. Só sentia tédio entre aquela gente esbanjadora do Restaurante Schwanecke, ou no Schlichter. Quando eu estava lá sentado, e ele entrava, ele me procurava, e sentava-se perto de mim. Mas não ficava sentado por muito tempo, e logo dizia: "Vamos ao Aschinger!".

E eu, fossem quem fossem as pessoas em cuja companhia eu me encontrava, considerava seu convite como a maior honra que pudesse me ser dispensada em Berlim, levantava-me e ia com ele.

Mas não era o desperdício nesses locais nobres que ele queria criticar quando pronunciava a palavra "Aschinger". O que lhe desagradava era o pavoneamento dos artistas. Cada um queria destacar-se, cada um desempenhava seu próprio papel, o ar estava prenhe de vaidades perversas. Ele próprio era generoso; para chegarmos mais ligeiro ao Aschinger tomava um táxi, mesmo para distâncias pequenas, e quando se tratava de pagar, ele era ultrarrápido, e me explicava com extraordinária delicadeza por que *tinha* de pagar. Ele havia recebido uma importância em dinheiro, dizia ele, e não podia levá-la, *tinha* de gastá-la em Berlim. Embora minha intuição me dissesse que nada disso podia ser verdade, eu me obrigava a acreditar nele, pois sua magnanimidade me encantava. Ele jamais disse uma palavra sobre o que ele pensava da minha situação: que eu era estudante, e provavelmente não tinha qualquer rendimento. Eu lhe confessara que ainda não havia publicado coisa alguma. "Não tem importância", disse ele, "acontecerá antes do que você espera", como se até mesmo fosse vergonhoso já ter publicado alguma coisa. Creio que ele me deu tanta atenção porque percebeu meu embaraço entre tantos figurões famosos. Eu falava pouco com ele, muito menos do que com os outros. Ele também não falava demasiado, preferia observar as pessoas, e só se tornava loquaz em minha presença quando a conversa se voltava para a literatura francesa. Ele admirava Stendhal e Maupassant acima de tudo.

Pensei que ouviria dele muita coisa sobre os grandes escritores russos, mas isso talvez lhe parecesse demasiado óbvio, ou então ele achava que era ostentação estender-se sobre a literatura de seus próprios patrícios. Mas talvez houvesse mais do que isso; talvez ele receasse a inevitável superficialidade de tal conversa: ele próprio se expressava na língua em que eram escritas as grandes obras daquela literatura, ao passo que eu, no melhor dos casos, as conheceria através de alguma tradução. Não teríamos falado sobre a mesma coisa. Ele levava tão a sério a literatura que teria de odiar tudo o que era vago e aproximado. Minha timidez, contudo, não era menor do que a dele: não pude me resolver a dizer coisa alguma sobre a *Cavalaria vermelha* e os *Contos de Odessa*.

Mas ele deve ter percebido, em nossas conversas sobre os escritores franceses, sobre Stendhal, Flaubert, Maupassant, o quanto suas histórias significavam para mim. Pois, quando eu fazia perguntas sobre uma coisa ou outra, elas sempre se referiam, ocultamente, a alguma coisa dele. Ele imediatamente percebia a referência tácita, e sua resposta era simples e precisa.

Ele via o quanto eu ficava satisfeito; talvez gostasse, também, que eu não insistisse com novas perguntas. Ele falava de Paris, onde sua mulher pintora vivera durante um ano. Creio que ele acabara de buscá-la, e já estava, novamente, saudoso de Paris. Ele preferia Maupassant a Tchekhov, mas quando mencionei Gogol (a quem eu amava acima de tudo), ele, para minha agradável surpresa, disse: "Igual a ele, os franceses não têm ninguém; Gogol faz falta aos franceses". Depois meditou um pouco e, para compensar o que poderia parecer ostentação, acrescentou: "Os russos têm Stendhal?".

Estou percebendo que tenho pouco de concreto a dizer sobre Babel, e no entanto ele significou mais para mim do que qualquer um que conheci naquela época. Eu o vi conjuntamente com tudo que havia lido dele, que realmente não era muito, mas tão concentrado que tingiu cada momento. Mas eu também estava presente quando ele absorvia as coisas, numa cidade que lhe era estranha, e não em sua língua. Ele não esbanjava palavras grandiloquentes, e evitava destacar-se. Onde podia se esconder, ele *via* melhor. Dos outros aceitava tudo, sem rejeitar o que não lhe servisse. As coisas que mais o atormentavam eram as que deixava atuar sobre si por mais tempo. Isso eu sabia através das histórias dos cossacos, cujo brilho sangrento subjugava a todos, sem se embriagarem com o sangue. Aqui, onde ele defrontava o brilho de Berlim, pude ver como ele ficava indiferente àquilo em que os outros se banhavam vaidosos, tagarelando. Passava, com desdém, pelos reflexos vazios e, em lugar deles, contemplava, com olhos sedentos, inúmeras pessoas que tomavam sopa de ervilhas. Sentia-se que nada lhe era fácil, embora jamais o dissesse. A literatura lhe era sagrada; ele não se poupava, e jamais poderia ter *embelezado* alguma coisa. O cinismo lhe era estranho por causa de sua extenuante concepção da literatura. Aquilo que ele achava bom jamais poderia *aproveitar*, como outros que, farejando ao redor, davam a entender que se consideravam a coroação de tudo quanto se lhes antecedera. Babel não se sentia superior aos outros, porque sabia o que era a literatura. Estava possuído por ela, não por suas honrarias, nem pelo que ela rende. Não creio que tenha visto Babel diferente do que ele era, porque falava comigo. Sei que Berlim teria me corroído como barrela, se eu não o tivesse encontrado.

AS METAMORFOSES DE LUDWIG HARDT

Num domingo fui parar numa matinê de Ludwig Hardt: um declamador ao gosto dos poetas, reputado por todos eles, especialmente os de vanguarda. Ninguém fazia careta quando se falava nele; nem mesmo Brecht fazia um comentário rude, quando havia tantas coisas que rejeitava. Dizia-se que Ludwig Hardt era o único declamador de poesia clássica e moderna que dominava ambas com igual maestria. Elogiava-se sua capacidade de transformação; dizia-se que ele na realidade era um ator, mas um ator excepcionalmente talentoso. Diziam que seus programas tinham uma organização requintada, que com ele ninguém jamais sentira tédio, o que, em Berlim, onde cada um tentava sua sorte, era dizer muito. Em termos de minha escravidão, naquele tempo, havia mais uma coisa que me preocupava: Hardt fora amigo de Karl Kraus, e antigamente declamara também trechos de *Os últimos dias da humanidade*. Isso provocara entre eles uma desavença e romperam seus laços de amizade. Agora nada faltava, em seus programas, de tudo o que era significativo na poesia moderna, a não ser a única coisa que lhe fora proibida: Karl Kraus.

A matinê, à qual compareci com Wieland, era dedicada a Tolstói. Hardt pretendia declamar trechos da edição de Tolstói pela Editora Malik, do contrário Wieland não teria ido. Ele não tinha apreço especial por atores, e só assistia aos seus espetáculos quando era absolutamente imprescindível. Era o seu jeito de se defender da superoferta berlinense. Explicou-me que Berlim desgasta as pessoas com muita rapidez. Quem não soubesse se organizar estaria perdido. Devia-se poupar a curiosidade, só a usando para aquilo que era importante para o próprio trabalho. Afinal, não se era um turista, que vai embora após algumas semanas, e devia-se encarar o fato de que se viveria aqui ano após ano, cobrindo-se, para tanto, com uma couraça. Mesmo para ouvir o declamador Ludwig Hardt, universalmente admirado, ele só foi por causa da edição de Tolstói; mas convenceu-me a acompanhá-lo.

Fui, e não me arrependi. Jamais pude esquecer o que ele falou naquela ocasião; e nosso subsequente encontro, na casa de um patrocinador, provocou um desses incidentes embaraçosos, com os quais se aprende mais do que com qualquer ofensa. Oito anos depois, em Viena, ele tornou-se meu amigo.

Era um homem muito pequeno, tão pequeno que até mesmo eu o achei invulgar. Tinha uma cabeça estreita, morena, de aspecto sulino, a qual podia transformar-se num piscar de olhos, com tanta rapidez, mas também com tanta intensidade, que teria se tornado irreconhecível. Parecia que ele era sacudido por raios, mas raios que ele *pronunciava*; eram personagens e poemas que ele conhecia de cor, que lhe pertenciam como se lhe fossem inatos. Não podia ficar quieto por um instante, a não ser que representasse um personagem gordo, lerdo; e foi assim, como tio Yerochka, dos *Cossacos* de Tolstói, que o vi pela primeira vez. Sua cabeça, então, ficou bem redonda; ela era grande e rude. Ele sabia mexer com o bigode, até se chegava a vê-lo; eu podia jurar que ele usava bigode postiço (e quando ele mais tarde afirmou que nunca usara bigode, e não costumava levá-lo no bolso, não acreditei). Entre todos os personagens de Tolstói, esse cossaco é o que, para mim, se conservou mais vivo, porque *ele* o representou. Parecia um milagre, quando se via como o pequeno e delicado Ludwig Hardt se transformava num cossaco grande, sólido e pesado — sem que saísse da cadeira ou da mesa, sem que se levantasse uma só vez, para acentuar a transformação com os movimentos adequados. Foi uma peça bastante longa a que ele declamou, mas parecia tornar-se cada vez mais curta, e temia-se que ele pudesse parar. Depois vieram alguns contos populares, em especial "De quanta terra precisa um homem?" e os mesmos me tocaram tanto que fiquei convencido de que esses contos eram a essência, o verdadeiro, o melhor de Tolstói. Mais tarde, o que quer que eu lesse de Tolstói parecia-me ter menos vida, porque não o ouvia na voz de Ludwig Hardt. Ele, em parte, estragou Tolstói para mim. Seu Yerochka, dos *Cossacos*, sempre me ficou sendo uma pessoa familiar. Desde então, desde 1928, penso conhecê-la bem, melhor do que outros que foram meus bons amigos.

Mas a intervenção de Ludwig Hardt em minha relação com Tolstói não parou aqui. Quando eu, logo após a guerra, reli *A morte de Ivan Ilitch*, fiquei tão comovido quanto em 1928, com os contos populares. Senti-me transportado para outro lugar; pensei, primeiro, que fosse aquele quarto do doente Ilitch; mas então me dei conta, surpreso, que ouvia as palavras do conto na voz de Ludwig Hardt. Eu me encontrava no teatro semiescurecido onde ele havia declamado. Ele já não vivia, mas seu repertório fora ampliado, e *A morte de Ivan Ilitch*, muito mais longa, havia entrado para o grupo de contos populares que ele recitara naquela ocasião.

Este é o comentário mais forte que posso fazer sobre aquela matinê: como ela se projetou para uma época posterior. Mas, para tirar deste relato algo de sua inverossimilhança, acrescentarei que em anos posteriores ouvi muitos recitais de Ludwig Hardt. Em Viena, depois que nos tornamos amigos, ele com frequência vinha à nossa casa, e então declamava para nós durante horas, enquanto quiséssemos ouvi-lo. Ele publicara um livro que continha seus programas e, de todas as maravilhas que lá estavam relacionadas, poucas nos foram negadas. Fiquei conhecendo sua voz em todas as suas ricas possibilidades, com frequência falávamos sobre a metamorfose, que me ocupava cada vez mais. Para isso, ele me dera o primeiro impulso de que tenho consciência, através de sua transformação no velho Yerochka, naquela matinê em Berlim. Após a guerra, quando soube de sua morte, apanhei *A morte de Ivan Ilitch*, e com uma espécie de exéquias por ele, atribuía à sua voz algo que nunca ouvira dele em vida.

Preciso voltar, porém, àquele primeiro acontecimento, sobre o qual ainda não contei tudo. Falta o jogo satírico, no qual acabei sendo a paciente vítima. Após a matinê, o declamador estava convidado, com um grupo bastante numeroso, para uma recepção na casa de um advogado berlinense, onde todos foram servidos generosamente, e se sentiram tão bem que lá passaram a maior parte daquela tarde. Tudo era como devia ser, não só a hospitalidade. Nas paredes estavam os quadros dos pintores da moda; espalhados sobre mesinhas estavam os livros mais recentes, desde que tivessem chamado a atenção, favorável ou desfavoravelmente. Nada faltava; bastava que se mencionasse alguma coisa para que o anfitrião, solícito, a trouxesse e a exibisse sob o nosso nariz. Abria-a — e só faltava que a gente a abocanhasse. Era-nos poupado todo esforço. Havia gente conhecida sentada por lá, mastigando ou arrotando. Contudo, apesar de toda a dedicação do anfitrião, mantinham-se também conversas inteligentes ou excitantes. Quem se sentia melhor era o próprio Ludwig Hardt. Era o único que ultrapassava o dono da casa em vivacidade; era mais ativo do que este. Saltava sobre mesas baixas e pronunciava discursos famosos, seja de Mirabeau, seja de Jean-Paul Richter. Não ficava, absolutamente, esgotado; podia continuar atuando sempre e, o que era mais estranho, interessava-se por pessoas que não conhecia, envolvendo-as em palestras durante os intervalos entre seus saltos. Ele não tinha sossego enquanto não descobria com que espécie de gente estava lidando. Assim chegou também a minha vez e, contagiado por seus mo-

292

dos expansivos, não me envergonhei em lhe demonstrar meu entusiasmo.

Ele agradeceu à sua maneira, contando coisas interessantes sobre sua origem. Era filho de um criador de cavalos na Frísia e, em sua juventude, andara muito a cavalo. Pequeno e leve como era, lembrava um jóquei. Entendi por que ele sempre tinha de estar em movimento, e respeitosamente apresentei essa ideia. Ele agradecia todas as palavras que lhe pudessem ser agradáveis com refinada cortesia. Com sua engenhosidade, com sua excentricidade, ele lembrava E. T. A. Hoffmann. Estava perfeitamente cônscio dessa semelhança, mas ela não excluía outras associações. Era-lhe impossível recitar alguma coisa, de quem quer que fosse, sem se *parecer* com o autor das palavras. Meu embaraço — é disto que quero falar — começou com um de seus saltos: ele se transformou de Hoffmann em Heine, e então sua agilidade aumentou tanto que logo se sabia: Heine era um de seus personagens mais importantes. Quando reconheci esse fato, devo ter hesitado um pouco; o processo de livre associação ficou mais lento, mas ele apreendeu a situação instantaneamente, e de repente começou a proferir tudo o que se dizia *contra* Heine, e isso nas palavras de Karl Kraus, com as quais eu estava por demais familiarizado. Ele as pronunciava como se estivesse desempenhando um papel, com convicção. Caí na esparrela, completei muita coisa com fidelidade ao texto, e não percebi que ele zombava de mim. Só que aquilo foi demorado demais, parecia que eu estava sendo examinado quanto aos meus conhecimentos da *Tocha*, e só quando ele de repente interrompeu o tema e passou a outros assuntos da *Tocha*, hinos de louvor a Cláudio, a Nestroy, a Wedekind, caiu-me uma venda dos olhos, e eu soube que me tornara indizivelmente ridículo. Eu disse, como que para me desculpar: "Sua opinião sobre Heine é outra". "Sem dúvida!", disse ele, e veio, então, o que para mim foi uma magnífica bofetada: uma declamação arrebatadora de alguns poemas de Heine, pertencentes ao seu repertório mais íntimo.

Creio que ele, assim, pela primeira vez abalou minha fé em Karl Kraus. Pois enfrentou-o em seu próprio terreno, como declamador, e se afirmou. Declamou "Os ratos viandantes" e "Os tecelões da Silésia", e havia nele um poder e um furor que nada ficava devendo ao de Karl Kraus. Foi uma incursão em território proibido e, apesar das interdições, ameaças e execrações, eu era são demais para não lhe dar lugar. O efeito foi mais forte do que quando ele acabara de enumerar tudo quanto fora dito contra Heine: tudo ficou esmigalhado e pulverizado. Senti dentro de mim a derrocada, e tive de arcar com as consequências. Pois os diques que Karl Kraus erigira dentro de mim haviam sido minha proteção contra Berlim. Senti-me mais fraco do que antes, e a confusão aumentou. Eu fora acometido pelo inimigo em duas frentes ao mesmo tempo. O homem que eu endeusava se encontrava com Brecht, que escrevia versos de propaganda de automóveis, e trocavam entre si palavras de louvor; e Ludwig Hardt, com quem ele antes se dera, que fora seu amigo, abria em mim uma brecha irreparável em favor de Heine.

CONVITE PARA O VAZIO

Em Berlim tudo ficava igualmente *próximo*, toda espécie de influência era permitida; a ninguém era proibido fazer-se notado, desde que não se temesse o esforço. Pois não era fácil: o tumulto era grande e, em meio ao barulho e ao aperto, estava-se consciente de que ali havia coisas que valia a pena ver e ouvir. Tudo, aliás, era permitido. As proibições, de que não há falta em parte alguma, e muito menos na Alemanha, ali perdiam seu efeito. Quando se vinha de uma velha capital, como Viena, aqui a gente se sentia um provinciano, e abria bem os olhos, para se acostumarem a ficar sempre abertos. Havia na atmosfera algo cáustico, corrosivo, que estimulava e animava. Investia-se contra tudo, sem acautelar-se de coisa alguma. A terrível adjacência e o caos, tal como aos que nos defrontamos nos desenhos de Grosz, não eram exagerados; aqui eram naturais, uma nova natureza que se tornava indispensável para nós, assim que nos acostumávamos a ela. Toda tentativa de nos excluirmos tinha algo de perverso, era a única coisa que ainda podia ser considerada perversa. Se conseguíamos nos isolar por um breve momento, logo caíamos na tentação, e nos misturávamos novamente no turbilhão. Tudo era *permeável*, não havia intimidade. E, quando havia, era fingida, planejada, para ultrapassar outra intimidade, e não com finalidade precípua.

O animalesco e o intelectual, despojados e intensificados ao extremo, aqui reagiam conjuntamente, numa espécie de corrente alternada. Quem tivesse despertado para sua própria animalidade antes de vir para cá tinha de aumentá-la para poder afirmar-se contra a dos outros. Se essa pessoa não fosse suficientemente forte, em breve estaria desgastada. Mas quem fosse determinado por seu intelecto, e pouco ainda tivesse cedido à sua animalidade, tinha de sucumbir à abundância daquilo que era oferecido ao espírito. Toda essa variedade, todo esse antagonismo, arremessava-se contra a gente com toda a brutalidade. Não sobrava tempo para entender coisa alguma, recebiam-se apenas pancadas, ainda não se tinha esquecido as da véspera, e já choviam novas pancadas. Andava-se por Berlim como um pedaço de carne, cansado, mas o cansaço ainda não era suficiente, e esperava-se pelos novos golpes.

O que me causou a impressão mais profunda, e que determinou minha vida futura até o dia de hoje, foi a *incompatibilidade* de tudo aquilo que me invadia. Cada indivíduo que era alguma coisa, e muitos o eram, golpeava os outros consigo mesmo. Era duvidoso se eles o entendiam; o indivíduo conseguia ser ouvido, e parecia não se importar que outros usassem meios diferentes para serem ouvidos. Ele adquiria prestígio assim que era ouvido; e agora tinha de continuar a golpear consigo mesmo, para não ser suplantado por ninguém junto aos ouvidos do público. Talvez ninguém tivesse tempo para perguntar-se em que daria tudo aquilo. Disso não sairia, de forma alguma, uma vida transparente; aliás, não era esse o objetivo. O resultado eram livros, quadros, peças teatrais, a torto e a direito, uma coisa contra a outra.

Eu sempre tinha a companhia de alguém, seja de Wieland, seja de Ibby; nunca andava sozinho por Berlim — o que não é a forma certa de conhecer uma cidade, mas talvez adequada à Berlim daquela época. Vivia-se em grupos, formavam-se panelinhas; talvez não fosse possível suportar a dureza da existência de outra maneira. Sempre se ouviam nomes, em geral nomes conhecidos: alguém era esperado, alguém estava chegando. O que *é* um período áureo? É um período de muitos grandes nomes, muito próximos uns dos outros, mas de forma que um nome não sufoque o outro, embora se combatam mutuamente. O importante é o contato diário, constante; os golpes que o brilho suporta, sem se extinguir. Uma falta de sensibilidade, quando se tratava dos golpes, uma espécie de ansiedade por eles, o prazer de se expor a eles.

Os nomes se *roçavam*, era seu propósito furtar, uns dos outros, numa osmose secreta, tanta luminosidade quanto fosse possível, para então escapulirem céleres, a fim de encontrar outros, com os quais repetiriam o mesmo processo. Os nomes apalpavam-se e esfolavam-se mutuamente com um ar de urgência, mas também de arbitrariedade, e a graça consistia em que nunca se podia saber que nome seria o próximo. Isso dependia do acaso; e como os nomes que queriam tentar sua sorte chegavam de todas as partes, tudo parecia possível.

A curiosidade pelas surpresas, pelo inesperado ou pelo assustador, deixava-nos levemente embriagados. Para suportar todas essas coisas, para não cair num estado de confusão e nele permanecer, aqueles que sempre viviam aqui se acostumaram a nada levar demasiado a sério, especialmente nomes. O primeiro em quem pude observar esse processo do cinismo acerca de nomes era um a quem eu via com bastante frequência. Ele manifestava esse cinismo, primeiro, fazendo comentários agressivos sobre todo aquele que se tivesse destacado em alguma coisa. Isso podia parecer a expressão de uma atitude política, mas, na verdade, era outra coisa: uma espécie de luta pela existência. Reconhecendo tão pouco mérito nos outros quanto possível, agredindo em todas as direções, a gente se tornava alguém. Mas quem não tivesse jeito para agredir em todas as direções, este estava perdido, podia ir embora; para ele Berlim não servia.

Era muito importante que sempre se fosse visto, durante dias, semanas e meses. Frequentava-se o Café Romanisches (e, num nível mais alto, o Schilichter e o Schwanecke), o que certamente era um prazer, mas tinha-se também outra finalidade. Era a necessidade da automanifestação, à qual ninguém se subtraía. Quem não quisesse ser esquecido devia ser visto. Isso valia para todas as classes, todas as camadas, até mesmo para os pedintes que, no Café Romanisches, iam de mesa em mesa, e sempre recebiam alguma coisa, desde que conservassem intacto o personagem que representavam, e não admitissem qualquer deturpação.

Os patrocinadores constituíam um fenômeno essencial da vida berlinense daqueles dias. Havia muitos; estavam sentados por toda a parte, e ficavam à espreita de clientes. Alguns estavam sempre lá, outros vinham de visita. Havia uns que estavam alternadamente em Paris e em Berlim. Conheci o primeiro no Café Romanisches — um homem de bigode, rosto esférico, e lábios nos quais se percebia a boa cozinha. Eu estava com Ibby. Havia poucos lugares vagos. Em nossa mesa vagou uma cadeira, o senhor de bigode e lábios sentou-se ao nosso lado e ficou completamente calado. Estávamos conversando ainda sobre as poesias de Ibby. Haviam-lhe solicitado algumas. Ela recitou algumas para mim, e deliberamos quais deveria entregar. Aquele senhor ficou escutando, rindo alto, como se nos entendesse. No entanto ele parecia um cardápio, só com nomes franceses. Estalava a língua algumas vezes, como se quisesse dizer alguma coisa, mas continuou calado. Talvez estivesse procurando as palavras adequadas. Finalmente as encontrou, com o auxílio de um cartão de visitas, que sacou. Era fabricante de cigarros e morava em Paris, perto do Bois de Boulogne: lá nem era preciso se examinar a panela de qualquer operário para saber o que continha. Aquilo da panela e de seu conteúdo permanente veio de forma ameaçadora e explosiva. Ibby e eu nos assustamos. Após isso ele nos convidou, de forma extremamente polida e cordial, para o jantar. Recusamos, dizendo que tínhamos de conversar sobre um assunto importante. Ele insistiu. Disse que também tinha um assunto, sobre o qual queria falar conosco. Ele foi tão enfático que ficamos curiosos e aceitamos jantar com ele.

Levou-nos a um restaurante caro, que não conhecíamos. Discorreu, com alguns floreios, sobre a cozinha francesa; mencionou Baden-Baden, de onde era natural, e depois me perguntou, com muita modéstia, se ele podia oferecer à jovem poeta, por um ano, uma renda mensal de duzentos marcos. Disse que era uma importância muito pequena, quase nada, mas para ele era uma necessidade que vinha do coração. Não disse uma palavra sobre as poesias que tinha ouvido. Bastava-lhe que não as entendesse. Há uma hora ele vira Ibby pela primeira vez em sua vida. Ela era bonita, certamente, e, quando recitava seus versos, o seu alemão com sotaque húngaro era sedutor. Duvido, contudo, que ele fosse receptivo a isso. Quando Ibby, em resposta à minha pergunta um tanto fria, declarou que estava pronta a aceitar a oferta, ele lhe beijou a mão, agradecido, e isso foi tudo o que ele se permitiu. No entanto, era um homem na flor da idade, que sabia o que queria, não só com relação a cardápios. Mas, aqui, tratava-se de um patrocínio, e era sobre isso que ele queria falar conosco. Manteve sua palavra e, como nem sempre estava em Berlim, jamais tentou aproximar-se de Ibby.

Eu fazia distinção entre os patrocinadores ruidosos e os quietos; esse pertencia aos quietos. Para serem ruidosos, tinham de ser capazes de participar das conversas: para tanto, tinham de estar familiarizados com o jargão do círculo que amparavam. No grupo de Grosz, e entre os que frequentavam a Editora Malik, via-se seguidamente um homem jovem, cujo nome esqueci. Era rico, barulhento e queria ser levado a sério. Participava das conversas e gostava de discutir. Talvez entendesse de várias coisas, mas o que primeiro me contaram dele foi sua teoria do copo d'água. Essa teoria circulava naquela época em toda Berlim. Nada havia de mais banal, mas ele, quando a mencionava, realmente apanhava um copo, levava-o à boca vazio, fazia de conta que o esvaziava, e punha-o sobre a mesa com desprezo: "Amor?

— Um copo d'água esvaziado, e pronto!". Tinha um bigode louro, que ficava um pouco eriçado de orgulho: toda a vez que ele saía com a teoria do copo d'água, seu bigode se eriçava. Esse homem era dadivoso em grande estilo; é possível que também ajudasse a financiar a Editora Malik mas, em todo o caso, era um protetor de George Grosz.

Um patrocinador realmente quieto, que não tomava parte nas conversas, porque entendia tanto de seu próprio ramo que não queria dizer tolices sobre outros, era um homem ainda jovem, chamado Stark. Ele tinha algo a ver com as lâmpadas Osram. Participava das rodas com frequência, ouvia com atenção, nada dizia; às vezes era útil, quando isso parecia oportuno, mas sem alarde, e sempre em escala moderada. Havia, num prédio pertencente a ele ou à sua companhia, um apartamento vago, três belas peças enfileiradas, no centro da cidade. Ofereceu-o a Ibby por alguns meses; por mais tempo não ficaria disponível. As peças, atapetadas, estavam completamente vazias. Ele mandou pôr um divã, onde ela pudesse dormir, nada mais. Todo o resto seria problema dela.

Ela teve a engraçada ideia de deixar o apartamento vazio, sem adquirir uma única peça de mobília, e convidar as pessoas para uma festa no vazio. "Eles que inventem os móveis", achou ela, "quero hóspedes criativos." Como prova de sua própria inventividade, pastava sobre o tapete verde, na peça do meio, um burrico de porcelana. Era um burrico lindo, que ela vira na vitrina de uma loja de antiguidades, entrara, e oferecera escrever um poema em sua honra, desde que o recebesse em troca. "Brecht escreveu por um carro, eu por um burrico. De que você gosta mais?", perguntou-me, sabendo qual seria a minha resposta. A proprietária da loja aceitara o negócio — havia em Berlim gente assim —, o que deixou Ibby tão surpresa, que lhe escreveu "seu melhor poema", que aliás se perdeu.

Houve uma grande recepção para a inauguração do apartamento. Cada um dos hóspedes era, primeiro, apresentado ao burrico, sendo depois convidado a tomar lugar onde lhe aprouvesse. Em todo o apartamento não havia uma só cadeira, ficava-

-se de pé, ou acocorado no chão. Haviam sido providenciadas as bebidas; também para isso havia patrocinadores. Todos os convidados vieram; ninguém queria perder o espetáculo do apartamento vazio, desde que dele tinham ouvido falar. Mas, por estranho que pareça, todos ficaram, nenhum deles foi embora. Ibby me pediu que cuidasse de George Grosz, temia que ele se embriagasse, para depois a atacar, dizendo-lhe todas aquelas coisas que eu não queria acreditar. Quando ele chegou, estava encantador, com suas maneiras elegantes, e trazia consigo alguém que estava carregado de garrafas para Ibby. "Que lástima", disse Ibby, "que eu não me apaixone. Hoje ele está começando com maneiras sedutoras. Mas espere!"

O tempo de espera nem sequer foi longo. Grosz já estava embriagado na chegada, quando ainda fazia o papel de homem distinto. Estava sentado no divã; Ibby no chão, não longe dele. Ele estendeu os braços para ela, que recuou, ficando fora de seu alcance. Então ele explodiu, e nada havia que o fizesse parar: "Você não deixa ninguém chegar perto! Assim ninguém pode se aproveitar de você! Por que você faz isto?". Começou nesse estilo, que depois ficou muito pior. Então mudou, entoando um cântico de louvor ao "presunto": "Presunto, presunto, és o meu prazer!". Isso ela me predissera, depois da primeira vez em que o visitei, quando voltei com a pasta *Ecce Homo*, com que ele me presenteara; eu estava cheio de entusiasmo por ele, cheio de respeito pela agudeza de seu olhar, pelo modo implacável com que fustigava os vícios da sociedade berlinense. Agora, lá estava ele sentado, vermelho como um pimentão, embriagado, numa excitação incontrolável porque Ibby fugia dele, vociferando descaradamente e, de repente, ele me pareceu ser um de seus próprios personagens.

Não suportei aquele espetáculo. Fiquei desesperado. Zanguei-me com Ibby, por ela tê-lo levado àquele estado, sabendo perfeitamente o que aconteceria. Quis sair, era o único convidado que não se sentia bem lá... Esgueirei-me para fora, mas não consegui escapar, pois na porta fui alcançado por Ibby, que me barrou o caminho; ela me vigiara o tempo todo. Estava amedrontada. Havia provocado tudo aquilo para me provar que realmente ele se comportava do jeito como ela me havia relatado. Mas a explosão de Grosz desta vez fora tão forte e tão duradoura que ela estava com medo dele. Ela, que jamais sentia medo, que se safara de inúmeras situações de perigo — relatara-me todas elas, eu sabia de tudo —, agora não se atrevia a ficar no apartamento, cheio de gente, se eu não ficasse para protegê-la. Senti ódio dela, por não poder deixá-la só. Eu tinha de ficar, tinha de ver como um dos poucos de Berlim que eu admirava, que fora magnânimo para comigo e se portara como eu ainda esperava das pessoas, tinha de ver como ele se aviltava, e tinha de cuidar para que Ibby se ocultasse dele, e não ficasse ao seu alcance — eu teria preferido que Ibby saísse com ele, tão horrível era ouvir seus impropérios. Ninguém parecia surpreso, mas também ninguém ria, estava-se acostumado àquelas cenas, que aqui faziam parte da vida cotidiana. Eu queria sair, queria ficar longe daquilo, e como eu não podia deixar o apartamento, queria deixar Berlim.

A FUGA

Isso foi em meados de setembro. Em fins de agosto eu estivera com Ibby na estreia da *Ópera dos três vinténs*. Fora um espetáculo requintado, produzido com esmero. Fora a expressão exata da Berlim daquele tempo. As pessoas ovacionavam a *si*; eram elas próprias, e gostavam de si. Primeiro veio a *sua* comilança, depois sua moral; ninguém entre elas poderia tê-lo dito de forma melhor. Elas o tomavam ao pé da letra. Agora aquilo fora dito, ninguém poderia sentir-se mais confortável. A abolição do castigo havia sido providenciada: o mensageiro montado num cavalo de verdade. Só acreditará na autocomplacência nua e crua que emana dessa representação quem a testemunhou.

Se a sátira tem por fim vergastar as pessoas pela injustiça que representam e praticam, por sua maldade, que cresce transformando-se numa fera predadora, e que se propaga, então, pelo contrário, nessa peça era glorificado tudo aquilo que se costumava ocultar por vergonha: do que se escarnecia da forma mais convincente e mais eficaz, era da compaixão. Embora tudo fosse apenas legado, temperado com algumas novas cruezas, eram precisamente essas cruezas o que havia de mais genuíno. Não era uma ópera, tampouco, como o fora originalmente: a paródia de uma ópera. Era uma opereta, a única coisa inalterada. Ao contrário da forma adocicada da opereta vienense, na qual a gente tranquilamente encontrava tudo aquilo que desejava, aqui se tratava de outra forma, a berlinense, com asperezas, patifarias e justificativas banais para aquilo que as pessoas desejavam não menos, talvez até mais, do que aquelas coisas suaves.

Minha acompanhante não mostrou receptividade para aquilo, e ficou tão surpresa quanto eu com o delírio do público, que se precipitou para a rampa do palco e, em seu entusiasmo, disposto a reduzir tudo a pedaços. "Romantismo de criminosos", disse ela, "é tudo falso." E, embora eu lhe fosse grato, e sentisse e usasse a mesma palavra "falso", era bem diferente o significado que a palavra tinha para cada um de nós. Ibby teve a ideia, que era mais original do que a peça, de que cada um gostaria de ser um desses falsos personagens de mendigos, apenas sendo covarde demais para se apresentar assim. Ela via nisso formas felizes de hipocrisia, queixumes utilizáveis, que se mantinham na mão e se manipulavam, ficando tudo sob nossa supervisão, o que permitia que nos divertíssemos, mas nos eximia da responsabilidade. Eu o via de forma mais simples: que cada um se reconhecia em Jack, o Estripador, e agora, finalmente, se via publicamente declarado como tal, sendo aprovado e admirado. Nossas concepções divergiam uma da outra, mas, como não se chocavam, também não se perturbavam, e nos fortaleciam em nossa resistência.

Foi naquela noite que eu me senti mais próximo de Ibby. Ela não se deixava tomar de surpresa. A turba vociferante do público para ela não existia. Ela nunca se sentia incluída numa massa. Nem sequer levava em conta a opinião pública, como se não a percebesse. Ela passava, completamente intocada, pelo mar de cartazes de Berlim; não guardava o nome de nenhum "artigo"; quando precisava de alguma coisa para seu uso diário, não sabia como se chamava, nem onde podia ser encontrado, e tinha de indagar sobre isso na mercearia, de forma aventurosa. Ela assistia a uma demonstração de centenas de milhares de pessoas, que passava diante de seus olhos, sem se sentir atraída nem repelida. O que ela dizia logo após não se distinguia daquilo que dissera antes. Ela observara com toda a atenção, e apreendera mais detalhes do que qualquer outro, mas nada disso constituía para ela uma diretriz, uma vontade, uma compulsão. Nessa Berlim, cheia de lutas políticas violentas, não ouvi de Ibby uma única palavra sobre política. Isso talvez se relacionasse com o fato de que ela nunca podia repetir o que outros diziam. Ela não lia jornais, nem lia revistas. Quando eu via uma em suas mãos, já sabia: continha alguma de suas poesias, que ela queria me mostrar. Eu estava sempre certo, e quando lhe perguntava o que mais havia naquele número, ela sacudia a cabeça, não tinha a menor ideia. Isso muitas vezes me era desagradável, e eu a acusava de ter amor-próprio em excesso. Dizia-lhe que se comportava como se estivesse sozinha no mundo. Eu era injusto, pois ela percebia mais nas pessoas — aliás, em toda espécie de pessoas — do que qualquer outro. Para mim era um enigma por que ela não se deixava arrebatar por qualquer massa, e na estreia da *Ópera dos três vinténs* agradou-me aquilo que eu muitas vezes havia criticado nela.

Em Berlim eu havia visto muitas coisas que me consternaram e me confundiram. Elas se transformaram, transferiram-se para outros lugares e, reconhecíveis apenas para mim, passaram a constar de meus escritos posteriores. Repugna-me reduzir alguma coisa que agora existe à sua maneira, e reconduzi-la até a sua origem. Por isso preferi escolher algumas poucas coisas daqueles três meses em Berlim, aliás, em especial, aquelas que conservaram uma imagem reconhecível, e não se perderam completamente nos labirintos secretos, onde eu, primeiro, teria de desencavá-los, para revesti-los de nova roupagem. Eu, ao contrário de muitos outros, especialmente os adeptos de uma psicologia loquaz, não tenho a convicção de que se deva atormentar, afligir ou pressionar a memória, tampouco expô-la ao efeito de engodos bem calculados. Eu me inclino perante a memória, perante a memória de qualquer pessoa. Quero deixá-la intacta, pois ela pertence ao ser humano que existe para ser livre. Não oculto a minha repugnância por aqueles que se permitem submetê-la a operações cirúrgicas, até que ela se assemelhe à memória de todos os demais. Que operem o nariz, os lábios, as orelhas, a pele e os cabelos, o quanto quiserem operar; que implantem olhos de outra cor, se tiver que ser assim; também corações estranhos, que pulsem por mais um ano; que apalpem tudo, aparem, alisem, igualem, mas que deixem a memória em paz.

Após essa profissão de fé, quero falar daquilo que ainda vejo nítido diante dos meus olhos, continuando a não procurar a penumbra.

Quando a época encontrou seu denominador comum na *Ópera dos três vinténs*, quando o prazer da comilança recorreu, antes da moral, a essa senha universal, com a qual todas as forças contrárias podiam concordar, a minha resistência começou a se organizar. Até ali a sedução de ficar em Berlim vinha até mesmo aumentando. A gente se movia num caos, mas este parecia incomensurável. Diariamente havia novidades que caíam sobre o antigo, e este havia três dias ainda fora novo. As coisas flutuavam no caos como cadáveres e, em compensação, as pessoas se transformavam em coisas. Isso era chamado de Neue Sachlichkeit. Dificilmente poderia ser diferente, após os prolongados brados de socorro do Expressionismo. Não obstante, quer se continuasse bradando, quer já se fosse um objeto, sabia-se levar uma boa vida. O recém-chegado que, após algumas semanas, não deixava perceber sua confusão, mas exibia uma cabeça fria, este era considerado útil e recebia boas ofertas, que o seduziam a ficar. A gente se apegava a todos os novatos, mesmo porque não seriam novatos por muito tempo. Eram recebidos de braços abertos, enquanto já se olhava ao redor por outros novatos, pois a existência e o florescimento dessa época, grande à sua maneira, dependia do constante afluxo de novidades. Ainda não se era coisa alguma, e já se era usado; a gente se movia principalmente entre aqueles que também haviam sido novos.

Consideravam-se como residentes tradicionais aqueles que tinham uma profissão "honesta", a mais honesta de todas ainda sendo considerada — não só no meu parecer — a de médico. Nem Döblin, nem Benn faziam parte dos personagens permanentes. Seu trabalho os afastava da rotina da constante autorre-presentação. Nossos encontros eram tão raros e tão rápidos que eu nada de importante teria a dizer a seu respeito. Muito me surpreendeu a forma como se falava deles. Brecht, que não tinha consideração por ninguém, pronunciava o nome de Döblin com o maior respeito. Algumas poucas vezes o vi inseguro, quando ele então dizia: "Preciso falar com Döblin sobre isto", num tom, como se se tratasse de um sábio, ao qual pediria um conselho. Benn, que gostava de Ibby, era o único que não a assediava. Ele lhe enviara um cartão de Ano-Novo, que ela deu a mim. Ele lhe desejava, para o Ano-Novo, tudo o que uma bela jovem gostaria de ter, e o enumerava. Tudo o que estava escrito no cartão eram coisas em que Ibby jamais havia pensado. Ele a julgava pelas aparências, e se limitava à impressão que colhera dela. Por isso o cartão, que nada tinha a ver com ela, parecia vir de um emissário ingênuo, certo de sua intuição.

Eu, como "novato", poderia ter ficado em Berlim e, quanto às minhas necessidades materiais, certamente teria sido bem-sucedido. Fazia parte dessa espécie de vida uma certa liberalidade. Não era fácil, aliás, dizer não, quando insistiam com tanta cordialidade que se ficasse. Eu estava numa situação insólita, não só porque tinha abertos os caminhos que conduziam a qualquer pessoa, mas também porque, através dos relatos de Ibby, estava informado sobre as pessoas de uma forma inacessível a outros. Ela as conhecia em seus aspectos mais ridículos; as observações de Ibby eram impiedosas, mas precisas; seus relatos nunca continham falsidades ou aproximações. Aquilo que ela própria não via ou ouvia para ela não existia. Ela era a testemunha *cobiçada*, a que tem mais a dizer do que as outras, porque sua principal experiência, como testemunha, é eximir-se.

Durante as semanas após a estreia, quando a compulsão de me salvar desse mundo começou a se articular, desferi um golpe em Ibby. Disse que eu teria de voltar a Viena para prestar exames; depois, na primavera, obteria o doutorado. Isso sempre fora o planejado. Então, no verão do próximo ano, eu poderia voltar a Berlim e tomar novas decisões, de acordo com minha disposição. Ela não usou de sentimentalismo, e disse: "Você nunca se comprometerá. Você não pode se comprometer. Acontece com você o que acontece comigo quanto ao amor". Com isso ela quis dizer que não se deixaria persuadir, seduzir ou obrigar a coisa alguma. Ela achou, também, que era conveniente que eu tivesse exames por prestar. "Eles entenderão, esses artistas! Esfalfar-se durante quatro anos no laboratório, e depois ficar sem o doutorado, eles achariam uma loucura. Não!"

Ela ficou bem provida de poemas; eu havia traduzido para o alemão toda uma provisão, mais do que ela necessitaria durante um ano. O homem dos cigarros, que escutara quando discutíamos as poesias, instituíra para ela uma renda mensal durante um ano; duas remessas já haviam chegado, acompanhadas de um cartão cortês e respeitoso.

Ela me facilitou tudo; o que eu, aliás, já esperava. Embora não fôssemos namorados — nunca nos havíamos nem mesmo beijado — todas as pessoas, das quais havíamos falado, estavam fisicamente entre nós, como um bosque que continuava a crescer, que não podia secar. Nem para ela, nem para mim. Ela não gostava de escrever cartas, nem eu, e, embora às vezes me escrevesse, e eu a ela, isso era insuficiente, quando não nos víamos, nem ouvíamos nossos relatos.

Depois, três semanas após a estreia, houve aquela recepção em seu apartamento vazio que, para mim, foi um choque, e destruiu o encantamento de suas histórias.

Comecei a me envergonhar das coisas que, através dela, ficava sabendo de outras pessoas. Compreendi que ela muitas vezes provocava os homens, só para ter histórias para me contar. Quando, finalmente, entendi que o frescor, a originalidade e a precisão de seus relatos se relacionavam com o fato de que ela seduzia os homens a ponto de se tornarem tão ridículos quanto ela os queria para suas histórias — uma regente de um coro de vozes, as quais eu não podia me fartar de ouvir —, quando finalmente admiti que eu nunca, literalmente nem uma única vez, ouvira dela alguma coisa *a favor* de uma pessoa, e isto pelo simples motivo de que sua história teria se tornado monótona, senti uma súbita aversão por ela, e troquei suas zombarias pelo silêncio de Babel.

Nas duas últimas semanas que passei em Berlim, eu me encontrava com ele diariamente. Eu o via a sós, assim me sentia mais livre com ele, e creio que ele também o preferia. Com ele aprendi que se pode olhar por muito tempo, sem se saber coisa alguma, que só muito mais tarde se decidirá se sabemos alguma coisa de uma pessoa; e isso só depois que a perdemos de vista. Aprendi que mesmo assim, ainda sem sabermos alguma coisa, podemos observar com muita atenção tudo o que vemos ou ouvimos, que as coisas jazem dentro de nós, enquanto não abusarmos delas para divertimento dos outros. Aprendi mais uma coisa, que, após os ensinamentos da *Tocha*, a cujo estudo eu dedicara tanto tempo, poderia parecer-me ainda mais importante, isto é, a miséria dos julgamentos e das condenações como finalidade em si mesma. Babel me ensinou sua maneira de olhar as pessoas: durante longo tempo, enquanto puderem ser vistas, sem expressar sequer uma palavra sobre aquilo que se vê; percebi a lentidão desse processo, seu comedimento, o silêncio, juntamente com o significado que ele atribuía àquilo que se oferecia à vista; pois ele o procurava com uma avidez incansável, sua única cobiça, mas também a minha. Só que a minha não tinha prática, e ainda não tinha certeza de sua justificação.

Talvez nos encontrássemos numa palavra, que nunca foi pronunciada entre nós, da qual agora sempre me lembro, quando penso nele. É a palavra *aprender*. Tanto ele quanto eu estávamos convencidos da dignidade do aprender. Sua mente, assim como a minha, fora despertada pelo aprender precoce, pelo enorme respeito que nos infundia. Mas o seu aprender já tinha se voltado inteiramente para os homens, não precisava de pretexto: nem o da expansão dos conhecimentos, nem o da utilidade, finalidade e intenção de se aprender sobre os seres humanos. Também eu naquele tempo me voltei seriamente para os homens; e, desde então, passei a maior parte de minha vida tentando compreendê-los. Ainda tinha de me dizer que isso acontecia porque estava à procura deste ou daquele conhecimento. Mas, quando todos os outros pretextos ruíram, restou-me o da *expectativa*, pois eu queria que as pessoas, inclusive eu, se tornassem *melhores* e, para isso, eu precisava estar perfeitamente informado sobre cada indivíduo. Babel, com sua enorme experiência, embora tivesse apenas onze anos mais do que eu, havia ultrapassado esse ponto havia muito tempo: seu desejo de aperfeiçoamento dos homens não servia de pretexto para o seu conhecimento. Eu sentia que esse seu desejo era tão insaciável quanto o meu, mas nunca o levara a se iludir. Os conhecimentos que ele adquiria sobre os homens independiam do fato de o agradarem, torturarem, aniquilarem: Babel tinha de aprender a conhecer os homens.

V. OS FRUTOS DO FOGO —
VIENA 1929-1931

O PAVILHÃO DOS LOUCOS

Em setembro de 1929, quando voltei a Viena após uma segunda visita a Berlim, teve começo, finalmente, aquilo que eu chamava de vida "necessária", isto é, uma vida determinada pelas próprias necessidades internas. Com a química eu chegara ao ponto final; em junho fiz o doutorado, e com isso concluí um curso que me servira de adiamento e, afora disso, nada significava.

A questão da subsistência estava resolvida: recebi a incumbência de traduzir dois livros americanos. Fora fixado um prazo, que eu podia cumprir com quatro ou cinco horas de trabalho diário. Outras traduções foram-me prometidas. Sendo o trabalho bem remunerado — eu morava na Hagenberggasse em condições muito modestas — eu tinha dois ou três anos livres à minha frente. A tradução, que eu levava a sério como meu ganha-pão, era-me fácil; mas o conteúdo desses livros só me tocava superficialmente. Às vezes eu me apanhava, durante o trabalho, pensando em coisas completamente diferentes, coisas minhas.

Ao me separar resolutamente de Berlim, conseguira a paz externa, mas o ambiente ao qual eu voltava não era nenhum idílio. Eu estava cheio de perguntas e quimeras, dúvidas, más premonições, receio de catástrofes, mas também de uma insólita força de vontade para encontrar uma saída, para analisar as coisas, determinar sua direção e, assim, entendê-las. Nada daquilo que eu tinha visto durante minhas duas estadas em Berlim podia ser posto de lado. De dia e de noite tudo ressurgia, sem regras, sem sentido, segundo me parecia; era uma aflição, multiforme, como os diabos de Grünewald, cujo altar,

309

em detalhes, enfeitava as paredes de meu quarto. Era evidente que eu havia absorvido mais do que eu próprio queria admitir. A expressão da moda, "repressão", aparentemente não fora formada para mim. *Nada* fora reprimido, tudo estava presente, sempre, tudo ao mesmo tempo, e com tanta nitidez como se pudesse ser tocado com as mãos. Dependia de algum tipo de maré, sobre a qual eu não tinha poder, o que as ondas fariam surgir à minha frente, e que outras ondas removeriam. Sempre se sentia a vastidão e a plenitude desse mar, que borbulhava de monstros, todos os quais eu *conhecia*. O mais assustador era que tudo aquilo tinha sua própria cara, que olhava para a gente, abria a boca, dizia alguma coisa, ou queria dizê-lo. As distorções com que se era importunado eram calculadas, tinham sua intenção, atormentavam a gente consigo próprio, *precisavam* da gente; sentia-se a compulsão de se render a elas. Mas, assim que se encontrava a força para fazê-lo, elas eram removidas por outras, cujas exigências não eram menores. Assim aquilo continuava, e tudo retornava, e nada permanecia o tempo suficiente para poder ser agarrado e desfeito. Estendiam-se as mãos e os braços em vão; era demais e estava em toda a parte. Não se podia dominá-lo; estava-se perdido dentro daquilo.

Não teria sido nenhuma desgraça que, das semanas passadas em Berlim, nada tivesse se evaporado, que tudo tivesse se preservado. Poder-se-ia anotá-lo; teria sido uma narrativa colorida, talvez não despida de interesse. Eu poderia escrevê-la ainda hoje; por todo esse tempo tudo se preservou. Mas uma narrativa jamais teria apreendido o essencial: a ameaça de que aquilo estava carregado, e as direções opostas em que se era puxado. Pois o indivíduo único, uniforme, que tinha apreendido tudo, e agora, aparentemente, o continha dentro de si, era uma miragem. Aquilo que ele conservava tinha se alterado, porque ele o conservava dentro de si junto com outras coisas. A verdadeira tendência das coisas era *centrífuga*; elas queriam fugir umas das outras à velocidade máxima. A realidade não estava no centro, onde tudo era mantido unido como que com rédeas. Agora só havia realidades múltiplas, e todas elas estavam do lado de fora. Estavam muito afastadas umas das outras, entre elas não havia ligação; quem quisesse estabelecer entre elas uma comparação seria falsário. Muito longe, num círculo, quase na beira do mundo, estavam, como se fossem duros cristais, as novas realidades, às quais eu me dirigia. Como faróis, deviam ser direcionadas para dentro, para o nosso mundo, a fim de iluminá-lo.

Essas luzes eram o verdadeiro meio para o conhecimento: com elas o caos, que nos preenchia, podia ser penetrado. Com um número suficiente desses faróis, concebidos sem erro, o caos poderia ser *desmantelado*. Nada devia ser omitido; não se devia deixar cair coisa alguma. Todos os truques usuais da harmonização provocavam náuseas. Quem ainda pensasse que estava no melhor de todos os mundos que continuasse de olhos cerrados, encontrando sua satisfação nos encantamentos cegos, pois também não precisava saber o que estava para acontecer.

Já que tudo o que eu tinha visto era possível *em seu conjunto*, eu tinha de encontrar uma forma de prendê-lo, sem diminuí-lo. Seria uma diminuição mostrar as pessoas e suas atitudes assim como pareceram a nós, sem transmitir, ao mesmo tempo, o que tinha de suceder com elas. A potencialidade das coisas, que sempre acompanhava as vibrações quando se era confrontado com o novo, e que era implícita, embora se sentisse fortemente a sua presença, foi completamente esquecida nas representações que passavam por precisas. Na realidade tudo tinha uma direção, e tudo prevalecia; a *expansão* era uma das propriedades principais das pessoas e das coisas. E, para apreender algo dela, tinha-se de desmontar as coisas. Era um pouco como se, numa mata virgem, onde tudo cresce misturado e emaranhado, tivéssemos de desemaranhar tudo, separando cada planta das demais, sem danificá-la ou destruí-la, observando-a em sua própria tensão, e deixando-a continuar a crescer, sem tornar a perdê-la de vista.

Quando retornei a um ambiente cujas principais características eram a calma e a moderação, aquilo que trazia comigo, que havia vivido, tornou-se mais insistente. Por mais que se tentasse desacelerar o ritmo e estabelecer limitações, minha experiência não me dava sossego. Tratei de dar longas caminhadas, por lugares onde nada havia de extraordinário. Andei pela Auhofstrasse, o longo caminho de Hacking a Hietzing, e voltei, sempre obrigando-me a não me apressar demais. Pensei que, assim, eu me acostumaria a outro ritmo. Aqui eu não era assaltado por surpresas em cada esquina, mas caminhava entre casas de um só andar, como numa rua de arrabalde do século XIX. Eu começava o passeio com passo vagaroso, sem programa, sem pensar em qualquer local em que me sentaria, mesmo que fosse para escrever. Seria uma caminhada em que eu não viraria a cabeça nem para a direita, nem para a esquerda, não seria uma dança de são Vito de tanto olhar; nenhum fragor estridente — uma criatura andante da pré-história, era isso que eu queria ser, uma criatura que não foge de coisa alguma, não penetra em lugar algum, que não se desvia, não tropeça, não esbarra, não se apressa, que não precisa estar em parte alguma, que tem tempo para nada, que se guarda, especialmente, de levar consigo um relógio. Mas, por mais completo que fosse o vazio que eu havia preparado, por mais desimpedido e despreocupado que eu começasse, o assalto era inevitável: um golpe nos olhos, uma pedrada na cabeça. Inevitável porque vinha de dentro. Prendeu-me uma imagem do tempo do qual eu procurava me escapulir, uma imagem que eu não conhecia. Ela se formara recentemente e, embora eu soubesse de onde ela vinha — estava marcada por sua insistência —, embora impiedosamente arrebatasse tudo aquilo no que eu consistia, era-me inteiramente nova. Eu nunca a havia encontrado, ela me surpreendeu, deixando-me aterrorizado. Saltou em cima de mim, sentou-se nos meus ombros, cruzou as pernas em meu peito, conduziu-me, com a velocidade que queria, para onde lhe aprazia. Fiquei sem fôlego na Auhofstrasse, que eu havia escolhido por ser inofensiva e sem movimento; fiquei possesso, como se estivesse fugindo, carregando nos ombros o perigo de que eu não podia me safar. Eu fiquei amedrontado, porém consciente de que estava acontecendo a única coisa que poderia me salvar do caos que eu havia trazido comigo.

Foi minha salvação que a imagem tivesse contornos, que ela andasse para a frente, que juntasse as coisas insensatamente espalhadas, dando-lhes um corpo. Era um corpo horrível, mas vivo. A imagem me ameaçava, mas tinha uma direção. Eu vi o que ela pretendia. Nunca perdi completamente o terror que ela me infundia, nem a curiosidade que me despertou. De que seria ela capaz? Aonde iria chegar? Por quanto tempo agiria? Teria de acabar? Logo que se reconhece a imagem em seus primeiros contornos, a relação se inverte; e então já não se tem certeza de quem é possuído por quem, de quem conduz a quem.

Depois que eu, nessas condições, tinha percorrido o caminho de ida e de volta por diversas vezes, cada vez mais açulado na repetição do mesmo trajeto, acabava sentando-me em algum local, onde quer que eu tivesse ido parar. Logo empunhava o caderno e o lápis, começavam as anotações; tudo o que acontecera durante meus movimentos se traduzia em palavras escritas.

Como relatarei esse estado de incessantes anotações? Primeiro, ainda não havia qualquer coerência. Eram mil coisas. Uma articulação, algo que se podia designar como o início de certa ordem. Começou com a distribuição das imagens. A atividade, à qual eu principalmente me entregava, consistia num esforço furioso de me abstrair de mim mesmo, isto é, pela metamorfose. Eu projetava imagens que tinham sua maneira própria de ver, que já não podiam agir a esmo, mas só sentiam e pensavam dentro de determinados canais. Algumas dessas imagens retornavam com frequência, enquanto outras sumiam após as primeiras tentativas de se afirmar. Eu relutava em lhes dar nomes, pois não eram indivíduos como este ou aquele, que se conheciam; cada uma delas era inventada de acordo com sua principal preocupação, isto é, aquilo que a impelia para cada vez mais longe, para longe das outras. Cada uma delas devia ter uma visão própria das coisas, completa, devia dominar seu mundo, não podendo ser comparada com qualquer outra coisa. Era importante que tudo fosse mantido dentro dos termos daquela visão. O rigor, com que tudo o mais era excluído de seu mundo, talvez fosse o que mais importava. Era um cordel que eu tirava de dentro daquela barafunda. Eu o queria puro e inesquecível. Devia ficar gravado na mente, como Dom Quixote. Devia pensar e dizer coisas que nenhum outro poderia pensar ou dizer. Devia expressar tão bem determinado aspecto do mundo que este seria mais pobre sem ele; mais pobre, mas também mais falso.

Uma dessas figuras era o Homem da Verdade, que gozava até o fim a felicidade e a infelicidade da verdade. Mas cada uma delas era a mesma espécie de verdade: a da harmonia consigo mesmo. Algumas dessas figuras desapareceram, não muitas; oito sobreviveram, as quais me mantiveram fascinado e em movimento durante um ano. Cada uma delas era designada por uma letra maiúscula, a inicial da sua preocupação, ou do atributo, que a dominava. Já mencionei *W.*, de *Wahrheitsmenschen*, o "Homem da Verdade". *Ph.* de *Phantast*, era o "Fantasista": este queria se afastar da Terra para o espaço exterior; todos os seus pensamentos giravam em torno dos meios de abandonar a Terra. Sua ânsia intensa pelas descobertas era permeada da aversão por aquilo que aqui havia para se ver. Seu gosto pela novidade se alimentava da repugnância pelas coisas "daqui". Havia *R.*, *rëligiosen Fanatiker*, um "Religioso Fanático"; *S.*, o *Sammler*, ou "Colecionador". Havia ainda o *Verschwender*, "Perdulário", e *Tod-Feind*, o "Inimigo da Morte", o que não quer dizer um inimigo de morte. Também havia *Sch.*, *Schauspieler*, o "Ator", que só podia viver em rápidas transformações, e *B.*, o *Büchermensch*, "Homem dos Livros".

Logo que essas iniciais apareciam no alto de uma folha de papel, eu me sentia imprensado, e furiosamente disparava na única direção possível. A imensa massa de coisas de que eu estava imbuído se separava, se classificava. Tratava-se, para mim — já usei esta expressão — de cristais, que queriam soltar-se dessa tremenda confusão. Eu não havia dominado coisa alguma, absolutamente nada, daquilo que, desde Berlim, me enchia de horror e de pressentimentos terríveis. O que poderia resultar disso tudo, a não ser uma horrível conflagração? Senti a impiedade da vida: tudo passava correndo, nada realmente se entrosava com as outras coisas. Saltava aos olhos que uns não se entendiam com os outros e, mais do que isso, que uns não *queriam* se entender com os outros.

Tentei uma solução formando meadas, uns poucos traços individuais, que prendi a seres humanos, o que produziu algo como uma incipiente clareza na massa da experiência. Eu escrevia ora sobre uma das figuras, ora sobre outra, sem regras perceptíveis, de acordo com minha compulsão, às vezes usando duas meadas no mesmo dia; mas eu me mantinha restrito aos seus limites, que jamais eram ultrapassados.

A linearidade das figuras, sua limitação a si mesmas, o ímpeto que as movia numa só direção — foguetes vivos de um homem só —, suas incessantes reações a um ambiente sempre cambiante, a linguagem de que se serviam de forma inconfundível — inteligível, mas de ninguém mais — tudo isso consistia puramente em limites. E, dentro desses limites, consistia em pensamentos ousados, surpreendentes, justamente nessa linguagem. Todas essas generalidades que menciono acerca dessas figuras não darão uma imagem definitiva delas. Os esboços dessas oito figuras tomaram-me todo um ano; foi o ano mais rico, mais extravagante de toda a minha vida. Eu me sentia como se tivesse que me haver com uma *Comédie humaine*, e, como as figuras estavam intensificadas ao extremo, e isoladas uma das outras, chamei-a de *Comédia humana dos loucos*.

Quando eu escrevia em casa (não o fazia só nos cafés), tinha diante dos olhos Steinhof, os pavilhões dos loucos. Pensava nos internados e relacionava-os com as minhas figuras. O muro que cercava Steinhof tornou-se, também, o muro do meu empreendimento. Escolhi o pavilhão que divisava com mais nitidez, e imaginei uma enfermaria, na qual minhas figuras finalmente se encontrariam. A nenhuma delas estava destinada a morte como seu fim. Durante o ano desse trabalho, cresceu meu respeito por aqueles que haviam se afastado tanto dos outros, a ponto de serem tomados por loucos; e não tive ânimo para assassinar uma única de minhas figuras. Nenhuma delas havia progredido a ponto de que eu pudesse prever seu fim. Mas excluí, de antemão, a morte como seu fim, e as vi juntas no pavilhão que lhes havia destinado. Sua experiência, que eu considerava preciosa e única, ali seria preservada. Elas acabariam, segundo eu tinha em mente, falando umas com as outras. Dentro de seu isolamento elas encontrariam palavras, umas para as outras, e estas, em sua peculiaridade, teriam um *sentido* imenso. Parecia-me uma degradação para elas pensar em cura. Nenhuma delas devia encontrar o caminho para a banalidade da vida cotidiana. Um ajustamento a nós equivaleria à sua diminuição; elas eram preciosas demais para isso, por causa de sua experiência única. Mas o que me parecia ser de alto valor, de uma riqueza inexaurível, eram suas reações umas com as outras. Se os conhecedores dessas línguas individuais encontrassem o que dizer uns aos outros, que lhes fizesse sentido, então também haveria esperança para nós, as criaturas humanas comuns, a quem falta a dignidade da loucura.

Esse era o aspecto utópico de meu empreendimento e, embora eu sempre o tivesse diante dos olhos fisicamente, por assim dizer, no tempo sempre permanecia a grande distância. As figuras ainda estavam emergindo, e seus destinos eram tão múltiplos que tudo, toda versão, ainda era possível. Mas eu excluía seu fim inexorável, e era como se tivesse dado o poder sobre a existência das outras à figura que me era a mais insistente: o "Inimigo da Morte". O que quer que fosse feito delas, permaneceriam vivas. De minha janela eu observaria seu pavilhão; e, de sua janela engradada, ora uma, ora outra, me faria um sinal.

A DOMESTICAÇÃO

Eu frequentava um pequeno café em Hacking, perto da ponte que cruzava o rio Viena; o café ficava aberto até tarde. Certa noite, a uma hora avançada, um homem ainda jovem chamou minha atenção. Estava sentado com um grupo de pessoas, as quais aparentemente não se harmonizavam bem com ele. Era um homem forte, radioso, de olhos azuis muito claros. Bebia com gosto e participava animadamente da conversa, um tanto violenta, com súbitas eclosões de injúrias, que não o atingiam. Reconheci-o por um retrato: era o autor Albert Seel, que uma editora de Berlim publicava. Fora prisioneiro de guerra na Rússia, tendo escrito um livro sobre o cativeiro, que eu não havia lido, mas lembrava-me do título, no qual aparecia a palavra "Sibéria". Eu estava sentado na mesa ao lado, e lhe perguntei, sem cerimônia, de uma mesa à outra, se ele era Albert Seel. Ele confirmou, ainda radioso, mas um pouco embaraçado. Convidou-me à sua mesa, e me apresentou a seus amigos. Ainda me lembro dos nomes Mandi e Poldi; os outros caíram no esquecimento. Identifiquei-me como estudante, embora já não o fosse, e também como tradutor, o que provocou uma ruidosa gargalhada dos companheiros de Seel.

Observaram-me de uma maneira inusitada, como se quisessem aproveitar-me para um grande empreendimento e me examinassem quanto à minha serventia. Não eram intelectuais; usavam uma linguagem rude, primitiva e violenta, e se justificavam em cada uma de suas frases, como se eu os tivesse criticado. Eu não os conhecia, não tinha ideia de quem eram; mas a presença de um autor entre eles, embora não fosse famoso, inspirou-me confiança. Desde minha volta a Viena, havia alguns meses, eu não encontrara nenhum escritor. Não senti qualquer desconfiança ou receio, mas percebi que eu os deixava inseguros; admirei-me do valor que eles davam à força física. Seel fazia honras ao vinho que tinha à sua frente, e em breve já não reagia às minhas tentativas de iniciar uma conversa sobre literatura.

"Cada coisa a seu tempo", disse ele, fazendo um gesto para afastar minha pergunta, como se fosse uma mosca importuna. "Quando estou com meus amigos, quero me divertir." Mas talvez ele evitasse falar sobre literatura devido a uma espécie de consideração por seus amigos, que não teriam condições de o acompanhar. Portanto me limitei a ouvir o que os outros diziam, e logo descobri que se tratava de "atos de heroísmo", cuja natureza exata entretanto me ficou obscura. Especialmente Poldi, o maior e mais forte de todos, gostava de demonstrar como havia abatido este ou aquele com sua enorme manopla. Com ele ninguém podia. Mandi, o menor, tinha cara de macaco; parecia ser incrivelmente ágil e flexível, e contou com vivacidade como havia pouco tinha conseguido irritar os cães de uma casa. Eu não sabia por que ele tinha de irritar aqueles cães, e escutava com a inocência de um lactente. Poldi, de repente, bateu em meu peito com sua manopla, e perguntou se eu sabia qual era a vila em que eles queriam entrar — era, conforme frisaram, a casa da condessa, a "égua danada" da leiteria. Fiz uma brincadeira, participando do jogo, como se eles realmente quisessem fazer um assalto. Que, nesse caso, eles teriam escolhido a casa errada, pois lá nos "condes" não havia coisa alguma para roubar. Recebi outro soco no peito, mais forte, e Poldi disse em tom de ameaça e escárnio: o que eu estava pensando? Eles não assaltariam uma casa como aquela! Que em Hacking todo mundo os conhecia, eles não eram tão estúpidos assim; Mandi gostava de falar pelos cotovelos.

Percebi que minha brincadeira fora imprópria, sem entender o motivo da reação zangada de Poldi, e me calei. A conversa continuou, cada vez mais agitada e mais ruidosa. Essa mesa, onde, além de mim, havia mais cinco ou seis pessoas, era a mais animada de todo o local, que de costume era calmo, com pouca gente: alguns velhos aposentados, um ou outro casal de namorados, nenhum grupo mais numeroso. Mas dessa vez pareceu-me particularmente silencioso, como se ninguém ousasse perturbar o barulho de nossa mesa. O proprietário, *Herr* Bieber, atrás do balcão, a quem eu enxergava muito bem de meu lugar, parecia irritado. Em outras ocasiões ele sempre estava atarefado, fazendo uma coisa ou outra, mas hoje se mantinha ereto, olhando incessantemente para mim, dando-me até mesmo a impressão de que me fazia sinais discretos, mas não tive certeza. Em nossa mesa o ambiente era cada vez mais ameaçador. Poldi e Mandi começaram a brigar, e se insultavam com expressões que até mesmo ali me impressionaram por sua imundície. Seel, imperturbavelmente radioso, tentou apaziguá-los, apontando para mim, como se aquela briga pudesse prejudicar o conceito que eu tinha do grupo. Isso teve o efeito de que os dois brigões fizessem as pazes e, em compensação, me lançassem olhares cheios de ódio. Seel disse que era hora de irem para casa, o café ia cerrar suas portas. Seus amigos, contudo, não se levantaram; mas eu sim, e provavelmente era isso o que ele queria, para me proteger de seus companheiros cada vez mais furiosos. Portanto me levantei e despedi-me. Algo de minha surpresa com essa espécie completamente nova de pessoas deve ter se transformado em cordialidade na despedida, pois Poldi disse: "Nós sempre estamos aqui". Mandi, que parecia ser muito mais malicioso, acrescentou: "Não deixe de vir! Um estudante sempre nos pode ser útil!".

Fui ao balcão pagar minha conta, e *Herr* Bieber me recebeu com uma voz baixa e cavernosa. Eu nunca o vira tão sombrio, e muito menos sussurrando: "Pelo amor de Deus, *Herr* doutor, tome cuidado com aquela gente; são da pesada. Não se sente à mesa deles!". Ele tinha receio que lá da mesa desconfiassem de sua advertência, e por isso sorria expressivamente enquanto me sussurrava. Eu lhe respondi, no mesmo tom: "Mas trata-se de um escritor, conheço um livro dele". Ele caiu das nuvens. "Não é escritor", disse ele, "sempre os acompanha, ele os ajuda." Suas palavras eram um pouco trêmulas; ele realmente estava preocupado comigo, mas também consigo próprio pois, conforme verifiquei na manhã seguinte, quando estávamos a sós no café e podíamos falar à vontade, meus novos conhecidos faziam parte de um famigerado bando de assaltantes. Cada um deles já estivera preso várias vezes. Mandi, que sabia trepar como um gato, havia sido solto recentemente; ele e Poldi ocupavam a mesma cela, mas depois foram separados. Todos eram daquela zona. *Herr* Bieber gostaria de lhes proibir que frequentassem seu café, mas isso era arriscado demais. Quando lhe perguntei o que poderia acontecer comigo, já que eu não era uma casa, e nada tinha para ser roubado, além de meus livros, ele olhou para mim como se eu estivesse louco: "O senhor não entende, doutor, eles querem interrogá-lo, para saber onde há coisas para se roubar. Não lhe falaram sobre isso?". "Pois eu nem sequer sei onde há algo para se roubar. Não conheço ninguém por aqui." "Mas o senhor mora lá em cima, perto das vilas, na Hagenberggasse. Cuide-se. Na próxima vez um deles o acompanhará até a sua porta e o sondará sobre cada uma das casas. Quem mora aqui? Quem mora lá? Não diga coisa alguma, doutor, pelo amor de Deus, não diga nada, do contrário o senhor será culpado pelo que acontecer!"

Não acreditei de todo naquilo. Certa noite, pouco tempo depois, entrei no café, sentei-me à mesa de um velho conhecido, um pintor idoso. Fiz de conta que não tinha visto a "turma", que estava sentada a uma mesa distante, no outro canto da sala. Dessa vez Seel não estava com eles, Mandi também não; só Poldi chamou minha atenção quando levantou a mão para apontar alguma coisa. Mas algo devia ter acontecido; não se ouvia qualquer barulho, tudo se passava em surdina. Parecia até mesmo que eu tivera razão em não acreditar nos maus prognósticos de *Herr* Bieber. Ninguém atentava em mim; não me cumprimentaram, nem mesmo me convidaram à sua mesa. Quando trouxe o café, *Herr* Bieber disse: "Hoje o senhor não fique até a hora de fechar, *Herr* doutor. Saia antes". O tom era como se soubesse que eu tinha planos especiais para aquela noite. Sua vigilância me era um pouco incômoda, mas, para ter sossego, saí cedo.

Eu só me afastara alguns passos do local, quando senti a enorme mão em meu ombro. "Nosso caminho é o mesmo", disse Poldi. Ele me seguira com rapidez. "O senhor também mora lá em cima?" "Não, mas preciso ir até lá." Não houve outras explicações sobre essa necessidade e para mim não foi agradável escalar ao seu lado aquela vereda escura, a única que dava para a Hagenberggasse. Mas não deixei que ele o percebesse, e apenas perguntei: "Seel não veio hoje? E Mandi também não?". Foi o suficiente. Tive de ouvir uma enxurrada de impropérios contra Mandi, e uma torrente de histórias sobre aquele sujeito "altruísta" (foi como o chamou, querendo, na verdade, dizer egoísta). Poldi disse que esperava que Mandi nunca mais aparecesse à sua frente; nunca pudera suportá-lo. Preferia Seel, embora com este nunca se soubesse às quantas se andava. Que livro era este, que ele havia escrito? Sobre o cativeiro, disse eu, sobre as pessoas que ele conhecera como prisioneiro de guerra na Sibéria. "Sibéria?" Poldi bateu-me nos ombros, com uma gargalhada de escárnio. "Este sujeito nunca esteve na Sibéria. Encarcerado ele esteve. Mas não na Sibéria." "Bem, isto foi antigamente, quando ele ainda era muito jovem." "O senhor quer dizer, quando ele era ainda menino?" Em suma, ele não quis acreditar que Seel tivesse estado preso, não como criminoso, mas como prisioneiro de guerra, e esclareceu que Seel mentia sempre. Ninguém acreditava numa palavra do que ele dizia, vivia inventando histórias. Mas que existisse um livro dele, que ele mesmo havia escrito, isso nunca lhe dissera. Com certeza queria evitar que descobrissem suas novas mentiras. O que achava eu de um homem que sempre precisava mentir? Ele, Poldi, não poderia fazê-lo; sempre dizia a verdade.

Aguardei, então, que se realizasse o prognóstico de *Herr* Bieber, de que ele me sondaria sobre as vilas das quais nos aproximávamos, mas ele estava tão empolgado com as mentiras de Seel e seu próprio amor pela verdade que não chegou a fazer qualquer pergunta. Creio que foi minha sorte, pois, mesmo que eu quisesse, não poderia dar quaisquer informações sobre os proprietários das vilas em que ele estava interessado. Eu não sabia nem mesmo o nome da maioria deles; e se, em caso de necessidade, me ocorresse uma informação plausível, ele a consideraria absurda, ou uma mentira, como as de Seel.

Havíamos chegado à Erzbischofgasse; ele interrompera por um momento seus protestos de amor pela verdade. Aproveitando a pausa, apontei para a direita: "O senhor conhece Marek, ali da Erzbischofgasse 70, que sempre fica num carrinho empurrado por sua mãe?". Ele não o conhecia, o que me surpreendeu, pois o jovem Marek, com seu carrinho, era visto por toda a parte, e quando sua mãe não o levava a passear, ficava ao sol, diante de

321

sua casa. Quer estivesse sozinho, quer não, ficava sempre deitado, não podia andar, não podia mover os braços e as pernas, a cabeça ficava enviesada e erguida sobre um travesseiro, ao lado havia um livro aberto. Certa vez, ao passar, eu vira que ele estendia a língua, e com ela virava a página do livro. Não *acreditei*, embora o tivesse visto com nitidez. Sua língua era comprida e pontuda, extraordinariamente vermelha. Assim, como se fosse por acaso, passei novamente por ele, bastante devagar, para que ele tivesse tempo de estudar toda a página; e, realmente, quando eu estava bem perto, vi que ele estendia a língua e virava a página.

Eu via o jovem desde minha chegada à Hagenberggasse, havia dois ou três anos. Quando passava no carrinho empurrado por sua mãe, costumava acenar-lhe com a cabeça, murmurando um "bom-dia", mas nunca ouvia uma resposta. Supunha que ele talvez tivesse tanta dificuldade para falar como para se movimentar, e por isso tive acanhamento em tentar uma conversa com ele. Seu rosto era alongado, moreno, com muito cabelo e grandes olhos castanhos, que sempre nos encaravam quando nos aproximávamos, e que continuávamos a sentir quando havíamos passado. Às vezes ele estava deitado ao sol, sem que estivesse lendo, de olhos fechados. Era bonito de se ver, então, como ele os abria ao mais leve ruído. Ele parecia ser especialmente receptivo ao som de passos pois, mesmo quando dormitava, nunca se passava por ele sem que abrisse os olhos. Por mais que se procurasse evitar todo o ruído, para não acordá-lo, ele sempre percebia os passos sobre os seixos, e nunca se abstinha do longo olhar que lançava ao transeunte.

Eu sabia que algum dia começaria uma conversa com ele e, já que pretendia ficar morando lá por muito tempo, eu tinha paciência. Em toda a zona não havia quem ocupasse mais meus pensamentos. Perguntava a outros o que sabiam acerca dele, e soube de muitas coisas que dificilmente poderia acreditar. Diziam que ele estudava; sua matéria era a filosofia, e este era o motivo pelo qual sempre havia livros volumosos ao lado de seu travesseiro. Ele seria tão inteligente que os professores da

Universidade de Viena viajariam a Hacking para lhe ministrar aulas particulares. Achei que isso era pura tolice, até que, numa tarde ensolarada, vi sentado ao lado do carrinho o professor Gomperz, aquele homem alto, barbudo, que representava a imagem que eu fazia dos cínicos gregos. Eu já ouvira, havia algum tempo, sua aula sobre os pré-socráticos. Sua maneira de falar não era tão estimulante quanto o tema, mas este era farto. Agora, quando realmente o vi sentado diante do jovem Marek, falando-lhe com gestos largos e lentos, tive um susto tão grande que me desviei do caminho para não chegar perto dele, e não ter de cumprimentá-lo. No entanto, teria sido este o melhor pretexto, o mais digno, para finalmente travar relações com o paralítico.

Então já passava da meia-noite e estava muito escuro. Chegando ao alto da vereda, estendi o braço na direção da casa de Marek, e perguntei a meu rude acompanhante, que media bem um palmo mais do que eu, se conhecia o aleijado. Poldi ficou surpreendido com a direção em que eu apontava — à direita da vereda. Para ter certeza de que era este o lado que eu indicava, ele agora estendeu sua manopla, devagar, como era seu jeito, na mesma direção. "Aqui não há nada", disse ele, "não existe casa alguma." Sim, havia uma, a única, a de número 70, aliás uma casa baixa, de um só andar, muito modesta; não era uma vila, daquelas em que Poldi estava interessado, e de cuja existência ele sabia, pois estas se estendiam à esquerda da colina, formando justamente a Hagenberggasse, na qual eu morava.

Ele queria saber o que havia com o paralítico, e eu lhe falei dele. Contei tudo o que soubera a seu respeito. Logo que começei o meu relato, me dei conta que os dois tinham o rosto muito parecido; o de Marek era bem mais estreito, semelhante ao de um asceta. Poldi tinha o rosto intumescido, e talvez a semelhança só me ocorresse porque agora, na escuridão, eu quase não podia enxergar. Mas eu me lembrava muito bem dele desde aquela conversa noturna no café, pois foram justamente seus olhos negros e suplicantes que me chamaram a atenção, por contrastarem tanto com suas grosseiras manoplas.

"Vocês se parecem", disse eu agora, "mas só no rosto. Ele é completamente paralítico. Não pode mover os braços e as pernas. Mas não pense você que ele é triste. Ele é valente, é inacreditável. Ele não pode se mover, mas estuda. Os professores vêm especialmente à Erzbischofgasse para lhe dar aulas. Ele nem sequer precisa pagá-los. Não poderia, mesmo, pagar. Não tem dinheiro." "E ele se parece comigo?", perguntou. "Sim, os olhos são os mesmos. São exatamente iguais. Se você algum dia vier vê-lo, pensará que está olhando para um espelho." "Mas ele é um aleijado!", disse ele, já um pouco zangado, percebi que a comparação estava começando a irritá-lo. "Mas não na cabeça! Na cabeça ele é mais inteligente do que nós dois juntos! Não pode ir a parte alguma e estuda. Os professores vêm vê-lo, para que ele possa estudar. Nunca houve um caso como este. Ele realmente deve ter alguma coisa na cabeça, do contrário eles não viriam. Ouça bem! Por ele eu tenho o maior respeito! E a maior admiração!" Foi a primeira vez que me entusiasmei tanto ao falar de Thomas Marek. E, no entanto, eu sequer o conhecia de perto. Mais tarde, quando nos havíamos tornado amigos, eu não poderia ter falado com mais entusiasmo.

Tínhamos ficado parados. Desde que eu mostrara a direção daquela casa, não déramos mais um passo. Poldi só aos poucos apreendeu a condição física de Thomas Marek. Perguntou-me, algumas vezes, se ele realmente não podia se mover sozinho. "Absolutamente. Não pode dar um passo. Não pode levar à boca um pedaço de pão. Não pode encostar um copo nos lábios." "Mas pode beber? E mastigar? Pode engolir, ele engole sua comida?" "Sim, sim, isto ele pode. E também pode olhar! Você não faz ideia, como é bonito quando abre os olhos!" "E ele se parece *comigo*?"

"Sim, mas só no rosto! Ele ficaria feliz, se tivesse as mãos grandes como você! Você faz ideia, o quanto ele gostaria de *acompanhar* a gente, assim como você agora me acompanha! Mas, isto ele não pode fazer, nunca pôde fazê-lo! Mesmo quando era pequeno, não podia andar." "E você gosta dele!

Um aleijado!" Essa palavra me irritou, depois de tudo o que eu havia dito, ele não mais deveria usá-la. "Para mim ele não é aleijado", disse eu. "Eu o acho maravilhoso! Se você não entende isso, tenho pena de você. Pensei que entendesse." Eu estava tão zangado, que esqueci com quem estava falando, e me tornei veemente. Continuei com meu panegírico, não parei, não podia parar. Quando eu nada mais sabia de concreto, comecei a inventar detalhes, mas eram detalhes nos quais eu acreditava, tanto que ele continuou a me escutar, apenas interpolando, de vez em quando, a mesma frase: "E ele se parece comigo?". "No rosto", foi o que eu disse, "o rosto dele é igual ao seu."

E então o entusiasmo me dominava, e eu continuava a falar. Disse que vinham mulheres de longe, só para vê-lo. "Ficam paradas diante de seu carrinho, e olham para ele. Sua mãe lhes traz uma cadeira, para que se sentem. Eu poderia jurar que elas estão apaixonadas por ele. Esperam que ele olhe para elas. Ele não pode acariciá-las, nada pode fazer com elas. Mas contemplá-las ele pode, com os olhos." Era tudo verdade o que eu dizia, embora lá, no meio da noite, eu o estivesse inventando. Quando, pouco tempo depois, me tornei amigo de Thomas Marek, vi com meus próprios olhos as mulheres e moças que o visitavam e o que não vi ele me contou.

Mas, naquela noite, meu acompanhante e eu não prosseguimos juntos nem mais um passo. Ele ficou cada vez mais calado, não tornou a usar a palavra "aleijado" uma vez sequer; esqueceu que pretendia acompanhar-me até o portão de minha casa, para colher informações à sua maneira. Esqueceu as vilas. Seu pensamento estava ocupado com aquele jovem que se parecia com ele, mas que não podia ficar de pé, nem caminhar. Estendi-lhe a mão, mas só depois de ter esgotado meu laudatório. Ele a apertou um tanto discreto, não a esmagou, como costumava fazer em outras ocasiões. Voltou-se e desceu a vereda que havíamos subido juntos. Eu havia perdido todo medo dele.

O ARRIMO

Naquela noite desapareceu meu acanhamento diante de Marek. Eu falara tanto sobre ele que já não o evitava. Através do panegírico ele se tornou mais familiar. Não me passou despercebido, igualmente, que, com meu relato entusiástico acerca dele, domestiquei o brutamontes que, após a meia-noite, subira comigo até a Erzbischofgasse. Desde então perdi o interesse nele e em seus comparsas. Quando ia ao café, eu quase não lhes dava atenção. Cumprimentávamo-nos de longe com um aceno; eles já não tinham curiosidade por mim. Não sei de que forma foi transmitido a eles o meu comportamento daquela noite. Qualquer que fosse o resultado de sua avaliação, eles nada poderiam obter de alguém que admirava tanto um pobre--diabo como aquele. Mas seu primitivo interesse também não se transformou em desdém nem em ódio. Deixavam-me em paz, tanto que até mesmo percebi neles uma leve simpatia, mas sem quaisquer demonstrações, quase imperceptível; suficiente, contudo, para despertar a desconfiança do proprietário.

Ele não deixara de perceber que o mais forte e mais intratável daqueles indivíduos me seguira, e queria saber o que acontecera naquela noite. Nada, disse eu para seu desapontamento. "Mas ele não acompanhou o senhor até a sua casa?", disse ele num tom quase ameaçador. "Não, só até a Erzbischofgasse." "E então?" "Então ele voltou." "E não lhe fez perguntas?" "Nenhuma." "Se não se tratasse do senhor, *Herr* doutor, eu não acreditaria." Ele tinha certeza de que eu estava ocultando alguma coisa, no que aliás, tinha razão, pois não fiz qualquer menção do verdadeiro tema de nossa conversa, já que o proprietário do café, que me inquiria, não me merecia tanto. Talvez eu quisesse evitar comentários desairosos da parte dele — especialmente da parte dele — sobre pessoas que não podiam ficar de pé, nem andar e que, no fim das contas, seriam apenas um fardo para os contribuintes. "Ele apenas o acompanhou, sempre calado? Isto não se parece com ele." "Não foi isto que eu disse, ele não ficou calado, mas também não me interrompeu. Aliás, eu não teria mesmo informações para lhe dar." Talvez fossem essas as palavras que o deixaram ainda mais desconfiado. Como é que eu não teria informações para dar? Eu morava lá havia dois ou três anos. Era tempo suficiente para ficar sabendo de muita coisa. Em todo o caso, eu assumira uma atitude protetora com relação ao sujeito, ao declarar que ele não fizera perguntas, e portanto não mostrara intenções criminosas.

Percebi que *Herr* Bieber passou a observar a hora exata em que eu chegava ao café. A que hora eles haviam chegado? A que hora chegara eu? Por que eles não vieram, embora eu estivesse lá? Por que deixaram de falar comigo? Por que eu não falava com eles? Alguma coisa havia acontecido. Na falta de toda comunicação em público, ele concluiu que nos comunicávamos secretamente, e esse segredo, preservado com tanto cuidado, devia ter um motivo. Ele estava firmemente convencido de que seguia uma pista, e aguardava o acontecimento durante a manhã, e certa vez, quando excepcionalmente apareci cedo, ele se aproximou de mim, apressado, como era seu jeito, e disse: "Então, saiu tudo errado!". "O que foi que saiu errado?" "Ora, o senhor deve estar sabendo! Foram todos apanhados! Primeiro deixaram que entrassem na casa, depois fecharam a ratoeira. Os quatro já estão presos. Vão pegar alguns anos! Aliás, com os antecedentes que eles têm! O fim só podia ser este. Também estão procurando Seel. Ele desapareceu, o escritor!" Pronunciou esta última palavra com verdadeiro escárnio, que tanto podia caber a mim, pois muitas vezes me via escrevendo, como à minha afirmação de que eu conhecia um livro que Seel havia escrito. Ele notou que fiquei surpreendido com a notícia, e coroou seu relatório com estas palavras acauteladoras: "O senhor agora também poderia estar metido numa encrenca".

Imaginei meu acompanhante daquela noite, cheio de vitalidade, numa cela exígua e compreendi então porque meu relato sobre o paralítico o atingira com tanto ímpeto, fazendo-o esquecer seu propósito, voltando sem cumprir sua missão. Ele realmente não me havia inquirido, não fizera uma única pergunta, porque se enredara na história que eu lhe enfiara na ca-

327

beça como uma rede refletora. Estava-se falando de alguém que se parecia com ele, e que não podia mover nem os braços, nem as pernas, e que estava em piores condições do que ele numa cela.

Tudo fora bastante rápido; apenas poucos meses se passaram desde aquela conversa noturna, até o confinamento do homenzarrão de manopla numa cela. Mas a minha imagem do jovem paralítico fora animada e excitada de forma tão intensa que um encontro efetivo se tornou inevitável. Eu já não me desviava do caminho, quando via alguém conversando com ele junto ao seu carrinho; então passava por ele e o cumprimentava em voz alta. Tive uma agradável surpresa, quando pela primeira vez ouvi a voz do paralítico, retribuindo minha saudação. O som era como de um suspiro, muito profundo, dando cor e espaço à sua saudação. Ele não me saía da cabeça, e eu queria tornar a ouvi-lo. No dia seguinte tive a sorte de ver o professor Gomperz sentado a seu lado. Reconheci-o de longe por sua longa barba e por seu porte, alto e ereto também quando estava sentado. Eu não sabia se ele me reconheceria, pois, nas aulas, quando eu falara com ele, estivera sempre entre muitos estudantes, e só uma vez o procurei rapidamente, por causa de um assunto qualquer.

Mas ele logo atentou para mim quando me aproximei; contemplou-me tão surpreso que não me acanhei em ficar parado e lhe estender a mão. Ele apenas fez uma saudação com a cabeça, mas não me deu a mão, e eu fiquei vermelho de vergonha pela minha falta de tato. Como podia eu estender a mão a alguém na presença de um homem paralisado! Mas ele falou comigo à sua maneira lenta e afável; perguntou meu nome, que havia esquecido e, quando eu o disse, me apresentou a Thomas Marek. "Meu jovem amigo muitas vezes o vê passando por aqui", disse, "ele sabia que o senhor também é estudante, tem um instinto infalível para as pessoas. Por que o senhor não o visita? Pois mora perto daqui."

Marek o informara de tudo isso enquanto eu me aproximava; portanto ele já atentara em mim, não menos do que eu nele, e já soubera onde eu morava. O professor Gomperz ainda explicou que Thomas Marek estudava filosofia como matéria principal; que ele vinha vê-lo uma vez por semana, por duas horas. Que ele, de tão satisfeito com o aproveitamento do aluno, gostaria de vir com mais frequência, mas infelizmente não lhe sobrava tempo. A distância era longa, e isso sempre lhe tomava toda uma tarde. Mas Thomas Marek *merecia* que ele viesse duas vezes por semana. Aquilo não soava como adulação, embora certamente servisse para incentivar o aluno, mas era tão direto e inequívoco como seria de se esperar de um filósofo cínico. Mas o paralítico, com seu forte suspiro, afirmou: "Ainda não conheço coisa alguma. Mas aprenderei mais".

A partir de então tudo foi rápido. Estávamos em começo de maio, o paralítico costumava ficar ao sol na frente de sua casa; eu o visitava. Sua mãe me trazia uma cadeira lá de dentro, para que eu não me retirasse muito depressa. Assim eu ficava bastante tempo; já da primeira vez fiquei por mais de uma hora. Mas, quando quis me despedir, Thomas disse: "Você pensa que já estou cansado. Nunca fico cansado quando posso conversar sobre um tema sério. Gosto de conversar com você. Fique mais um pouco!". Eu tivera um susto com suas mãos, que antes, ao passar por ele, não havia observado. Os dedos eram convulsionados e encurvados; ele não podia movê-los por sua própria vontade. Haviam se prendido na tela da cerca do jardim, enroscando-se no arame, agarrando-se nele com tanta força que não podiam se soltar. Sua mãe, ao vir novamente de dentro da casa, soltou-lhe os dedos da tela com cuidado, o que não foi fácil, e afastou o carrinho de Thomas da cerca para que seus dedos não tornassem a se emaranhar nela. Entrementes ela me sondava com seus olhos profundos, uma mulher prematuramente envelhecida, e me transmitiu seu desejo, sem expressá-lo, pelo rápido olhar, de que eu cuidasse para que o carrinho não tornasse a rolar até a cerca.

Thomas sempre fazia um leve movimento, que se transmitia ao carrinho. Sua mãe punha-lhe na boca o remédio, que ele tomava várias vezes ao dia — disse-me ele quando ela se afastou

— pois ele tinha espasmos tão fortes que nada podia realizar com calma sem o remédio; nem ler nem falar. Disse que o remédio era bom, já o tomava havia muitos anos. Seu efeito sempre durava algumas horas. Não se sabia, sequer, qual era a sua doença. Era completamente desconhecida. Ele já passara várias temporadas na clínica neurológica, onde o professor Pappenheim o examinara pessoalmente, porquanto seu caso fosse muito interessante. Mas este também não chegara a uma conclusão; seria uma doença singular, para a qual não havia nome. Isso ele repetiu várias vezes, era-lhe importante que não houvesse outra pessoa com a mesma enfermidade. Como não tinha nome, ela era um mistério também para ele mesmo, e assim não havia motivo para que ele se envergonhasse dela. "Eles nunca descobrirão", dizia ele, "não neste século; talvez mais tarde, mas então o caso já não será comigo."

Já em criança ele tivera dificuldade para ficar de pé, mas então seus membros não estavam deformados; não se notava neles qualquer anormalidade. Marek tinha uns seis anos quando os braços e as pernas começaram a se deformar e se atrofiar. E, desde então, seu estado piorou sempre. Ele nunca mencionou em que época começaram os espasmos, talvez já não o soubesse. Havia entre nós uma convenção tácita de que eu não faria perguntas à sua mãe. Tudo o que eu sabia acerca dele vinha de sua própria boca, o que o tornava mais significativo do que se fosse dito por outrem; pois a força de seu suspiro, que vinha de dentro dele, dava às suas palavras uma forma respiratória própria. Eram palavras *in statu nascendi*; espalhavam-se como vapor quente ao saírem de sua boca, e não como cascalho pronto, como as de outras pessoas.

Já na primeira vez ele me falou de uma obra filosófica que pretendia escrever, mas não disse qual seria o tema. Antes de tudo queria concluir os estudos e fazer o doutorado. Isso seria necessário para que sua obra, mais tarde, fosse levada a sério. Queria que o lessem, quando chegasse o tempo; não por compaixão, mas que o julgassem pelo seu mérito, como a todos os outros. A seu lado, sobre o travesseiro, havia um volume da

História da filosofia de Kuno Fischer. Ele havia decidido ler cada palavra daquela obra de dez volumes, e chegara ao volume sobre Leibniz, um volume grosso, que ele havia lido até a metade, mais ou menos. Ele queria mostrar-me um erro de impressão, que achara muito cômico. De repente ele estendeu a língua e, com a velocidade do raio, folheou dez páginas para trás; sim, era lá, ele encontrara o lugar e, com um movimento da cabeça, me convidou a verificar pessoalmente. Eu não sabia se devia tomar o livro na mão, não me pareceu próprio que eu o retirasse do travesseiro, eu tinha aversão pelas folhas que — até onde ele havia lido — haviam sido tacadas por sua língua, e estavam impregnadas de sua saliva. Hesitei, ele disse: "Você pode segurá-lo na mão. Vem da biblioteca do professor Gomperz. Ele possui a maior biblioteca de filosofia de Viena". Eu ouvira falar nisso, e causou-me forte impressão que o professor Gomperz pusesse à disposição de Thomas Marek, para seus estudos, volumes de sua biblioteca.

"Ele não se importa que os livros fiquem comigo por tanto tempo. O volume sobre Spinoza ainda está lá dentro de casa. Ele diz que é uma honra para os livros serem lidos com tanto empenho." Dizendo isso, estendeu rapidamente a língua, e riu. Ele sentiu o quanto me comovia tudo o que se relacionava com seu modo de ler, e estava radiante de felicidade por poder me oferecer algo tão extraordinário. Ele também queria aproveitá-lo, antes que eu me acostumasse com aquilo. Marek recebia visitas frequentemente, conforme me contou mais tarde. Mas, após virem uma ou duas vezes, as pessoas pensavam ter esgotado tudo o que nele havia de extraordinário e não voltavam. Isso o ofendia, pois ele teria tanta coisa a lhes dizer, do que eles não tinham ideia. Mas isso não o surpreendia, pois conhecia os homens. Tinha um meio infalível de conhecer o caráter das pessoas: observava a maneira de andarem.

Quando estava deitado ao sol diante de sua casa, não queria continuar a ler e cerrava os olhos, ele nunca dormia. Ria, então, das pessoas que se esforçavam para andar sem fazer ruído, a fim de não acordá-lo. Era justamente o meio que ele usava para

investigar o caráter delas: a alteração dos passos na aproximação, a nova alteração quando haviam se afastado. E pensavam
que ele não os ouvia. Mas ele os ouvia muito antes do que eles
pensavam, e também muito depois. Marek sempre tinha o ruído dos passos na cabeça; havia pessoas que ele odiava por seus
passos, e outras que desejava ter como amigos porque gostava
de seu modo de andar. Mas invejava a todos. O que ele mais
desejava era poder andar livremente, e tinha a ideia, que me
confiou com maior timidez do que de costume, de que através
de sua grande obra filosófica ele *mereceria* poder andar. "Quando a obra estiver pronta, eu me levantarei e andarei. Antes
disso, não. Ainda levará muito tempo."

Ele esperava muito dos que caminhavam; escutava seus
passos como se fossem milagres. Todo caminhante novo deveria ser digno de sua felicidade, distinguindo-se por palavras que
só ele, ninguém mais, teria de pronunciar. Ele nunca se confor-
mou com a trivialidade das palavras com que casais de namorados se aproximavam de seu carrinho, quando pensavam que ele
estivesse dormindo. Era, para ele, um desapontamento sempre
novo, melindroso, ouvir as suas "asneiras", que ele não esquecia, repetindo as maiores tolices com fervoroso desdém. "Deveriam proibir que ele caminhasse", dizia então, "um homem
como aquele não *merece* caminhar." Talvez fosse sorte sua,
contudo, que os casais de namorados, que se aproximavam, não
trocassem entre si frases de Spinoza. Embora ele esperasse que
lhe dirigissem a palavra, não era a qualquer um que ele condes-
cendia em escutar. Era com esforço que Marek se fingia de
surdo — sua maneira pessoal de autodomínio — e ficava orgulhoso quando conseguia *exibir* sua rejeição perante terceiros.
Logo que alguém, que ele fingia não ouvir, se afastava, suas
feições se animavam, e ele chegava a rir tanto que seu carrinho
fazia movimentos como ondas; depois dizia: "Ele agora pensa
que sou surdo. Não tem porque ficar parado aqui! Nem sequer
merece ficar em pé! Além disso, ainda sente pena de mim, porque pensa que sou surdo. E eu sinto pena *dele*. É um imbecil!".

Marek era sensível a tudo; mas sua verdadeira sensibilidade

dirigia-se àqueles que podiam ficar em pé e andar, mas que não sabiam o quanto aquilo significava. Ele estava consciente do efeito de seus grandes olhos negros, e os usava em substituição a muitos movimentos de seus membros, de que estava privado. No meio de uma frase ele fechava os olhos e se detinha, de uma maneira tão dramática, que se levava um pequeno susto, mesmo quando já se estava acostumado a esse jogo há muito tempo. Mas nunca se queria perder o momento em que ele lentamente descerrava as pálpebras, abrindo os olhos com uma calma majestosa. Parecia-se, então, com o Cristo num dos ícones orientais. Durante esse lento processo de abrir os olhos, ficava muito sério. Ele representava; era um espetáculo ritual.

A palavra "Deus" nunca vinha a seus lábios. Quando ainda era pequeno — tinha uma irmã e um irmão — sua mãe instava com os irmãos para que, em voz alta, *rezassem* por seu restabelecimento. Isso o desesperou e encolerizou. No início ele chorava quando começavam a rezar; mais tarde os interrompia aos gritos, injuriava-os, injuriava a Deus, e vociferava tanto que sua mãe ficou com medo e acabou encerrando as orações. Ele não se resignava a coisa alguma. Ao me relatar essas lembranças de sua infância, justificava seus acessos contra Deus: "Que Deus é este, a quem a gente primeiro tem de pedir? Se ele *sabe* tudo! Que faça alguma coisa sem que lhe peçam!". Depois acrescentava: "Mas ele não faz coisa alguma", e esta última frase dava a entender que sua esperança não morrera.

Quando o visitei pela segunda vez, não o encontrei diante de sua casa. Entrei. Sua mãe me aguardava, e me conduziu à sala de estar. Lá estava ele deitado em seu carrinho, junto à mesa da família. Havia, acima do sofá, na parede dos fundos, um quadro de Giorgione: os *Três filósofos*. Eu havia pouco tempo vira o original no Museu da História da Arte em Viena; esta parecia ser uma boa cópia. Ele, aliás, imediatamente começou a falar dela; logo percebi que me recebia dentro de casa para falar de sua família. Aqui era mais fácil, ele podia mostrar as coisas; fora de casa tudo teria parecido menos plausível. Seu pai era pintor, a cópia do Giorgione era dele; era sua única obra-prima, o melhor de tudo que tinha feito. Afora disso, nada havia dele que valesse a pena ver. Eu certamente já teria visto seu pai, às vezes ele passeava com sua juba de artista, andando então muito ereto; um belo homem, lançando seu olhar intrépido a isto ou aquilo. Mas, por trás das aparências nada havia de concreto; em casa ele só ficava sentado pelos cantos, sem ganhar coisa alguma, e só de anos em anos ainda acontecia que recebesse o pedido de uma cópia, mas esta já não seria tão boa quanto a dos *Três filósofos*, que fora pintada havia muito tempo.

A mãe de Marek nos deixara a sós, como costumava fazer quando ele tinha visita, e assim ele pôde falar também sobre ela. Ela vinha do campo, de um pequeno lugarejo na Baixa Áustria, onde fora vendedora de leite. Lá onde se pavoneara o jovem pintor, um homem vistoso de juba ondulada e chapéu de abas caídas, a quem as moças seguiam com a vista. Ela se apaixonara por ele e se tornara sua esposa, sentindo-se extremamente honrada; mas atrás daquela juba nada havia. Ele só sabia se pavonear, era essa sua única arte, à qual ela sucumbira.

A mãe tinha de sustentar a família, já que o pai quase nada ganhava. Vieram três filhos, sua irmã, seu irmão, e ele, o preferido dela, que a partir dos seis anos de idade ficara cada vez mais desamparado, dando-lhe mais trabalho do que todo o resto dos afazeres domésticos. Isso fora muito difícil para sua mãe, que movera céus e terra para achar um médico que o curasse. Empurrara seu carrinho para dentro de todas as clínicas, não se deixara desenganar, e sempre tornara a voltar — era a única ideia que tinha na cabeça. Mas depois tudo ficara diferente; havia oito anos, era ele, Thomas, o arrimo da família. Seu irmão ia trabalhar, era empregado e tinha sua própria renda; sua irmã — para poder sair de casa — havia casado, o que muito o entristecera. Era uma mulher muito bonita, que chamava a atenção de todos; tinha o andar de uma deusa — uma bailarina e atriz que teria conquistado a glória. Tinham estado muito próximos um do outro, durante a infância. Sua irmã cuidara dele enquanto sua mãe ia trabalhar; compartilhavam todos os segredos. Ela lhe lia histórias, e ele despertara sua ambição,

334

avivando-a incansavelmente. Se, ao menos, ela tivesse ficado em casa; mas não o suportou. Ele achava que os jovens que a admiravam e vinham visitá-la não eram dignos dela. Desacreditava-os à sua frente, e ela sentia que nenhum deles podia igualar-se com ele intelectualmente. Mas então apareceu um "burocrata da pintura", professor de grau médio, que, em sua opinião, era o pior de todos — um sujeito enfadonho, porém tenaz —, que jamais desistia, e foi justamente com este que ela casou. No entanto, naquele tempo Thomas já tinha sua bolsa de estudos, da qual toda a família podia viver.

Isso ele disse com um orgulho irônico. A ironia era dirigida à sua irmã, que preferia ser sustentada por seu marido e não por ele, pois também ela poderia viver de sua bolsa de estudos, se tivesse ficado em casa. Eu não entendia bem que bolsa era esta, e tive vontade de perguntar, mas pareceu-me que seria uma indiscrição e não disse nada. Isso, porém, foi desnecessário, pois ele continuou a falar e espontaneamente explicou com todos os detalhes de que se tratava. Logo que os professores que vinham lhe dar aula se convenceram de seu talento e lhe vaticinaram um futuro brilhante na filosofia, expuseram seu caso a uma velha senhora abastada, que costumava patrocinar muitas causas. Esta, porém, não estava interessada em fazer caridade, pois procurava casos especiais, singulares. Aquilo que ela empreendia deveria beneficiar a toda a humanidade, e não a um único necessitado. O professor Gomperz, e também outros, explicaram-lhe que Thomas, se tivesse uma formação sólida e esmerada, realizaria um trabalho intelectual de que nenhum outro seria capaz. Aquilo que, sob as condições dadas parecia uma desvantagem, viria em seu proveito; e tudo o que era necessário era paciência, e um estipêndio adequado. Sua mãe lhe seria indispensável; para fazer tudo certo, ela teria de se ocupar dele o dia todo. Quanto ao pai, para que Thomas pudesse estudar com a devida concentração, não poderia pensar em seu pai como um homem que estava na miséria. Embora fosse verdade que se podia considerar seu pai como um fracassado, se ele não sentisse demasiadamente seu desamparo, não causaria qualquer problema. Não era um homem mau, apenas um miserável, como todos aqueles que confiam em suas pernas em vez de confiarem em sua cabeça, e se pavoneiam em vez de ler um livro sério.

A senhora veio ver Marek uma única vez: o pai esperava por ela sentado no sofá, na frente de seu Giorgione. Ela contemplou o quadro por muito tempo, e o elogiou pelo mesmo; o pai teve o descaramento de não mencionar que se tratava apenas de uma cópia. Ela disse que o quadro era tão bonito que gostaria de adquiri-lo — falou em adquirir, não em comprar, uma senhora muito fina —, ao que seu pai retrucou, grosseiro: "Este quadro não está à venda. É minha melhor obra, e eu não me separo dela". Então ela, muito assustada, teria pedido desculpas, dizendo que não pretendera ofendê-lo, era natural que ele devia conservar consigo sua melhor obra, para lhe servir de inspiração em suas novas obras. Thomas, que estava na sala, deitado em seu carrinho, teve vontade de exclamar: "A senhora não gostaria de ver os outros quadros?" ou "A senhora nunca esteve no Museu da História da Arte?". Quando se tratava das insolências (como ele dizia) de seu pai, ele sentia-se espicaçado. Mas calou a boca. A senhora não ousava olhar para ele, mas percebeu que sobre o travesseiro, a seu lado, havia um volumoso tomo de filosofia, e ele bem teria gostado de lhe demonstrar como lhe era fácil ler. Ele pretendera ler-lhe uma página toda em voz alta, para que ela tivesse certeza de que não estava sendo enganada. Mas a senhora era distinta demais para tanto, talvez também sentisse receio de sua língua — algumas pessoas tinham medo de vê-lo folheando as páginas com a língua —, apenas olhava para ele amistosamente, e perguntou a seu pai se, em sua opinião, seria possível passar razoavelmente com quatrocentos xelins por mês. Se fosse pouco, que ele não tivesse constrangimento em dizê-lo. Seu pai sacudiu a cabeça e disse: não, não, isto seria suficiente, apenas se tratava de saber por quanto tempo. Esses estudos poderiam levar muitos anos.

"Enquanto durarem. O senhor pode deixar isto por minha conta", disse a senhora. "Se o senhor estiver de acordo, estabe-

336

leceremos agora um prazo de doze anos. Assim seu filho não se sentirá pressionado. Talvez ele tenha vontade de começar logo com seu livro. Esperam-se grandes coisas dele, ouvi as melhores referências à sua capacidade intelectual de todos. Depois, se ele quiser continuar a trabalhar em seu livro, poderemos prorrogar o prazo por mais quatro ou cinco anos."

Seu pai, em vez de cair de joelhos diante da senhora, para lhe agradecer toda essa fé em seu filho, apenas afagou sua barba, e disse: "Creio que, em nome de meu filho, posso dar a minha concordância". A senhora lhe agradeceu com tanta cordialidade, como se ele lhe tivesse salvo a vida, e disse ao pai de Thomas, o qual nunca fazia coisa alguma: "O senhor certamente está muito ocupado. Não quero continuar a tomar seu tempo". Depois acenou amigavelmente para Thomas com a cabeça. No caminho até a porta, tendo ainda de passar junto ao carrinho, ela disse: "O senhor me proporciona uma grande alegria. Mas receio que não entenderei seu livro. Não tenho boa cabeça para a filosofia". Depois saiu. Desde então, no dia 1º de cada mês, chegavam pontualmente seus quatrocentos xelins. Já fazia oito anos desde que isso começara, e ela não o esquecera uma única vez.

Pareceu-me que eu nunca tinha ouvido uma história tão bonita. O único compromisso que Thomas assumiu foi o de continuar a estudar. Isso ele teria feito de qualquer forma, pois era o que mais gostava de fazer. Pensava-se na possibilidade de que fizesse seu doutorado e, de alguma maneira, houvesse condições. Mas a senhora não fizera qualquer menção a isso. Ela devia saber que havia problemas. Por exemplo, quando estivesse preparado, onde prestaria exames? Sua mãe o levaria no carrinho à universidade, ou os professores, que lhe haviam ensinado (eram vários), conseguiriam a concessão especial de que ele fosse examinado em casa? Enfim, todo o seu estudo se desenrolava em sua casa, ou, quando havia sol, na Erzbischofgasse.

Ele mencionou um segundo professor que vinha expressamente à sua casa: dava-lhe aulas de economia política, era secretário da Câmara do Trabalho, Benedikt Kautsky, filho do célebre Karl Kautsky. Thomas achou divertido que seus dois professores mais importantes, que tinham seus próprios méritos, fossem filhos de homens muito mais afamados. O pai de Heinrich Gomperz era Theodor Gomperz, o filósofo clássico, cuja obra em vários volumes, *Pensadores gregos*, fora até mesmo traduzida para o inglês; na Áustria imperial ele fora membro do Senado, e era considerado um dos maiores oradores do Partido Liberal. "Aqui estão representados todos os partidos", disse Thomas. "Reservo-me o direito do pensamento independente, e não pertenço a nenhum deles."

A cena que se passara diante da cópia de Giorgione satisfizera o pai de Thomas, que se retirou para segundo plano, conforme correspondia à verdadeira situação familiar. Eu o via de vez em quando, ao visitar seu filho; mas ele costumava passear ao ar livre. Ficara-lhe um resto de amor pela natureza, de sua juventude. Mas ele não podia estar sempre passeando. Não sei quais os outros lugares que frequentava. Nunca era visto nas tabernas, e suponho que, contrariamente às afirmações de seu filho, que nada via nele de bom, ele realmente ia trabalhar. Quando estava em casa, sempre era visto sentado no sofá, diante dos *Três filósofos*, e a gente se acostumava a ver sua cabeça formando um grupo com as outras três, sendo que ele não fazia má figura. Com mau tempo, quando se tinha de ficar dentro de casa, e seu pai estava lá, eu passava pelas quatro cabeças da sala de estar, e ficávamos no quarto dos pais, nos fundos. Lá, a mãe de Thomas já o deixara, em seu carrinho; eu ficava a sós com ele sem sermos perturbados, como se não houvesse ninguém mais em casa.

Sua mãe estava em tal sintonia com ele que nunca, ou então muito raramente, se percebia seu olhar. Mas este estava sempre focado nele e nas coisas que ela lhe trazia, seja um remédio que lhe ministrava gota a gota, seja o alimento que lhe servia, um pedaço após o outro. Ele tinha bom apetite, ela cozinhava só para ele; o que os outros comiam era secundário. Mas ele nunca glorificava a comida; era apropriado a um filósofo desdenhar coisas tão triviais como a alimentação. Ele havia se acostumado a

uma expressão de desdém, que me deixava um pouco embaraçado, pois eu a relacionava comigo, embora estivesse informado de
que seu objeto era outro. A interação das pestanas, das narinas e
dos cantos da boca tinha o efeito de uma máscara oriental, a qual,
entretanto, não podia conhecer. Certa vez ele admitiu ter estudado a expressão mímica do desprezo, e quando lhe contei, brincando, qual a impressão que me dera uma frase de Leibniz, em uma
de suas cartas: "Je ne méprise presque rien", ele ficou furioso, e
bufou para o volume de Leibniz em seu travesseiro: "Neste caso
Leibniz mentiu!". Ele não gostava que alguém o observasse durante o "pasto", como costumava dizer. Mas, quando isso acontecia, ele conseguia manter em seu rosto a expressão de desdém
durante todo o tempo. Depois, quando sobravam em seu prato
dois ou três bocados, ele os recusava, e dizia à sua mãe de forma
bastante áspera: "Leve isto daqui! Não quero mais vê-lo!".

Ela nunca o contradizia. Nunca tentava convencê-lo de coisa
alguma. Atendia a cada um de seus desejos, às vezes tão lacônicos
e autoritários, como se fossem ordens. Os olhos dela, afundados
nas órbitas, aparentemente não acompanhavam seus afazeres; ela
poderia fazer tudo aquilo, com a mesma eficiência, se estivesse
cega. Mas, na realidade, não lhe escapava o menor movimento
que Thomas fizesse, e tampouco o de outras pessoas, quando se
referia a ele. Havia pessoas de quem ela gostava, porque o tratavam bem, e outras que ela odiava, porque o afligiam. Ela observava sua disposição quando um visitante se despedia, e, logo que
ela notava que seu valor fora enaltecido, aquele era um visitante
bem-vindo e preferido. O seu ódio mais profundo cabia àquelas
pessoas que conversavam com ele sobre viagens ou atividades
esportivas. Havia algumas que o estado dele compelia a falar
dessas coisas; seu aspecto as deixava tão deprimidas que falavam
de tudo aquilo que, em suas vidas, mais se distanciava das condições dele. Quando chegavam a procurar uma justificação para
essa crueldade, diziam que o "entretinham". Proporcionavam-
-lhe aquilo que mais lhe faltava. Ele então as escutava com a
respiração ofegante, dando às vezes breves risadinhas, o que as
incentivava ainda mais.

Um estudante, que todas as semanas o visitava "por caridade", certa vez lhe contou de forma dramática como havia vencido uma corrida de obstáculos. Não lhe poupou nenhum detalhe, e Thomas, que me relatou isso após anos, não esqueceu nenhum. Ficou tão desesperado, quando o torturador o deixou, que não queria continuar a viver. O termômetro, com que haviam medido sua febre, ainda estava sobre o travesseiro, e ele agarrou-o com a língua, colocou-o na boca e o partiu em pedacinhos, engolindo-os junto com o mercúrio. Mas nada lhe aconteceu; logo o levaram ao hospital. Suas entranhas, de uma resistência admirável, pregaram-lhe uma peça. Ele nem sequer sentiu dores e continuou vivo.

Essa foi sua primeira tentativa de suicídio. No decorrer dos anos seguiram-se mais duas. Como ele nada podia fazer com os braços e as mãos, cada tentativa exigia uma rapidez e uma determinação extraordinárias. Na segunda vez ele mastigou um copo e engoliu os estilhaços. Na terceira vez comeu um jornal inteiro. Concluiu seu relato com lágrimas de raiva; em ambas as vezes não sofrera quaisquer consequências. "Sou a única pessoa do mundo que não pode se matar." Ele tinha orgulho de várias de suas singularidades, mas não desta. Não achava eu, perguntou-me, que, dadas as circunstâncias, suas tentativas foram poucas?

PASSOS EM FALSO

Eu falava sem constrangimento com Marek sobre a massa. Ele me ouvia de forma diferente das outras pessoas. Ele foi — após Fredl Waldinger — a segunda pessoa com quem tive longas conversas sobre o tema. Sua atitude não era irônica como a de Fredl, com a consciência budista altamente desenvolvida que este tinha. Quando eu falava com Fredl sobre a massa — especialmente nos primeiros anos — eu me sentia um pouco como um bárbaro, que sempre repete a mesma coisa, enquanto ele me opunha conceitos complexos e bem delimitados, muitos dos quais me

340

impressionaram. Era, especialmente, o ponto de partida de Buda; eram os fenômenos da doença, da velhice e da morte, de cuja importância me compenetrei; tudo o que se relacionava com a morte, já naquele tempo, me era mais importante do que a massa.

Mas quando eu dizia alguma coisa sobre a massa a Thomas, eu sentia uma reação completamente diferente que, de início, me causou admiração. Ele relacionava consigo mesmo a descrição daquele estado que, para mim, se tornara o enigma de todos os enigmas, isto é, a dissolução do indivíduo na massa, e duvidava que ele jamais pudesse tornar-se parte da massa. Ele havia pedido à sua mãe, certa vez, que o levasse a uma concentração de Primeiro de Maio, e ela o conduzira em seu carrinho — a contragosto, mas ele não desistira —, todo o longo caminho até a cidade. Mas, quando ela quisera juntar-se ao desfile, fora empurrada para junto de um grupo de inválidos, que vinham em suas cadeiras de rodas. Ele protestara, gritara o mais alto possível; queria acompanhar os outros, mas não lhe deram ouvidos. Isso não seria possível, ele sequer podia marchar, apenas retardaria o desfile. Não, os paralíticos ficariam todos juntos, eles se moveriam à mesma velocidade. Também o aspecto seria melhor; ele, enfim, não seria o único, haveria muitos outros. Os inválidos de guerra ficariam todos juntos.

Ele, entretanto, gritara zangado que não era inválido de guerra, era estudante, e estudava filosofia. O lugar dele era atrás da Legião Acadêmica, formada de estudantes socialistas militantes, e logo depois sempre marchavam os estudantes da mesma ideologia. Ele queria ficar entre seus colegas, do contrário tudo aquilo não lhe interessaria. Mas os organizadores do desfile não cederam, disseram que tinham de manter a ordem, e assim o incluíram, sem compaixão, entre os inválidos de guerra em suas cadeiras de rodas, muitos dos quais podiam mover-se sozinhos, enquanto outros eram empurrados, como ele.

Durante todo o desfile ele se sentira violentado. Ficara na beira. Os espectadores, que formavam alas, podiam vê-lo bem. Felizmente não entendiam o que ele tentava dizer com sua voz suspirada: "Meu lugar não é aqui! Não sou inválido de guerra!". Era a última coisa que ele queria ser. *Ele* não estivera na guerra. Não matara. Falava sério quando dizia que não teria ido. Todos os outros haviam ido, por covardia, e por isso foram punidos com ferimentos graves. Muitos até mesmo haviam ido por entusiasmo. Mas este logo terminara. Agora todos acompanhavam o desfile, atrás de gigantescas faixas, nas quais se lia "Guerra nunca mais!". Era claro, *estes* nunca mais iriam à guerra, nem mesmo podiam, pelo menos não estavam mentindo. Mas os outros, os que caminhavam com suas próprias pernas, estes novamente correriam à guerra como cordeiros, esquecendo os belos refrões de Primeiro de Maio. Ele falou com profundo ódio daquele desfile. Fora como na guerra: todos os inválidos juntos, formando sua própria companhia. Ele achava que cada um deveria marchar onde bem lhe aprouvesse; nada tinha contra a divisão segundo distritos, ou segundo fábricas, mas a divisão segundo a invalidez era uma vergonha, e ele nunca mais compareceu.

Perguntei se ele não poderia imaginar outra situação em que gostaria de se dissolver na massa. Afinal, fora ele que se sentira atraído para o desfile de Primeiro de Maio, do contrário não teria insistido com sua mãe para que o levasse. Ela só cedera a contragosto, talvez imaginando o que sucederia. Mas havia outras ocasiões em que não se dependia da locomoção; por exemplo, as reuniões em salões. Perguntei-lhe se ele não gostava disso. Certamente ele já teria assistido a tais promoções. O jeito como ele falava sobre a guerra era uma prova, para mim, de que ouvira discursos antibélicos, e isso no estado de exaltação em que se fica quando se está no meio de uma multidão.

Sua expressão foi de ceticismo. Se ele me entendera bem, fazia parte de uma experiência destas um sentimento de *igualdade*, e era justamente isso que ele não conhecia. Perguntou-me se eu conhecia o jornal dos inválidos, publicado pela Liga dos Inválidos. Não? Ele pediria à sua mãe que deixasse um exemplar do jornal dos inválidos à mão para minha próxima visita. Esses inválidos — ele usava a palavra com tanta frequência, para deixar claro que não se incluía entre eles — esses invá-

342

lidos também realizavam suas reuniões, que eram anunciadas no jornal. Certa vez ele pedira que o levassem, para ver o que se passava entre eles. Mas lá não havia pessoas em carrinhos, e sim sentadas nas cadeiras enfileiradas, enquanto um homem de um braço só estava sentado à sua frente, sobre o pódio, tentando manter a ordem. Sua mãe havia deixado seu carrinho ao lado, na parte da frente, para que apartes pudessem ser ouvidos, pois ele estava firmemente resolvido a não deixar passar coisa alguma.

"Eu", disse ele, "não podia fazer ideia do nível de uma reunião como aquela." Era gente que se considerava como uma espécie de sindicato, e assim se comportava. Sempre se tratava de alguma espécie de direitos, pelos quais eles teriam de lutar — as lamúrias sobre as dificuldades, pelas quais eles passavam, eram quase insuportáveis. E, no entanto, tudo o que lhes faltava era um braço ou um olho. Alguns tinham perna de pau, outros oscilavam as cabeças; todos eram feios. Ele vasculhara as filas para ver se encontrava um rosto intelectual, não havia ninguém com quem se pudesse manter uma conversa filosófica. Ele poderia ter apostado que, entre as quatrocentas ou quinhentas pessoas que havia na sala, nenhuma tinha ouvido falar no nome de Leibniz. Só o que se ouvia eram exigências de aumento de pensões; uma reunião de aposentados, sim, era isso. Sempre que surgia mais uma dessas exigências, ele aparteava. Dizia que eles já ganhavam o suficiente, estavam passando bem demais. O que mais queriam? A falta de vergonha daquela gente, todos haviam vindo à reunião com suas próprias pernas, e ainda se queixavam! Ele, em todo o caso, perturbara a reunião, seus apartes haviam sido bem mais altos do que eu poderia imaginar. Ele não sabia se todos haviam sido entendidos, mas alguns com toda a certeza, pois os presentes se zangaram, e acabaram ficando furiosos. Esta era a liberdade de palavra, da qual faziam tanta questão! O presidente de um braço só lhe pedira que não perturbasse os trabalhos. Havia outros que também queriam se manifestar. Mas ele, simplesmente, não suportara aquelas tolices e perturbara cada vez mais, até que o presidente lhe pediu que saísse da sala.

"Como farei isso?", teria ele retrucado, "o senhor pode me

dizer como devo fazê-lo?" O de um braço só teria tido o descaramento de lhe dizer: "O senhor encontrou o caminho para entrar, encontrará também o caminho para sair!". Com isso ele quisera dizer que sua mãe o empurrasse para fora da sala e, infelizmente, foi o que ela fez tomada pelo medo. Ele teria gostado de ficar para ver o que eles fariam. Talvez esses homens, que podiam andar, não se tivessem envergonhado de se jogar contra ele, um indefeso; de atacá-lo. O que, pensava eu, teriam eles feito? Teria valido a pena aguardar, para ver o que aconteceria. Ele não tivera medo. Teria-lhes cuspido na cara, teria-os chamado de "ralé!". Mas sua mãe não se prestava a essas coisas. Ela, aliás, o tratava como um bebê; ele dependia dela, e nada podia fazer contra isso. De um modo geral, ela fazia o que ele queria.

Agora, porém, poderia eu lhe dizer se aquilo havia sido uma "experiência de massa"? Ele não havia se sentido como um *igual*. Todos os outros haviam pensado que ele tinha uma vida muito pior do que eles, e no entanto se tratava de gente que lia seu jornal dos inválidos, e nada mais. Tinham, portanto, uma vida muito pior do que ele, e, por isso, por um triz não o atacaram. Agora, ao pensar naquilo em retrospecto, ele diria que todos estavam cheios de *inveja* dele; talvez tivessem notado que ele estava se preparando para seu doutorado em filosofia.

Mais do que isso Thomas não tinha a dizer sobre a massa. Comecei a entender o quanto eu fora indiscreto com essas conversas sobre a massa. Como podia eu, em sua presença, falar da *densidade* e da *igualdade* dentro da massa. Que igualdade teria sido aquela para ele? E até onde os outros poderiam se aproximar dele, que estava deitado em seu carrinho? Era, para ele, uma questão vital, transformar sua heterogeneidade, incessantemente dolorosa, em orgulho. Foi por isso que ele aprendera a usar a língua para folhear os livros, por isso ele lia livros difíceis, conhecidos apenas de umas poucas pessoas destacadas; e quando ressaltava com tanta ênfase que estudava, também isso era provisório pois, na realidade, ele queria ser considerado um *filósofo*, que escrevia obras de tanta força e singularidade que também sobre ele — como sobre Spinoza, Leibniz e Kant — se escreveriam livros volumosos. Essa era a única classificação que ele reconhecia, lá era seu lugar e, embora ainda não tivesse chegado o momento, só em ocasiões de extrema humilhação e vergonha, provocadas por outros, ele duvidava que viesse a pertencer a essa classificação.

Eu nunca conhecera uma ambição tão ardente, e gostei dela, embora não soubesse em que ela se apoiava. Pois aquilo que Thomas até agora ditara à sua mãe, pensamentos esparsos, e também introduções para uma biografia, de forma alguma teria chamado minha atenção, se eu não conhecesse as circunstâncias da vida do autor. Ele ainda não tinha estilo próprio, a linguagem dessas peças ditadas era incolor e livresca; era muito mais interessante aquilo que ele dizia a mim durante as longas horas de nossas conversações e, o que era especialmente surpreendente, aquilo se intensificava durante as conversas, e se tornava mais interessante ainda. Ele logo percebeu que eu fazia pouco de seus escritos, e disse que tudo isso ainda não contava; em primeiro lugar, porque fora ditado havia anos, quando ele nem sequer havia aprendido a pensar. E depois — referindo-se à biografia — aquilo era plangente e sentimental. Ele não poderia ditar à sua mãe seus verdadeiros, duros pensamentos; isso a deixaria doente. Ele necessitaria, para tais ditados, de um amigo nas mesmas condições sociais, assim como eu e, além disso, ainda era cedo demais para começar. Eu gostava tanto de sua imagem de fama e imortalidade, que acreditava nela. *Decidi* acreditar nele, acalmei minhas dúvidas; mas estas nunca se calaram completamente.

Comigo ele falava sobre todas as coisas; era mais franco do que qualquer outra pessoa que eu conhecera. Só através dele tomei conhecimento de muitas coisas que, por tão óbvias, nunca me haviam merecido um pensamento. Eu pouco me ocupara das coisas materiais. Meu corpo nada me significava; ele estava aqui, me servia, eu o aceitava. No tempo da escola, aquelas matérias em que o corpo, por assim dizer, se torna independente, a ginástica por exemplo, me eram infinitamente enfadonhas. Para que correr, quando não se tinha pressa? Para que saltar em altura, quando nossa vida não estava em perigo? Para que *medir-se* com os outros, se todos não possuem os mesmos requisitos — ou, mesmo que tivessem a mesma força, mesmo que fossem igualmente fracos? Na ginástica nunca havia novidades, era uma constante repetição, estava-se sempre na mesma cancha, onde havia cheiro de serragem e de suor — já as excursões eram outra coisa, conheciam-se novos lugares e novas paisagens; não havia repetição.

Agora, porém, evidenciava-se que as atividades que me eram mais enfadonhas eram aquelas pelas quais Thomas mais se interessava. Ele sempre tornava a perguntar o que a gente sentia no salto em altura; também o salto em distância não era de se desprezar; ou o salto com vara; ou a corrida de cem metros. Tentei descrever-lhe essas atividades de forma a satisfazer sua curiosidade, e sem despertar nele demasiado pesar por não poder praticá-las. Mas minhas descrições nunca o satisfaziam. Ele sempre ficava em silêncio; por muito tempo nada dizia, e só depois, em geral na visita seguinte, vinha com perguntas que traíam seu desejo de descrições muito mais detalhadas. Às vezes ele me recriminava pela forma sucinta dos meus relatos. Dizia que essa arrogância não me ficava bem; parecia-lhe que tinha à sua frente um homem que comera até não poder mais, conversando com um faminto sobre comida, e tentando lhe provar que nem sequer valia a pena comer. Assim, ele me obrigou a dar mais atenção às coisas físicas. Apanhei-me subitamente pensando sobre o caminhar enquanto estava caminhando, e, especialmente, no cair, enquanto estava caindo. Nunca perdi a sensação de que era importante e útil falar-lhe dos meus fracassos; e, embora ele não o admitisse, eu sentia como ele ficava feliz quando, envergonhado, lhe contava que papel ridículo eu novamente fizera.

Na escola eu realmente fora mau atleta; e, com relação ao passado, não tinha necessidade de inventar casos: bastava lembrar-me de ocasiões, de que de outra forma eu não me recordaria. Quanto ao presente, acostumei-me, em meus passeios, a tropeçar e cair com frequência, esfolando os joelhos e as mãos, que eu então podia exibir em minhas visitas. Eu não falava logo daquilo, mas mantinha a mão escondida, como se sentisse vergonha dela. Ele gostava desse jogo, observava-me com atenção, e finalmente dizia: "O que há com sua mão?". "Nada. Não é nada." "Deixe ver!", eu relutava um pouco, mas acabava cedendo, e então eu observava como ele se comprazia com minha falta de jeito. "De novo! Você levou outro tombo!" Ele se lembrava do filósofo da escola jônica, Tales, que, em vez de olhar para o chão à sua frente, olhara para as estrelas, e caíra num poço. "A partir de hoje chamarei você de Tales! Entre para limpar sua mão do sangue! Minha mãe está lá dentro." O sangue não era muito, mas fazia-lhe bem que sua mãe também soubesse de minha falta de jeito; assim eu entrava, e sua mãe insistia em me limpar a mão.

Quando, ao visitá-lo, eu tropeçava e caía a poucos passos de seu carrinho, seu regozijo não tinha fim. Isso não acontecia com frequência, do contrário ele teria desconfiado. Em todo o caso, aprendi a cair de forma que o tombo parecesse autêntico. Thomas caçoava, chegando até mesmo a me aconselhar a escrever um ensaio sobre "a arte de cair", algo que ainda não existia. Ele não tinha ideia do quanto estava próximo da verdade, pois, para alimentar seu ego, eu me tornara um verdadeiro artista das quedas. Felizmente eu já havia feito um trabalho preliminar nesse sentido, antes de nos conhecermos. Durante três anos havíamos nos observado mutuamente, antes de nos falarmos; eu estivera tão fascinado por ele que realmente não prestara atenção ao caminho e, certa vez, bem próximo a ele, tropeçara e levara um tombo. Isso lhe causara forte impressão, ele não o esquecera; e agora, quando eu conscientemente continuava a tradição dos tombos, ele podia rememorá-lo em todos os detalhes.

Creio que ele ficou gostando de mim por causa desses passos em falso que eu encenava para ele. Nossas conversas certamente também foram importantes, pois igualmente nelas eu cuidava que houvesse passos em falso. Isso, aliás, não era fácil, pois por nada no mundo eu queria perder essas conversas e, para ter direito a elas e ganhar sua confiança, eu tinha que deixá-lo perceber que havia lido muito, e sabia de muitas coisas. Contudo, de vez em quando, não com muita frequência, eu fazia de conta que não havia lido algum livro científico importante que ele conhecia bem, ou mesmo algum dos grandes filósofos. Esse jogo não deixava de ser perigoso, pois eu então pretensamente só conhecia através de sínteses aquilo que lhe era familiar em todos os detalhes através do próprio texto, e tinha de omitir argumentos que, durante a discussão, teimavam em vir à tona. Depois que eu tivesse conseguido, durante uma conversa, evitar determinadas citações, criava coragem e, com verdadeiro descaramento, cometia uma gafe tremenda: atribuía a Spinoza uma frase de Descartes, insistia que eu tinha razão, dava tempo a Thomas para que ele pusesse em campo sua artilharia mais pesada, observava-o com aparente receio, enquanto ele se eriçava cada vez mais, e finalmente, quando minha causa parecia definitivamente perdida, eu afetava tanta desgraça e vergonha que Thomas recuperava sua magnanimidade e tinha de me consolar. Quando chegávamos a esse ponto, eu sabia que meu truque havia sido bem-sucedido, que ele alcançara um senso de superioridade sem me desprezar demais, pois em nossa conversa anterior eu não fizera má figura. Eu ficava sumamente feliz quando encontrava forças para despedir-me dele logo após o triunfo de sua sabedoria, e ainda hoje há poucas que me deem mais contentamento do que a rememoração daqueles momentos.

Mas Thomas me batia não só na história da filosofia, seu verdadeiro campo de estudos. Ele me dava a impressão de que não lhe faltava experiência em outra área, muito importante. De início ele falava sobre isso com certa reserva, talvez para não me assustar. Ou, talvez, ele quisesse explorar, antes, até onde podia ir, pois me considerava ingênuo. Eu sempre o tinha diante de meus olhos em seu desamparo; quando lhe davam de comer ou beber, o que às vezes acontecia em minha presença, eu era testemunha da sua incapacidade de trazer, por si, qualquer coisa para junto de seu corpo. Ele cuidava para que eu não estivesse próximo quando precisava evacuar; quando isso se tornava inesperadamente urgente, ele me mandava embora sem cerimônia, e só chamava sua mãe quando eu já estava a alguma distância. Depois disso eu não podia voltar, e só o via no dia seguinte. Nesse ponto ele era reservado, o que me agradava. Mas qual não foi a minha surpresa, quando um dia ele me disse, sem rodeios, que ontem "a rapariga" tinha estado lá. Que ela era bonita e tola, e só servia para uma coisa, após uma hora ele sempre a mandava embora. Ele havia sido iludido por seu jeito de andar, tinha vontade de trocá-la por outra. Isso soava como se ele fosse proprietário de todo um harém, onde ele pudesse se servir à vontade. Fiquei sem fala; ele sentiu meu embaraço, e se estendeu sobre o assunto.

Antigamente ele não tinha rapariga, disse; essa conquista ele devia também ao professor Gomperz. Ele desejara intensamente estar com uma mulher, e isso com frequência o deixara tão infeliz que já não quisera estudar. Ficara, então, durante vários dias sem tocar num livro, a língua se lhe atrofiava porque não tinha o que fazer, e zombara tanto de sua irmã, por causa de seus pretendentes, que esta correra de casa, chorando. O professor Gomperz, percebendo que era inútil lhe dar aula, perguntara o que estava acontecendo, e ele lhe confessara: precisava de uma mulher. Ele tinha de ter uma mulher, do contrário não poderia continuar seus estudos. O professor Gomperz, com o dedo mínimo no ouvido, como costumava fazer em situações difíceis, prometera resolver o caso.

Dirigiu-se a um café numa viela transversal da Kärntnerstrasse, frequentado por raparigas, e sentou-se sozinho a uma mesa redonda. Ele jamais estivera num local como aquele. Pusera óculos escuros, para que não o reconhecessem, pois era, afinal, professor universitário, e já tinha certa idade. Lá estava ele sentado, volumoso e empertigado, com sua capa de cotim, que ele nunca tirava, quanto mais num lugar como aquele. Não ficou só por muito tempo. Três raparigas sentaram-se à sua mesa, embora pouco esperassem dele; parecia que viera parar naquele local por acaso. Ele, contudo, não era orgulhoso; logo falou com elas, e, à sua maneira lenta, compassada e enfática, lhes explicou de que se tratava. Que tinha um jovem amigo, paralítico, e para ele procurava uma rapariga. Não era doentio ou repulsivo, não tinha enfermidade desagradável; pelo contrário, seu cabelo era surpreendentemente farto, e tinha belos olhos. Disse que ele era muito sensível, nada podia fazer sozinho, nem mesmo apanhar sua comida; um intelectual distinto, de muito talento, merecendo toda a ajuda. Que ele procurava uma rapariga jovem, alegre, sadia, que uma vez por semana o visitaria em Hacking, de dia, durante a tarde. Ele mesmo, o professor, cuidaria do pagamento. Acertado o preço, o dinheiro sempre estaria em cima da cômoda, no quarto. Antes de sair, a rapariga simplesmente apanharia o dinheiro da cômoda, mas só se tudo tivesse corrido bem, do contrário nada levaria, esta era a sua condição.

Aconteceu que cada uma das três estava disposta a ir, depois de mais uma vez se assegurarem de que o paralítico não sofria de doença repulsiva. Queriam saber seu nome completo, e este lhes agradou. Uma de suas amigas, frequentadora do mesmo local, também se chamava Marek. Pediram ao professor Gomperz que escolhesse entre as três, todas dispostas a aceitar a proposta, aquela que; a seu ver, mais agradaria a "Thomas", como já o chamavam. Ora, as três eram bonitas, embora de forma diferente. Não foi nada fácil ao professor Gomperz a escolha; e mais tarde, ao relatar a Thomas sua aventura, chamou-a de "Sentença de Páris".

Mas ele não estava presente quando a rapariga veio pela primeira vez, pois, conforme disse, não queria estragar o prazer do jovem casal, com sua barba grisalha. A rapariga era cordial e dedicada, e Thomas teve a experiência que desejara tão intensamente. Estava fora de si de alegria e, neste estado de exaltação, esqueceu de lembrar à rapariga a recompensa que estava em cima da cômoda. Ela, porém, compenetrada em sua

350

nova tarefa, não procurou o dinheiro, nem o pediu, prometendo espontaneamente que voltaria dentro de uma semana no sábado seguinte, às três horas. Voltou pontualmente; não faltou em nenhum sábado, Thomas teve de lhe lembrar que apanhasse o dinheiro da vez anterior, que estava sobre a cômoda. Ela então o apanhou; mas, depois de ter estado com ele, ela nunca apanhava o dinheiro, e quando Thomas insistia em que o levasse, ela dizia: "Isto não é assim! Eu venho ver você porque quero!", e tinha de passar toda uma semana, até que ela se obrigasse a tirar da cômoda o seu pagamento que, afinal, estava combinado.

Isso durou mais de meio ano, e toda a vez ele tinha de alertá-la. Secretamente ele desejava que ela não mexesse no dinheiro, e esse desejo era tão forte que ele sempre inventava novas maneiras de falar nisso. "Alguém esvaziou sua bolsa em cima da cômoda", dizia ele, "faça-me o favor de juntar o dinheiro!" ou então "Por que será que as pessoas sempre têm de deixar seu dinheiro aqui! Eu não gosto disso! Por acaso sou mendigo?". Isso tinha de ser feito logo, quando ela chegava, pois mais tarde ele não conseguia coisa alguma com ela. Aos sábados, quando ele ficava contente prevendo sua vinda, chegava o momento em que ele se lembrava daquele assunto aborrecido e tinha de inventar alguma novidade. Melindrava-o, também, o fato de que aquilo se relacionava tanto com o professor, como se este, após meses, ainda promovesse o caso. Quando estava de mau humor e queria magoar a rapariga, ele dizia: "Seu amigo, o professor, manda lembranças", ou então "O professor a procurou novamente no café?". Ela era simplória e o obedecia, porque não queria aborrecê-lo. Ele era obstinado, não lhe dava trégua, e ela não ousava aproximar-se dele, enquanto não fizesse o que ele queria. O desejo dela era trazer-lhe alguma coisa, mas quando tentou dar-lhe pequenos presentes, foi malsucedida. "Lá está o presente", dizia ele com veemência, indicando com a cabeça na direção da cômoda. "Aqui, só quem dá presentes é o professor."

Se ela tivesse adivinhado seu verdadeiro desejo, tudo teria prosseguido a contento, mas ele, com seu orgulho, não tinha sossego; obrigava-a a aceitar o que não queria. E aquilo que havia sido uma gratidão efusiva transformou-se em rancor. Podia acontecer, durante a semana, que ele de repente pensasse nela com ódio. Deitado ao sol em seu carrinho, passava alguma mulher, cujo andar lhe agradava, e ele então pensava com ódio na visita que viria no próximo sábado. Ele me contou que acabaram rompendo as relações, e aparentemente não se arrependia. Considerava aquilo como um ato viril, digno de um espírito livre, especialmente quando ele depois ficou sem mulher por um período prolongado. Ele disse a ela, bastante brusco: "Você novamente esqueceu alguma coisa!". Esperou até que o objeto odiado desapareceu em sua bolsa, depois disse: "Você agora não precisa vir mais". Recusou-se a dar qualquer explicação. Quando ela, parada na porta, se voltou mais uma vez, com um olhar interrogativo, ele sibilou: "Não tenho tempo. Preciso estudar mais". Ela lhe escreveu uma carta, canhestra e cheia de erros; uma carta de amor como eu nunca tinha visto igual. Lamento que eu não a tenha decorado.

Ele me deu a carta para ler; enquanto eu lia, ele me observava. Ele parecia impassível, já se passara algum tempo; em todo o caso mandara guardá-la e, quando a pediu, disse à sua mãe, do jeito lacônico como a tratava: "Dê-me a carta!". Não explicou qual era a carta que queria, mas ela sabia o que ele queria dizer. Eu a li, e entendi o que havia acontecido; era evidente que ele havia sido muito injusto com a rapariga. Ele não se deixou comover, e a última coisa que disse sobre o assunto foi: "Então ela deveria tê-lo devolvido ao Gomperz, tudo!".

Entrementes ele havia aprendido como se impressionam as mulheres, e, durante as conversas, deixava transparecer que ele era um homem experiente em questões de amor. Recebia visitas de mulheres, que podiam ficar sentadas ao sol, junto a seu carrinho, falando-lhe de seus casamentos infelizes, e o quanto haviam sofrido com a brutalidade de seus maridos. Ele as ouvia, e elas se sentiam compreendidas. Às vezes lhes dava um conselho, que elas acatavam; voltavam para lhe agradecer, havia dado bom resultado. Quando o modo de andar de uma mulher não lhe agradava, recusava-se a conversar com ela. Então fazia um sinal à sua mãe, e esta o recolhia para dentro de casa com seu carrinho e com isso a sessão estava encerrada, ou melhor, nem sequer começava.

O milagre pelo qual ele esperava aconteceu enquanto éramos amigos. Uma médica, que tinha seu consultório em Ober- -St. Veit, certa vez o visitou por causa de um resfriado febril. Ela veio em seu pequeno automóvel e foi logo conduzida ao quarto, de modo que ele não teve oportunidade de vê-la andar. Ele estava um pouco aturdido pela febre e dormitava. De repente ela estava parada à sua frente, e se identificou como médica. Mesmo no estado em que se encontrava, ele não deixou de levantar as pálpebras devagar, como era seu costume, até ficar com os olhos bem abertos, o que surtiu o efeito usual. A médica se apaixonou por ele no mesmo instante e o convidou a fazerem passeios de automóvel, logo que ele tivesse sarado.

No começo ela o erguia em seu carrinho, ajudada pela mãe dele, e o punha no automóvel, como um fardo. Então lhe perguntava o que ele queria ver, que escolhesse o que lhe aprouvesse. Os passeios, que de início eram breves, se tornaram cada vez mais longos, e acabaram se estendendo até Semmering. Ele, ao ser levado ao automóvel, para um desses passeios, entoava sua própria canção. Eu o presenciei algumas vezes, quando queria visitá-lo e, embora visse o carro da doutora defronte da casa, não dava a volta, mas me aproximava, pretensamente para cumprimentá-lo; mas na realidade eu queria ouvir o feliz sussurro de sua voz, quase jubilosa, porque o mundo se abria à sua frente. A médica, que o tratava com muito cuidado, tornou-se sua amiga, o que ficou sendo enquanto o conheci.

KANT PEGA FOGO

Desde que eu me mudara para a minha colina na periferia da cidade, aquela parte de Viena que ficava entre a residência de Veza na Ferdinandstrasse e Hacking, portanto a extensão mais larga da cidade, se tornara o meu território. Tarde da noite, quando eu voltava para casa vindo do apartamento de Veza, não tomava o trem suburbano até a estação final Hütteldorf--Hacking, que era a conexão mais rápida. Havia duas linhas de bonde que, não longe da linha do trem urbano, e por trajetos paralelos, atravessavam uma zona mais densamente povoada. Eu esperava um bonde. O trajeto era longo e, onde me desse vontade, eu saltava do bonde, e andava a torto e a direito pelas ruas escuras. Em toda essa extensa zona não havia uma ruela, talvez nem mesmo uma casa, que eu não tivesse percebido em minhas incursões. Mas, com toda a certeza, entrei em cada um dos cafés noturnos, daqueles que ficam abertos até tarde.

Quando regressei a Viena, o prazer que me davam essas andanças havia aumentado. Eu estava imbuído de uma profunda aversão aos *nomes*, não queria ouvir falar neles, e a vontade que eu tinha era de arrasá-los todos a pancadas. Desde que eu vivera na grande cozinha de nomes — três meses na primeira vez, seis semanas na segunda — afligia-me um sentimento de asco por eles, parecia-me que eu era um ganso de ceva — uma visão que me sobressaltava na infância — aprisionado e obrigado a engolir nomes. Mantinham aberto o bico, e o mingau de nomes era empurrado goela abaixo. Não fazia qualquer diferença quais eram os nomes misturados num mingau, desde que este os contivesse a todos, e se pensasse que ele nos sufocaria. Eu contrapunha, a essa combinação de aflição e opressão pelos nomes, cada uma das pessoas que não tinha nome, aquelas que eram pobres de nome.

Eu queria ver e ouvir a *cada um*, por muito tempo, repetidamente; queria ouvi-lo na infinidade de sua repetição. Quanto mais liberdade eu tinha para isso, quando mais tempo me tomava, tanto maior era minha surpresa pela existência dessa multiplicidade; e isso na pobreza, na banalidade, no abuso das palavras, e não na grandiloquência e na presunção dos escritores.

Quando eu entrava num local noturno, onde havia boa oportunidade de ouvir, eu ficava por muito tempo, até a hora do encerramento às quatro da manhã, e me entregava à diversidade dos que entravam, saíam, retornavam. Eu gostava de

354

fechar os olhos, como se estivesse cochilando, ou de voltar-me para a parede, para ficar apenas ouvindo. Aprendi a distinguir uma pessoa entre as outras, só pelo ouvido. Quando alguém saía do local, eu não o via, mas sentia a falta de sua voz, e quando tornava a ouvi-la, sabia que tinha regressado. Quando não temia a repetição, mas a absorvia por inteiro e sem menosprezo, reconhecia logo o ritmo da fala e da réplica; esse vaivém, esse movimento de máscaras acústicas, formava cenas; e estas, ao contrário da mera gritaria de autoafirmação daqueles nomes, eram interessantes, isto é, não eram calculistas. Quer produzissem efeito, quer não, elas retornavam. Talvez fosse mais certo dizer que o alcance de seus cálculos era tão restrito que o ouvinte logo tinha de considerá-las como malogradas, e por isso como inúteis e inocentes.

Eu gostava dessas pessoas, até mesmo das mais odiosas entre elas, porque não lhes fora dado o poder do discurso. Elas se tornavam ridículas com palavras; lutavam contra elas. Olhavam para dentro de um espelho deformador, quando falavam; apresentavam-se na deformação das palavras, que se tornara sua pretensa imagem. Expunham-se quando solicitavam compreensão; culpavam-se mutuamente de forma tão falha que a ofensa soava como louvor, e o louvor como ofensa. Após a experiência do poder, em Berlim, que eu percebera bem de perto na forma ilusória da fama, e na qual eu pensava sufocar-me, era compreensível que me tornasse receptivo para a falta de poder, em todas as suas formas. Ela me arrebatou, eu lhe era grato; eu não podia fartar-me dela. Não era a falta de poder abertamente declarada, que outros gostavam de manejar com egoísmo; mas sim a oculta, encarnada nos indivíduos, os quais ficavam separados, não encontrando o caminho para a união, menos que tudo pela palavra, a qual os afastava em vez de aproximá-los.

Thomas Marek me atraía de múltiplas maneiras, mais que tudo pelo esforço despendido diariamente para dominar sua falta de poder. Ele, de todas as pessoas que já conheci, era quem estava em piores condições; mas ele falava e eu o entendia, e aquilo que ele falava fazia sentido, ocupando-me não só porque era enorme o esforço exigido para formar palavras de seu alento. Eu o admirava porque, através de sua mente, ele alcançou uma superioridade que, de objeto de compaixão, o transformou em alvo de peregrinação; não era santo, no sentido tradicional, pois era afeiçoado à vida e a amava em todos os seus aspectos; mais que tudo, naqueles que lhe eram negados. Tudo começara quando ele era pequeno, com uma ascese *involuntária*; e agora tudo o que acontecera durante anos de indizível esforço era dedicado à aquisição de capacidades e de funções que, para outros, eram naturais.

Perguntei-lhe se ele tinha uma impressão mais forte quando *liam para ele* em voz alta, em vez de ele mesmo ler. Respondeu que antigamente era assim, quando ele era mais jovem sua irmã costumava ler para ele: poesias, histórias, peças teatrais. Assim começara sua amizade, assim haviam se tornado inseparáveis. Mas então isso já não lhe fora suficiente, pois ele queria conhecer coisas mais difíceis, das quais sua irmã não entendia. Deveria ela ter lido para ele de forma *mecânica*, sem saber o que significavam as frases que pronunciava? Sua irmã lhe era cara demais, e ela própria não se prestaria a tanto; aquilo que ela lia para ele *compartilhava* com ele, tinha de ser igualmente importante para ambos; ele não a rebaixaria ao papel de um mero papagaio repetidor. Além disso, ele às vezes sentia a necessidade de meditar sobre as coisas com calma. E, quando o teor exato lhe havia escapado, gostava de recorrer ao texto para verificar. Por ambos os motivos se tornara indispensável que ele próprio aprendesse a leitura. Teria eu alguma crítica a fazer ao seu método de chegar até lá?

Certamente não; pelo contrário, disse eu, ele havia resolvido o problema de maneira tão irrefutável que parecia ser a coisa mais natural do mundo.

Realmente era assim. Contudo, nunca me acostumei àquilo, e quando ele lia para mim (talvez fosse só uma frase, ou até mesmo uma página inteira), eu sempre tinha a impressão de que a experiência era ímpar. O que eu sentia era mais do que respeito; era vergonha pela facilidade que eu sempre tivera para ler, a expectativa pelo que haveria de suceder. Cada uma das frases que ele, assim, formava com seu sussurro, tinha um som diferente de todas as frases que eu ouvira até então.

Em maio de 1930, quando comecei a visitar Thomas, meu projeto já me tomara mais de meio ano. Já existiam todos os oito personagens da *Comédia humana dos loucos*, e parecia resolvido que cada um deles seria o centro de um romance individual. Andavam lado a lado; eu não demonstrava preferência por qualquer deles. Dirigia-me ora a um, ora a outro, em rápida sucessão. Nenhum deles era negligenciado, mas nenhum deles preponderava. Cada um tinha sua linguagem própria, e sua própria maneira de pensar. Era como se eu me desdobrasse em oito pessoas, sem perder o poder sobre elas, ou sobre mim. Repugnava-me dar-lhes nomes; eu as designava, como já disse, pelas suas características dominantes, e me limitava à primeira letra. Enquanto não tinham nomes próprios, não reparavam uns nos outros. Ficavam livres de escória, permaneciam neutros, e não tentavam prevalecer sobre aquilo que não percebiam. Era um grande salto do "Inimigo da Morte" ao "Perdulário", e, além deste, ao "Homem dos Livros". Mas o caminho estava livre, eles próprios não o obstruíam. Eu nunca me sentia coagido; vivia num ritmo e numa exaltação, como desde então nunca mais conheci — o único organizador e supervisor de oito territórios exóticos largamente separados, diariamente em trânsito de um para o outro, às vezes mudando de estadia, também em caminho, não ficando retido em nenhum deles contra minha vontade, nenhum deles me subjugando, uma ave de rapina que conta com oito territórios em vez de um só, e que jamais se refugia numa gaiola por precaução.

As conversas com Thomas giravam em torno de temas filosóficos ou científicos. O que ele tinha a dizer não era pouco, e ele gostava de dizê-lo; mas também queria saber de que eu me ocupava. Falei-lhe das culturas e das religiões, que eu pesquisava à procura de sinais dos fenômenos de massa. Também agora, no tempo dos projetos literários, eu empregava algumas horas por dia nesse trabalho. Ele nada ficou sabendo de meus assuntos literários; um instinto infalível me dizia que meus personagens, por algum motivo, teriam de ofendê-lo, seja porque seus amplos movimentos lhe pareceriam desesperadoramente inatingíveis, seja porque suas limitações lhe lembrariam as próprias. Tomei a resolução de silenciar sobre o tema, o que não me foi muito difícil, pois sobrava, para nossas conversas, algo que era inesgotável: uma obra que entrou em minha vida ao mesmo tempo que Thomas, e que se tornou de importância capital para mim: a *História da civilização grega*, de Jacob Burckhardt. Thomas havia muito tempo se familiarizara com a cultura grega, porém a conhecera através da ciência ortodoxa de sua época. Podia explicar-me em que sentido os novos eruditos se desviavam de Burckhardt, mas mostrou muita compreensão pelas concepções, bem mais profundas, deste último. Concordamos em que era *ele* o grande historiador do século XIX, e achávamos que agora teria o reconhecimento que lhe era devido.

Participei dessa conversa, que para mim era importante, apenas com parte de minha natureza. Mas senti que minha relação com Thomas, nossos frequentes encontros, exerciam sua influência também sobre a outra parte, a que eu ocultava dele.

Ele significava mais para mim do que todas as outras pessoas que eu conhecia. Isso não era só por causa de seu incomparável modo de vida — ele me surpreendia também com coisas que eu não poderia esperar. De certo modo ele se parecia com um dos personagens que eu tinha inventado: quando se conheciam as condições das quais ele dependia, tudo o que acontecia com ele tinha determinação e consequência; nada poderia ser diferente, sentia-se que seu comportamento era ordenado e apreensível. Ele se tornou a peça central da *Comédia humana*, sem que nela aparecesse, e a prova capital de sua verdade. Mas, por ser tão diferente deles, Thomas parecia mais vivo do que todos os demais. Ele também não podia ser destruído; suas três tentativas de suicídio, muito sérias, não deixaram nele qualquer traço. Outros teriam morrido; mas ele ficou incólume. Agora estava protegido contra qualquer tentativa de renúncia pessoal;

ele o sabia, e estava de acordo. A não ser que, excepcionalmente, estivesse se sentindo mal, até mesmo se orgulhava disso; tudo o que ele recebia dos outros, também de mim, servia para fortalecê-lo.

Ele era mais do que os personagens dos quais eu estava imbuído, pois, em sua situação, era capaz de transformações inesperadas, e era com isso que ele mais me surpreendia. Pensava-se conhecê-lo, e ele, no entanto, era imprevisível. Creio que ele, por ser muito mais forte e cheio de mistérios, tenha causado a destruição dos oito personagens, com os quais ele colidia dentro de mim. Ele não os conhecia; os personagens o conheciam, e, como não tinham nomes, estavam à mercê do seu.

Mas ele próprio, que no decurso de poucos meses se tornara um perigo silencioso, constantemente ativo, de meu projeto, que, sem sabê-lo, obtivera entrada em cada um de meus personagens, escavando-os por dentro e enfraquecendo-os, foi também a causa de uma salvação. Sete deles sucumbiram. Um ficou vivo. O tamanho desmedido de meu empreendimento continha seu próprio castigo; porém a catástrofe, em que terminou, não foi completa, sobrou alguma coisa — hoje chama-se *Auto de fé*.

Thomas com frequência me inquiria sobre experiências de que ele estava privado, e certa vez insistiu também num relato minucioso dos acontecimentos do 15 de Julho. Eu lhe contei tudo sem reservas, com detalhes que eu antes não havia evocado ou proferido. Senti como aquele dia ainda estava vivo dentro de mim, após três anos. A reação dele foi outra, pois não ficou assustado; o movimento rápido, a constante mudança de local, teve sobre ele um efeito estimulante. "O incêndio!", dizia ele vez por outra, "o incêndio! o incêndio!" Ele até mesmo parecia estar um pouco embriagado, e quando lhe contei daquele homem que, parado à beira da massa, juntava as mãos por cima da cabeça e sempre repetia, com voz lastimosa: "Os processos estão queimando! Todos os processos!", ele teve de rir, uma gargalhada impetuosa, riu tanto que seu carrinho começou a rodar, afastando-se com ele. Seu riso era a força motora, e, como ele não conseguia parar, tive de correr atrás dele para segurá-lo; e então senti os fortes impulsos que suas risadas transmitiam ao carrinho.

Nesse momento vi que o "Homem dos Livros", um de meus oito personagens, subitamente saltou para o lugar do homem que lamentava os processos, e perpassou-me, como um raio, a ideia de que ele teria de ser destruído pelo fogo, juntamente com todos os seus livros.

"*Brand* [incêndio]", murmurei, "*Brand*." Thomas, quando seu carrinho fora retido e ele finalmente parara de rir, repetiu "*Brand!* Que incêndio deve ter sido aquele!". Ele não sabia que o termo agora, para mim, passara a ser um nome, o nome justamente do herói dos livros, que daqui em diante se chamava assim, o primeiro e único dos personagens a receber um nome, e foi esse nome, aliás, que o salvou da autodissolução, ao contrário dos outros personagens.

Estava destruído o equilíbrio entre os personagens; Brand começou a me interessar cada vez mais. Eu ainda não sabia qual era seu aspecto e, embora ele tivesse substituído o homem dos processos, de forma alguma se parecia com este. Ele não ficou meramente à margem, eu o levava a sério, como ele levava a sério o fogo, que era seu destino, no qual ele terminaria seus dias por sua livre vontade. Creio que foi na expectativa desse fogo que os demais personagens acabaram murchando. Eu, às vezes, ainda me sentava junto a eles, e tentava continuar a escrever. Mas o incêndio, que agora recrudescera, estava próximo; e em sua presença os personagens ficavam como que ocos, ou como se fossem feitos de papel. Que criaturas eram essas, que não eram ameaçadas pela morte, pois eu expressamente as exceptuara da morte, já que deveriam viver para se encontrar naquele pavilhão que eu escolhera para elas? Lá manteriam a conversa da qual eu tanto esperava; eu até mesmo imaginara que essa conversa poderia ter um *significado*, ao contrário das conversas mantidas pelas pessoas "normais", que não produziam mais do que banalidades, e mesmo assim ninguém se entendia.

Até mesmo a imagem que eu fazia dessa conversa perdera seu brilho, desde que eu mantinha conversas reais que eram cheias de surpresas, embora eu tentasse dar-lhes um rumo seguro. Eu pretendia poupar dissabores a outra pessoa, cuja sensibilidade me era mais importante do que a minha própria. Mas aquilo que passei a ouvir durante essas conversas ocupava-me mais do que tudo o que eu pudesse imaginar. O pavilhão de Steinhof, que continuava diante dos meus olhos, logo ficou vazio, assim como os personagens que nele deveriam se encontrar. Ele me pareceu ridículo, querendo ser superior aos outros pavilhões; não consegui atinar por que eu escolhera justamente aquele para tão alta honraria: qualquer um dos pavilhões serviria. Eram tão parecidos um com o outro, que se confundiam.

Enquanto os personagens ficavam cada vez mais entregues à própria sorte, sem que eu usasse de violência para acabar com eles — não os rejeitei, não os ocultei, apenas os abandonei, um a um, no meio de uma frase —, Brand, o "Homem dos Livros", me ocupava tanto que, em meus passeios, eu o espreitava. Embora eu o imaginasse alto e magro, não conhecia seu rosto. Antes que eu o tivesse visto, também esse personagem conservou um pouco a natureza esquemática que causou a ruína dos outros sete. Eu sabia que ele não estava em Hacking; seu lar ficava no centro da cidade, ou perto do centro, e agora eu viajava até lá com frequência, pensando que o encontraria.

Não me decepcionei em minha expectativa. Encontrei-o como proprietário de uma loja de cactos, pela qual eu havia passado muitas vezes, sem reparar nele. Logo no início da passagem que conduz de Kohlmarkt ao Café Pucher, havia à esquerda o pequeno negócio de cactos. Tinha uma só vitrina, não muito grande, onde havia muitos cactos de todos os tamanhos, espinhos contra espinhos. Atrás dela estava o proprietário, um homem alto e magro, observando o trânsito, com um aspecto mordaz entre todos aqueles espinhos. Fiquei parado diante da vitrina e fitei seu rosto. Ele era um palmo mais alto do que eu, e olhava por cima de mim; mas teria também olhado através de mim, sem me perceber. Era tão ausente quanto magro; não se teria reparado nele não fosse pelos espinhos; ele consistia em espinhos.

Eu tinha encontrado Brand; e ele não me largou. Eu havia plantado em meu corpo um cacto, que continuou a crescer decidida e despreocupadamente. Já estávamos no outono, e eu me entreguei ao trabalho, que prosseguiu diariamente, sem interrupção. Acabaram-se as extravagâncias do ano anterior; eu obedecia a regras rígidas. Não me permitia digressões, não cedia a qualquer tentação. Importava-me a concatenação, algo que, para mim, eu chamava de indivisibilidade. Durante o ano das extravagâncias meu mestre fora Gogol, por quem eu tinha a mais alta admiração. Em sua escola eu me devotara à liberdade de invenção, e também mais tarde, quando me dediquei a outras coisas, não perdi o gosto pela mesma. Mas agora, no ano da concentração, quando eu procurava a clareza e a densidade, uma transparência sem impurezas, como no âmbar, eu me atinha a um modelo, pelo qual minha admiração não era menor: *O vermelho e o negro*, de Stendhal. Diariamente, antes de começar a escrever; eu lia algumas páginas da obra, e assim repetia o que o próprio autor havia feito com outro modelo: o novo código de leis, célebre em sua época.

Durante alguns meses mantive o nome Brand. O contraste entre os atributos desse personagem, e o bruxuleio de um incêndio que seu nome evocava, de início não me perturbou; mas quando os atributos estavam todos definidos, rígidos e inamovíveis, o nome começou a se expandir às custas do personagem. Ele me sugeriu o desfecho, do qual eu não queria ser lembrado prematuramente. Eu temia que o fogo se antecipasse, consumindo o que ainda estava sendo criado. Rebatizei Brand, dando-lhe o nome de Kant.

Ele me manteve em seu poder durante todo um ano. A forma implacável com que esse trabalho prosseguiu foi, para mim, uma experiência nova. Eu tinha a sensação de uma conformidade à lei, mais forte do que eu; algo que lembrava a disciplina da ciência natural, que acabara penetrando em mim de uma forma especial, apesar de que lhe tivesse voltado as costas tão decididamente. Os primeiros traços de sua influência estavam perceptíveis no rigor desse livro.

No outono de 1931 Kant pôs fogo à sua biblioteca, e pereceu junto com seus livros. Sua morte me afetou tão profundamente como se eu próprio tivesse sido atingido. Com essa obra começa minha verdadeira introspecção e experiência. Durante vários anos o manuscrito, que permaneceu intocado em meu quarto, levava o título *Kant pega fogo*. Era difícil suportar a dor desse título. Quando, a contragosto, decidi alterá-lo, não consegui separar-me completamente do fogo. Kant ficou sendo Kien; a inflamabilidade do mundo, cuja ameaça eu sentia, ficou preservada no nome do principal personagem. A dor, contudo, se concentrou no título *Die Blendung — O cegamento*. Esse título conservou, irreconhecível para os outros, a lembrança de Sansão cego, a qual até hoje não ouso renegar.

ELIAS CANETTI nasceu em 1905 em Ruschuk, na Bulgária, filho de judeus sefardins. Sua família estabeleceu-se na Inglaterra em 1911 e em Viena em 1913. Aí ele obteve, em 1929, um doutorado em química. Em 1938, fugindo do nazismo, trocou Viena por Londres e Zurique. Recebeu em 1972 o Prêmio Büchner, em 1975 o Prêmio Nelly-Sachs, em 1977 o Prêmio Gottfried-Keller e, em 1981, o prêmio Nobel de literatura.

Além da trilogia autobiográfica composta por *A língua absolvida*, *Uma luz em meu ouvido* e *O jogo dos olhos*, já foram publicados no Brasil, de sua autoria, os romances *Auto de fé*, *As vozes de Marrakech* e o ensaio *Massa e poder*, este último pela Companhia das Letras.